ŒUVRES COMPLÈTES

de Théodore

Agrippa d'Aubigné

ŒUVRES COMPLÈTES
de Théodore
Agrippa d'Aubigné

publiées pour la première fois
D'APRÈS LES MANUSCRITS ORIGINAUX

*Accompagnées
de Notices biographique, littéraire & bibliographique,
de Variantes, d'un Commentaire, d'une Table
des noms propres & d'un Glossaire,*

Par

Eug. RÉAUME & F. DE CAUSSADE

Tome premier.

PARIS
ALPHONSE LEMERRE, ÉDITEUR,
27-29, PASSAGE CHOISEUL, 27-29

M. DCCC. LXXIII

INTRODUCTION

AINTE-BEUVE écrivait en 1854 [1] qu'Agrippa d'Aubigné était désormais connu, que bientôt « on aurait tout dit sur lui, & pour & contre, & alentour; on l'aurait embrassé dans tous les sens. » Une condition manquait pour ce jugement définitif, la publication d'environ 1,500 pages entièrement inédites. Aujourd'hui cette lacune est comblée par notre édition. Que ne pouvons-nous en faire hommage à l'éminent critique qui, il y a quarante-cinq ans, par ses premiers travaux sur le XVIe siècle donnait à ce genre d'études une si vigoureuse impulsion !

Notre premier devoir est de dire les sources où

---

1. Causerie du lundi 17 juillet 1854.

nous avons puifé, le concours prêté à notre œuvre, les indications fournies par d'Aubigné lui-même, le fyftème que nous avons adopté pour notre travail.

En octobre 1863, M. J.-H. Merle d'Aubigné[1], l'auteur de l'Hiftoire de la Réformation en Europe, publiait dans le Bulletin de la Société de l'Hiftoire du proteftantifme français *une note fur « les œuvres inconnues de d'Aubigné à rechercher & fur ce qui refte de fes manufcrits. »* L'énumération de leur contenu devait tenter un admirateur de d'Aubigné, mais d'autre part nous lifions dans le même article les lignes fuivantes : « *Ces précieux documents, confervés jufqu'en 1855 à Lavigny, & depuis lors à Beffinges, ne font fans doute pas d'une communication facile, puifqu'il faut fe rendre dans la localité, y rencontrer le propriétaire & y réfider un temps fuffifant pour compulfer une volumineufe collection, befogne toujours fi longue. C'eft aux difficultés réfultant de ces circonftances qu'il faut évidemment imputer les obftacles que des perfonnes défireufes de confulter les papiers de M. Tronchin ont pu rencontrer dans l'accompliffement de leur défir, & de là les regrets qu'ils en ont vivement fentis & trop vivement exprimés.* » Cette note, pleine de révélations peu encourageantes, rappelait la déconvenue de MM. Profper Mérimée & Ludovic Lalanne. Nous favions pourtant que M. Sayous pour fes études littéraires, MM. J. Bonnet, H. Bordier & Ch. Read[2]

---

1. Au moment où nous écrivions ces lignes, nous apprenions la mort du vénérable defcendant d'Agrippa d'Aubigné (octobre 1872).

2. M. Ch. Read nous a devancés dans la publication des *Tragiques*. Il vient d'en faire paraître une nouvelle édition

avaient pu depuis confulter quelques-uns de ces manufcrits, mais aucun dans fes intéreffants travaux n'avait fait jufqu'ici une publication même partielle des œuvres de notre auteur. Seul M. Th. Heyer, avec le concours de M. Bordier, a publié (Genève, 1870), dans une brochure d'un intérêt fpécial & local, foixante lettres de d'Aubigné, in-extenfo ou par fragments, fur fon féjour à (Genève 1620-1630), féjour que notre réfugié payait en confeils de foldat & d'ingénieur.

M. Merle d'Aubigné terminait fa note par ces mots : « J'eus d'abord la penfée de publier les manufcrits inédits, avec la permiffion de M. Tronchin, mais j'y renonçai pour diverfes raifons. Il me femble pourtant que, d'Aubigné reprenant peu à peu dans la littérature françaife du XVIe fiècle & du commencement du XVIIe la place qui lui eft due & dont les préjugés & les haines du fiècle des dragonnades l'avaient privé, il y aurait quelque intérêt à ce que le travail que j'indique fût fait par d'autres[1]. » Nous n'avions point à nous préoccuper des « diverfes raifons » qui avaient détourné le defcendant de notre auteur d'élever ce monument à la mémoire de fon aïeul; il voulait d'ailleurs, comme il nous l'écrivait

---

pour laquelle il a pu mettre à profit les leçons du manufcrit Tronchin.

1. M. Th. Lavallée dans le volume confacré à *La famille d'Aubigné* n'eft pas un juge indulgent pour l'homme; il y écrit cependant : « Ce n'eft que de nos jours qu'on a rendu juftice à cet écrivain original dont on peut apprécier différemment la conduite & les actions, mais qui eft inconteftablement l'une des gloires littéraires de la France. » (P. 5.)

Michelet appelle fes écrits « *une œuvre capitale de la langue.* » (*La Ligue & Henri IV*, p. 327.)

*en avril 1870, « s'acquitter du legs que Th. Agrippa avait laiſſé à ſa poſtérité, d'écrire l'*Hiſtoire de l'enſemble du temps de la Réformation. *J'écris le onzième volume, j'en aurais encore un ou deux, & je ſuis plus près de quatre-vingts ans que de ſoixante-dix.* » L'écrivain, preſſé de donner le reſte de ſes forces à ſon Hiſtoire de la Réformation, abandonnait définitivement à d'autres le ſoin de publier les manuſcrits inédits de ſon illuſtre ancêtre. C'eſt cette penſée que nous avons recueillie & voulu réaliſer en coordonnant dans notre édition des œuvres complètes d'Agrippa d'Aubigné, avec les œuvres déjà imprimées, les matériaux inédits des manuſcrits Tronchin.*

Étranger, n'appartenant pas au culte réformé, dépourvu de cette notoriété qui ouvre bien des portes, ce n'eſt point ſans une certaine appréhenſion que nous avons tenté une démarche auprès de M. Merle d'Aubigné. Il ne fut point inſenſible à l'appel que nous lui adreſſions dans l'intérêt des lettres, de l'hiſtoire, au nom même de la gloire de ſon aïeul, & voulut bien uſer en notre faveur de ſon affectueuſe intimité avec Mme *la douairière Tronchin.*

Qu'on nous permette donc d'acquitter une première dette en aſſociant ici trois noms dans un même ſentiment de gratitude : M. Merle d'Aubigné qui, par ſa note au Bulletin, *éveilla notre attention, par ſes lettres raffermit notre courage héſitant, échauffa notre zèle, & voulut bien frapper pour nous à la porte du château de Beſſinges ; M*^{me} *la douairière Tronchin, qui nous l'ouvrit toute grande avec cette bonne grâce & cette bienveillance particulières à la Suiſſe ; enfin M. le paſteur Theremin, le bibliothécaire ami, le vigilant gardien des manuscrits qui, non content de nous les livrer pendant quatre mois, du matin au soir, nous a, pour une scrupuleuse collation des* Tragiques, *prêté le plus dévoué, le plus amical concours*[1].

En présence des nombreuses richesses de la collection Tronchin, nous ne pouvions espérer mener seul à bonne fin notre entreprise. M. F. de Cauſſade, *alors bibliothécaire au Louvre, & depuis au Ministère de l'Instruction publique, voulut bien partager avec nous les difficultés de la lecture, de la transcription, de la collation des manuscrits. Son expérience bibliographique, sa connaissance du dialecte gascon de* Fœneſte, *sa scrupuleuse exactitude nous ont été du plus utile secours, & si nous ne l'en remercions pas ici, c'est qu'il endosse devant nos lecteurs, par sa collaboration continue, une part de responsabilité.*

Ce n'était pas toujours une tâche facile de copier toutes les parties inédites des manuscrits, de collationner les imprimés sur les brouillons & les minutes originales. D'Aubigné jette sur des feuilles de garde & un peu partout, comme Pascal ses Pensées, *son inspiration rapide & parfois incohérente. Son écriture sénile affecte la forme de bâtons irréguliers & mal formés ; on en pourra juger par les fac-simile du dernier volume, bien que nous ayons encore choisi parmi les pages les plus lisibles. Au reste nul ne se rend plus justice sous ce rapport que d'Aubigné lui-même :*

---

[1]. Nous devons d'autant plus de gratitude à M. Theremin, que le même travail lui avait été demandé peu de temps auparavant par M. Prosper Mérimée. Son obligeance n'a pas reculé pour des amis devant une seconde collation qui a nécessairement profité de l'expérience acquise.

nous lifons dans la préface des Tragiques *aux lecteurs :* « Je desrobay (c'est l'éditeur, mais sous ce nom d'Aubigné qui parle) de derriere les coffres & dessoubs les armoires les paperasses crottees & deschirees desquelles j'ay arraché ce que vous verrez. Je failli encore à quitter mon dessein sur tant de litures & d'abbreviations & mots que l'autheur mesme ne pouvoit lire, pour la precipitation de son esprit en escrivant. » *Il est vrai que nous avons assurément consacré à cette lecture plus de temps & de patience que le poëte & son éditeur. D'ailleurs nous avons eu la bonne fortune de rencontrer à Genève le savant M. H. Bordier & un des meilleurs élèves de l'École des chartres, M. Th. Dufour, dont l'expérience paléographique nous a plusieurs fois aidés à déchiffrer quelques-unes de nos plus inextricables énigmes. Puisse notre scrupuleuse exactitude qui a tout lu, tout transcrit, avoir réussi à reproduire un texte qui soit, autant que faire se peut, le calque & en quelque sorte la photographie des manuscrits!*

La bibliothèque du château de Bessinges renfermait des richesses assez nombreuses pour satisfaire notre curiosité de textes inédits; toutefois, jaloux de justifier le titre d'éditeurs des œuvres complètes de d'Aubigné, après de vaines recherches dans les bibliothèques de Paris, nous avons cru devoir interroger tous ceux qui pouvaient nous apporter quelque document nouveau. M. Jules Bonnet, le savant éditeur des lettres de Calvin, n'avait pas plus tôt signalé notre entreprise dans le Bulletin de la Société de l'Hiftoire du proteftantifme français, *que son appel était entendu de plusieurs côtés à la fois. M. P. Marchegay, non-*

seulement mettait à notre difpofition fon expérience d'archivifte & fa profonde connaiffance de la Vendée & du Poitou, mais il intéreffait à notre publication fon ami, M. le duc de la Trémoille, — le defcendant de Claude de la Trémoïlle, l'intime confident des penfées d'Agrippa d'Aubigné, — qui voulait bien nous apporter huit lettres, dont fept inédites, extraites de fon précieux chartrier de Thouars. Nous devons également à fa gracieufe obligeance communication d'une correfpondance autographe de fon aïeul avec Charlotte Barbantine de Naffau, fa femme. Nous avons été dédommagés des difficultés de cette lecture par le parfum de fimplicité & de vertus domeftiques que refpirent ces lettres, autant que par une vingtaine de paffages concernant la biographie intime de d'Aubigné. C'eft encore à l'intermédiaire de M. Marchegay que nous devons la découverte d'un manufcrit inconnu qui n'était pas même attribué à fon auteur : le confervateur de la bibliothèque de l'Univerfité de Leyde, M. du Rieu, a pris la peine de copier pour notre édition une lettre de quinze pages adreffée à « Meffeigneurs de Genève » qui eft un véritable petit traité de fortifications, & il a bien voulu y joindre un calque du plan de la ville fortifiée, tracé de la main de d'Aubigné; nous en donnons, à la fuite de la lettre, une réduction indifpenfable à l'intelligence du texte.

En même temps, M. Guftave Maffon, profeffeur de littérature françaife au collège d'Harrow, fe mettait en quête pour découvrir quelques papiers vendus au commencement de ce fiècle par un membre de la famille Tronchin & tranfportés en Angleterre. Ses re-

cherches font demeurées jufqu'ici infructueufes, mais il nous a envoyé les variantes d'un manufcrit des Tragiques *du* Britifh Mufeum, *& la collation de deux livres d'épigrammes.*

M. Benjamin Fillon, de Fontenay (Vendée), antiquaire connu dans le monde artiftique & favant par des travaux d'hiftoire & de numifmatique, nous a communiqué les copies ou les originaux de quatre lettres, dont une feule a été publiée dans fes Souvenirs d'un voyage à Poitiers. *Un de fes amis, M. Abel Bardonnet, en exhumait pour nous une enfouie dans les archives municipales de Niort. La collection de M. Feuillet de Conches nous a également fourni une lettre autographe.*

*Nous ne pouvions dans cette enquête négliger l'auteur de l'*Hiftoire de Mme de Maintenon, *petite-fille de d'Aubigné. M. le duc de Noailles devait, penfions-nous, poffeder des papiers intéreffant notre publication. Il voulut bien nous écrire deux lettres à ce fujet & nous apprit que ces documents, tranfportés au château de Mouchy, puis à la bibliothèque du Louvre, avaient péri avec elle dans l'incendie de 1871. Nous avons pu cependant collationner fur les originaux appartenant à M. le duc de Noailles quatre lettres publiées en partie par M. Th. Lavallée. Le propriétaire du château de Mouchy a fait auffi à notre intention dans fes archives des recherches demeurées fans réfultat. Nous avons découvert dans celles du château de Chamarande la copie de quelques actes officiels, relatifs au premier mariage, aux propriétés, aux titres & aux penfions d'Agr. d'Aubigné. Enfin l'héritière de M. Th. Lavallée a mis fous nos yeux* *les papiers de son beau-père, mais nous n'y avons trouvé aucun document nouveau.*

On le voit, bien que livrés à nos seules ressources, nous avons poursuivi notre enquête dans tous les lieux qui pouvaient garder quelque souvenir, quelque trace de notre écrivain. Partout, en France comme à l'étranger, nous avons rencontré le plus bienveillant empressement, & si quelque rare épave a échappé à nos recherches, elle ne saurait, croyons-nous, apporter un contingent d'une grande importance à ceux qui seraient tentés de compléter notre travail.

L'œuvre de d'Aubigné se compose de deux parts : l'œuvre imprimée, l'œuvre inédite. Les ouvrages imprimés en formats divers variant de l'in-folio au petit in-12 sont : Vers funèbres de Th. Agrippa d'Aubigné sur la mort d'Étienne Jodelle (1574). Les Tragiques (1616). Les Avantures du baron de Fœneste (1617-1630). Histoire universelle [1] (1616-1620). Petites œuvres meslees (1629-30). La Confession catholique du Sieur de Sancy (1660). Histoire secrète de Th. Agr. d'Aubigné, écrite par lui-même (sa Vie à ses enfants) (1729). Le Traité des doulces afflictions (lettre à Madame, sœur unique du Roy), *publié vers 1600, est une rareté bibliographique dont nous ne connaissons que deux exemplaires, celui de M. Frédéric Chavannes & celui de M. le duc d'Aumale. Enfin M. Th. Heyer a publié, nous l'avons dit, en 1870, soixante lettres de notre auteur, relatives à son séjour à Genève de 1620 à 1630.*

---

1. Nous espérons pouvoir publier dans une deuxième série l'*Histoire universelle*.

Nous ne citons pas après les auteurs de la France protestante *la* Lettre *du sieur d'Aubigné sur quelques histoires de France & sur la sienne (1620). Cette plaquette, que nous avons eue entre les mains à la bibliothèque de Fontainebleau, n'est qu'un tirage à part de la préface de l'*Histoire universelle.

Le Libre Discours sur l'estat present des Eglises reformees en France (1619), *que Brunet & MM. Haag nomment parmi les œuvres de d'Aubigné, pour la forme comme pour le fond est indigne de lui. M. Benjamin Fillon a bien voulu nous prêter un exemplaire de ce volume fort rare; il l'attribue à Pierre de la Valade, enragé controversiste qui aurait rempli un cadre tracé par d'Aubigné. Nous en doutons, mais ce que nous refusons d'admettre, c'est que le* Libre Discours *soit sorti de la plume de notre auteur. Tout y est froid, terne, logique; la passion ne s'échappe par aucun endroit. L'auteur y parle presque sans colère du massacre de Vassy & de cette conjuration d'Amboise, dont les victimes arrachaient à d'Aubigné enfant son premier serment de haine & de vengeance. Nous savons bien que l'historien dans son loyal désir d'impartialité, se pique d'écrire « sans louanges & blasmes, fidelle tesmoin & jamais juge. » Il faisait, dans sa vieillesse, pourrait-on dire encore, œuvre de réconciliation; mais d'Aubigné, que l'âge n'adoucit jamais, l'eut-il entreprise & sur ce ton & de ce style? A chaque pas on se heurte à ces métaphores médicales & maritimes, si fréquentes chez les prédicateurs & les apologistes chrétiens; jamais une de ces comparaisons militaires sentant le métier & le maréchal de camp. Nous ne croyons pas que d'Aubigné ait inspiré, encore moins écrit, d'un langage foumis, fuppliant, parfois de courtifan, 315 pages pour* « *préparer le chemin à une union fpirituelle fous une même foy* » & *pour* « *efteindre le fchifme tant en ce qui concerne la religion que la police.* » *Nous nous fommes donc, après une étude attentive, décidé à rejeter le* Libre Difcours *de notre publication.*

Le P. Lelong, *dans fa* Bibliothèque hiftorique de la France, *attribue à d'Aubigné une* Hiftoire du fiege de la Rochelle (1572-73). *Le biographe s'eft contenté de lire au frontifpice le lieu de l'impreffion :* « *à Maillé, fur les ruines du d'Oignon, 1621.* » *S'il eût feulement ouvert ce plat journal de fiége écrit par un témoin catholique qui* « *prie Dieu venger & punir la rebellion de nos mutins & defnaturez François,* » *le P. Lelong n'eût pas commis cette erreur. D'Aubigné, qui n'avait guère que vingt ans lors de ce fiége, écrit d'ailleurs dans fa* Vie à fes enfants *que* « *faute de moyens l'empefcha d'eftre dans la Rochelle.* »

On ne trouvera pas dans notre édition le lourd & groffier pamphlet du Divorce fatirique, *quelquefois attribué à d'Aubigné, fans autre raifon que fon inimitié bien connue contre Marguerite de Navarre.*

La feule œuvre importante dont nous n'ayons point rencontré trace à Beffinges eft le Baron de Fœnefte : *nous en reproduirons la dernière édition donnée par l'auteur, l'année même de fa mort. Les manufcrits ne renferment que quelques fragments de l'*Hiftoire univerfelle *avec corrections & correfpondance relatives à cet ouvrage. Nous y avons auffi cherché vainement ce ballet de la* Circé, *compofé vers 1576, dont l'exé-*

cution fut jugée trop coûteuse par la reine de Navarre. Mentionnons encore l'abfence d'une pièce en vers Sur les divers prodiges de ce temps & d'un petit traité fur les Cometes, compofé à la prière d'une dame, que d'Aubigné lui-même déclare perdu [1].

Les œuvres inédites que nous offrons au public font : Livre des miffives & difcours militaires, Lettres & memoires d'Etat, Lettres d'affaires perfonnelles, Lettres familieres, Lettres de poincts de fciences ou de theologie; *lettres diverfes tirées de différentes collections; quatre traités politiques ou religieux :* 1° Inftruction d'Eftat & advis falutaires aux Princes, Republiques & Peuples ; 2° Traité fur les guerres civiles ; 3° Du debvoir mutuel des Roys & des fubjets ; 4° Le Caducee ou l'ange de paix; *un roman allégorique :* Suite des amours du brave cavalier, le fort Loys & la belle dame Rochelle; *deux grands poëmes : le* Printems *(trois livres)*, la Creation *(quinze chants); deux livres d'épigrammes; enfin des pièces de différents genres en profe ou en vers.*

Nous devons nous borner ici à une fimple énumération : notre collaborateur, M. François de Cauffade, s'eft chargé de donner une defcription détaillée des œuvres imprimées & manufcrites. On trouvera cette notice bibliographique au dernier volume, à la fuite de l'étude biographique où nous jugeons d'Aubigné au point de vue moral, politique & littéraire.

La lecture des œuvres de d'Aubigné, l'examen de

---

1. M. Ch. Read vient de publier fous le nom d'Agrippa d'Aubigné une petite fatire en profe, l'*Enfer*, « dans le goût de Sancy. » Nous ne reproduirons pas cet opufcule, faute de raifons férieufes pour l'attribuer à la plume de d'Aubigné.

ses manuscrits fournissent quelques indications & sur les retranchements qu'ils ont pu subir & sur les intentions de l'écrivain pour leur publication. Ouvrons son testament, nous y lisons (t. Ier*, p. 122) l'article suivant :* « *Il me reste à disposer de mes enfants spirituels, à savoir mes livres, lesquels sans ma nonchalance, pertes & retranchements que j'ai faits, egaleraient le nombre de mes annees. Je recommande à mes amis la protection des premiers & la reimpression de mes* Tragiques *& autres, s'ils la trouvent à propos. Quant aux manuscrits, je mets en la commission de mes amis les deux mots* « ure, seca », *exhortant la Fosse (Nathan d'Aubigné, son fils naturel), d'être en ceci partisan, sans les precedents qui, devant Dieu, sont lepidités, renvoyant l'ordre de leur impression au memoire que j'espere en dresser.* » *Ce mémoire qui eût été précieux ne semble pas avoir été dressé. La seule pièce de ce genre, tracée de la main de d'Aubigné lui-même, est une table fort incomplète qui nous a aidés à mettre quelque ordre dans la distribution des livres de son* Printems. *Il faut, croyons-nous, entendre & comprendre sous ce titre, outre l'*Hécatombe à Diane, *une foule de vers de différents genres, écrits presque tous en sa jeunesse, de même qu'il intitulait son* Hyver, *une des pièces de sa vieillesse recueillie dans les* Petites œuvres meslees.

Rappelons aussi un inventaire qui se trouve au vol. III des manuscrits de Bessinges, & qu'a reproduit le Bulletin *(novembre & décembre 1863). C'est un récépissé des papiers de d'Aubigné, remis trois ans après sa mort par son fils Nathan à Théodore Tronchin, qui en héritait. Les dix-sept paquets ou fascicules qui ont plus tard formé nos dix manuscrits y sont désignés en général d'une façon vague & sommaire, mais la comparaison de cette pièce avec le contenu des manuscrits de Beffinges nous a du moins permis de constater que le legs précieux a traversé deux siècles & demi à peu près intact.*

Dans la préface des Tragiques *citée plus haut, l'éditeur annonce aux lecteurs de nouveaux* « larcins, » *c'est-à-dire un certain nombre d'œuvres nouvelles :* « J'ai encore par devers moy deux livres d'epigrammes françois, deux de latins, *que je vous promets à la premiere commodité*[1]; & puis des Polemiques en diverses langues, œuvres de sa jeunesse; quelques romans; cinq livres de lettres missives : le premier, de familieres pleines de railleries non communes, le second, de poincts de doctrines desmeslez entre ses amis, le troisieme, de poincts théologaux, le quatriesme, d'affaires de la guerre, le cinquiesme d'affaires d'Estat. » *Dans sa* Vie à ses enfants, *d'Aubigné leur parle* « de plusieurs choses qu'ils pourront voir dans les Espîtres familieres *qui s'imprimeront.* » *Enfin dans le petit avis au lecteur qui précède le IV*ᵉ *livre de Fœneste, l'imprimeur, par la plume de d'Aubigné, annonce qu'il* « espère mettre la main sur quelques autres livres qu'il nomme : τὰ γελοῖα, *de plus haut goust que ceux-ci.* » *Cette promesse date de 1630 : la mort allait en dégager l'auteur. L'accueil sévère fait à l'ouvrage par le Conseil de Genève eût sans doute*

---

1. D'Aubigné écrit à M. d'Expilly (1ᵉʳ juin 1623) : « Je fais transcrire mes epigrammes latins, desquels le langage sent un peu la meche & la poudre, mais l'agreable malice de leurs subjects me donne courage de les faire voir. » (T. Iᵉʳ, p. 367.)

refroidi fa verve. Que font devenues ces plaifanteries de plus haut goût ? Si elles ont été couchées fur le papier, l'enquête qui fuivit la mort de d'Aubigné a bien pu les anéantir. De ces œuvres promifes au public à plufieurs reprifes, aucune n'a vu le jour[1]. La préface, fans compter d'autres raifons que nous fignalerons plus loin, en donne un premier motif : « *Mais tout cela attendra l'édition de l'*Hiftoire. » L'Hiftoire univerfelle *était en effet, aux yeux de d'Aubigné, l'œuvre maîtreffe;* il l'a dédiée à la poftérité, c'eft de ce monument qu'il attend gloire pour lui-même, juftice pour fon parti.

Si l'on compare à la lifte des œuvres inédites publiées par nous celle de la préface des Tragiques, on fe convaincra que, fauf quelques lacunes regrettables, nous en avons rempli & au delà la promeffe; nous nous fommes faits à deux fiècles & demi de diftance les exécuteurs teftamentaires de l'écrivain. L'ordre de publication des cahiers de lettres eft modifié, nous avons fuivi celui du manufcrit préparé pour l'impreffion; ce point importe peu; ce qui eft plus grave, c'eft la difparition de prefque toutes les Lettres familieres « pleines de railleries non communes. » Hélas! c'eft fans doute leur efprit même qui les a fait condamner! La plume fatirique qui écrivit la Confeffion de Sancy *ne fe gênait guère dans le commerce familier pour appeler* « un chat un chat. » Des

---

[1]. Pourtant dans une lettre à M. Certon, l'auteur le renvoie à fon *Traitté des doulces afflictions à Madame,* & femble défigner les *Petites œuvres meflees* en ces termes : « Depuis j'en ay faict un petit livre que vous pourrez voir quelque jour. » (T. 1ᵉʳ, p. 455.)

scrupules rigoristes, les susceptibilités de quelque famille, une indélicate curiosité ont pu faire déchirer ces feuillets qui manquent au manuscrit, & dérober un cahier dont l'absence était déjà signalée dans l'inventaire remis à Théodore Tronchin. Quoi qu'il en soit, il faut bien avouer que nous avons perdu, sinon les lettres les plus intéressantes, au moins les plus piquantes.

Les traités que nous publions sont probablement de ceux que la préface des Tragiques *désigne sous le nom de* Polemicques *en diverses langues; les nôtres sont tous en français. Plusieurs avaient été supprimés du vivant même de l'auteur; c'est d'Aubigné qui nous l'apprend dans une lettre à M. de Montausier : « On achete les impressions entieres, comme on a fait de deux livres polemiques miens, pour les jeter au feu. »* (T. Ier, p. 383.)

La promesse que faisait l'éditeur de 1616 de publier quelques romans *nous a expliqué la présence parmi les papiers de d'Aubigné du roman politique & allégorique que nous avons annoncé.*

On comprend que nous ayons insisté sur ce passage de la préface des Tragiques, *qui ajoute une preuve à tant d'autres irréfutables de l'authenticité des œuvres inédites que nous publions.*

Nous ne devons pas négliger un passage d'une lettre de Renée Burlamachi, seconde femme de d'Aubigné, adressée à son gendre, M. Villette[1] *: « Les députés*

---

1. Bien que La Beaumelle ne fasse plus autorité, nous n'avions aucune raison pour ne pas user ici d'une lettre que M. Ludovic Lalanne a reproduite après lui dans son édition des *Mémoires* d'Agrippa d'Aubigné. Ce témoignage

de la Seigneurie (de Genève) vinrent visiter les papiers, où ils trouvèrent un brouillon de la Vie de feu Monsieur (son mari), là où ils ont effacé, comme vous verrez par la feuille que je vous envoie, ce qui parle des affaires de la Rochelle[1]. C'est ce qu'ils tiennent être dangereux & qui pourroit porter préjudice à quelques particuliers. Ils m'ont fait commandement que je vous envoie ladite feuille, & vous prier, & M. d'Ade aussi (autre gendre de d'Aubigné), d'en faire autant aux livres que vous avez. » Ainsi trois mois après la mort de d'Aubigné (la lettre est datée du 8 août 1630), la censure diplomatique fait une descente officielle chez sa veuve; on visite les papiers & l'on efface des passages dangereux & compromettants pour des intérêts politiques & privés. La Vie, c'est-à-dire les mémoires de l'écrivain, n'a-t-elle pas eu à subir quelque grave atteinte dans cette perquisition? D'Aubigné semblait pressentir le danger, car il écrivait à ses enfants dans la préface de cette Vie : « J'ay encores à vous ordonner qu'il n'y ait que deux copies de ce livre, vous accordants d'estre de leurs gardiens, & que vous n'en laissiés aller aucune hors de la maison. » Toutefois il semble que le plus rigoureux censeur des œuvres de d'Aubigné, c'est d'Aubigné lui-même : « Attendez ma mort qui ne peut

---

est d'ailleurs confirmé par les registres du Conseil de Genève (notice de M. Th. Heyer citée plus haut, p. 50-51).

1. D'Aubigné, si nous l'en croyons, ne manquait pas de griefs contre les Rochellois, qui dès 1617 « solliciterent violamment par homme exprez de raser le Dognon, offrant leur artillerie pour cela. »

(Lettre à M. de La Tour, t. Ier, p. 364.)

être loin & puis examinez mes labeurs; chaſtiez-les de ce que l'ami & l'ennemi y peuvent reprendre, & en uſez alors ſelon vos équitables jugements. «

Ainſi parlait-il à ſes lecteurs en ſa préface de 1616. « Ure, ſeca, » brûlez, coupez, tels ſont ſes ordres plus impérieux encore à ſes exécuteurs teſtamentaires. Il eſt vrai qu'il ne faut pas ſe fier à ces impitoyables arrêts. Tout en parlant avec dédain des poéſies qu'il a « autrefois brouillees en ſa jeuneſſe, » d'Aubigné n'en témoigne pas moins une certaine faibleſſe pour ces premiers eſſais auxquels il trouve « quelque fureur qui ſera agréable à pluſieurs. » Bien portant, l'homme d'épée ne veut pas paraître attacher trop de prix aux délaſſements de ſa plume; au lit de mort ou du moins « averti & proche de ſa mort, » il brûle ce qu'il a adoré. A ce moment, qui ne ſonge à ſe mettre en règle du côté du ciel? L'auteur n'était-il pas d'ailleurs raſſuré au fond du cœur par le choix qu'il avait fait, par le « partiſan » qu'il déſignait en ſon teſtament? Son ami, le paſteur Théodore Tronchin, Nathan d'Aubigné, lettré, ſoumis, reſpectueux, ſon vrai fils enfin, pouvaient bien négliger une publication difficile ou inopportune, ils n'en devaient pas anéantir les matériaux.

Quelle méthode avons-nous ſuivie pour eſſayer de ramener à l'uniformité la publication d'œuvres compoſées d'éléments ſi divers? Nous devions reproduire des ouvrages imprimés à différentes époques, depuis 1574 juſqu'en 1630, à Amſterdam (Genève), à Paris, à Maillé, & en même temps des manuſcrits dont la plus grande part n'avait pas vu le jour. Des dix manuſcrits Tronchin, aucun n'eſt tracé de la main de d'Aubigné, mais preſque tous portent des corrections

& *additions nombreuses de l'écriture de notre auteur ;
d'où, sans compter le séjour constant de ces papiers
dans la famille de l'héritier, une preuve absolue d'authenticité.* Ces minutes, dictées ou recopiées à des dates
diverses, postérieurement réunies en dix tomes, appartiennent quelques-unes à la fin du XVIe siècle, la plupart aux trente premières années du XVIIe siècle, qui
furent les trente dernières de la vie de d'Aubigné;
aussi les écritures & l'orthographe diffèrent-elles autant
que les dates. Sans pouvoir, sauf pour Grivel & le
Royer[1], nommer les instruments anonymes, l'œil s'habitue à retrouver çà & là dans les volumes les différentes
mains, avec plus ou moins de plaisir, suivant l'intelligence ou la netteté du secrétaire. Les copistes n'ont
ni le même degré d'instruction, ni le même âge. Sont-ils contemporains de d'Aubigné? Les serviteurs reproduisent l'écriture & l'orthographe archaïques; car les
vieillards ne modifient rien des habitudes prises pendant leur jeunesse ou leur maturité. Les secrétaires
sont-ils jeunes? Ils s'éloignent des vieux usages, ils
appartiennent à une époque de transition, ce sont déjà
des hommes du XVIIe siècle. Nous n'étions pas seulement en présence de fautes d'orthographe provenant
de l'ignorance, de fautes d'oreille inhérentes à l'inintelligence; la prononciation du pays, l'accent poitevin
ou saintongeais pouvait défigurer l'orthographe, car,
sans compter l'introduction de mots particuliers au

---

1. M. B. Fillon nous a envoyé copie d'un acte de mariage du 15 febvrier 1599, où figure, comme père de l'épousée, maître Eustace *le Royer*, qualifié « l'ung des secretaires de M. Théodore Agrippa d'Aubigné, gouverneur & commandant pour le Roy, du château de Maillezais. »

terroir, le fecrétaire conformant fon orthographe à la prononciation du maître, de fon entourage, & furtout à la fienne, écrivant, comme dit E. Pafquier, felon le ramage de fon pays, altère fingulièrement la phyfionomie de certains mots. Il faut donc aux caufes générales d'erreurs & d'incertitude : variation de l'orthographe encore flottante, époque de transformation, ajouter de nombreufes caufes particulières : obfcurité fréquente de l'auteur, corrections confufes & furchargées, additions peu lifibles, double nature d'œuvres imprimées & manufcrites, ignorance, provincialifmes de fecrétaires inintelligents.

Fallait-il, par amour de l'uniformité, établir une orthographe factice, prendre une forte de moyenne fe rapprochant des habitudes générales de l'époque? C'eft l'un des deux fyftèmes confeillés par Brunet aux futurs éditeurs de Rabelais. Mais il n'eft pas befoin d'une longue expérience pour fe convaincre qu'un tel fyftème entraîne peu à peu aux décifions les plus arbitraires, aux plus graves inexactitudes. Sur cette pente, on ne fait plus où s'arrêter; c'eft aux mots d'abord, puis à la phrafe, à la penfée que violence eft faite, fous prétexte de clarté. L'éditeur devient un correcteur, un interprète, fans ceffe en contradiction avec lui-même, embarraffé à chaque pas, s'il eft confciencieux. Qui ne fait le réfultat de ces lectures ingénieufes, fpirituel commentaire où l'imagination s'aiguife & fe donne carrière, mais où le texte mal lu ou non compris difparaît? Nous ne fommes plus au temps où il fallait fabriquer des lectures courantes & polir à l'ufage des gens du monde des phrafes jugées inintelligibles à première vue. Quand le bénédictin dom de Foris publia en 1772 pour la première fois les sermons de Bossuet, l'abbé Maury s'indigna contre « le superstitieux aveuglement avec lequel l'éditeur avait copié & publié sans discernement & sans goût la totalité de ces sermons, où il n'y aurait eu qu'un triage & des retranchements à faire pour les rendre dignes des autres chefs-d'œuvre de l'auteur. » C'est ce triage sans doute que Maury appelle « corriger les négligences de style de l'auteur. »

Mais pourquoi aller chercher des exemples hors de notre sujet? Il suffit de voir ce que les éditeurs de 1729 & 1731 ont fait des Mémoires de d'Aubigné. Cette vigoureuse autobiographie qu'ils intitulent, pour affriander le lecteur, Histoire secrète, n'est plus, suivant l'expression de M. Ludovic Lalanne [1], son premier éditeur sérieux, qu'une paraphrase du texte original. L'étude de la philologie, le goût des textes vrais se sont tellement imposés, qu'un éditeur ne peut plus donner de nos jours au public que des textes absolument conformes aux manuscrits. On pardonnera plutôt la reproduction d'une erreur manifeste, mais bien lue, que la correction d'une prétendue faute qui peut devenir un curieux renseignement pour la langue.

Nous savons l'objection qu'on ne manquera pas de nous faire : « Respectez servilement, si bon vous semble, les erreurs, les bizarreries du maître; corrigez les bévues des domestiques! » Rien de plus simple en apparence que cette formule : « Corriger les

---

[1]. M. Lud. Lalanne a publié, en 1854, les *Mémoires* d'Agrippa d'Aubigné, d'après le manuscrit de la bibliothèque du Louvre, aujourd'hui détruit.

erreurs évidentes. » En théorie, c'est le cri du bon sens, dans la pratique il n'en va pas ainsi. Que de fois un mot qui semblait un lapsus inexplicable, une évidente bévue, s'expliquait à la lumière d'un autre passage! Telle expression inintelligible dans un manuscrit reparaissait dans un autre, & le second passage expliquait le premier. Un mot avait défié tout effort d'interprétation, au moment de risquer une correction, nous apprenions que ce mot, identique ou à peine altéré, avait persisté dans le bas Poitou. Bref, plus nous apprenions, moins nous osions corriger. Notre expérience personnelle nous ayant démontré que mieux valait laisser un t douteux, une erreur même, si la sagacité des philologues peut l'expliquer [1], nous avons scrupuleusement reproduit dans leurs moindres détails les manuscrits, sauf pour quelques cas extrê-

---

[1]. Qu'on nous permette un exemple entre cent pour montrer que l'orthographe même fautive, même exceptionnelle au xvi⁰ siècle, doit souvent être respectée. On connaît la tentative de Louis Meigret & de Jean Pelletier, renouvelée plus tard par Pierre Ramus & J. Ant. de Baïf, qui consiste à retrancher les lettres superflues, & conformer l'orthographe à la prononciation. Ce système, bien que définitivement repoussé, dut avoir ses adeptes, d'autant qu'il paraissait simplifier la grammaire & l'orthographe pour les illettrés. D'Aubigné lui-même le défend dans une de ses lettres (t. Ier, p. 456). Les mots *quoy, quelquefois,* &c., si fréquemment écrits par nos secrétaires *qoy, qelqefois,* sont donc une faute grossière, si l'on veut, mais une faute raisonnée, systématique, & comme l'écho prolongé d'une tentative avortée. A ce titre, elle peut avoir un intérêt philologique. Ajoutons qu'un grand nombre d'anomalies orthographiques se peuvent expliquer, en remontant parfois jusqu'au xiii⁰ siècle, par des exemples tirés de nos vieux auteurs.

mement rares. Encore, quand nous avons, par exception, modifié un mot ou une syllabe, n'avons-nous jamais manqué d'avertir le lecteur dans les notes du dernier volume [1]. *Nous aurions, pour notre part, hésité à séparer du texte, pour les reporter dans un dernier volume, presque toutes les notes explicatives. A ceux qui nous reprocheraient ce système, nous n'avons qu'un mot à répondre : nous avons dû nous conformer au cadre d'une collection en cours de publication, appréciée par les bibliophiles, & accepter des conditions que nous n'avons pas dictées. Le lecteur y gagne du moins un texte d'une plus symétrique ordonnance, d'un plus bel aspect typographique. Disons, puisque nous voulons acquitter ici toutes nos dettes, que, si notre passion littéraire est largement récompensée par le seul honneur d'élever un monument à la gloire d'Agrippa d'Aubigné, quelque reconnaissance est due à l'éditeur assez courageux pour risquer en des temps si peu propices la publication des œuvres complètes de notre grand écrivain.*

Le lecteur pourra s'étonner de ne pas retrouver dans nos volumes imprimés en caractères du XVIe *siècle un usage typographique à peu près constant aux* XVIe *&* XVIIe *siècles : si nous avons renoncé à la confusion des i & des j, des u & des v minuscules, nous y avons été autorisés par les deux éditions de l'Histoire universelle (Maillé, 1626, Amsterdam, c'est-à-dire Genève, 1626). Imprimée sous les yeux de l'auteur, cette dernière, pour les détails de signes typographiques, a généralement*

---

[1]. Le signe du double crochet a été réservé pour désigner l'addition d'un mot indispensable à l'intelligence de la phrase.

servi de base & d'exemplaire à notre travail. Sans doute on s'habitue promptement à la confusion de ces deux lettres, mais l'œil du lecteur n'en est pas moins véritablement soulagé par cette rectification.

La ponctuation des manuscrits d'Agrippa d'Aubigné est, en général, nulle ou à contre-sens. Tout en admettant le système de M. Marty Laveaux qui la veut, au XVIe siècle, plus oratoire que grammaticale, c'est-à-dire indiquant moins les incises grammaticales que les repos obligés de la voix, nous avons dû nous rapprocher de l'édition qui nous a servi de prototype. L'éditeur de 1626 a presque prodigué la ponctuation. Nous avons pris une moyenne & ménagé ces signes, car l'abus leur ôte toute valeur explicative & trop souvent la pensée de d'Aubigné a besoin de lumière!

Nous ne prétendons pas prévenir toutes les objections : il en est une cependant que nous avons prévue. Quelques esprits délicats ne goûtent d'un écrivain que la fleur de son esprit, & tout ce qu'il ne s'est point donné la peine de publier lui-même leur semble, par cela seul, à jamais indigne de voir le jour. N'est-ce point l'injuste privilége du droit d'aînesse transporté dans le domaine littéraire? Pas plus que ces dédaigneux, nous ne préférons aux bons morceaux les rognures, les épluchures, bien que rien ne soit à négliger d'un grand écrivain. Un auteur n'est pas toujours le meilleur juge du mérite de ses écrits; ceux dont il attend la gloire peuvent être les plus faibles, & la postérité trouve parfois plus d'intérêt dans une seule lettre d'un poëte qu'aux douze chants de son poëme épique. Mais ces considérations générales sont ici le moindre argu-

ment. *D'Aubigné a vécu d'une exiſtence agitée, ſa vie ne fut qu'un combat : homme d'action plus encore qu'homme de lettres, ſoldat ou controverſiſte, toujours ſur la brèche, comment eût-il en des temps ſi calamiteux trouvé le loiſir de faire imprimer tout ce qu'il ſouhaitait? Nous avons prouvé qu'il était loin d'avoir publié ce que lui-même deſtinait à l'impreſſion* [1]. *Ses chagrins domeſtiques, la trahiſon de ſon fils Conſtant, ſa poſition de malcontent & de ſuſpect, la vente forcée de ſon gouvernement, les tracaſſeries & les pourſuites que lui ſuſcita l'impreſſion de ſon* Hiſtoire, *ſa fuite précipitée en Suiſſe, ſes embarras pécuniaires, autant de motifs qui firent indéfiniment ajourner des publications projetées.*

L'exil même ne laiſſa guère de loiſirs à l'écrivain, qui y fut plutôt ingénieur qu'homme de lettres. Sa correſpondance avec les Rohan & autres perſonnages politiques l'a plus occupé, croyons-nous, en ſes dernières années, que l'impreſſion de ſes œuvres. Il s'en fallait d'ailleurs beaucoup qu'elle fût aiſée même à Genève. Si d'Aubigné, un an avant de mourir, publia ſans encombre ſes Petites œuvres meſlees, *livre de piété & de tentatives proſodiques, la dernière édition de ſon* Baron de Fœneſte *alarma le Conſeil de Genève & attira, écrit madame d'Aubigné, « une bourraſque » ſur la tête de l'incorrigible railleur.*

En admettant d'ailleurs que nous ayons pu ſonger à

---

1. Nous avons dû ne nous occuper que des œuvres reconnues & ſignées par d'Aubigné. Dans une lettre à M. Goulard (1616), il avoue que de ſes études de théologie « ſont eſchappez quelques livrets anonimes ou imprimez ſoubs d'autres noms. » (T. Ier, p. 474.)

faire « un triage, » quoi de plus variable que ce qu'on appelle le goût littéraire? Notre d'Aubigné lui-même, estimé aujourd'hui le plus vigoureux esprit du XVIᵉ siècle, comment a-t-il été traité par le XVIIᵉ & le XVIIIᵉ siècles? Si l'on se place au point de vue du théologien, de l'érudit, du philologue, de l'historien, que de révélations, que de lumières sur mille points imprévus dans ces matériaux, dans la minute en apparence la plus insignifiante! Hâtons nous d'ajouter que, pour la verve, l'énergie, la grandeur d'âme, bon nombre des nouvelles pages sont parmi les plus belles dans l'œuvre entière du poëte & de l'historien.

Dans cette pensée, nous ne devions rien négliger ; aussi avons-nous lu tout ce qui était lisible, déchiffré tout ce qui se pouvait déchiffrer, ne négligeant les brouillons que si nous en retrouvions ailleurs une reproduction plus nette, recueillant encore dans les premiers quelques variantes intéressantes. En un mot nous nous sommes efforcés de ne pas rester au dessous d'une tâche délicate & laborieuse, & si nous avons commis des erreurs inévitables dans un travail de ce genre, laissé quelques lacunes à combler, des énigmes à déchiffrer, nous avons la conscience de mériter l'indulgence des juges les plus compétents.

Sans empiéter ici sur les considérations morales, qu'il nous soit permis, en terminant, de dire qu'au milieu des épreuves imposées à la France, quand le présent & l'avenir réclament des cœurs solidement trempés, ce n'est pas faire œuvre étrangère aux nécessités de l'époque & consacrer ses loisirs à une vaine exhumation, que de rajeunir la mémoire d'un caractère aussi ferme, aussi énergique que celui d'Agrippa d'Aubigné. En relifant les beaux vers & les pages éloquentes de notre inflexible huguenot, nous nous fommes rappelé les paroles que Tacite prête à Thraféas condamné à s'ouvrir les veines. L'intrépide ftoïcien, offrant à Jupiter Libérateur une libation de fon fang, fait approcher le quefteur pâle d'effroi : « Tu es né, lui dit-il, dans des temps où il convient de fortifier fon âme par des exemples de fermeté ! »

Et nous auffi, pouvons-nous dire, nous vivons à une époque où il convient de retremper les âmes & de les relever par l'exemple de courages indomptables, de confciences qui ne favent pas capituler.

EUGÈNE RÉAUME.

Juillet 1873.

SA VIE

A

SES ENFANTS

[Publiée pour la première fois d'après le manuscrit original de la Collection Tronchin, Mss. d'Aubigné, T. V.]

PREFACE

A

CONSTANS, MARIE, ET LOVISE D'AVBIGNÉ.

ES Enfans, vous aveʒ de l'antiquité de quoy puiſer dans les vies des Empereurs & des Grands exemples & enſeignements comment il ſe faut deſmeſler des attaques des ennemis & des ſubjets deſobeiſſans : vous voyés comment ils ont remedié aux preſſes du coſté & aus ſouſlevements du deſſous; mais vous n'y apprenets point à porter les fardeaux du deſſus : & ceſte troiſieme ſorte d'affaires requerant plus de dexterité que les autres deux, vous aveʒ plus de beſoing d'imiter les mediocres que les Grands, pource qu'en la luitte que vous avés avec vos pareils, vous n'avés à vous garder que de l'adreſſe, laquelle manquant aux Princes, ils se laiſſent cheoir de leur peſanteur.

*Henri le Grand n'aimoit pas que les siens s'amu-
saffent trop aux Vies des Empereurs : & ayant trouvé
Neuvy trop attaché à son Tacite, & craignant que ce
courage esleué prinst l'essort, il l'admonnestoit qu'il
cerchast quelque vie d'un sien compagnon.*

*C'est ce que je fays en ottroyant vostre requeste
raisonnable ; & voicy le discours de ma vie, en la privauté paternelle, qui ne m'a point contrainct de cacher
ce qui en l'Histoire Vniverselle eust esté de mauvais
goust : donc ne pouvant rougir envers vous ny de ma
gloire, ni de mes fautes, je vous conte l'un & l'autre
comme si je vous entretenois encores sur mes genoux.
Je desire que mes heureuses ou honorables actions
vous donnent sans envie l'emulation pourveu que vous
vous attachiés plus exprés à mes fautes, que je vous
descouvre toutes nues, comme le point qui vous porte
le plus de butin. Espuis espeluchez les comme miennes :
mais les heurs ne sont pas de nous, mais de plus haut.
J'ay encores à vous ordonner qu'il n'y ait que deux
copies de ce livre : vous accordants d'estre de leurs
gardiens & que vous n'en laissiés aller aucune hors
de la maison. Si vous y faillez, vostre desobeissance
sera chatiee par vos envieux, qui esleveront en risee
les merveilles de Dieu en mes delivrances & vous
feront cuire vostre curieuse vanité.*

SA VIE

a

SES ENFANTS.

HEODORE AGRIPPA D'AVBIGNÉ, fils de Jean d'Aubigné, Seigneur de Brie en Xaintonge & de Damoiselle Catherine de l'Eſtang, naſquit en l'hoſtel Saint-Maury prés de Pons, l'an 1551, le 8ᵉ de Febvrier, ſa mere morte en accouchant, & avec telle extremité, que les medecins propoſerent le choix de mort pour la mere, ou pour l'enfant. Il fut nommé Agrippa (comme *ægre partus*) & puis nourri en enfance hors la maiſon du pere, pource que Anne de Limur, ſa belle mere, portoit impatiemment & la deſpenſe, & la trop exquiſe nourriture que le pere y employoit.

Dés quatre ans accomplis le pere luy amena

de Paris precepteur Jean Cottin, homme aftorge & impiteux, qui luy enfeigna les Lettres Latine, Grecque & Hebraique à la fois, cefte methode fuivie par Peregim, fon fecond precepteur, fi bien qu'il lifoit aux quattre langues à fix ans. Aprés on luy amena Jean Morel Parifien, affés renommé, qui le traita plus doucement.

En ceft aage Aubigné veillant dedans fon lict pour attendre fon precepteur, ouït entrer dans la chambre, & puis en la ruelle de fon lict, quelque perfonne de quy les veftements frottoyent contre les rideaux, lefquels il veit tirer auffi toft, & une femme fort blanche, qui luy ayant donné un baifer froit comme glace, fe difparut. Morel arrivé le trouva ayant perdu la parole : & ce qui fit defpuis croire le rapport de telle vifion fut une fiebvre continuë qui luy dura quatorze jours.

A fept ans & demi il traduifit avec quelque aide de fes leçons le Crito de Platon, fur la promeffe du pere qu'il le feroit imprimer avec l'effigie enfantine au devant du livre. A huit ans & demi le pere mena fon fils à Paris, & en le paffant par Amboife un jour de foire, il veit les teftes de fes compagnons d'Amboife encores recognoiffables fur un bout de potence, & fut tellement efmeu, qu'entre fept ou huit mille perfonnes il s'efcria, *Ils ont defcapité la France, les bourreaux*. Puis le fils ayant picqué prés du pere pour avoir veu à fon vifage une efmotion non accouftumee, il luy mit la main fur la tefte en difant : *Mon enfant, il ne faut pas que ta tefte foit efpargnee aprés la mienne, pour venger ces chefs pleins d'honneur; fi tu t'y efpargnes, tu auras ma malediction.* Encore que cette troupe fuft de vingt chevaux, elle eut peine à fe defmefler du peuple, qui s'efmeut à tels propos.

[1562] Ceft efcolier fut mis à Paris entre les mains

de Matthieu Beroalde, nepveu de Vatable, trés grand
perſonnage. Au meſme temps ou bien toſt aprés, le
Prince de Condé ayant faiſi Orleans, les perſequutions redoublees, les maſſacres & brulements qui ſe
faiſoyent à Paris ayant contrainɾt aprés de trés grands
dangers Beroalde de s'enfuir avec ſa famille, il faſcha
bien à ce petit garçon de quitter un cabinet de livres
couverts ſomptueuſement & autres meubles, par la
beauté deſquels on luy avoit oſté le regret du païs;
ſi bien qu'eſtant auprés de Villeneufve Sainɾt George,
ſes penſees tirerent des larmes de ſes yeux, & Beroalde
le prenant par la main luy dit, *Mon ami, ne ſentez vous point l'heur que ce vous eſt, de pouvoir dés
l'aage où vous eſtes perdre quelque choſe pour celuy
qui vous a tout donné?*

De là ceſte troupe de quatre hommes, trois femmes
& deux enfants, ayant recouvré une coche au Coudret, (maiſon du Preſident l'Eſtoile) ils prirent leur
chemin au travers du bourg de Courance, où le Chevalier d'Achon qui avoit là cent Chevaux Legers les
arreſta priſonniers, & auſſi toſt les mit entre les mains
d'un inquiſiteur nommé Democares. Aubigné ne
pleura point pour la priſon, mais oui-bien quand on
luy oſta une petite eſpee bien argentee & une ceinture à fers d'argent. L'inquiſiteur l'interrogua à part,
non ſans colere de ſes reſponces : les Capitaines qui
luy voyoient un habillement de ſatin blanc, bandé de
broderie d'argent, & quelque façon qui leur plaiſoit,
l'amenerent en la chambre d'Achon, où ils luy firent
voir que toute ſa bande eſtoit condamnee au feu,
& que il ne ſeroit pas temps de ſe dedire eſtant au
ſuplice : il reſpondit que l'horreur de la Meſſe luy
oſtoit celle du feu. Or y avoit il là des violons ;
& comme ils dançoyent, Achon demanda une gail-

larde à fon prifonnier, ce que n'ayant point refufé il fe faifoit aimer & admirer à la compagnee, quand l'inquifiteur avec injures à tous le fit remener en prifon. Par luy Beroalde adverti que leur procés eftoit faict, fe mit à tafter le pouls à toute la compagnee, & les fit refoudre à la mort trés facilement. Sur le feoir, en apportant à manger aux prifonniers, on leur monftra le bourreau de Milly qui fe preparoit pour le lendemain. La porte eftant fermee la compagnie fe met en prieres, & deux heures aprés, vint un Gentil-homme de la troupe d'Achon, qui avoit efté moine, & qui avoit lors en garde les prifonniers. Ceftui-ci vint baifer à la jouë Aubigné, puis fe tourna vers Beroalde difant, *Il faut que je meure ou que je vous fauve tous, pour l'amour de cet enfant : tenez vous prets pour fortir quand je le vous diray : cependant donnez moy cinquante ou foixante efcus pour corrompre deux hommes fans lefquels je ne puis rien.* On ne marchanda point à trouver foixante efcus cachez dans des fouliers. A minuit ce Gentilhomme revint acompagné de deux ; & ayant dit à Beroalde, *Vous m'avez dit que le pere de ce petit homme avoit commandement à Orleans; promettez moy de me faire bien recevoir dans les compagnies.* Cela luy eftant affeuré avec honorable recompence, il fit que toute la bande fe prit par la main, & luy, ayant pris celle du plus jeune, mena tout paffer fecrettement auprés d'un corps de garde, de là dans une grange par deffous leur coche, & puis dans des bleds, jufques au grand chemin de Montargis, où tout arriva avec grands labeurs & grands dangers.

La Ducheffe de Ferrare les receut avec fon humanité accoutumee, mais fur tous Aubigné qu'elle fit trois jours durant affeoir fur un carreau auprés d'elle pour ouïr fes jeunes difcours fur le mefpris de la mort. Puis elle les fit conduire commodement à Gien, où ils demeurerent un mois chez le Procureur du Roy, Chazeray. Mais La Fayette y amena le fiege. Il falut gagner les batteaux & fe fauver à Orleans, au peril des arquebufades que la commune leur tira vers Boteilles.

Beroalde arrivé fut par la faveur du Sieur d'Aubigné, commandant à la ville foubs Monfieur de Saint-Cire, logé favorablement, premierement chez le Prefident l'Eftoile, où Aubigné le premier fe fentit de la contagion qui fit mourir trente mille perfonnes. Il veit mourir fon chirugien & quattre autres en fa chambre, entre autres Madame Beroalde : fon ferviteur nommé Efchalart, qui defpuis eft mort Miniftre en Bretagne, ne l'abandonna jamais, & fans prendre mal le fervit jufques à la fin, ayant un pfeaume en la bouche pour prefervatif.

Le Sieur d'Aubigny, ayant fait un voyage en Guyenne pour hafter les forces, trouva fon fils guery, mais un peu defbauché, comme il eft dificile *Pacis artes colere inter Martis incendia.* Vn jour il envoya au compagnon par fon defpenfier, un habillement de bureau, avec charge de le mener par les bouticques pour choifir quelque meftier, puifqu'il quittoit les lettres & l'honneur. Noftre efcolier print à tel cœur cefte rude cenfure, qu'il en tomba en fievre frenetique & faillit à en mourir : & puis eftant relevé alla prononcer à genoux devant fon pere une harangue, de laquelle les lieux pathetiques arracherent des larmes des efcoutants, & fa paix fut marquee par quelque defpence qui excedoit fa condition.

[1563] Sur la fin de l'année le fiege eftant venu, & Beroalde eftant logé dans le logis de la Royne où cloiftre Sainct Agnan, les foldats du pere defbauchoyent le fils, & le menoyent mefmes dans les motines, comme il y eftoit lors que M. de Duras fut tué. Vn jour il fut mené par fon pere voir le Sieur d'Achon, qui auffi bien que le Coneftable eftoit entre les mains du dit Sieur d'Aubigny, comme les ayant amenez prifonniers de la bataille de Dreux ; Achon logé dans la tour neuve qui avoit deux colevrines fur le plancher de fa chambre, bien eftonné de voir fon petit prifonnier luy reprocher fon inhumanité, & toutes fois fans injures : car il refpondit à ceux qui luy en vouloyent faire dire, qu'il ne pouvoit *infultare afflicto*.

En ces jours là quatorze Capitaines touchent en la main pour effayer la reprife des Tourelles, mais il n'y eut que fix qui teindrent promeffe & fauterent dans le retranchement. Là le Sieur d'Aubigny eut un coup de picque au deffoubs de la cuiraffe, & fa playe eftant à demi guerie, il fut choifi pour la negotiation de la paix qu'il traitta paffant en batteau à la Poule Blanche du Portereau, où eftoit logé la Royne; auffi fut il le quatriefme, qui de fon party entra dans le pavillon violet de l'ifle aux Bœufs, où fe fit la paix.

En faveur de ce traitté & de fes autres fervices, luy fut donné l'eftat de Maiftre des requeftes, pour fervir de Chancelier en la Caufe. En quoy le Sieur de Chavagnes fucceda aprés fa mort.

La paix faicte, il fe retira, dit à Dieu à fon fils, luy recommanda fes paroles d'Anboife, le zele de fa Religion, l'amour des fciences, & d'eftre veritable ami, le baifa hors fa couftume, puis demeura malade à Amboife d'un fac qui fe fit en fa playe. Là il mourut, ne regrettant rien des affaires du monde finon que l'aage de fon fils ne luy permettoit pas de fucceder à fon Eftat : & dit ces chofes tenant les lettres au poing, lesquelles il renvoya au Prince de Condé, avec priere de ne donner ceste charge à homme qui ne fust resolu de mourir pour Dieu. Il arriva que six ou sept jours aprés sa mort deux de ses gens s'en retournerent à Orleans pour faire inventorier les armes & autres hardes qu'il y avoit laissees. Ceux-ci trouverent soubs le portail du logis Aubigné qui ne les vit pas sitost arriver que la mort de son pere luy frappa au coeur. Il se cacha pour voir leur contenance en establant leurs chevaux : & de là se confirma tellement en son opinion, qu'il fut trois mois se cachant pour pleurer, & nonobstant les asseurances qu'on luy donnoit, ne voulut porter habillement que de deuil.

Il eut pour Curateur Aubin d'Abeville, lequel pour les dettes immenses du pere, le fit renoncer à la succession de quatre mille livres de rente, & l'entretint aux estudes du bien de sa mere, le laissant encore un an entre les mains de Beroalde; & puis l'envoya à treze ans à Geneve, pour lors faisant plus de vers latins qu'une plume diligente n'en pouvoit escrire. Il lisoit tout courant les Rabins sans poincts : & explicquoit une langue en l'autre sans lire celle qu'il expliquoit. Il avoit faict son Cours de Philosophye, & des Mathematicques; & nonobstant, sur l'ignorance de quelques dialectes de Pindare, on le remit au college ayant esté deux ans des publicques à Orleans : cela luy fit haïr les lettres, prendre les estudes à charge & les chastiments à despit : il s'adonna à des postiqueries qui mesmes le faisoyent admirer. Monsieur de Beze les vouloit pardonner, comme tout estant de levron & rien du renard, mais les precepteurs estoyent des Orbilies. Dont advint que ayant esté deux ans à Geneve, il s'en veint à Lion sans le sceu de ses parans, & se remit aux Mathematicques,

& s'amufa aux theoricques de la Magie, proteftant pourtant de n'effayer aucun experiment. L'argent luy ayant manqué à Lion, & fon hoteffe luy en ayant demandé, il prit à tel contre coeur fon manque que n'ofant retourner au logis, il fut un jour fans manger, & cefte melancolie fut extreme. Eftant en peine où il pafferoit la nuit, il s'arrefta fur le pont de la Saone, paffant la tefte vers l'eau pour paffer fes larmes qui tumboyent en bas, il luy prit un grand defir de fe jetter apprés elles; & l'amas de fes defplaifirs l'emportoit à cela, quand fa bonne nourriture luy faifant fouvenir qu'il falloit prier Dieu devant toute action, le dernier mot de fes prieres eftant la vie eternelle, ce mot l'effraya & le fit crier à Dieu qu'il l'affiftaft en fon agonie. Lors tournant le vifage vers le pont, il veit un valet duquel il cognut premierement la male rouge & le maiftre bientoft aprés qui eftoit le Sieur de Chillaud, fon coufien germain, qui envoyé en Allemagne par Monfieur l'Amiral portoit à Geneve de l'argent au petit defefperé.

[1567] Bien toft aprés commencerent les fecondes guerres. Aubigné retourna en Xaintonge chés fon Curateur, lequel voyant fon pupile fe battre à la perche pour quitter les livres, à bon efcient le tint prifonnier jufques à la prife des troifiefmes armes.

Lors les compagnons luy ayant promis de tirer une harquebufade de quand ils partiroyent, le prifonnier duquel on emportoit les habillements fur la table du Curateur tous les foirs, fe devala par la fenestre par le moyen de fes linceulx, en chemife, à pieds nuds, fauta deux murailles, à l'une defquelles il faillit à tumber dans un puis ; puis alla trouver auprés de la maifon de Riverou les compagnons qui marchoient bien eftonnés de voir un homme tout blanc courir, & crier aprés eux, & pleurant de quoy les pieds luy faignoyent. Le Capitaine Sainct Lo, aprés l'avoir menacé pour le faire retourner, le mit en croupe avec un meschant manteau foubs luy, pource que la boucle de la cropiere l'efcorchoit.

A une lieuë de là, au paffage de Reau, cefte troupe trouva une compagnie de Papiftes qui vouloyent gaigner Angoulefme : cela fut desfaict avec peu de combat, où le nouveau foldat en chemife gagna une harquebufe & un fourniment tel quel, mais ne voulut prendre aucun habillement, quoy que la neceffité & fes compagnons luy confeillaffent ; ainfi arriva au rendez vous de Jongfac, où quelques Capitaines le firent armer & habiller. Il mit au bout de fa fedulle, *A la charge que je ne reprocheroys point à la guerre qu'elle m'a defpouillé, n'en pouvant fortir plus mal equippé que j'y entre.*

Le rendez vous de toutes les troupes fut à Xainctes, où Monfieur de Mirambeau, Gouverneur du païs, incité par les parens, le voulut retirer, premierement par remonftrance, & puis par fon authorité, mais le compagnon rompit le refpect, & ayant dit pour raifon qu'il eftoit de garde, quitta le dit Sieur & Soribrand fon Capitaine qui confentoit à fa retention, perçea maugré toute la compagnie, s'enfuit & portant l'efpee à la gorge d'un fien coufin qui le fuivoit de plus prés, gagna le logis du Capitaine Anieres qu'il fcavoit eftre en querelle avec le Sieur de Mirambeau, & le lendemain à une efmeute qui fe fit entr'eux, fut le premier qui coucha la mefche & faillit à tuer fon coufin du parti de Mirambeau.

Durant ceft hiver qui fut fort rude, un foir que le corps de garde d'Anieres à la tefte de l'ennemi eftoit fur le bord d'un mareft gelé, fi bien qu'ils tranciffoyent

loing du feu, & auprés eſtoyent en la fange, un vieil
Sergeant Daulphin vint faire allumer la meſche au
jeune homme, & voyant qu'il trembloit luy preſta ſon
eſcharpe, ce que le morfondu accepta joyeuſement.
Mais les plus grands labeurs qu'il ſentit furent en Peri-
gort, à la ſuite du regiment de Piles, puis au retour du
ſiege d'Angoleme, où il avoit donné à l'aſſaut du parc
& gagné un fourniment dans la ville; mais par les chemins en venant à Pons, la laſſitude le faiſoit trainer
la nuit de feu en feu : puis ayant au matin trouvé ſa
compagnie, il oyoit battre aux champs de tous coſtez : tous ces maux ne l'empeſchoyent point qu'il ne
tournaſt le viſage, quand il voyoit paſſer ſes couſins
bien montez, craignant leurs reproches.

[1569] Eſtant à Pons, il fut encore à l'aſſaut & à la
priſe, vengea une ſienne tante qu'un Capitaine Banche-
reau avoit voulu forcer : il ſe trouva aux eſcarmouches
de Jazeneuil, à la bataille de Jarnac, au grand combat de la Rocheabeille, mais il perdit l'occaſion de la
bataille de Moncontour, s'eſtant retiré avec ceux de
ſon païs, où il ne courut point moins de riſque qu'à
la bataille, pource que en meſme temps le Sieur de
Savignac fit l'entrepriſe que vous voyez eſcrite au
premier tome de ſon Hiſtoire, livre 5, chap. 16 : où
il n'a pas voulu exprimer comment en ceſte nuitee,
il courut tant de riſques qu'il ſe ſouvint de ſes deſo-
beiſſances à ſes parens, & priant Dieu en ſes angoiſſes,
il dit, en s'accuſant, *L'homme indompté ſera dompté
de meſmes par les maux*, &c.

Ayant paſſé la Drongne par le moyen d'un païſan
qui eſtoit venu pour le tuer, ſon cheval contre toute
eſperance la paſſa aprés luy, qu'il tira à grand peine
des vazes, & puis ayant paſſé l'Iſle à l'Auberdemont,
ſon guide le mena juſques à l'entree du bourg de

Coutras, mais n'ofa paffer plus avant ; foit dit en
paffant, que à la maifon de Savignac on fit venir à
Aubigné le païfan nommé Peirot de Fargue, lequel il
recognut entre fix qu'on luy prefentoit, tant la peur
a de bonnes tablettes. A l'entree de Coutras, Aubigné enfila la ruë, & puis defcendit au quay, mais
voulant prendre confeil du paffage, il vit courir à
luy quattre harquebufiers auprés du moulin, qui couchoyent la mefche, & d'autres encor qui fuivoyent :
cela le fit jetter dans le guai fans marchander, où il
fe trouva à la nage, il leva celuy de fes piftolets
qu'il n'avoit point tiré à la charge, & ayant trouvé
terre, paffa maugré ceux qui le canardoyent en l'eau
& ceux qui venoyent au devant. Les perils qu'il courut en ceft affaire fe firent encor fentir, comme vous
verrez en quelque lieu.

Mais tout cela ne le corrigea point, & pour vous
donner un exemple de fa liberté trop affectee, un
jour paffant entre cinq cents harquebufiers devant
le Prince de Condé, il appelloit bifognes ceux qui
oftoyent le chapeau : de quoy s'appercevant le Prince,
& l'ayant voulu recognoiftre, luy fit offrir place en fa
maifon. Cet honneur prefenté par Monfieur de la
Caze en ces termes, qu'il le vouloit donner à ce
Prince, la refponfe de l'eftourdi fut, *Meflez vous de
donner vos chiens & vos chevaux :* feconde chofe que
je vous marque d'une ruftique liberté.

[1570] Il paffa le refte des troifiefmes guerres en
Xaintonge, fe trouva à la desfaicte de deux compagnies Italienes, & de deux de l'Herbette à Jonfac :
& là on commancea de fe fier en luy de mener vingt
harquebufiers enfants perdus : la barriquade trés
eflevee & avantageufe fut bien desfendue & forcee par
la vertu de Boifrond.

Clermond d'Amboife, Ranti & autres eftants venus fe retrancher dans Archac, la Riviere Puitaillé, qui eftoit à Pons avec cinq cornettes italienes & quatre françoifes, vint plufieurs fois attaquer l'efcarmouche à cefte nobleffe, où il s'en paffa de fort belles & où les gardes d'Acier fervoyent de precepteurs aux Xaintongeois. Là Aubigné eut l'honneur d'attendre un cavalier qui le desfioit, & tira de fi prés qu'il le porta par terre; dés lors il refufoit plufieurs enfeignes, mais il vouloit (comme il l'eut aprés) avoir celle de la premiere compagnie.

Archiac fut affiegé, luy eftant lors à Cognac, mais il trouva moyen d'entrer dedans, & d'y mener des foldats chargés de poudre, defquels l'ung ayant voulu porter meche, mit le feu en fon pacquet, & en fut quitte pour la perte des yeux.

Eftant Enfeigne d'Anieres, Blanchard, depuis nommé Clufeau, & luy menerent les enfans perdus au fiege de Cognac, où eftant reçeus refolument par des Sergeans dans la hale, ils furent meflez encor plus refolument, principalement Aubigné, qui eftant en pourpoint, commencea la barricade fur le bout du pont levis, enlevant un buffet & deux coffres, & l'amena ainfi à contre poil, non fans perte de bons hommes vers le bourg pour cefte folie; Aniere l'honora de luy faire faire la capitulation : à ceft affaire un Gentilhomme fut enlevé par le pont levis en la place & ne fut rendu qu'avec elle : & puis pour dernier traict de ces guerres, vous voyez fa prife de Pons à la fin du 24ᵉ chap. du 5ᵉ livre.

Mais encor faut il dire qu'au retour de là, durant que la paix fe menageoit, le regiment d'Anieres, paffant avec grande crainte auprés de Royan, noftre Enfeigne nouveau ayant eu congé de mener à la guerre trente arquebuſiers à cheval, fit une ſi belle contenance à la teſte du Baron de la Garde, qui marchoit pour desfaire le regiment, que tournant ſur ſoy l'eſchec, il ſauva ſes compagnons, mais deux heures aprés, une fiebvre continuë le mit au lit; & là eſtimant mourir, il fit dreſſer les cheveux à la teſte des Capitaines & des ſoldats qui le viſitoyent, ayant principalement ſur ſon coeur les pilleries où il avoit mené ſes ſoldats, & notamment de n'avoir peu faire punir le ſoldat Auvergnac, qui avoit tué un vieux païſan, ſans raiſon : là il faiſoit valoir ſa faute d'avoir oſé commander avant que l'aage lui euſt donné autorité. Ceſte maladie le changea entierement & le rendit à luy meſmes.

La paix des troiſieſmes guerres civiles faicte, ſon Curateur luy donna peu d'argent & un bail de ſa terre des Landes pour tous tiltres, & avec cela (accompagné d'une fiebvre quarte) il s'en vint à Blois, où il trouva que un Maiſtre d'hoſtel du Duc de Longueville s'eſtoit rendu ſon heritier, jouiſſoit de ſon bien, & ainſi l'ayant reçeu comme affronteur, offrit à luy prouver qu'Aubigny avoit eſté tué à la charge de Savignac, dont il avoit bonnes ateſtations. Ce jeune homme print ceſte nouvelle & autres ſortes de peines tant à coeur, qu'ayant eu recours à ſes parens maternels de Bloiſois, & qui tous luy tournerent le dos en hayne de ſa religion, ſa maladie le mit en l'eſtat qu'on n'en pouvoit plus ſperer que la mort. Aux fureurs de ſa fiebvre, il leur predit qu'un jour ils luy feroient hommage : ſon fermier l'ayant viſité, le recognut eſtre bien luy meſmes à un charbon qu'il avoit eu au coing du front, à la grand' peſte d'Orleans; mais le voyant en ſi mauvais eſtat & ſans apparence de vie, ce meſchant ſe rallia avec les heritiers pretendus, de peur de païer trois annees à la fois, & lors le miferable, à qui les parents, l'argent, la faveur & la fanté desfailloyent, fe fait porter demi mort par batteau à Orleans, & de là dans l'auditoire, où eftant dans une chaire fort baffe, il eut permiffion de plaider fa caufe. Son exorde fut fi pathetique, & tellement aidé de fa mifere, que le juge regardant d'un oeil furieux fes parties, ils fe leverent de leur place, & s'eftant efcriés qu'autre que le fils d'Aubigné ne pouvoit parler ainfi, luy demanderent pardon.

Ayant fon peu de biens entre les mains, il devint amoureux de Diane Salviaty, fille aifnee de Talcy. Cet amour luy mit en tefte la poëfie françoife, & lors il compofa ce que nous appelons fon *Printems*, où il y a plufieurs chofes moins polies, mais quelque fureur qui fera au gré de plufieurs.

[1572] Les guerres de Mons en Hainaut commencerent, pour lefquelles il dreffoit une compagnie, & comme il eftoit à Paris en la faifon des nopces pour avoir fa commiffion, fervant de fecond à un fien ami en un combat prés la place Maubert, il bleffa un Sergent qui le vouloit prendre : ce qui luy fit quitter Paris, & la Sainct Barthelemy fut trois jours aprés.

Je veux donner un exemple de ce que Dieu s'eft refervé fur les courages : c'eft que fur la nouvelle du maffacre, Aubigné accompagné de quatre vingts des fiens, entre lefquels on pouvoit trier une douzaine des plus hazardeux foldats de la France, cefte troupe fe pourmenant fans deffaing, à une voix qui cria fans raifon & fans advis, *les voicy*, tous fuirent comme une troupe de moutons, fi bien que l'haleine leur faillit pluftoft que la peur : puis s'eftants pris par la main trois ou quattre, chacun tefmoing du

courage de son compagnon, se regarderent couverts
de honte & advoüerent que Dieu ne donnoit pas le
courage & l'entendement, mais les preſtoit. Le lendemain la moitié de ceux là allerent au devant de
six cents maſſacreurs qui deſcendoyent par eau
d'Orleans & de Boijanſi ; ils attendirent derriere la
levee qu'une bonne troupe euſt mis pied à terre,
& ſe voyans deſcouverts, les menerent tuants juſques
deſſous les batteaux, & ſauverent le pillage de Mer.

Aubigné ſe retirant à Talcy envoya quarante
de ſa compagnie dans Sanſerre, & luy ſe reſervant
pour la Rochelle avec ceux qui aimoyent mieux
prendre ce coſté, ſe cacha à Talcy quelques mois. Vn
jour il contoit au pere de ſa maiſtreſſe ſes miſeres,
& comment faute de moyens l'empeſchoit d'eſtre dans
la Rochelle. Le vieillard repliqua, *Vous m'avez dit
autres fois que les originaux de l'entrepriſe d'Amboiſe avoyent eſté mis en depoſt entre les mains de
voſtre pere, & de plus, qu'en l'une des pieces vous
aviez le ſeing du Chancelier de l'Hoſpital, qui pour
le preſent eſt retiré en ſa maiſon prés d'Eſtampes :
c'eſt un homme qui ne ſert plus de rien, & qui a
deſadvoüé voſtre parti. Si vous voulez que je luy
envoye un homme pour l'avertir que vous avez ceſt acte
en main, je me fai fort vous faire donner dix mille
eſcus, ou pour luy, ou pour ceux qui s'en ſerviroyent
contre luy.* Sur ſes paroles, Aubigné va querir un
ſac de veloux fané, fit voir ces pieces, & aprés y avoir
penſé, les mit au feu : ce que voyant le Sieur de Talci
le tança; la reſponce fut, *Je les ay bruſlees de peur
qu'elles ne me bruſlaſſent, car j'avoys penſé à la tentation.* Le lendemain ce bonhomme prit l'amoureux
par la main avec tel propos : *Encor que vous ne m'ayez
point ouvert vos penſees, j'ay trop bons yeux pour*

n'avoir point defcouvert voſtre amour envers ma fille; vous la voyeʒ recerchee de pluſieurs qui vous ſurpaſſent en biens. Ce qu'eſtant advoüé, il pourſuit ainſi, *Ces papiers que vous aveʒ bruſleʒ de peur qu'ils ne vous bruſlaſſent, m'ont eſchauffé à vous dire que je vous deſire pour mon fils.* Aubigné reſpond, *Monſieur, pour avoir meſpriſé un treſor mediocre & mal acquis, vous m'en donneʒ un que je ne puis meſurer.*

De là à quelques jours, Aubigné ayant mis pied à terre en un village de Beoce, un homme qui le chevaloit monté ſur un turc, ayant failli de le tuer dans la porte d'une hoſtellerie, Aubigné arracha l'eſpee d'un garçon de cuiſine, & avec des pantoufles, courut au devant de l'autre qui retournoit à luy: la rencontre de la teſte du cheval chocqua le pieton, & l'eſtourdit; puis ſe reprenant, porte un coup d'eſpee dans le corps à l'homme de cheval qu'il trouva armé; redoublant, luy preſta demi pied d'eſpee au desfaut de la cuiraſſe, puis tumba en ſe jettant à quart ſur la glace: l'autre ne fut pareſſeux à le venir relever & le bleſſer de deux playes, l'une profonde dans la teſte; le bleſſé ſe rejetta à l'autre & le corça, mais le repart du cheval le laiſſa à terre, & puis ayant cognu ſur ſoy aux mines du chirurgien que ſa playe eſtoit doubteuſe, ſans ſouffrir qu'on luy oſtaſt ſon premier appareil, il partit avant jour, pour vouloir venir mourir entre les bras de ſa maitreſſe. La courvee de vingt deux lieuës qu'il fit luy cauſa une fluxion de tout le ſang, ſi bien qu'il demeura ſans ſentiment, ſans veuë & ſans pous. Il demeura ſans appareil & ſans manger deux jours; enfin il reprint vie avec les reſtaurents, & on a jugé de luy que ſans ce changement de ſang, il n'euſt peu ſoy mefmes fe fupporter en la petulence naturelle qui le dominoit.

Ses parens firent que l'Evefque d'Orleans envoya fon Promoteur avec fix officiers de juftice, pour contraindre le Sieur de Talcy de mettre fon hofte entre leurs mains, mais n'en ayant fçeu tirer aucune confeffion que palliative, le Promoteur s'en retourna, & ayant refufé ceux de la maifon d'une atteftation, s'en alla menaçant de la deftruire. Aubigné monte à cheval, joinct ce train à deux lieuës de là, & avec le piftolet dans les dents, fait renoncer au Promoteur tous les articles de la Papauté. Ce bourreau rachetta fa honte en faifant dans le chemin l'atteftation qu'on demandoit.

L'amour & la pauvreté ayant empefché Aubigné de fe jetter dans la Rochelle, le Chevalier Salviaty rompit le mariage fur le different de la religion, dont le defplaifir d'Aubigné fut tel, qu'il en tumba en une maladie fi extreme, qu'il fut vifité de plufieurs medecins de Paris, & outre de Poftel qui ayant convié le malade à fe confeffer, demeura à le garder pour l'empefcher d'eftre maffacré.

[1573-1575] La paix de la Rochelle eftant faicte, & les menees de Monfieur & du Roy de Navarre ayants commencement, le Maiftre d'hoftel du dernier, nommé Eftounau fit fouvenir fon Maiftre des fervices de deffunct d'Aubigné, & lui confeilla de fe fervir du fils comme d'un homme qui ne trouvoit rien de trop chaud ; ce marché fe fit en fecret, fur le point des guerres de Normandie, & pour ce que ce Roy prifonnier eftoit efclairé de trop prés, il voulut qu'Aubigny fift quelque voyage avec Fervacques, lors grand ennemi des Huguenotz, comme s'il l'euft reçeu de fa main ; & d'ailleurs Poupeliniere & un

Miniftre de Normandie mirent en tefte à Aubigné d'entreprendre de fauver le Conte de Montgomery, ce qu'il pouvoit faire fans fraude, pourveu qu'il ne preftaft point ferment : vous voyez ce qu'il fit pour cela foubs le tiltre de Guidon de Fervacque & de l'Equier du Roy de Navarre, au fecond livre, 11ᵉ tome, chap. 7.

Le Roy de Navarre adverty de ces chofes, & fur le point de la mort du Roy Charles, rappela fon jeune homme, qui voulant voir la mort du Roy, fut trouvé par la Roine mere fortant de chambre, elle advertie par Matignon qui haïffoit Aubigné pour luy avoir prefenté un piftolet à la tefte, & qui eftoit d'ailleurs criminel de fon nom en la memoire de cefte Royne; elle l'attaqua, reprochant qu'elle avoit de fes nouvelles de Normandie & qu'il fembleroit fon pere. Le galand ayant re'pondu, *Dieu m'en face la grace*, & ayant recognu aux mines de la Dame, accompagnee de Lanfac feulement, qu'il ne luy manquoit qu'un Capitaine des gardes pour luy mettre la main fur le collet, fit fa retraite, & la vouloit faire de tout point fans les conjurations qu'il reçeut de fon Maiftre; & Fervacques de retour, lequel avec force reniements refpondit pour fon guidon qu'il ne laiffa encor gueres en la Cour, mais l'emmena avec tous les officiers du Roy de Navarre prifonnier. Cela fut caufe qu'il fe trouva à la prife d'Archicourt en Allemagne, où il entra le premier, l'efcarmouche & combat du pont d'Aine, & le lendemain à la bataille de Dormans, toufjours fans prefter aucun ferment, pour le defir qu'il avoit de fauver le Conte de Montgommeri.

En cefte meflee, où il entra trente pas devant les rangs, il ne luy peut tomber aucun chef entre les mains, mais feulement un Gentilhomme de Champagne, nommé de Verger, qui importuna fon Maiftre de recevoir rançon : il la refufa, quoy qu'il n'euft pas un efcu, comme auffi un cheval, quoy que le fien fuft bleffé à la tefte : mais il dit à fon prifonnier,

Helas ! combien m'eft ennuyeufe
Cefte demeure mal'heureufe,

avec le refte du couplet.

Ce voyage donna une grande familiarité à Aubigné avec Monfieur de Guife, ce qui ne nuifit point à le maintenir en la Cour, & en acroiftre une plus grande entre fon Maiftre & le Duc. Ces deux Princes couchoyent, mangeoyent, & faifoyent enfemble leurs mafcarades, balets & caroufels, defquels Aubigné feul eftoit inventeur, & dés ce temps il dreffa le project de la *Circé* que la Royne mere ne voulut pas executer, pour la defpence : & defpuis le Roy Henri troifiefme l'executa aux nopces du Duc de Joyeufe.

Il fe rendit cognu parmi les Dames par fes bons mots : comme un jour eftant feul affis fur un banc, Boudeilles, Beaulieu & Tenie, trois filles de la Royne, qui toutes trois faifoyent cent quarante ans, le fentens affez nouveau, controloyent fes habillements, & une des trois luy ayant effrontement demandé, *Que contemplé vous là, Monfieur ?* cela en parlant nazard, luy, refpond de mefme, *Les antiquitez de Cour, Mefdames.* Ces filles plus honteufes luy allerent demander fon amitié & ligue offenfive & deffenfive. Ce mauvais mot, fuivi d'autres, le mit en la familliarité des Dames. Diverfes querelles, une charge que luy quatriefme fit à trente badauts, la plufpart halebardiers, une autre pour fauver les enfans du Marquis de Tran pourſuivi de trente hommes, une autre ſur les gardes du Mareſchal de Mommorançi qui avoyent aſſiegé Fervacques dans le Chapeau Rouge, une autre, comme luy meſme & luy, accompagnez d'un page & valets, furent chargez de gayeté de coeur par treiſe matois armés de jacques & de ſegretes, là où les deux furent bleſſés dans le corps : d'autres charges faictes avec Buſſi au guet à cheval, la privauté qu'il prit avec ce Cavalier aprés avoir eſté ſecond de Fervacques contre luy, & encor la folie le pouſſa amener quelques jeunes Seigneurs de la Cour, comme le Conte de Gurſon, Sagonne, Pequigni & autres, à mettre dans les Corps de garde de la ville l'eſpee à la main, & ſortir en les perſant, & puis rentrer de meſme par une autre porte : à ce jeu ce compagnon fut enfin pris à la barriere de Sainct Jacques de la Boucherie & quelques gens qu'ils avoyent appelé à leurs ſecours ; il fut bleſſé, & comme on l'emmenoit priſonnier, il trouva moyen de deſlivrer ſon eſpee, ſe fit encore faire place, & ſe ſauva.

En un tournoy où le Roy de Navarre, les deux Guiſars & l'Eſcuier de ce Roy parurent, Diane de Talci aſſiſta, lors promiſe à Limeux, les premiers accords eſtants rompus à cauſe de la Religion. Ceſte Damoiſelle apprenant & voyant à l'eſtime de la Cour les differences de ce qu'elle avoit perdu & de ce qu'elle poſſedoit, amaſſa une melancholie, dont elle tumba malade, & n'eut ſanté juſqu'à la mort.

La Royne mere ayant reproché à ſon gendre que Faleſche, ſon premier Maiſtre d'hoſtel, & ſes Equiers n'alloyent point à la Meſſe : pour remedier à cela, un Mardi d'aprés Pacques, comme les Princes jouoyent à la paume, le Roy de Navarre demanda à

Aubigné arrivé à la gallerie, s'il avoit faict ſes Paſques; luy ſurpris reſpondit, *Eh quoy donc, Sire?* mais quand on redoubla, *& à quel jour?* La reſponſe fut, *Vendredi,* pour avoir ignoré qu'il n'y avoit que ce pauvre jour en toute l'annee ſans meſſe. Monſieur de Guiſe diſant tout haut que pour ce coup il n'eſtoit pas bien catechiſé, les Princes ſe mirent à rire, mais non pas la Royne, qui le fit eſpier de plus prés. Or avoit elle de ce temps là de vingt à trente eſpions, preſques tous revoltez; un de ceux là, nommé le Buiſſon, avoit feint de ſuborner l'aiſné d'Anjau, pour prendre le Duc de Guiſe. Aubigné ayant decouvert comment ce galand vouloit perdre un homme de bonne maiſon, le conta à Fervacques à Lion, qui conſeilla de le tuer dans une ruelle, où il menoit ordinairement d'Anjau conſpirer : ce que s'executoit, ſans que Nambut fut tué au meſme lieu pour un autre fait preſque ſemblable, comme le Buiſſon arrivoit en ambuſcade.

Depuis eſtant arrivé que Aubigné, en franc Gaulois, avoit faict des remonſtrances à la Dame de Carnavalet, ſur ſon inceſte avec Fervacques, & ſur l'empoiſonnement de ſa mere la Conteſſe de Morevert, Fervacques jura de le faire mourir. Ce que pour executer au peril d'autruy, il avertit le Duc de Guiſe que le Buiſſon qui eſtoit ſien, avoit voulu avec d'Anjau le trahir, & le prendre, & que Aubigné luy maintiendroit, & cela quoy qu'il ſceuſt le deſſein de Buiſſon. Aubigné engagé trouve le Duc [de] Guiſe à ſon coucher, & vint s'offrir à maintenir ce qu'avoit dit Fervacques, qu'il pleuſt au Duc l'enfermer avec ce traiſtre dans le jeu de paume, qui, au commencement du propos, avoit une main ſur une des pommes de la chaire. Le Duc de Guiſe fut ſi diſcret, qu'il envoya le Buisson voir ce qu'on faisoit au Louvre, & dit : *Aubigné, mon ami, ce n'est pas tout de l'espee & du pognard, duquel tu penses desmesler cest affaire, ce seroit combattre la Royne, car il se mesle d'un mestier que tu ne sçais pas, mais il ne mangera jamais de mon pain.* Il falloit que ce Prince joignist beaucoup d'amitié à sa discretion.

De là à quelques jours, Fervacques voulant tenir promesse à sa cousine de tuer son advertisseur, contrefit un soir le desesperé, & pria Aubigné de s'aller pourmener derriere la Couture de Saincte Catherine, luy donnant quelque soupçon pour l'avoir voulu empescher trop expressement de prendre un pognard que portoit son lacquais. Comme ils furent en un petit pont de voirie qui despuis a esté changé, Fervaques commença tel langage, *Mon ami, estant resolu de quitter le monde, je n'i regrette rien que toy, je suis venu ici pour me tuer, donne moy une ambrassade, & puis je mourrai content.* Aubigné, se destournant d'un pas, luy respond, *Monsieur, vous m'avez dit autrefois que le plus grand soulas que vous sauriez prendre en mourant, seroit d'emmener avec vous d'un coup de poignard le plus grand de vos amis, je vous conseille de ne mourir point, & pour un subjet duquel l'estoffe & la façon ne valent rien; mais treve d'ambrassade pour ce coup.* A ce point, Fervacques tire l'espee & le poignard, & donne la teste baissee vers Aubigné, en reniant Dieu, & disant, *Puisque tu te deffies de moy, nous mourrons tous deux.* — *Ce sera vous tout seul* (dit l'autre), *si je puis*; & en reculant trois ou quatre pas, se met en garde, laquelle Fervacques n'enfonça point, mais jettant son espee & son poignard à terre se mit à genoux, & s'escriant qu'il estoit hors du sens, pria sa partie de le tuer, de quoy

refusé ils se separerent. Mais Aubigné ayant esté
si jeune de se reconcilier, de là à quelque temps il
l'empoisonna dans un potage, qui luy fit faire quatre
vingt selles en un jour, tomber les cheveux & peler
la peau, & dequoy il ne sçeut l'autheur que longtemps aprés par un medecin, nommé Stellatus, qui
l'avoit traicté en cest accident, & luy avoit conté
comment Fervacques l'avoit menacé de coups de
poignard s'il disoit que ce fust poison. Despuis il print
une humeur à cest homme, refusé de Gouvernement
de Normandie, de se donner au Roy de Navarre,
n'ayant oublié aucunes flateries pour se reconsilier à
Aubigné, lequel lors possedoit l'esprit de ce Prince
entierement, & de là vint la deliberation que vous
verrez despeinte au 2ᵉ tome de l'*Histoire*, livre II,
chap. 18.

Les choses trop particulieres, qui n'estoyent pas
dignes de l'Histoire, sont celles ci : le Roy de Navarre fit une petite repeuë en un village prés Mont-
fort l'Amorré, où luy estant arrivé de faire ses affaires
dans une mait, une vieille qui l'y surprit luy fendoit
la teste par derriere d'un coup de serpe, sans Aubigné qui dit à son Maistre pour le faire rire, *Si vous
eussiez eu ceste honorable fin, je vous eusse donné un
tombeau en stile de Sainct Innocent;* c'estoit :

> *Cy gist un Roy par grand merveille,*
> *Qui mourut, comme Dieu permet,*
> *D'un coup de serpe, & d'une vieille,*
> *Comme il chioit dans une met.*

Il eut encore une occazion de rire la mesme
journée, ce fut qu'un Gentilhomme voyant approcher
ceste troupe de son village, vint piquer l'avoine
pour l'en destourner, fut en grand peine de choisir

le Capitaine, enfin choifit Rocquelaure, qui avoit le plus de clinquant. Son village luy fut accordé à la charge de guider la compagnie jufques à Chafteauneuf, qui eftoit feulement afin qu'il ne portaft pas nouvelles par les chemins. Il entretint le Roy de bonnes fortunes de la Cour, & fur tout des Princeffes, où il n'efpargnoit pas la Royne de Navarre. En arrivant la nuit au port de Chafteauneuf, il arriva à Frontenac de dire au Capitaine l'Efpine, Marefchal des logis de ce Prince, comme il parloit par deffus la muraille, *Ouvrez à voftre Maiftre*; le Gentilhomme, qui fçavoit à qui appartenoit Chafteauneuf, entra en une grande peur, & Aubigné lui fit prendre un chemin efgaré pour fe fauver, & ne retourner de trois jours chés luy.

Le Roy de Navarre ayant par Alençon gagné Saumur, & vivant fans profeffion de religion, nul ne communiqua à la Cene que la Rocque & Aubigné qui à l'arrivee de Laverdin s'en alla avec luy à la guerre au Mayne, dont il rapporta la cornette de Sainct Fales au Roy de Navarre à Touars, plus defbaucha à la Cour trente des galants, fe trouva au combat & affaires defcriptes au chap. 19 du fufdit IIe livre.

De là le Roy de Navarre fit fon voyage en Gafcogne, où Fervacques fit plufieurs entreprifes fur la vie d'Aubigny, lors mefmes que ne pouvant demeurer prés de ce Prince, il demeura trois mois aprés congé pris pour executer fa vengeance; fur ce point eftants commencez les amours dudit Roy & de la jeune Tignonville, qui tant qu'elle fut fille refifta vertueufement, le Roy vouloit y employer Aubigné, ayant pofé pour chofe feure, que rien ne luy eftoit impoffible. Ceftui ci, affez vicieux en grandes chofes, & qui peut-eftre n'euft refufé ce fervice par caprice à un sien compagnon, se banda tellement contre le nom & l'effect de macquereau, qu'il nommoit vice de baface, que les caresses desmesurees de son Maistre, ou les infimes supplications, jusques à joindre les mains devant luy à genoux, ne le peurent esmouvoir. Ce Prince, changeant de batterie, se servit de la querelle de Fervacques pour se rendre necessaire, si bien qu'un jour en bonne compagnie il dit à Aubigné, *Fervacques dit qu'il n'a point commis contre moy la trahison que vous avez declaree, & qu'il vous combattra là dessus.* La responce fut, *Sire, il ne me pouvoit faire porter ceste honorable parole par un homme de meilleure maison; j'ay esté honoré de son guidon, en ceste consideration je mettrai la main au chapeau avant que la porter à l'espee;* & puis ce Roy faisant fort l'empesché pour la reconsiliation, Aubigné fit souvenir son Maistre du serment d'inimitié qu'ils avoyent presté, quand il baisa à la jouë les compagnons.

En passant par le Poitou, un joueur de lut nommé Tougiras, qui avoit servi le pere d'Aubigni & lors estoit à la Boulaye, donna la recognoissance de son Maistre & de son cousin de S. Gelais à Aubigné, dont advint que ces deux convierent d'autres Seigneurs & Gentil'hommes, comme Montdion, Bertauville & autres à attendre sur des coffres & dans la garderobbe jusques à une heure aprés la minuict Aubigné, & l'accompagner aux ambuscades que Fervacques luy dressoit, premierement descouvertes un soir à Lectore que le guetté s'en retournant seul trouva Sacquenay, Gentilhomme bourguignon, de l'autre, qui avec deux pistolets, le chien abattu, estoit au guet en un coin de ruë; il luy sauta à la gorge si dextrement qu'il luy osta les deux pistolets, & ne luy voulut faire autre desplaisir, pource que Sacquenay, qu'il avoit autres fois mené à la guerre, luy tesmogna estre là à contre coeur, & luy descouvrit les autres desseings de Fervacques, lequel les ayant tous failli, abandonna ceste Cour, ayant premierement dit à Fecquieres, fille de Madame, qu'il avoit son coeur affligé des meschancetez commises envers son ancien ami, & qu'il vouloit lui aller dire à Dieu pour luy demander pardon. Ce jeune homme courut au logis du meschant pour prevenir ceste bonne volonté ; mais comme il montoit le degré de la chambre, La Rocque, qui en sortoit, le fit retourner bien viste, luy disant, *Il vous a donné cette amorce & n'attant plus que à vous tuer pour s'en aller.*

Dés lors desclina la faveur d'Aubigné, ce que recognoissans ses amis, ils luy faisoyent plusieurs harangues affin qu'il s'accommodast au plaisir de son Maistre. Vn jour entre autres, Fonlebon & un autre l'entreprirent, six lieuës durant, allegants que les Papistes, ne faisants pas tant de difficultez, gagneroyent le cœur de leur Maistre par ses plaisirs, ce qui seroit dommage à sa Religion & aux Esglises. Le Sieur de la Personne luy desduisant l'excellence de son eloquence en discours, en vers, & en prose, & aux gentilliesses de la Cour, disant & concluant qu'il falloit employer ces choses pour posseder les bonnes graces de son Maistre, il respondit en descendant de cheval à tous les deux : au premier, *Vous dites donc qu'il faut se bander pour le bien des Esglises, & vous, que Dieu m'a desparti de grands dons & graces, pour en faire un maquereau.*

Le Roy de Navarre continuant en son desseing & jugeant que le point d'honneur retournoit à Aubigné en son opiniastreté, se servit de ce qu'une nuit il avoit failli de tirer l'efpee contre des batteurs de pavé, & pource que celtuy ci s'eſtoit jetté au devant de fon Maiſtre, & avoit fait fon debvoir, il l'engageoit pour fa feureté à l'accompagner à quelques amours, & puis le contoit aux Miniſtres & principaux Seigneurs de fon parti. La malice le pouſſoit à luy faire toutes fortes de querelles, & luy empefcher tout payement, & mefmes à luy gafter tous fes habillemens pour le reduire à neceſſité.

[1577] Il fut defpefché pour preparer à la guerre les Provinces & Gouvernements de Guiene, Perigord, Xaintonge, Angoulmois, Aunix, Poitou, Anjou, Touraine, le Maine, le Perche, Beauce, l'Ifle de France, Normandie, Picardie, & puis pour donner dans l'Artois, par quelques intelligences fort dangereufes. Auſſi toſt defpefché, auſſi toſt la Royne mere advertie luy mit à dos pluſieurs dangereux revers, comme vous voyez defcrit à la fin du 4ᵉ chap. & 3ᵉ livre du tome 2. Nous adjouſtons feulement qu'en paſſant, il fit la harangue que le baron de Miranbeau prononça, & qu'en achevant fon voyage, ayant trouvé une troupe de Nobleſſe qui marchoyent à Saint Gelais, pour une entreprife, il fe fit leur prifonnier pour aller plus feurement trouver fon ami Saint Gelais, à qui ceux de Vanfai le menerent prifonnier fur le point que Monfieur d'Anville marchoit à l'entreprife des Rois, & Saint Gelais bailla à fon prifonnier les coureurs à mener, & luy, donnant dans la porte de Saint Gelais en pourpoint, eut fa cafaque bruflee d'une harquebufade.

Arrivé en Gafcogne, ce fut luy qui executa avec la Nouë la fole charge que voyez defcrite au chap. 6ᵉ du mefme livre, allegué foubs le tiltre du Lieutenant de Vachoniere. Seulement faurez vous deux de fes vanitez qui ne valoyent pas l'Hiftoire, l'une que fe voyant feul de la troupe avoir des braffars, il les defpouilla avant la charge : l'autre, qu'au milieu du peril, ayant dans le bras gauche un braffelet de cheveux de fa maiftreffe, il mit l'efpee à la main gauche pour fauver ce braffelet qui brufloit d'une harquebufade. Le Capitaine Bourget, à qui il euft affaire entre autres, luy manda qu'il avoit recognu cela, & l'autre pour luy monftrer une pareille froideur au combat, luy defigna un monde & une croix qu'il avoit fur fon efpee. De ce peril il ne demoura gueres à courir celuy de Sainct Macaris; vous le voyez defcript à la fin du mefme chapitre, foubs mefme titre affés au long.

Les diverfes recherches de peril & d'honneur briguees à toutes occafions adjouftant l'envie à la colere du Maiftre, cependant ce Prince eftant en doubte de l'eftat de Languedoc, il y fut defpefché & mit à fin la negociation que vous voyez defcripte au long au 7e chapitre du mefme livre, & au retour de là, il courut des rifques en beaucoup de façons. Il fit une faute notable, comme paffioné partifan, car il ne debvoit de l'entree fpecifier les infidelles finon à Monfieur de la Nouë qui fut fon auditeur, mais les debvoit laiffer tomber en la cognoiffance d'un Maiftre, par divers accidens que vous voyez defcrits au 12e chap. du mefme livre.

Icy veux je feulement fpecifier, que Aubigné ayant fceu la refolution de le poignarder, & le jetter en l'eau, prit un jour fon Maiftre au fouper, & en grand'-compagnie, luy tint ce langage : *Vous avez donc, Sire, peu penfer à la mort de celuy que Dieu a choifi pour inftrument de voftre vie, fervice que je ne vous reproche point, non plus que ma peau percee en plu-*

sieurs endroits, mais bien de vous avoir servi, sans que vous ayez peu faire de moy, ni un flatteur, ni un maquereau. Dieu vous veille pardonner ceste mort recerchee; vous pouvez cognoistre au langage que je vous tiens, combien je desire de l'avancer. Cela fut suivi de telles aigreurs, que le Roy quitta sa table; soit dit cela pour vous chastier de telles libertez.

Nous n'avons pas aussi specifié en l'*Histoire* qu'Aubigné n'estant encor bien relevé d'une fievre de huit jours, il prit pour armes de duel, à cause de sa foiblesse, un poignard en une main & un pistolet en l'autre; l'affaire estant rompuë, ses amis luy conseillerent de se retirer, ce qu'il fit à Castel-Jaloux, où il avoit charge; & est à noter que plusieurs Gentilshommes de la cour de Navarre, Constant, Saincte-Marie, H. Arambure, leur servant d'exemple, l'accompagnerent à un à Dieu qu'il alla presenter à son Maistre, revenant du proumenoir, & sans descendre du cheval. Arrivé à Castel-Jaloux, il escrivit à Laverdin en ces termes, *Monsieur, je vous fay resouvenir de ma franchise d'avoir contre tous advertissemens marché sur vostre parole qui est d'avoir mis l'advantage de l'apel de mon costé : or quelque doubteuse que vous ayez rendu, sinon vostre foy, au moins vostre prevoyance, si le Sieur de la Magdelaine a envie de fournir sa poincte, il y a beau sable entre ci & Nérac, dans lequel je prendray telle heure & telle place que vous voudrez assigner sans autres cautions.*

Aprés ce jour là se passa le perilleux combat que vous voyez descrit au mesme chapitre 12ᵉ, au retour duquel Aubigné estant au lict de ses blessures, & mesmes les Chirurgiens les tenants doubteuses, fit escrire sous soy par le Juge du lieu les premieres clauses de ses *Tragiques.*

I.

Il ne faut vous cacher une grand'marque de l'envie des Princes : le jeune Bacouë eſtant arrivé à Agien, & interrogué de Roy de Navarre comment ce combat eſtoit paſſé, ne garda aucune modeſtie à loüer Aubigné, ou pour ce que les jeunes gens ne mettent point de bornes à loüer ny à blaſmer, ou bien pource qu'il croyoit que ſes compagnons & luy tenoyent la vie de celuy qui, par ſes charges, avoit paié pour eux. Comme donc ce jeune homme diſoit, qu'il avoit veu Aubigné faiſant entrer la moitié de ſon piſtolet entre la cuiraſſe & le colet de bufle du Capitaine Metau avant que tirer, le Roy l'appela menteur, qui fut cauſe que ceſtui ci ayant des parents à Caſtel-Jaloux, les pria de luy en eſcrire ce qu'ils en ſçavoient. Il communiqua la lettre de reſponce à Laverdin qui portoit cela meſmes, adjouſtant que les deux Meges, Baſtavets & trois autres monſtroyent les playes qu'ils avoyent reçeues de luy au viſage, la plus part le voulant tuer par terre. Laverdin ayant dit ces choſes au Roy, y replicqua que le Capitaine Dominge y eſtoit, & que ceſtui là y auroit eſté à bon eſcient. Or ce Capitaine avoit fait ferment de ne retourner à la Cour qu'il n'euſt aidé une fois à battre les ennemis ; & pourtant Aubigné guery les mena à la guerre vers Bayonne, au combat que vous voyez deſcrit au chapitre 13ᵉ.

Dominge ſatisfait alla trouver ſon Maiſtre à Agien, dans un jeu de paume, avec Laverdin, qui quitterent la partie pour l'interroguer. Ceſtuici parla de ceſt affaire avec des loüanges de ſon Capitaine, non ſi eſlevees, mais plus judicieuſes que celles de Bacouë, & de ce coup perdit entierement l'amitié de ſon Maiſtre & la recompenſe de trente-huit harquebufades qu'il avoit fur luy. Marquez à quoy efchappent les grands, voire les meilleurs.

Aprés la mort de Vachonniere, ceux de Caftel-Jaloux voulurent demander Aubigné pour Gouverneur, ce qu'il empefcha bien à propos, voyant la colere de ce Prince tellement envenimee contre luy, qu'ayant pris par efcalade Caftelnau de Maumes, advancé vers Bourdeaux, la Dame du lieu s'eftant infinuee au lict & en la bonne grace de Laverdin, fit aifement defavoüer les preneurs de tout ce qui s'eftoit paffé, quoy que les Sieurs de Meru & de la Nouë, au nom du Party, s'oppofaffent au defadveu. Ceux de Caftel-Jaloux s'opiniaftrerent à la guerre ; la Dame de Caftelnau follicita à Bourdeaux, & fit advancer l'Admiral de Vilards avec quatorze pieces, fur promeffe du Roy de Navarre qu'il n'y auroit point de fecours. Comme l'Amiral faifoit fes approches, Aubigné entra dedans avec cinquante falades & prés de deux cents harquebufiers à cheval, qui s'eftant jettez à terre & ayant baillé leurs chevaux à ramener, cela fit une telle monftre que l'Amiral croyant que ce fuft un fecours contre la promeffe, battit aux champs, & s'efloigna vers Manfiet.

Defpuis, quelques foldats de la garnifon furent fubornés par Laverdin, leur remonftrant qu'en obeiffant au commandement de leur Colonel, on ne les pouvoit tenir pour traiftres. Ce commandement eftoit de prefter la main à La Sale du Ciron du parti contraire, pour reprendre la place. Ces foldats allerent rapporter tel propos à leur chef : & inftruits par luy, il fit aller la garnifon à la guerre, & luy, eftant entré de nuit, reçeut les Papiftes, à quoy il fut bleffé, & y demeura quarante-fix des entrepreneurs. Le Roy de Navarre prit cela à tel contrecœur, qu'il envoya fommer Caftelnau qui tenoit pour luy, avec menace de quatre canons; la refponce fut qu'ils en avoyent mefprifé quatorze.

[1577] Peu de temps aprés, la paix fe fit, & Aubigné fe retirant efcrivit un à Dieu au Roy, fon Maiftre, en ces termes :

Sire, Voftre memoire vous reprochera, douz' ans de mon fervice, douze playes fur mon eftomac : elle vous fera fouvenir de voftre prifon, & que cefte main qui vous efcrit en a deffaict les verrouils, & eft demeuree pure en vous fervant, vuide de vos bienfaits & des corruptions de voftre ennemi & de vous; par cet efcrit elle vous recommande à Dieu, à qui je donne mes fervices paffez, & vouë ceux de l'advenir, par lefquels je m'efforceray de vous faire cognoiftre qu'en me perdant, vous avez perdu voftre tres fidele ferviteur &c.

En paffant Agien pour remercier Madame de Roques, qui luy avoit fervi de mere en fes afflictions, il trouve chés elle un grand epagneul, nommé Citron, qui avoit accouftumé de coucher fur les pieds du Roy, & fouvent entre Frontenac & Aubigné. Cefte pauvre befte qui mouroit de faim luy vint faire chere : de quoy efmeu il le mit en penfion chez une femme, & luy fit coudre fur le collet qu'il avoit fort frifé, le fonnet qui s'enfuit.

Le fidele Citron qui couchoit autrefois
Sur voftre lit facré, couche ores fur la dure :
C'eft ce fidelle chien qui apprit de nature
A faire des amys & des traiftres le chois :

C'eft luy qui les briguans effrayoit de fa voix,
Et des dents les meurtriers; d'où vient donc qu'il endure
La faim, le froid, les coups, les defdains & l'injure,
Payement couftumier du fervice des Roys.

Sa fierté, sa beauté, sa jeuneſſe agreable
Le fit cherir de vous, mais il fut redoutable
A vos haineux, aux ſiens, pour ſa dexterité.

Courtiſans, qui jettez vos deſdaigneuſes veuës
Sur ce chien delaiſſé, mort de faim par les ruës,
Attendez ce loyer de la fidelité.

Ce chien ne faillit pas d'eſtre mené le lendemain au Roy qui paſſoit par Agien, & qui changea de couleur en liſant ceſt eſcrit; mais plus, quand de là à quelque temps, à une Aſſemblee generale de Sainčte Foy, ceux de Languedoc demanderent où eſtoit Aubigné qui avoit ſauvé leur province; à leur requeſte & ſans contredit, furent deſpeſchés vers ce Prince les Sieurs d'Yolet & de Pagezy, pour demander de la part des Eſgliſes qu'eſtoit devenu un ſi utile ſerviteur de Dieu. Il reſpondit, qu'il le tenoit encor pour ſien, & qu'il donneroit ordre à ſon retour. Or le deſſeing de Aubigné eſtoit de dire à Dieu à ſes amis de Poitou en paſſant, vendre ſon bien, & s'attacher au ſervice du Duc Caſimir; mais il en advint autrement : car arrivant à Sainčt Gelais, meſmes avant deſcendre de cheval, il vit par une feneſtre Suſanne de Lezay, de la maiſon de Divonne, de l'amour de laquelle il fut tellement picqué, qu'il trouva ſon Allemagne chés les Sieurs de Sainčt Gelais & de la Boulaye, qui prindrent ceſte occazion aux cheveux, pour mettre entre les mains de leur ami divers deſſeings que l'un & l'autre avoient; d'autre part, ceſt amour nouveau fut meſlé d'impatience de repos; en outre, le deſir de ſe rendre neceſſaire ne luy permit de rien laiſſer en arriere pour ſe rendre recommandable aux ſiens & regrettable à ſon ingrat.

Il alla donc recognoiftre Nantes, & y faillit d'eftre pris : defpuis il n'y baftit point de deffeing, oui bien fur Montaigu & fur Limoges, où il fut appelé par les Sieurs du Prinçai & du Bouchet, cerchans en luy, comme ils difoyent, outre la fuffifance, la creance des Huguenots ; or vous trouvez cefte entreprife toute au long au livre [4e], chapitre [4e], à laquelle je n'adjoufterai que la prediction qu'il fit aux deux miferables, de leurs teftes pretes à trancher, jufques à fpecifier combien de coups chacun auroit.

Les reproches des Efglifes pour Aubigné, & le fentiment de fon abfence avoient apporté du regret au Roy ; quelques infidelités de fes ennemis defcouvertes l'augmenterent : à quoy fe joignit la jaloufie, & la crainte que print ce Prince de voir au duc Cafimir la protection des Efglifes ; & puis plufieurs bons contes, qu'à tous coups ce Prince oyoit, ou faifoit luy-mefme. Tout cela reduifit le Roy de Navarre à le rapeler par quatres lettres, qui toutes furent jetees au feu en les recevant ; mais le mutiné ayant fçeu que fon Maiftre adverti du fait de Limoges, & le tenant pour prifonnier, avoit faict mettre à part des bagues de fa femme pour le delivrer, ne s'efmeut point pour tout cela, mais oui bien quand il fut adverti que le Roy le tenant pour avoir eu la tefte tranchee, en monftra un grand deuil, & en perdit quelques repas.

La Boulaye devifant un jour avec la Magdelaine touchant leur querelle, & cet homme ayant confeffé comme on les avoit voulu commettre fans raifon, la Boulaye encor fort jeune le picqua, & fe convia à faire venir fon ami pour le mettre aux mains. Aubigné en eftant adverti par luy voulut faire cefte entree en la Cour de Navarre. Il efcrivit à la Boulaye, qu'il donnaft à fouper & coucher à la Magdelaine, afin qu'ils peuffent partir enfemble au matin, & fe trouver à moitié chemin de Barbafte & Nerac avec l'efpee & le poignard en chemife. Pour ceft effect, il vint en pofte de Mer, prés de Orleans, à Caftel-Jaloux, & de là defpefcha un lacquais qui luy rapporta lettres à Barbafte, par lefquelles la Boulaye l'affuroit que le marché eftoit bouclé, & que la Magdelaine coucheroit avec luy pour ne manquer à l'affignation. L'autre ayant prié Dieu & bien defjuné, fe trouve à la place, où ayant efté demie heure, il vit venir deux chevaux. La Boulaye, qui galopoit devant, luy cria de loing, *Miracle & point de guerre*, pource que fon homme eftoit tombé à la minuit d'un catterre, perclus de tous fes membres. *Voila* (dit le compagnon) *l'effect de mes prieres*. Et de fait, huit ans aprés, Aubigné trouvant la Magdelaine à Montauban avec une efpee & cheminant fort roide, luy envoya Frontenac, fçavoir s'il eftoit affez bien gueri pour tirer des armes, dont il faifoit grande profeffion : ayant refpondu que non, Frontenac vint querir fon homme, qui l'attendoit hors la ville, ce deffeing contre les confeils de Reniers & Favaft, mais ce qui le mouvoit à ceft exces, c'eftoit la grande reputation de fon ennemi, qui avoit tué huit Gentilhommes fans perdre une goutte de fang.

La jeune nobleffe de la Cour, qui avoit fait une partie dans elle, & s'apeloit *Damogorgonifles*, comme ils avoient apelé le chef de leur folie *Demogorgon*, vint au-devant du reconcilié : & encore faut-il conter commant un valet de chambre nommé de Cour, homme trés plaifant & trés vaillant, ayant efté donné au Roy par Aubigné, ne peut jamais eftre retenu par les prieres de fon Prince, ni par celles de Aubigné mefmes, qu'il ne le fuivift en fon adverfité. Mais cefte paix eftant faite, il eftoit retourné huit jours auparavant : le Roy luy demanda d'où il venoit, il refpondit qu'ouy ; & ayant refpondu le mefme *Ouy* hors de propos à toutes queftions. *C'eſt enfin,* dit-il, *que ce qui oſte les gens de bien d'auprés des Roys, eſt de n'avoir pas tousjours dit Ouy.*

[1580] Aubigny receu du Roy avec careffes & promeffes expiatoires, la Royne le receut en grande familiarité, efperant de luy ce qu'elle n'i trouvoit pas ; & dans peu de temps, le Roy de Navarre voulant refoudre une guerre, fur le terme de la reddition des places, n'appela à cefte deliberation, que le Viconte de Turaine, Favas, Conftants & luy. De ces cinq, les quattre eftoyent amoureux, & prenants leur amour pour confeil delibererent la guerre que vous voyez defpeinte au chapitre 4ᵉ du 4ᵉ livre, tome 2.

J'ay dit, que l'entreprife de Limoges eftoit un moyen de reconciliation entre le Maiftre & le ferviteur : je vous convie donc à lire cefte entreprife tout du long, au commencement du fufdit chapitre, où il y a des notables inftructions ; & en fuivant celuy d'aprés, vous verrés la prife des armes, & puis au fixiefme, la prife de Montaigu jufques à la fin du chapitre, où vous verrez les employs & perils de celuy que nous defcrivons ; mais fur tout au chapitre 10ᵉ du mefme livre, lifez fidelement l'entreprife de Blaye, où s'il faut advoüer quelque faute au fait de Aubigné, ce fera, que eftant revenu en la troupe qui avoit conclu le retour en fon abfence, il devoit s'affeurer mieux de fes efchelles, & puis remarquez fon efclat de vanité,

& la parole audacieufe, que Dieu chaftia : parole qui luy coufta bien cher, quand Pardillan dit au Roy de Navarre, qu'il fe donnaft bien garde de donner jamais gouvernement à ceft efprit audacieux.

Le Conte de la Rochefocaud ayant mené à Nerac Vffon, Gouverneur de Pons, les amis de Aubigné l'advertirent qu'il avoit conté le faict de Blaye au defavantage de l'entrepreneur ; luy donc prit avec foy Lallu & trois Gentilfhommes qui l'avoient affifté à ceft affaire, & avec grands dangers fit quatre vingts lieuës, qu'il y a de Montaigu à Nerac ; & eftant là, pria le Roy de les affronter Vffon & luy au conte de ceft affaire, lequel ayant efté deduit par fa bouche & advoüé mot à mot par Vffon, il luy fut permis de donner un dementir à ceux qui voudroyent y changer : & pource qu'il y eut quelqu'un gourmandé de la fuitte d'Vffon, il en fallut faire un accord, & de là une declaration du Roy de Navarre, que vous trouverez aux papiers du pere, & garderez comme tiltre d'honneur.

Ce voyage fut caufe que Aubigné fe trouva à Nerac à la bravade que luy fit le Marechal de Biron, marquee en l'unfiefme chapitre, & là trouvant une epidemie de peur aux Huguenots de Gafcogne, il ramaffa quelque vieille cognoiffance de Caftel-Jaloux, & fit l'honneur de la maifon, qui parut plus qu'il ne meritoit aux yeux des Princeffes & des gens qui n'eftoyent pas lors en bon humeur ; puis s'en retournant, accompagné de quinze harquebuziers à cheval de Caftel-Jaloux, fut chargé par foixante chevaux legers de La Hait, auprés de Cours. Noftre Aubigné choifit fi bien fes avantages, que l'attaquant laiffa trois Gentilfhommes, & de l'autre part n'y eut que deux bleffés. Mais il faillit à recevoir une grande honte en fuivant fon voyage dans les vignes de Sainct Preux vers Jarnac ; car marchans à minuit dans un fantier eftroit, les cinq de Montaigu feulement, Aubigné le premier vit venir à luy des gens de cheval, qui fans marchander, vindrent aux coups d'efpee : & eft certain, que fi fes gens, qui ne vouloyent que paffer, euffent peu prendre le large, ils l'euffent faict, eftants entre quattre garnifons ennemies, & n'ayants rien de favorable au pays. Cependant c'euft efté une honte notable; car ce n'eftoyent que deux preftres, & deux autres yvrongnes qui avoyent laiffé leurs fourreaux en une taverne, s'eftoyent jurez de charger tout : de quoy ils furent affez honneftement chaftiez.

[1580] Cefte annee fe paffa à Montaigu en gentils exercices de guerre. La Cavallerie qui eftoit dedans, couroit en trois brigades, l'une à la Boulaye, Gouverneur, l'autre au Sieur de Sainct Eftienne, & un peu plus du tiers à Aubigné ; ceux là furent nommez aux pays *Albanois,* pour ce qu'ils eftoyent toufjours le cul fur la felle. A une de leurs courfes, fut chargé Peliffoniere, Cornette blanche du Duc du Mayne, qui ayant perdu huit des fiens, fe fauva avec un bras caffé d'un coup de piftolet. A une autre courfe, ils desfirent une compagnie du regiment de Bruerre vers Angers, & cependant Montaigu fut affiegé.

Vous verrez aux chapitres 15ᵉ & 16ᵉ les enploits & les preparatifs jufques à la fin. J'adjoufterai feulement que dix entreprifes faictes fur Montaigu en un an, & qui toutes firent joüer la corde ou le poignard, furent defcouvertes par la fcience qu'Aubigné avoit en la phyfionnomie ; aprés, qu'en trente forties qu'on fit, au tiers defquelles on vint aux mains,

Aubigné les conduisit toutes, horsmis une que Sainct Estienne fit avec les Bas-Poitevins, pour contrepetter les actions de ceux qu'ils appeloyent les *Albanois,* mais ils luy servirent de lustre seulement, & sachez pour la fin que ce Capitaine, que le Conte du Lude envoya querir, fut Aubigné, comme aussi les actions despeintes soubs un nom caché sont à remarquer estre de luy.

Aprés la paix, il trouva à Libourne une grosse Cour de Princes, & l'occasion de traicter tout ce que vous trouvez au 2e chapitre du 5e livre, mesme tome que dessus. J'ay seulement à adjouster quelque galenterie que je n'ay osé donner à l'*Histoire.* C'est que le Connestable de Portugal se promenant avec Aubigné au bord de la Drongne, commença à jetter de grands soufpirs, arracha de l'escorce, comme lors estants les arbres en seve ; sur ceste escorce, apres plusieurs soufpirs & discours Espagnols sur les regrets d'une dame, il escrivit ce qui s'ensuit :

Oceani foelix properas si flumen ad oras,
  Littus & Hesperium tangere fata sinunt :
Siste parùm, & liquidas qui jam dissolvar in undas,
  Me extinctum lachrymis ad vada nota feres ;
Sic poterit teneras quæ exurit flamma medullas
  Mersa tämen patriis vivere forsan aquis.

Comme il le vouloit jetter dans l'eau à genoux, & fondant en larmes, Aubigné le prit par le poing, & promptement ayant prononcé ce distique, il traduisit sur la mesme ecorce, en un sonnet lyrique, l'exastique latin :

  Fleuve, si le cours de tes eaux
  Va rendre l'Ocean prospere,

Si la Fortune moins amere
Aprés tant de morts & de maux

Permet aux bien heureux ruisseaux
De l'Espagne, ma douce mere,
Mesler leur onde belle & claire
Avec tes flots, & mes flambeaux !

Fay une pose pour me prendre,
Et me prens affin de me rendre
A ces bords distillé en pleurs :

Le feu qui brusle mes moëlles
Pourra, sans noyer ses ardeurs,
Vivre en ses ondes naturelles.

Ses promptitudes concilierent une grande amitié du Conestable, & esmeut entre les deux d'estranges Dialogues sur le fait de la Religion.

[1584] Suit maintenant le service qu'Aubigné rendit au faict de l'Ore, que vous voyez descript au chapitre 4 du livre courant. En mesme temps le Roy de Navarre fut en peine pour un grand amas que faisoit d'une part le Sieur de Lansac, de l'autre le Viconte d'Aubeterre, sous couleur d'avoir querelle l'un contre l'autre. Lussan qui estoit de la partie, pour ne voir pas un partage à son gré, en la peau de l'Ours qu'on divisoit avant la mort, vint tout seul trouver le Roy de Navarre à la chasse, luy descouvrit l'entreprise qui estoit sur la Rochelle, par la grille qui est au devant des moulins de S. Nicolas. Aubigné despesché pour cela, estant en la Maison de Ville de la Rochelle, demanda qu'on en choisist trois, avec lesquels il peust communiquer un secret. Les Rochelois ayants respondu qu'ils le desiroyent sçavoir tous, sans choisir, qu'ils estoyent tous fidelles, la responce fut que Jesus-Christ n'avoit donc pas fi bien choifi, & qu'il leur baifoit les mains, s'ils ne vouloyent faire autrement. Par là eftants contrains d'eflire les trois, ils trouverent les grilles toutes limees, horfmis deux barreaux, mais il ne peut jamais les refoudre à dreffer une trapuffe aux entrepreneurs.

De là à un mois, ces mefmes troupes remonterent à cheval, & Aubigné ayant promis à fon Maiftre de rompre le deffeinc quel qu'il fuft, print quelques uns des gardes & autres jufques à dix bien choifis, cella meflé de ces troupes vers la Rochelle, & parce qu'ils marchoyent de nuit, il marchoit avec eux, prenant le jour quartier à part avec deliberation de fe jetter de nuit aux portes de la ville qu'ils voudroyent attacquer, & s'eftant fortifié de quelques harquebuziers, venir recevoir les entrepreneurs à un quart de lieuë, qui eft un beau moyen de rompre toutes entreprifes.

Le Roy de Navarre paffant à Cadillac, pria le grand François de Candalle, affez cognu par ce nom, de lui faire voir fon excellent Cabinet : ce qui fut accepté, à la charge qu'il n'i entreroit point de morgueurs. *Non, mon oncle, dit le Roy, je n'i meneray aucun qui ne foit plus capable de le voir que moy.* Eftant donc entré avec les Sieurs de Clervaut, du Pleffis, Sainct-Aldegonde, Conftant, Pelliffon & moy, cependant que la troupe s'amufa à faire lever la pefanteur d'un canon par une machine entre les mains d'un enfant de fix ans, Aubigné gagnant le devant, s'arrefta à un marbre noir de fept pieds en carré, qui fervoit de tablettes à ce bon homme. Là, ayant trouvé les pinceaux, & ce qu'il falloit, Aubigné en prit un, & oyant qu'ils difputoyent des fardeaux, efcrivit :

Non isthæc, Princeps, Regem tractare doceto :
Sed doctâ Regni pondera ferre manu.

Cela fait, il tira le rideau, & puis se mesla dans la troupe, qui estant arrivee à la table de marbre, M. de Candalle dit au Roy, *Voici mes tablettes;* mais les ayant descouvertes & leu le distique, il s'escria par deux fois, *O il y a ici un homme!* Le Roy ayant replicqué, *Tenez vous le reste pour des bestes?* pria son oncle de choisir à la mine celuy qui auroit faict le coup : sur quoy il y eut d'assés plaisants propos, auxquels je m'amuserois trop.

La Cour vint conduire la Royne de Navarre jusques à Sainct-Maixens pour aller en Cour; elle qui depuis Libourne faisoit tousjours de mauvais traicts à Aubigné, l'ayant soupçonné d'une *sfrisata* faicte à Madame de Duras, ou au moins de l'avoir conseillee à Clermont-d'Amboise, fit joindre la Royne mere à sa demande, se jetta à genoux devant le Roy, son mari, pour le prier que, pour l'amour d'elle, il ne vist jamais Aubigné, ce qu'il luy promit. Elle avoit sur le coeur quelques bons mots, entre autres cestuici : la Mareschalle de Retz avoit donné à Entragues un coeur de diamant; la Royne en ostant Entragues à la Mareschalle avoit eu aussi le coeur de diamant pour en triompher, & comme Aubigné maintenoit la Mareschalle contre la Royne, elle replicqua trop souvant, *Mais j'ai le cœur de diamant.* *Ouy,* dit le bon Compagnon, *il n'y a que le sang des boucs qui y puisse graver.*

Luy donc, feignant d'avoir quitté la Cour, passoit les nuicts en la chambre de son Maistre, & par cette fausse alarme, fit preuve de ses faux amis. Il prit ce temps pour aller faire l'amour ; durant lequel le Roy eſcrivoit des lettres à ſa maiſtreſſe, leſquelles eſtants tenuës pour contrefaites par les rivaux & par quelques parents, le Roy vint luy meſme, & avec maſcarades, & courſe de bague, honora la recherche de ſon domeſtique. Ceſt amour mit en lieſſe tout le Poiĉtou pour les balets, combats à la barriere, carrouzels & tournois, qu'entreprit l'amoureux, & à quelques-uns ſe trouvoyent le Prince de Condé, le Conte de la Rochefocaud & autres Grands, & en grand nombre. Cela ne faiſoit que doubler l'envie & blaſphemer le païs contre un courtiſan, qui au lieu de plaire aux yeux des ruſticques, les eſblouiſſoit ſeulement. Je vous conteray entre pluſieurs une ruſe d'amour.

Il emboucha Tifardiere, ſon ami, lequel feignant ſe reconcilier de quelques riottes avec Bougoin, Curateur de la fille, luy tint un jour tels propos ; *Vous eſtes importuné de pluſieurs Princes & Seigneurs pour le mariage d'Aubigné; je ſçay que vous aveʒ vos promeſſes & volontés ailleurs : ſi vous vouleʒ m'aſſeurer de ne me deceler point, je vous ouvriray un moyen de vous defaire de luy, ſans que perſonne s'en puiſſe plaindre.* Aprés les promeſſes & ambraſſades il ſuit : *Il faut donc que vous luy diſieʒ l'aſſurance que vous aveʒ que c'eſt honneur à voſtre pupille de l'eſpouſer, comme eſtant trés accompli Gentil'homme & de bonne part ; mais comme il advient aux eſtrangers, ſes rivaux font courir des bruits contraires qu'ils n'oſent maintenir devant luy ; que vous le prieʒ de ſe ſouvenir, comment en un feſtin, où quelques-uns avoyent apporté des lettres de Monſieur de Fervaques contre luy, il leur dit en barbe, que ſi il ne pouvoit leur enfler le cœur avec des deſmentis, il enfleroit leurs jouës avec des foufflets; il fçavoit qu'aucun ne repartit, il fçavoit auffi que telles affaires l'ont contraint d'envoyer un defmentir au Sieur de Fervacques, & tout cela eftant venu aux cognoiffances de Madame d'Ampiere, de la Duchefſe de Rets, de Madame d'Eftiffac, de la Conteffe de la Rochefocaud, & autres parents de telle eftoffe, il defiroit monftrer qu'il n'i avoit point procedé legerement. Il feroit befoing de faire un compromis, par lequel les parents s'obligeroyent de figner le contract, ayant efté mis par devers eux quelques tiltres de nobleffe & d'antiquité : avec promeffe auffi, cela n'eftant point, de s'en defpartir. Je fçay trés bien, dit Tifardiere, qu'il ne fauroit fournir de telles pieces.*

Bougoin embraffé, & remercié le meffager, luy tardoit bien qu'il n'euft excecuté, felon fon advis, le compromis fait. Aubigné, qui ne s'eftoit jamais foucié, ni de biens, ni de maifon, ni de titres, les avoit recouvrez avec quelques meubles du Chafteau d'Archeac, où ils avoyent efté mis en garde; & par là ayant appris fon origine, il avoit dreffé cefte fourbe, & pour l'amener à poinct, il choifit le Sieur de Corniou, parent de fa Maiftreffe, pour luy mettre en main fon trefor, proteftant, fi quelqun des parents en aage de combat s'en mefloit, qu'il auroit affaire à luy. S'eftants donc affemblés les Sieurs des Marets, de Bougoin, La Taillee & Corniou, ils trouverent une curieufe recerche faite fur un proces & querelle, qu'avoit eu le Sieur d'Aubigné pere avec un Gentil'homme, nommé Ardene, pour s'eftre battus aux honneurs d'une proceffion, que il eftoit de la maifon d'Aubigné en Anjou, & pour ce que le dit Ardene mit fur les bras à fa partie les francs fiefs & les gens du Roy, le procés ayant coufté plus de mille efcus & duré trois ans; il fallut produire les contracts de mariage & les partages de fix lignees, le tout defcendant d'un Savari d'Aubigné, commandant pour le Roy d'Angleterre au Chafteau de Chinon, jufques à faire vifiter une chapelle baftie par luy, bordee des armes de la maifon qui porte : *de gueules à un Lion d'argent rampant, armé & lampaffé d'or.* Ceux de la Joufeliniere, defcendus de mefme tige, ont depuis herminé leur Lion. Ces chofes eftant ainfi trouvees, & Aubigné ayant exigé promeffe que ces vieillards efcriroyent, & figneroient leur jugement, afin qu'il euft à qui fe prendre, Aubigné à fon retour de la Cour de Navarre felon fon compromis efpouza fa maiftreffe.

Trois fepmaines aprez, eftant de retour à Pau, il trouve fon Maiftre en une merveilleufe colere pour les vilains affronts que fa femme avoit reçeus à Paris. Vous lifés le dangereux voyage qu'il entreprit à fon regret au chap. 3ᵉ du 5ᵉ livre, où il n'a pas voulu mettre en public une eftrange refolution qu'il avoit prife de tuer à gauche & à droite dans le Cabinet, fi on l'euft voulu pognarder : & auffi que paffant à Poitiers, & ayant fait copier & vidimer fa commiffion, il avoit envoyé en garde à fa femme l'original dans une boëtte cachettee avec deffence de l'ouvrir, ce que contre l'ordinaire de fon fexe elle obferva. Encor diray-je que Sainct Gelais, qui eftoit à Pau, receut une telle melencolie du voyage de fon ami, que les cheveux & la barbe luy creurent outre mefure, dont le Roy de Navarre voyant arriver fon meffager au jardin de Pau, dit pour premiere parolle à un Gentil'homme, *Allez dire à Sainct Gelais qu'il fe faffe bretauder.*

Le Duc d'Espernon quelque annee aprés, travailla puissamment à cause de ses affaires pour reconcilier les deux Roys; & les Papistes qui estoyent prés du Roy de Navarre dresserent plusieurs artifices pour luy donner un caprice d'aller à la Cour; à quoy Segur, chef du Conseil, s'opposa vigoureusement, & tousjours par l'industrie d'Aubigné. Les entrepreneurs, cognoissants le naturel de Segur, trouverent moyen de luy faire faire un voyage en Cour; & là luy preparerent tant de douceurs, qu'ils emporterent cest esprit extreme à tout, si bien qu'il promit d'y mener son Maistre, & à son retour n'avoit autre langage, sinon que le Roy estoit un Ange, & les Ministres des Diables. Luy donc s'estant rallié de la Contesse de Guiche, laquelle il diffamoit peu auparavant, voilà la Cour de Navarre fort estonnee du voyage que leur Maistre meditoit. Voici le remede qu'i apporta Aubigné qui sur tout cognoissoit bien Segur; c'est qu'un jour, comme il passoit par la sale, où la jeunesse de la Cour tiroit des armes, Aubigné eschauffé de cest exercice prit Segur par la main, le mene à une fenestre qui regardoit sur les Rochers de la Vaÿse, & luy montrant ce precipice, luy tint ce langage, *J'ay charge de tous les gens de bien de ceste Cour, de vous faire voir ce saut, qui est vostre passage, le jour que vostre Maistre partira pour aller à la Cour.* Segur fort estonné dit pourtant, *Qui oseroit faire cela? Si je ne puis le faire seul* (dit l'autre), *voila les compagnons qui y sont resolus.* Segur ayant retourné la teste vit en mesme temps une disaine des plus redoutables, qui enfoncerent le chappeau, instruicts à ceste contenance, sans sçavoir la particularité du discours. Cest homme effrayé s'en va trouver le Roy, ne luy conta pas sa peur, mais ouy bien qu'Aubigné appeloit ouvertement la Conteſſe de Guiche ſorciere, l'accuſant d'avoir empoiſonné l'eſprit du Roy, comparant ſon horrible face à l'eſtrange amour qu'elle avoit embraſſé, & que là deſſus le meſme avoit conſulté le Medecin Hottoman ſur les filtres, à ſon occaſion. Il adjouſta qu'un Prince des Huguenots avoit autant de controlleurs que de ſerviteurs. Chés le Roy, les ſales voluptez du Maiſtre eſtoyent honorables aux plus grands ; luy conta de plus que Monſieur de Bellievre, logé vis à vis de la Conteſſe, & la voyant aller à la meſſe accompagnee ſeulement d'un macquereau, d'un bouffon eſprit, d'une Maure, d'un valet, d'un ſinge & d'un barbet, ayant allegué à Aubigné les honneurs qu'on rend à la Cour aux amies des Roys, & luy ayant demandé comment les courtiſants de Navarre n'eſtoyent plus honneſtes, & pourquoy ceſte Dame alloit avec ſi mauvais train : *C'eſt* (reſpondit ce mediſant) *qu'il y a en ceſte Cour une fort genereuſe nobleſſe, mais il n'y a de macquereau, de bouffon, de valet, de ſinge & de barbet, que ce que vous voyés là.*

Aubigné là deſſus ayant fait une courſe en Poitou, fut adverti à ſon retour par la Boulaye & par Conſtant qu'il ſe gardaſt bien de retourner, & que ſa mort eſtoit promiſe à la Conteſſe & à Segur ; ayant reçeu ceſte lettre à Montlieu, il laiſſa là ſon equipage, print la poſte, & arrivant tout boté, il trouve ſoubs le logis de Madame, la Boulaye, qui effrayé, le pria à jointes mains de remonter à cheval ; mais l'autre ayant mis un poignard à ſa ceinture outre ſa coutume, puis, ſuivant ſon deſſein ſurprit par les huis ſegrets le Roy & la Conteſſe ſeuls, dans le cabinet de Madame ; le Roy chancella, comme quoy il le devoit recevoir. Aubigné avec un front d'airain, ufant du terme de fes privautez, luy dit : *Qui a il, mon Maiſtre ? Pourquoy un Prince ſi brave ſe laiſſe il emporter à tant de doubtes ? Je ſuis venu voir ſi j'ay peché, & ſi vous voulés payer mes ſervices en bon Prince, ou en Tiran.* Le Roy, tout troublé, repliqua : *Vous ſçavez bien que je vous aime, mais je vous prie de r'habiller l'eſprit de Segur ;* ce qu'il alla faire de ce pas, l'eſtonna tellement des reproches de ſa laſcheté & de la veuë de ce poignard, que Segur vint dire au Roy : *Sire, ce garçon eſt plus homme de bien que vous & que moy ;* & pour preuve de ceſte reconſiliation, luy fit payer deux mille cinq cents eſcus, qui luy eſtoyent deus des voyages, & qu'il n'eſperoit jamais avoir.

La Royne de Navarre eſtant retournee à ſon mari, ſe reconſilia avec tous, hormis avec Aubigné ; & toutesfois, luy appelé en un conſeil, pour faire mourir ceſte Royne, rompit par ſes remonſtrances une telle action, de quoy ſon Maiſtre le remercia.

Par ſon mariage il avoit donné aſſeurance d'achepter une terre en Poitou, qui fut le Chaillou. Le Roy eſtant adverti par le ſecretaire Pariſiere, qu'il faloit empeſcher trois choſes en ce païs là, le mariage du Prince de Condé à cauſe de Taillebourg, celuy d'Aubigné à cauſe de Marſay, & celuy de La Perſonne à cauſe de Denant, il y eut lettres deſpeſchees pour ces trois affaires. Ces trois menees ſe firent, & celle du Chaillou vaincue par la honte que fit Aubigné aux gens du Roy à Poitiers, que choſes ſi indignes & ſi baſſes feuſſent donnees pour taſche aux Rois de ce temps.

[1585] Bien toſt aprés commença la guerre des *Barricades :* ſur le point de laquelle les Princes de la Religion firent une notable aſſemblee à Guittres; vous avez au 6ᵉ chapitre du 5⁰ livre du 2ᵉ tome ce qui s'i paſſa amplement deſcript & au 6ᵉ le perilleux & bigearre combat de Sainct Mandin; je n'ay rien à y adjouſter.

Et pour ce qui eſt du voyage du duc de Mercure en Poitou, je diray ſeulement que Aubigné y ſervant de Sergeant de bataille, commença là à faire deſirer les picques aux gens de pied, contre l'opinion de ſon Maiſtre qui les haïſſoit. Et tout cela eſt deſcript ſoubs le titre d'un Maiſtre de camp.

Toſt aprés Sainct-Gelais, & Aubigné avec dix Gentilſhommes, & l'autre quinze ſoldats, firent rendre trois compagnies de gens de pied à Briou, & en leur faiſant ſigner leur capitulation, y fut employee ceſte clauſe, renonçant pour ceſt effect au deteſtable article du Concile de Conſtance.

[1585] Le prince de Condé ayant aſſiegé Broüage, fit l'entrepriſe d'Angers, que vous voyés deſcrite au 12ᵉ chapitre du 5ᵉ livre, avec des grandes riſques d'Aubigné. Ce que vous en aurez de plus particulier eſt que Madame d'Aubigny ayant ſçeu par le bruit commun continué trois ſepmaines, que ſon mari eſtoit mort en un des combats que nous avons deduicts, vit arriver en ſa baſſe cour quinze chevaux & ſept mulets de ſon mari, ſon chapeau, ſon eſpee, & pour tel ſpectacle tomba à la renverſe. C'eſtoit qu'en deſmeſlant le fauxbourg d'Angers, ſon equipage avoit ſuivi le regiment par ſon commandement, & luy n'avoit gardé qu'une coëffe à mettre ſoubs le caſque, pris une eſpee fort courte & une pertuſane; & puis quand il arriva au païs, il partagea la joye de sa venuë à sa femme par deux billets, l'un de dix lieuës, apprehendant que d'une prompte joie on peut mourir.

[1586] Arrivé en son pays, il esperoit tirer de son dommage le proffit du repos; mais le Duc de Rohan, les Rochelois & surtout les Ministres en corps, le conjurerent au nom de Dieu de redresser son Regiment, & de relever l'enseigne d'Israël; & cela avec presents necessaires pour cest effect. Il commança donc par ses quattre compagnies qu'il avoit au siege, puis ayant choisi l'isle de Roche-Fort pour la seureté de son commencement, ayant mis ensemble onze cents hommes, marcha dans le Poitou, où il executa ce que vous voyez descript au commencement du tome 3e, [livre 1er], chapitre 2°. Est à noter qu'il s'alloit fortifier dans les isles de Vas & de Sainct-Philibert, sans les prieres du Sieur de Laval. Estant lors en danger les affaires de Xaintonge & Poitou, il se saisit d'Oleron, où je vous veux conter une faute notable : c'est que Aubigné voyant quelque resistance à l'isle, deffendit à ses Capitaines, que nul ne fust si hardi de mettre pied à terre avant luy, & sur ceste vanité print un batteau, & avec soy Monteil de l'Isle, & le Capitaine Prou qui ramoit. Estant à trois cents pas de son navire, & approchant une barque de pescheurs, il fut tout esbahi que c'estoit un vaisseau de guerre, dans lequel estoit le Capitaine Medelin, renommé & habille soldat. Cestui-ci avec soixante mousquets seulement, cognoissant bien la manœuvre & les sables de l'abord, guinde ses voiles, & donne droit au Gouverneur futur d'Oleron. Prou luy crie : *Vous estes perdu, le seul moyen de vous sauver est d'aller passer soubs le beaupré du traversier.* Cela accepté, Prou donne droit à eux, Medelin cognoiſſant ſa reſolution, fait ajuſter ſa muſqueterie, qui deſcharge à plomb de vingt pas dans l'eſquif; la chaleur de tirer fit que Monteuil n'eut que ſes habillements percez, Prou une legere bleſſure, le tiers rien; & comme ils eurent paſſé de dix pas la pointe du traverſier, Prou ſe leva debout en criant: *Pendeʒ-vous, bourreaux, car c'eſt le Gouverneur d'Oleron*. A ce ſpectacle les navires n'oublierent point de laiſſer leur volee, mais inutilement. Ceux de Broüage ayant pris les rames juſqu'aux ſables arreſterent leur batteau, & l'eſquif frappa à terre, où accompagné de ſoldats qui ſe jetterent en la plage, le peuple de l'iſle s'enfuit. J'adjouſteray encor à ce que dit l'*Hiſtoire*, que le premier ſoir de la preſentation de l'armee qui eſtoit de cinquante vaiſſeaux, deux chaluppes d'Oleron, chacune de vingt hommes, allerent au milieu de la flotte, ſaiſirent deux barques chacune de quarante tonneaux, & parmi les canonades des deux galeres les tirerent à part; l'une des deux fut recourue, & l'autre amenee à Oleron. Voilà ce que j'adjouſte au diſcours du 1er livre, tome 3°.

Sçachez encor qu'à tout le combat d'Oleron, Aubigné ne fut qu'en chemiſe, horſmis deux fois qu'il prit un caſque, pour recognoiſtre une approche. Ceux de l'iſle avoyent amaſſé quatre charretees de vivres, où il y avoit trois douzaines de faiſans pour en venir reſjouir Monſieur de Sainct-Luc; mais quand ils furent prés de la bourguade, ayant veu la chance tournee, ils s'en voulurent retourner; à quoy s'oppoſa un Rougé Bontemps de Procureur de l'iſle, qui amena les vivres avec ceſte harangue; *Monſieur, il ne faut point deſguiſer les affaires, c'eſt pour celuy qui demeurera maiſtre, que nous avions amaſſé ce preſent.*

La premiere action aprés la delivrance, fut de casser le Capitaine Bourdeaux Sergent-major, pour ce qu'ayant à deffendre la meilleure piece de ses retranchements, il avoit resolu avec sa compagnie capituler à part : dont la resolution avoit esté prise de les mettre en pieces. Mais un vieux Capitaine, nommé la Berte, ayant remonstré que la saignee n'estoit pas bonne durant un si grand accés, Aubigné fit couler dans les corps de garde vingt Gentilshommes qui rasseurerent la compagnie. L'excuse de Bourdeaux fut que sa troupe estoit de Papistes la plus part. De là on commencea une citadelle, qui fut en desfence en quinze jours, & en trois mois eut un double fossé, l'un desquels s'emplit d'eau de fontaines, & l'autre d'eau de mer avec poisson de deux eaux.

Le Roy de Navarre, arrivé à la Rochelle, vint visiter Oleron, sans vouloir voir les soldats de l'isle au soir à leur parade, pour avoir esté adverti par le Conte de la Rochefoucaud, qu'il y avoit deuts cents paires de chausses d'escarlatte avec le passement d'argent, ce qu'ils avoyent gagné à la marine. D'ailleurs les magnifiques festins, que Aubigné fit à tous les courtisants, luy acquirent l'envie du Maistre & des serviteurs.

Ceux de Broüage firent cinq descentes en l'isle, auxquelles ils furent tous jours battus, si bien qu'il n'i avoit gueres de soldats signalez qui n'eussent esté prisonniers, & tous quittés pour la paye horsmis ceux qui furent pris au grand combat, qui furent obligés à retirer des galeres le Capitaine Boisseau & ses compagnons. Cette félicité fut terminee par la prise du Gouverneur comme vous la voyez descrite à la fin du chapitre 5e. De là suivit la resolution du retour en prifon, où Aubigné donna exemple notable de fa foy. En l'extremité de fon peril, il fit une priere à Dieu, laquelle le lendemain, fe voyant delivré, il tourna en un epigramme que vous verrez entre les fiens, & commence : *Non te cæca latent.*

Je vous ay dit un mot de l'envieufe nature du Roy de Navarre ; en voici quelques efchantillons. Vn enfant de bonne maifon de la Rochelle, defdaignant un pauvre foldat, l'Anfpefade de la Colonelle, avoit outragé celuy qui luy pouvoit commander dans le corps de garde ; fur la moindre offence qui eftoit, *Je ne te cognoy point pour me commander*, les Capitaines d'Oleron affemblés, aprés que ceftui-ci eut confeffé avoir efté mené deux fois en faction par l'Anfpfade, fut condanné à eftre paffé par les armes, cefte fentence depuis, à la priere des Enfeignes, moderee à eftre degradé & banni des bandes. Vne tante de ce foldat qui produifoit une coufine au Roy, luy conta la rigueur dont fon nepveu fe plaignoit ; le Roy print cefte occafion pour faire un affront à fon homme, envoya l'huiffier du Confeil, pour l'y faire venir.

Le Gouverneur d'Oleron ayant eftimé que c'eftoit pour prendre fon advis fur l'approche du Marefchal de Biron, fut bien eftonné quand il veit fon galand, bien couvert de foye par le gaing de fa coufine, & accompagné du maire Guiton & de vingt autres parents, qui attendoyent à la porte du Confeil. A cefte porte le Roy fit force reverences de rifee à Aubigné en difant : *Dieu vous gard, Sertorius, Manlius, Torquatus, le vieux Caton, & fi l'antiquité a encore quelque plus fevere Capitaine, Dieu vous gard ceftui-là.* L'autre à fentir la morfure, refpondit promptement ; *S'il y va d'un point de dif-*

cipline, contre laquelle vous eſtes partie, permettez-moy de vous recuſer; ce qu'il fit & paſſa en l'autre chambre. Aubigné ayant refuſé de s'aſſeoir, ſupprima les autres excés, n'allegua que le deſni d'obeiſſance, & ſe teut. Les advis pris, Monſieur de Voix, qui y preſidoit, aprés un grand remerciement à Aubigné, & un encouragement à deffendre la diſcipline des mauvaiſes mains où elle eſtoit, adjouſta : *Vne ſeule choſe avons-nous à corriger, c'eſt qu'ayant tant juſtement condamné un rebelle en lieu de faction, à mourir, vous ayez pris la hardieſſe de commuer la peine, ce qui n'appartenoit qu'au General.* Aubigné, bien aiſe d'eſtre cenſuré de ce coſté, remonſtra au Conſeil, que la ſeparation de la mer, & ſa commiſion qui portoit de fondre artillerie & donner bataille, luy avoit permis le pardon, ce qui fut reçeu, & le Roy honneſtement & longuement cenſuré pour ſon inimitié à la police & juſte gouvernement. Telles picoteries, & ſur tout la vendition du Gouvernement d'Oleron aux ennemis, que Aubigné ne pouvoit endurer pour l'avoir acquiſe ſi cherement, le reduiſirent en ſa maiſon, & un juſte deſir de vengeance, l'amenerent à une injuſte penſee, que l'affliction & les perils n'avoyent peu exciter en luy ; ce fut de prendre un congé formel, & puis mourir en la peine d'un des ſervices grand & ſignalé. Mais voyant que le Parti eſtoit attaché à la Religion, & luy à elle, là le Diable prenant le temps à ceſte occaſion, il ſe reſolut de fouler aux pieds toute preoccupation d'enſeignements & de nourriture, & eſtudier à bon eſcient aux controverſes des Religions, & cercher avidement ſi en la Romaine il ſe pourroit trouver une miete de ſalut. La colere le fit eſchapper & eſclatter ſon deſſeing, qui donna envie au Sieur de

Sainct-Luc, de Lanſac, d'Alas, & autres ennemis Papiſtes de luy envoyer livres de tous coſtés. Le premier qu'il entama fut Panigarole, qu'il rejetta comme bavard. Le ſecond fut Campianus, duquel il admira l'eloquence : ce n'eſtoit pas ce qu'il cerchoit, & pourtant en le rejettant, il mit ſur le titre *Declamationes* au lieu de *Rationes*. Puis luy tomba en main ce qu'on avoit lors de Bellarmin. Il embraſſa la metthode & la force de ce livre, & prent gouſt à la candeur apparente de laquelle les lieux adverſaires ſont cités par ceſt autheur ; il eſpere avoir trouvé ce qu'il cherchoit. S'eſtant pourtant mis à une curieuſe analyſe, avec le ſecours de Witaker & de Sibrand Lubert, il s'affermit plus que jamais en ſa Religion, & reſpondit à ceux qui s'enqueroyent du fruict de ſa lecture & de ſon deſſeing, qu'il l'avoit deſtruict par ſon labeur, pour ce qu'il mettoit les genoux à terre auparavant.

Au bout de ſix mois les affaires du Parti devindrent en miſerable eſtat : ſon Maiſtre le recherche & luy eſtant né un baſtard, il en voulut faire un preſent de reconciliation. Aubigné n'en fit conte, puis il le convia à la recognoiſſance de Talmont.

[1587] Ce fut au point que le duc de Joyeuſe s'appreſtoit pour ſon premier voyage en Poitou, que les Albanois envoyerent demander un coup de lance à vint Gentilſhommes Eſcoſſois, comme vous le voyez deſcript au chapitre onze, premier livre, dernier tome. J'y adjouſte que Rouzilles, parrin des Albanois, ayant dit que ſi un des Eſcoſſois mouroit, que les Albanois ne vouloyent point diminuer la troupe de vingt ; à quoy Aubigné repartant qu'en ce cas il eſtoit Eſcoſſois, l'autre ayant dit qu'il ſeroit auſſi Albanois, Aubigné repart : *Nous ferons Eſcoſſois*

& *Albanois fans que perfonne meure,* & là fe toucherent à la main.

Ce voyage, avec l'honneur de l'armee, fervit à la desfaite des deux principales troupes du Duc de Joyeufe, comme vous voyez au chapitre 12ᵉ du livre fuivant. De ces courvees & combats, noftre homme tomba en une grande maladie de quatre mois avant la fin de laquelle ayant advis de la bataille qui s'approchoit, il s'achemina à Taillebourg, & trouvant l'armee partie, faute de meilleure efcorte, ramaffa quinze arquebuziers defbendez, huit hommes de cheval & forces valetailles, de quoy craignant les ambufcades de Xaintes, il fit la plus longue file qu'il peut : ce qui luy fut bien aifé pour le defordre accouftumé à telles gens, & qui luy fervit bien, ayant rencontré trois compagnies en trois ambufquades, à minuit, en bois fort efpés & chemin eftroit : la longue file fut caufe de lever les trois ambufquades, fans que fes bons hommes feuffent enfermés, defquels il fit deux charges, & à la faveur de quelque coup d'efpee la canaille fe defmefla ; ceux de Xaintes emporterent un Lieutenant & une Enfeigne de compagnie morts, & quelques bleffés de coups d'efpee, de l'autre cofté n'y en eut qu'un. Cefte fufee defmeflee heureufement, Aubigné empoigna l'armee comme elle fortoit de Montguion & le lendemain fervit le Roy d'Efquier à la bataille tant qu'il fut fur fes courtaux, & fut cinquieme à la difpofition de l'armee, où le Roy ne refufa point fes advis ; & fe trouva bien fur tout de garnir la main gauche, comme vous voyez defcript au chapitre 14ᵉ. Le combat aprochant, le Roy changea de cheval ; & lors Aubigné print place avec les Marefchaux de camp. Aprés le premier effort à un ralliement, il eut affaire à Monfieur de Vaux,

Lieutenant de Monsieur de Bellegarde, qui luy voyant le visage descouvert, ce qu'il avoit pour le reste de sa foiblesse, il luy donna un grand coup d'espee qui rencontra à la mentonniere, & Vaux en receut un au defaut de la salade, dans l'œuil droit, qui luy percea la teste. Il avoit eu affaire au mesme trois ou quatre fois en lieux signalez. A la poursuite se rallierent à luy dix Gentil'hommes de marque, qui le prierent de les mener, ce qu'il fit en trois lieux de poursuite, où ils donnerent le coup d'espee & empescherent un ralliement.

Le Roy de Navarre ayant ses coudees un peu plus franches voulut executer un dessein en Bretagne, qu'Aubigné avoit voulu mettre quinze ans auparavant entre les mains de Monsieur de la Nouë, & despuis du Viconte de Turaine. Ce dernier mit le genoux à terre devant le Roy pour le prier qu'il en fust l'executeur, mais ce Prince qui ne vouloit rien adjouster, ni à la gloire de l'un ni à la puissance de l'autre, supprima longtemps ce desseing, & puis le voulut faire executer par un instrument plus fragile pour le casser quand il reluiroit trop. Il mit donc l'affaire entre les mains du Plaissis Mornay, & força Aubigné, comme autheur & necessaire à la besogne, d'y assister. Par ce monstre d'honneur, il l'accepta, & remonstra au Roy qu'il faudroit [en] ce desseing, pour ce qu'il avoit assubjetti l'armee de mer au progres de la terrestre, ce que debvoit estre au rebours ; & en arriva ainsi.

[1588] Cependant ce Prince assiegea Beauvois-sur-Mer ; où il voulut faire une trenchee à l'envi des Maistres de camp, mais se voyant gagné par eux, il donna sa besogne à Aubigné qui, pour gagner les devants, choisyt huit Capitaines, & à chascun six soldats portants des mantelets faits à la hafte, alla commencer fa trenchee par le bort du foffé. Vous en voyez quelque chofe au 7⁰ chapitre du livre 2⁰.

Au retour de là, entre Sainct-Jean & la Rochelle, le Roy de Navarre ayant fait mettre à fes coftés Monfieur de Turaine & Aubigné, leur conta les perplexités où il eftoit pour fe marier à la Conteffe de Guiche à laquelle il avoit donné une promeffe abfoluë, pria l'un & commanda à l'autre de fe tenir prés, pour le retour du lendemain, à luy en donner leur advis, comme l'un de bon ami & l'autre de fidele ferviteur. La nuit, Monfieur de Turaine apprehendant ce pacquet, fit neftre une occafion pour donner vers Marans : l'autre attaché au meftier d'Equier fe refolut à fon debvoir. Au matin, dés le fortir de la ville, le Roy ayant deffendu que nul n'approchaft prés, prit fon homme, & ayant dit un mot de la desfaite du Vifconte, fit un difcours de deux heures & demie dans lequel il employa trente hiftoires des Princes anciens & modernes, qui s'eftoyent bien trouvez de s'eftre mariez pour leur plaifir à perfonnes de moindre condition, puis il toucha autant d'autres mariages par lefquelz la recherche des grandes alliances avoit efté ruineufe à la perfonne & à l'Eftat, achevant par l'iniquité de ceux qui vouloyent fans paffion difpofer d'un efprit paffionné. Enfin le Roy dit à Aubigné : *J'ai à cette fois befoin de voftre rude fidelité.* Et luy qui avoit penfé la nuit à fa leçon, eftant commandé de dire franchement, commença par la deteftation des mauvais ferviteurs qui avoyent recerché telles hiftoires pour leurs maiftres, inexcufables pour ce que fans paffion ils fomentoient une paffion excufable : *Ces exemples* (dit-il), *Sire, font beaux & inutiles*

pour vous; car les *Princes* que vous avez nommez
estoient en estat paisible, non deschassez, non errants
comme vous, de qui l'ame & l'estat n'ont support que
la bonne renommee. Vous devez, Sire, considerer en
vous quatre conditions qui font autant de differences :
Henry, le *Roy de Navarre,* le *successeur de la Couronne* & le *Protecteur des Esglises.* Chacune de ces
personnes ha ses serviteurs à part, & lesquels vous
devez paier en diverses monnoyes selon leurs divers
buts. Vous devez à ceux qui servent *Henry,* commettre *Henry,* assavoir les estats de vostre maison.
Aux serviteurs du *Roy de Navarre,* les offices de vostre
souveraineté. A ceux qui suivent le *Daulphin,* les
payer de l'esperance comme l'esperance les attire,
& par ceste beauté les allecher dans la monstre de
vostre fortune. Mais la monnoye de ceux qui servent le
protecteur des *Esglises* est difficile à un Prince,
c'est le zele, l'integrité, les bonnes actions : payement de ceux qui sont vos serviteurs en quelque
esgard, en autres sont vos compagnons , mais à ceste
condition qu'ils vous laissent la plus petite part des
dangers qu'ils peuvent, & des honeurs & avantages de la guerre l'entiere disposition. Je ne vous
soupçonne pas, haïssant la lecture, comme vous faictes,
d'avoir amassé les mauvais exemples que vous avez
recitez. C'est un labeur infidelle qui debvroit estre
le dernier à ceux qui ont pris ceste peine pour vous
plaire en vous nuisant. Car tous ces Princes alleguez
n'avoyent point de serviteurs considerables qui fussent
juges & suppots de leur *Maistre.* Mais il faloit que
les leurs passassent leur colere & leur gronderie en
picquant le bahu. Que vos pensees donc, Sire, soyent
mi-parties, & que vous en donniés la moitié pour le
moins aux serviteurs par lesquels vous subsistez. Or

ay je esté trop amoureux pour penser pouvoir, ni vouloir briser vostre cœur par mes raisons ; vous estes possedé d'un amour violent ; il ne faut plus consulter si nous chasserons ceste passion, mais bien pour jouir de vos amours, je dis qu'il faut vous rendre digne de vostre maistresse. Je voy à vostre contenance que vous trouvez ce mot estrange. Je l'explicque ainsi, que vostre amour vous serve d'esperon pour empogner vos affaires vertueusement, aimez vos Conseils que vous fuyés, employez le meilleur temps aux actions necessaires, surmontés les petis vices domesticques qui vous font tort : & puis estant victorieux de vos ennemis & de vos miseres, vous prendrez l'exemple de ces Princes quand vous leur semblerés de condition. Monsieur est mort, vous n'avez plus qu'un degré à surmonter jusqu'au throne ; recevez encor un poinct de ma fidelité, que ne faciez point à demy les affaires presentes sur l'esperance venteuse de l'advenir : vous avez diminué le soing de l'Estat qui est pour celuy qui sera (Dieu aidant). Mais si vous avez un pied levé ponr monter l'eschelon avant qu'il soit vuide, comme il advient en tirant des armes, un coup vous portera par terre, s'il vous trouve le pied en l'air. Le Roy de Navarre le remercia, luy promit avec serment de faire deux ans treves de ses pensees avec la Contesse.

A l'arrivee de Sainct-Jean Aubigné ayant descendu son Maistre, & sachant que Monsieur de Turaine s'estoit mis au lict de lassitude pour le detour de son chemin, luy alla faire ce discours, la fin duquel fut interrompue par le Roy qui conta au Visconte tout le mesme ordre des propos susdits, non comme venus de la bouche d'autruy, mais de ses imaginations.

L'entreprife de Niort eſtoit fur le bureau. Aubigné partant le dernier, & ayant pris deux laquais pour renvoyer à fon Maiſtre, arriverent nouvelles de la mort de Monfieur de Guife, laquelle il porta aux compagnons à trois lieuës de l'entreprife. La partie qu'il eut à la prife fut de tenir par le poing le Capitaine Chriſtophe, aller mettre le feu au premier petard, & puis s'eſtant fait toucher à la main aux Sieurs de Sainct-Gelais & de Parabere d'eſtre fuivi, il mena la premiere troupe, & par mal'heur fe battit avec celle d'Arambure où de part & d'autre fe perdirent, trois Gentil'hommes & deux foldats, & l'œil de fon grand amy. Vous avez au chapitre 16ᵉ du 2ᵉ livre, les prifes de Niort & de Maillezais, où Aubigné demeura Gouverneur au regret de fon Maiſtre, qui luy ordonna le plus miferable eſtat qu'il peut, pour le faire defmordre : mais il eſtoit trop las de courir.

Il falut aller au fecours de la Garnache, où Monfieur de Chaſtillon ayant fait fa defmarche contre le confeil d'Aubigné, il mit en route luy-mefme fon armee à la nuict, & une partie s'en perdoit fans les ralliements d'Aubigné. Au retour de là, le Roy qui eſtoit demeuré malade à la Motte, voulant rire à fa guerifon, avoit fait preparer un billet d'une grande entreprife fur Maillezais; mais le Gouverneur en avoit fait contre faire un tout pareil à fes gens pour fe defpeſtrer du Roy à telle occafion. Comme donc l'advis arrivoit, le Roy luy dit, *Nous penfions vous donner l'alarme à faux, mais il eſt venu un advertiſſement vray, qu'il faut que vous retourniez à voſtre place promptement.* Cefte retraite faite en riant fut le premier repos, ou pluſtoſt le premier intervalle de labeurs que ceſt homme euſt effayé defpuis l'aage de quinze ans jufques à trente fept ou environ qu'il avoit lors, pouvant dire avec verité que hormis les temps des maladies & des bleffures, il ne s'eftoit point veu quatre jours de fuite fans courvee.

Apres l'entreveuë des Roys, & le combat de Tours où Aubigné arriva, le Roy ayant affiegé Gergeau, ce fut Aubigné qui foubs le nom d'un autre avec Frontenac, fit ce que vous voyez efcrit au chapitre 21ᵉ du mefme livre, qui mena les enfans perdus au fiege d'Eftampes, & puis pofé devant Paris entre les cinq vedettes que le Roy mena de fa main, & encor eftant levé, & voulant faire apeler Sagonne, fe defroba feul vers le Pré aux Clercs, où appelant le Chevalier le plus avancé qui fe nommoit L'Eronniere, Marefchal des logis du Conte de Tonnerre, ceftui-ci ne refpondit qu'injures & reniements, le desfiant au combat, lequel il penfoit pourtant impoffible, à caufe d'un foffé hors de toutes mefures qui eftoit entre deux. Aubigné qui vit à ceft homme des armes argentees, fe refolut de le voir de plus prés, mais à caufe de l'Orge qui eftoit entre deux, il n'avoit pas recognu le foffé, bien eftonné, quand il s'en veit fur le bord de fi prés, que vouffft ou non, il luy falut donner de l'efperon, & hafarder tout. Bien luy fervit d'avoir un cheval grand fauteur, l'autre le reçeut fur le bord d'un coup de piftolet, mais tout auffi toft il fentit celuy de fon ennemi au defaut de la gorge qui luy fit demander vie & fe rendre de tout point, quoy que huit ou dix chevaux s'avançaffent à fon fecours; il fut amené vif au Prince de Conti & à Monfieur de Chaftillon, qui n'eftoyent point plus prés que Vaugirard. Le Roy, au commencement de fa bleffure, refjouy de cefte action voulut voir le prifonnier, mais Aubigné quoy que fon Maiftre luy euft commandé, ne voulut faire (comme il difoit) le charlatan.

Le Roy de Navarre, maintenant Roy, avoit mené la nuit dans la chambre du Roy mourant huit des fiens avec la cuiraffine foubs le pourpoint, & parmi les diverfes peines où il fe trouva, enferma dans une chambre La Force & Aubigné qui parla comme vous voyez au chapitre 23ᵉ du livre 2.

[1590] Le premier foir que les armees françoife & Efpagnole fe virent entre Cheles & Lagny, le Roy commanda à Aubigné de lever les vedetes qui avoyent fervi le jour : les Carabins Efpagnols le prenant pour homme de commandement l'engagerent en une efcarmouche, où il falut fe mefler en la defmeflant. Le lendemain eftants foubs la cornette du Roy, Picheri & luy fe defroberent penfants aller rechauffer l'efcarmouche qui leur fembloit trop froide, puis fervirent à Roulet de ce que vous voyez à la fin du 7ᵉ chapitre, livre 3ᵉ; & encore au mefme lieu c'eftoit luy qui faifoit le tiers entre le Roy & le Marefchal de Biron.

Au mefme livre, chapitre 10ᵉ, il executa les chofes que vous voyez defduites au titre de Marefchal de Camp, & encor ce qui eft dit du Capitaine qui caufa la prife de Montrueuil.

Au 14ᵉ chapitre, c'eft de luy que l'Ambaffadeur Edmont s'avança pour retirer de luy ; encore ce qui eft d'un qu'Arambure fauva, jetté du bas de la chauffee par deux coups de lance.

En ce fiege de Roüan le Roy l'honora de Sergent de battaille à la prefentation du duc de Parme, & vous voyez l'honneur qu'il fait à fon Maiftre aux defpens de Roger Wilhens & de luy ; au chapitre 22ᵉ, la harangue qui fuit celle d'O eft de fa façon. A quoy faut adjoulter que à l'efcarmouche devant Poitiers ayant recognu Pluzeau, il le reprit de trotter aux arquebufades : de quoy il fut payé d'une grande mufquetade que fon cheval reçeut à l'efpaule droite, & qui fortit prés la cuiffe derriere, fans perdre courage ; c'eftoit le mefme cheval qui avoit fauté le foffé du Pré-aux-Clercs, appelé le *Paffeport*.

Aubigné arriva pour le fiege de la Fere à Chauny, portant le deuil de fa femme morte quelques mois auparavant, & pour laquelle il fut trois ans, ne paffant gueres nuit fans pleurer : Or pour ce que s'en voulant empefcher, il fe preffoit avec les mains le cofté de la ratte, il fe fit un amas d'un fang recuit, duquel il fe defchargea un jour par le derriere en forme d'un faumon de plomb. Ce qui le fit aller à ce fiege fut qu'ayant travaillé en quelque Affemblee aux chofes que vous verrez ci-aprés, fes collegues difoyent que fa fermeté n'eftoit que pour defefpoir de n'avoir jamais la bonne grace du Roy, ni s'ofer prefenter devant luy : & pour ce que le Roy avoit juré en pleine table de le faire mourir, luy, pour lever cefte opinion, a fait fix voyages dont ceftui-ci en eftoit un. Eftant donc arrivé au logis de la Ducheffe de Beaufort où l'on attendoit le Roy, deux Gentilshommes de marque le prierent affectionnement de remonter à cheval pour la fureur où le Roy eftoit contre luy ; & de fait, il entendit quelques Gentilshommes difputants fi on le mettroit entre les mains d'un Capitaine des gardes, ou du Prevoft de l'hoftel. Luy fe mit au foir entre les flambeaux qui attendoyent le Roy : & comme le carroffe para au perron de la maifon, il ouït la voix du Roy difant : *Voila Monfieur Monfeigneur d'Aubigné*. Quoy que cefte Seigneurie ne luy fuft pas de bon gouft, il f'avança à la defcente : le Roy luy mit la jouë contre la fienne, luy commanda d'aider à fa maiftreffe, la fit demafquer pour le faluer, & on oyoit dire aux compagnons : *Eft-ce là le Prevoft de l'hoftel?* Le Roy donc ayant desfendu d'eftre fuivi, fit entrer Aubigné feul avec fa maiftreffe & fa fœur Juliette; il le fit promener entre la Ducheffe & luy, plus de deux heures; ce fut là où fe dit un mot qui a tant couru : car comme le Roy monftroit fa levre perfee au flambeau, il fouffrit, & ne print point en mauvaife part ces paroles : *Sire, vous n'avez encore renoncé Dieu que des levres, il s'eft contenté de les percer; mais quand vous le renoncerez du cœur, il vous percera le cœur.* La Ducheffe s'efcria : *O les belles paroles, mais mal employees!* Ouy, Madame, dit le tiers, *pour ce qu'elles ne ferviront de rien.*

Cefte dame amoureufe de telle hardieffe, & defirant l'amitié de l'autheur, le Roy la voulut eftablir avec de grands deffeins pour l'elevation & manutantion du petit Cæfar, aujourd'hui Duc de Vandofme, lequel il fit apporter nud pour le mettre fur les bras d'Aubigné qui le devoit à trois ans emmener en Xaintonge pour le nourrir, & appuyer entre les Huguenots; & pour ce que ce deffeing s'en alla au vent, nous y envoyons auffi les difcours.

Plus utile fera d'adjoufter à la fin du 12e chapitre comment le Roy frappé de cefte grande maladie fit cercher Aubigné partant, l'ayant enfermé en fa chambre; aprés avoir mis deux fois le genouil en terre, & prié Dieu, il luy commanda fur toutes les verités qu'il avoit autre fois aigres, mais utiles en fa bouche, de luy prononcer s'il avoit peché contre le Sainct Efprit. Aubigné, aprés avoir effayé de mettre un Miniftre en fa place, s'eftendit fur les quatre marques de ce peché; la premiere, fur la cognoiffance du mal en le commettant; la feconde, d'avoir tendu une main à l'Efprit d'erreur, & de l'autre repouffé celuy de verité. La troifiefme marque eftoit d'eftre fans penitence, laquelle n'eftoit veritable, s'elle n'avoit la haine parfaite du peché, & de nous mefmes à caufe de luy; la quatriefme & derniere eftoit quand la confiance en la mifericorde de Dieu eftoit perduë par ces moyens. Le Roy fut r'envoyé à la cognoiffance de foy-mefme pour vider la queftion. Aprés un difcours de quatre heures, & s'eftre mis fix fois en prieres, ce Dialogue fut feparé, & le Roy fe trouvant mieux le lendemain ne voulut plus l'ouïr parler.

Vous avez ouï que les coleres du Roy s'eftoyent efmeuës pour les affaires de la Religion. Sachez donc que quelques mois auparavant, à un Synode de Sainct Maixant, Aubigné avoit relevé les affaires toutes perduës, en commenceant par un fouper de table ronde, dont vous voyez les effets defpeincts au chapitre 10e & 11e du livre que nous courons.

Depuis, à la grande Affemblee qui dura prés de deux ans, à Vandofme, à Saumur, à Loudun, & à Chaftelleraut, Aubigné toufjours choifi entre les trois ou quatre, qui s'affrontoyent fur le tapis aux deputés du Roy, fit plufieurs traicts qui envenimerent l'efprit de fon Maiftre, & plus encor toute la Cour contre luy. Le Prefident Canaye, autrement le Frefne, en paffant pour s'aller revolter, & eftant admis par le Duc de Bouillon, autres fois Viconte de Turaine, en la place des grands, ceftui-ci voulant emporter plus de gloire que les grands hommes d'Eftat, qui traictoyent à Chaftelleraut, fit des grandes propofitions à l'exaltation de la puiffance souveraine & au rabais du Parti; sur quoy Aubigné voyant que six, qui oppinoyent avant luy, avoyent grandement rabaissé leur ton, il prit le sien plus haut que de coustume. Le Fresne Canaye se leva au milieu de son discours, s'escriant. *Est-ce ainsi qu'on traicte le service du Roy?* Celuy qui parloit repart, disant, *Qui estes vous, qui nous voulez enseigner que c'est que du service du Roy, lequel nous avons eu en main avant que vous fussiez escolier? Esperez-vous parvenir pour faire chocquer le service du Roy & de Dieu l'un contre l'autre? Apprenez à ne rompre point les voix, & à vous taire quand il faut.* Ils vindrent à de grandes aigreurs; & comme le Fresne s'escria : *Où sommes nous?* L'autre respondit : *Vbi mures ferrum rodunt.* — Cela releva les advis de l'Assemblee bien à propos, estant lors question des seuretés.

Ce President mal respecté fit mal les affaires d'Aubigné prés du Roy; & comme le Duc de Bouillon voulut remonstrer qu'il falloit reverer un tel magistrat : *Ouy*, dit Aubigné, *qui s'en va revolter;* ce que l'autre fit dans trois mois. Enfin toutes les aigreurs & duretez de l'Assemblee luy furent imputees, & pour cela fut appelé le *Bouc du desert,* pource que tous deschargeoyent leur haine sur luy.

Les coleres que le Roy prenoit de telles choses n'empescherent point qu'estant mis sur le bureau, où on logeroit le Cardinal de Bourbon, le Roy declaré de la Ligue, & qui battoit monoye en France, soubs le tiltre de Charles dixieme, qu'on ne l'ostast de Chinon à M. de Chavigny pour le mener à Maillezais. Et comme Monsieur du Plessis Mornay allega les grands mescontentements d'Aubigné & les perpetuelles riottes avec son Maistre, luy fut respondu que sa parole, prise comme il faut, estoit suffisant remede à tout cela.

Ce Roy Cardinal estant donc prisonnier, la Duchesse de Rez envoya un Gentil'homme italien, qui ayant pris sauf conduit à deux lieuës de Maillezais, porta cete lettre au Gouverneur :

Mon cousin, je vous prie recevoir par ce porteur en bonne part les tesmoignages que nous vous pouvons rendre, Monsieur le Mareschal & moy, de l'amitié parfaite & du soin cordial, que nous vous avons de vostre eslevement, & du bien de nos cousins vos enfans. Montrez à ce coup que vous estes sensible aux injures, en ayant chere l'occasion par laquelle je desire me prouver V & cæt.

L'Italien ayant exposé sa charge qui estoit de deux cents mille ducats content, pour fermer les yeux à laisser sauver le prisonnier, ou bien du Gouvernement de Belle Isle avec cent cinquante mille escus : la responce sans escrire fut, *Que le second offre me seroit plus commode pour manger en paix & en seureté le pain de mon infidelité ; mais pource que ma conscience me suit de si prés qu'elle s'embarqueroit avec moy quand je passerois en l'Isle, retournez-vous en tout asseuré que sans ma promesse je vous envoyerois au Roy.*

Il y avoit à Poitiers un capitaine Daufin, qui exserçoit une grande pyratrie dans les marais de Poitou & Xainctonge. Cettui-ci mal traicté pour une querelle par le Comte de Brissac eut envie de s'en venger sur le point que les Ligués faisoyent force entreprises sur Maillezais pour sauver leur Roy, cettui-ci ayant fait sçavoir à Aubigné qu'il desiroit parler à luy en segret, il vint deux advertissements de Poitiers, & un de la Rochelle fort exprés, que ce

Daufin eſtoit employé par le Comte de Briſſac pour tuer Aubigné. Nonobſtant ne voulant pas rompre un deſſein qu'il avoit d'enpoigner le Comte, il voulut s'aſſeurer de Daufin par une eſtrange façon : c'eſt que luy ayant donné rendés-vous en une maiſon abandonnee pour s'i trouver au point du jour, le Gouverneur ſortit tout ſeul de ſa place, fit lever les ponts aprés luy, & ayant trouvé ſon homme, luy tint ce langage : *On m'a voulu deſbaucher de parler à toy, comme employé pour me tuer, je n'ay pas voulu rompre noſtre entrepriſe, mais purger ce ſoupçon par la voye de l'honneur : voilà un poignart que je t'apporte pour choiſir cettui-là ou le mien, affin que à pareilles armes tu accompliſſes ta promeſſe : ſi tu veux, tu le peux, avec honneur ; voila un batteau que j'ay fait venir pour te ſauver de là le marais.* Daufin oyant ce propos jetta ſon eſpee au pied d'Aubigné avecque les honneſtes ſommiſſions que pouvoit un brutal, & ainſi entrerent er confiance : marqués ce conte pour une de mes grandes fautes.

Le Pleſſis Mornay eut quelque temps aprés ſa conference avec l'Eveſque d'Evreux. Aubigné arrivé quinze jours aprés à Paris, le Roy le commit avec le meſme, où la diſpute ayant duré cinq heures en preſence de quatre cents perſonnes de marque, l'Eſveſque s'eſchappant des arguments par des grands diſcours ; ſon adverſaire forma une demonſtration, de laquelle il avoit pris les deux premiſſes dans les ſuſdicts diſcours en paroles conceuës ; ce nœud travailla tellement l'eſprit de l'Eſveſque, qu'il luy tumba du front ſur un Chryſoſtome manuſcript autant d'eau qu'il en pourroit ranger en la coque d'un œuf commun : la fin de ceſte diſpute fut par ce ſyllogiſme :

Quiconque est faux en une matiere ne peut estre juste juge en ceste matiere :

Les Peres sont faux en la matiere des controverses, comme il paroist en ce qu'ils se sont contredits :

Donc les Peres ne peuvent estre juges en la matiere des controverses.

L'Esvesque approuva la forme & la majeure, la mineure demeurant à prouver. Aubigné escrivit son traité *De dissidiis Patrum*, auquel l'Esvesque ne respondit point, quoy que le Roy se fust rendu pleige pour luy.

[1601] Vous avez à la fin du 13ᵉ chapitre du tome 3ᵉ, un discours notable soubs tiltre d'un Gouverneur de place, estimé violent partisan. C'est Aubigné qui monstra par là comment sa violence aux affaires des Reformez ne le faisoit point consentir aux iniques moyens.

Bien tost aprés mourut le Duc de la Trimouille accablé des haines du Roy; & Aubigné ne voyant plus personne à cause des corruptions & pensions, à qui il pust se conjoindre pour deffendre sa vie en cas d'oppression, fit preparer un traversier à Ename, où il avoit desja envoyé quatre de ses bahus; & comme il faisoit charger les deux derniers, il luy arriva un courrier du Roy avec lestres escrites de sa main, suivies d'autres du Duc de Bouillon, lors auprés de sa Majesté, & encor du Sieur de la Varenne, confirmatives de sa bienvenuë à la Cour. Les lestres du dernier, & du moins digne, luy donnerent plus d'asseurance, quoy que le Roy lui escrivist de sa main, avec les familiaritez du temps passé, & desquelles ses enfants ont plusieurs billets, pour tesmognages d'une non commune familiarité. Luy donc appelé, soubs couleur d'ordonner à la Broüe,

& à Bonouvriers (au premier les jouftes & tournois, & au fecond les combats de barriere) fut deux mois en Cour, fans que le Roy ouvrift la bouche du paffé : mais un jour que Monfieur le Premier de Liancourt, fit que l'Efquier qui eftoit en quartier prefenta fa place au Doyen des Efquiers, il l'accepta, & en entrant dans le bois, le Roy lui tint ce difcours : *Je ne vous ay point encore parlé de vos Affemblees, où vous avez failli à tout gafter car vous eftiez bon, & je corrompois tous vos plus grands, fi bien que j'en ay fait un mon efpion, & voftre traiftre, pour fix cents efcus.* Combien de fois en voyant que vous ne fuiviez pas mes volontez, ay-je dit :

> *O que fi ma gent*
> *Euft ma vois ouïe !*
> *Et puis, j'euffe en moins de rien*
> *Peu vaincre & deffaire & cæt.*

Mais quoy, pauvres gens, vous eftiez peu qui travailliez aux affaires, & le refte à leurs bources, & à gagner mes bonnes graces à vos defpens. Je puis me vanter qu'un homme des meilleures maifons de France ne m'a coufté à corrompre que cinq cents efcus.

Après plufieurs tels propos, Aubigné refpondit ainfi : *Sire, je fuis tombé en election, que j'ay fuyie quand les autres la practiquoyent. On a tiré le ferment de moy qui efchet en tel cas ; je ne fçay que c'eft de l'oublier, ni de l'explicquer ; feulement je fçay que tous nos plus apparents, hormis Monfieur de la Trimouille vendoyent leur peine à voftre Majefté, comme eftant là pour fes affaires : je mentirois fi je vous en difois autant ; j'y eftois pour les Efglifes de Dieu, avec autant plus de jufte paffion, qu'elles eſtoient plus abaiſſees & plus affoiblies, vous ayant perdu pour protecteur.* Dieu miſericordieux ne veille pas laiſſer d'eſtre le voſtre : *Sire, j'ayme mieux quitter voſtre Royaume & la vie, que de gagner vos bonnes graces en trahiſſant mes freres & compagnons.* La replicque du Roy fut eſtrange; *Cognoiſſeʒ-vous* (dit-il) *le Preſident Janin ?* Sur la negative il pourſuivit : *C'eſt celuy ſur la cervelle duquel toutes les affaires de la Ligue ſe repoſoyent ; voila les meſmes raiſons deſquelles il me paya ; je veux que vous le cognoiſſieʒ, je me fieray mieux en vous & en luy, qu'en ceux qui ont eſté doubles.*

A ce diſcours j'en veux joindre un autre qui ſe fit au deſpart; aprés une grande ambraſſade, Aubigné congedié retourna au Roy, & luy dit : *Sire, en regardant voſtre viſage, il me donne les anciennes hardieſſes ſuivant leſquelles j'oſe demander à mon Maiſtre ce que l'ami demende à l'ami; defaites trois boutons de votre eſtomac, & me dites pourquoy vous m'aveʒ peu hayr ?* Le Roy ayant paſli, comme il faiſoit à tout ce qu'il prononçoit d'affection, dit : *Vous aveʒ trop aimé la Trimouille.* Reſponce, *Sire, ceſte amitié s'eſt faicte à voſtre ſervice.* Demande, *Ouy, mais quand je l'ay hay vous n'aveʒ pas laiſſé de l'aimer.* Reſponce, *Sire, j'ay eſté nourri aux pieds de voſtre Majeſté attacquee de tant d'ennemis & d'accidents, qu'elle a eu beſoing de ſerviteurs amateurs des affligeʒ, & qui n'abandonnaſſent pas voſtre ſervice, mais redoublaſſent leur affection au prix que vous eſtieʒ accablé par une puiſſance ſuperieure ; ſupporteʒ de nous ceſt apprentiſſage de vertu.* Il n'y eut autre reſponce que l'ambraſſade d'à Dieu.

Il eſt bon, puiſque nous avons parlé de Monſieur de la Trimouille, duquel vous verrez la probité au [tome 3ᵉ, livre 5ᵉ, chapitre 1ᵉʳ,] de vous conter comment ceux qui tenoient bon pour le Parti, courants fans ceffe grande rifque de leur vie, & ayants ferment de mourir enfemble, le Roy ayant faict demarcher quelques forces pour inveftir le Duc dans Touars, il efcrivit à Aubigné : *Mon ami, je vous convie fuivant nos jurements à venir mourir avec voftre tr. f.* La refponce fut, *Monfieur, voftre leftre fera bien obeye, quoy que je la blafme d'une chofe, c'eft d'avoir allegué nos promeffes qui doivent eftre trop prefentes pour les ramentevoir.* Eux deux courant pays pour rallier leurs amis, pafferent par une bourguade où le jour auparavant on avoit coupé quelques teftes & mis fur la rouë quelques affaffins. Aubigné s'appercevant que fon Duc changea un peu de couleur en regardant ceft equipage, le prit par la main, luy difant, *Contemplez cela de bonne grace; car faifant ce que nous faifons, il fe faut apprivoifer à la mort.*

De là à deux ans fe fit un' Affemblee à Chaftelleraut, à laquelle fut envoyé le Duc de Sully. Monfieur de la Nouë & Aubigné furent en leur abfence deputez à Sainct Maixent. Ce fut pourquoy ce dernier eftant arrivé à Chaftelleraut pour s'excufer fur l'election non acouftumee, & fur ce que la hayne de fa perfonne nuiroit aux affaires qu'on luy mettoit en mains, comme il eftoit forti, cependant qu'on adviferoit là deffus ; au lieu d'accorder fa demande, quelques excufes qu'il peuft apporter, on donna la commiffion d'aller advertir le Duc de Sully (qui pretendoit de prefider) à ce que il s'abftint de l'Affemblee, finon aux occafions, felon lefquelles il voudroit parler de la part du Roy.

A la fin de cefte Affemblee, le Duc de Sully luy

ayant fait commendement, de par le Roy, de fe defjoindre par les menees d'Aubigné qui feroyent longues à deduire, le Duc de Sully fut contraint de partir, luy mefme ayant laiffé à l'Affemblee le brevet des places qu'il nioit avoir, & puis refufoit l'ayant monftré. En celte mefme action, la compagnie ayant efté trois jours à defmefler un afaire pour Oranges, tellement implicite, que les interets du Roy, du prince d'Oranges, des Efglifes de Dauphiné & du Languedoc, du Marefchal des Diguieres, de la ville d'Oranges à part, du Sieur de Morges, du Sieur de Blacons, & d'autres Seigneurs notables du pays fe chocquoyent : la compagnie ne voyant chemin de defmefler ces contrarietez, quelqu'un propofa qu'on commandaft à un feul d'en faire la refolution, & qu'il feroit plus aifé de corriger fur l'efcrit que fur les paroles qui s'en alloyent en l'air. Aubigné choify pour cela, demanda trois jours de terme, & des lors fortant de l'Affemblee, prit du papier, & fur la memoire frefche efbaucha fa befogne, & puis ayant confideré qu'aprés y avoir penfé plus long temps, qu'elle ne lairroit pas d'eftre bien controllee & litturee, il rentre dans la compagnie, blafmé de n'aller pas travailler à fa befogne. Il la leur mit fur la table, & dans demie heure rappelé, aprés la cenfure, trouva qu'on luy avoit troublé une filabe feulement, & a toufjours eftimé ceft efcrit le plus heureux de tous les fiens.

Trois mois avant la mort du Roy, Aubigné arrivé à Paris alla decendre chez Monfieur du Moulin, où il trouva Meffieurs Chamier & Durant, & quatres autres pafteurs jufques à fept. Ceux cy luy dirent qu'il eftoit venu en un temps où on avoit la tefte bien rompuë pour l'accord des Religions, duquel on murmuroit plus que jamais, qui eltoit ligne de quelques nouveaux prevaricateurs gagnez ; fur quoy, ils accorderent à ce nouveau venu quelques poincts qu'il leur propofa pour rompre ces traittez frauduleux, mais furtout il leur demanda fi ils le foubftiendroyent en un offre qu'il avoit pourpenfé. Ceft de reduire toutes les controverfes de l'Efglife aux regles qui fe trouveroyent avoir efté fermement eftablies en l'Efglife primitive jufques à la fin du quatriefme fiecle & commencement du fuivant.

Chamier s'advança de promettre qu'ouy ; & ayant efté fuivi de tous, Aubigné va faire fon entree, trouve le Roy au cabinet, qui avant tout autre propos luy commanda d'aller voir de ce pas du Perron. Eftant obey, le Cardinal receut l'autre avec des careffes, & baifements de jouë non acouftumés. Ces deux ne furent pas plus toft affis que le Cardinal fit le pleureur fur les miferes de la Chreftienté, & demanda, s'il n'y avoit point moyen de faire quelque chofe de bon. Refponce, *Non : car nous ne fommes pas bons.* Demande, *Monfieur, obligez la Chreftienté de faire quelque ouverture pour la mettre à un de tant de pernicieufes controverfes qui mipartiffent les efprits d'un chacun, les familles, & enfuite le Royaume, & l'Eftat.* Refponce. *Monfieur, les ouvertures font inutiles, là où la derniere piece que vous avez alleguee veuft maiftrifer fur les doubtes des grands.*

Aprés plufieurs tels exordes Aubigné s'eftant fait preffer s'avança en ces termes : *Puifque vous defirés que je m'advance outre ma fuffifance & ma condition, il me femble, Monfieur, que la fentence de Guicciardin fe debvroit praticquer en l'Efglife auffi bien qu'en l'Eſtat; c'eſt que les choſes bien ordonnees venants en decadence ſe reſtituent en les amenant à leur premiere inſtitution.* Je vous feray donc une ouverture que vous qui couchez toujjours de l'ancienneté, comme ſi c'eſtoit voſtre avantage, ne pouvez refuſer : c'eſt que vous & nous prenions pour loyx inviolables les conſtitutions de l'Eſgliſe eſtablies & obſervees en elle juſques à la fin du quatrieſme ſiecle, & que ſur les choſes que chacun y pretend corrompuës, vous, qui vous dites les aiſnez, commenciez à remettre la premiere piece que nous vous demanderons; que nous faſſions de meſme de la ſeconde, & auſſi conſequutivement, tout ſoit reſtabli à la forme de ceſte antiquité. Le Cardinal fit de grandes exclamations ſur le deſadveu que les Miniſtres feroyent de telles propoſitions à quoy l'autre ayant repliqué, Qu'il engageoit ſa teſte & ſon honneur à la faire valoir, le Cardinal penſif luy ſerra la main, diſant : *Donnez-nous encor quarante ans, outre les quatre cents.* Reſponce; *Vous en demandez plus de cinquante, je voy bien que c'eſt le Conſile de Calcedoine ; mettez nous ſur le tapis, & ayant concedé la theſe generalle nous accorderons ce que vous demandez là, & non pas icy.* Demande ; *De grace, dites moy ce que vous nous demanderiez premierement, car vous n'oſeriés accorder à noſtre premiere demande l'eſlevation des Croix reçeuës ſans difficultés au terme que vous avez prefixé ?* Reſponce ; *Nous les mettrons à l'honneur qu'elles eſtoyent lors, pour le bien de la paix ; mais vous n'oſeriés, je ne dy pas accorder, mais ſeulement traicter ſur noſtre premiere queſtion, qui ſeroit de reſtablir l'autorité du pape au point des quatre ſiecles, & pour cela nous vous donnerions deux cents ans pour vos eſpingles.* Le Cardinal, qui avoit eſté enpoifonné à Rome, & en eftoit revenu en colere, s'efcria, Qu'il falloit faire cela à Paris, fi à Rome il ne fe pouvoit.

Tels propos remis à une autre fois, Aubigné s'en retourna au cabinet, s'arreftant fort peu de temps en fon chemin pour parler au Prefident L'Anglois. A l'arrivee le Roy luy demande, S'il avoit donc veu son ami, & de quoy ils avoient traitté? Luy en ayant difcouru, le cabinet eftant lors tout plein de Grands, il efchappa au Roy de dire : *Pourquoy avez vous dit à Monfieur le Cardinal, fur la demande du Concile de Calcedoine, que vous luy donneriez fur le tapis, & non pas là.* La refponce fut que, *Si aprés les quatre cents ans confedez, les Docteurs en demandoyent encor cinquante, ce feroit une tacite confeffion, que les quatre premiers fiecles ne feroyent pas pour eux.* Quelques Cardinaux & Jefuiftes, qui eftoyent dans le cabinet, commencerent à gronder grandement, & le Conte de Soiffons, à qui ils avoient parlé à l'oreille, dit tout haut, que tels pernicieux propos ne fe devoyent point tenir. Le Roy cognut qu'il les offençoit, & fafché d'avoir defcouvert comment le Cardinal avoit envoyé leur privé propos avant l'arrivee d'Aubigné il luy tourna l'efchine, & paffa en la Chambre de la Royne. A quelques jours de là le Prince confeillé d'arrefter, ou d'efteindre un homme qui avoit troublé l'affaire de l'accord (car defpuis il ne s'en parla plus) dit au duc de Sully, Qu'il falloit mettre ce brouillon dans la Baftille, & qu'on trouveroit affez de quoy luy faire fon procès. Vn foir Madame de Chaftillon l'envoya prier qu'elle luy dift un mot : ce fut, qu'aprés les obteftations de ne la ruiner point, elle le pria de partir en cefte nuit, ou qu'il s'affuraft d'eftre perdu. Aubigné ayant respondu qu'il feroit ce que Dieu luy conseilleroit, & qu'il l'alloit prier, ne print point ses advis, mais de bon matin va trouver le Roy, luy fait un petit discours de ses services, & luy demande une pension, ce qu'il n'avoit jamais faict. Le Roy bien aise de voir en ceste ame quelque chose de mercenaire, l'embrasse & le luy accorde : & le lendemain, le compagnon estant allé à l'Arsenal, le Duc de Sully le convia, & le mena voir la Bastille, luy jurant qu'il n'y avoit plus de danger, mais depuis un jour seulement. Au sortir de la Cene, le Dimanche d'aprés, Madame de Chastillon bien esmerveillee d'un si estrange remede, donna à disner à Monsieur du Moulin, à Aubigné & à Mademoiselle de Ruvigny, femme de celuy qui commandoit à la Bastille. Ceste-cy oyant à table un propos qui luy plaisoit, entre ces deux regardant fixement le second, se mit à pleurer, & pressee de la cause de ses larmes, dit, Qu'elle avoit par deux fois accomodé une chambre, & la derniere attendu à minuit le condamné.

Le Roy en peu de temps changea bien d'opinion, & reprit Aubigné en telle grace, qu'il delibera de l'envoyer en Allemagne comme Ambassadeur general avec charge aux agents particuliers de luy rapporter deux fois l'an toutes leurs negociations; & puis ce desseing changea, lors que ce Prince eut pris le sien grand, qu'il luy communiqua tout du long, contre les remonstrances, qu'Aubigné faisoit que telles pieces ne se devoyent commettre qu'à ceux qui en portoyent le fardeau. Or pource que lors il estoit Vice Admiral de Xaintonge & de Poitou, il ne voulut point demeurer oizeux en un si grand mouvement; il pressa le Roy de vouloir jetter une branche de ses desseings vers l'Espagne, & donnant de tous coſtez ſur les ongles à ſon ennemi, luy envoyer une fleche vers le cœur; & quand le Roy rejettant telle ouverture eut allegué le vieil proverbe, *Qui va foible en Eſpagne y eſt battu, & qui y va fort, il meurt de faim;* Aubigné luy ouvrit un marché auquel il obligeoit un million d'or vaillant, pour faire deux flottes qui rendroyent, par le circuit d'Eſpagne, dans les magazins du Roy les vivres au prix qu'ils eſtoyent lors à Paris. Il adjoignit à ſon parti d'Eſcures; & cela fut arreſté aprés que le Duc de Sully eut fort traverſé l'affaire au commencement.

[1610] Dont en prenant congé pour venir en Xaintonge y travailler, le Roy ayant dit ces mots : *Aubigné, ne vous y trompés plus, je tiens ma vie temporelle & ſpirituelle entre les mains du Sainct Pere, veritablement vicaire de Dieu,* il s'en revint tenant non ſeulement ce grand deſſeing pour vain, mais encor la vie de ce pauvre Prince condamnee de Dieu; ainſi en parla il à ſes confidents, & dans deux mois aprés arriva l'effroyable nouvelle de ſa mort. Il la reçeut au lict, & le premier bruit eſtant que le coup eſtoit dans la gorge, il dit devant pluſieurs qui eſtoyent acourus en ſa chambre avec le meſſager, que ce n'eſtoit point à la gorge, mais au cœur, eſtant aſſuré de n'avoir point menty. Voila la Royne deſclaree Regente par un conſentement des Aſſemblees Provinciales, nul n'y reſiſtant en celle de Poictou q'Aubigné, qui maintint que telle election n'appartenoit point au Parlement de Paris, mais aux Eſtats; & quoy qu'il fuſt remarqué pour ceſte parole, il ne laiſſa pas d'eſtre envoyé de ſa Province pour faire les ſubmiſſions.

Eſtant à Paris, les deſputez de divers endrois

s'attendirent jufques à ce qu'eftants, de neuf provinces, ils refolurent enfemble de fe faire prefenter par le Sieur de Villarnoux lors deputé general. La difpute fut grande pour leur entree & façon de parler : enfin tous s'accorderent d'Aubigné, comme du plus vieux & plus experimenté, pour leur fervir de miroir en cefte action. Le confeil du Roy fut fcandalifé de ce que pas un ne s'agenouilla, ni au commencement ni à la fin de la harangue, que Rivet eut ambition de faire, & la fit en tremblant, & mal à propos. Au fortir Monfieur de Villeroy s'attaqua à Aubigné, demandant pourquoy il n'avoit flefchi le genouil. La refponfe fut qu'il n'y avoit en leur troupe que Nobles ou Efclefiaftiques, qui ne devoyent au Roy que la reverence, & non pas l'agenouillement.

Il prit un caprice à la Royné quatre mois aprés, de vouloir parler en privé avec Aubigné. Sur un billet qu'il en eut, contre l'advis de fes amis, il y alla en pofte, & fut deux heures enfermé avec la Royne, la porte gardee par la Ducheffe de Mercure ; elle feignoit vouloir prendre inftruction de luy fur certain point, mais en effet c'eftoit pour le rendre infidelle ou foupçonné à fon party.

Nous voila à l'Affemblee de Saumur, à l'ouverture de laquelle Monfieur de Boiffife ayant fait des grandes promeffes à Aubigny eut pour refponce, *J'auray de la Royne ce que j'en defire : c'eft qu'elle me tiendra pour bon Chreftien & bon François.* Depuis on defpefcha exprés la Varenne pour luy, qui le courtifa d'une façon defmefuree ; fi bien qu'un des corrompus luy difant devant Monfieur de Bouillon, *Qu'eft allé faire la Varenne en voftre logis, douze fois defpuis hier matin?* la refponce fut, *Ce qu'il fit au voftre dés la premiere & n'a sçeu faire au mien en douze fois.*

Là il perdit l'amitié de Monsieur de Bouillon, qu'il avoit acquise & conservee depuis trente ans en bonnes occasions. Ce fut pource qu'il l'empescha de presider & s'opposa à luy en toutes les propositions curieuses qui le perdirent de reputation : sur tout, sur ce que le dit Seigneur Duc ayant fait une longue harangue pour faire que le Party se dessaisist de toutes asseurances pour se remettre en la disposition de la Royne & de son conseil. Pour cest effect, aprés une longue & affectee loüange de la saison du martire, il oyt un autre discours tout contraire au sien duquel la fin fut telle ; *Ouy, le martire ne se peut eslever par assés de loüanges ; bien heureux sans mesure qui l'endure pour Christ : se preparer au martire est le faict d'un vray Chrestien, mais y engager ou y mener les autres, c'est de traistre & d'un bourreau.* A la fin de l'Assemblee, Aubigné qu'on tenoit pour ne dire jamais à Dieu qu'à ceux qui se vouloyent revolter ou mourir, dit devant tous à Dieu à Ferrier, ce qui fust reçeu fort aigrement de Ferrier & de plusieurs de la compagnie jusques à sa revolte qui fut dans deux mois.

Dés lors commencerent les affaires de la Religion, & le Parti tout entier à prendre une grande decadence, premierement par la plus part des Grands & puis par l'avarice des Ministres, desquels trois ayantesté infidelles, Ferrier & Recent furent punis de honte, mais Rivet descouvert en Poitou, pour avoir pension soubs le nom de son fils, fut detesté de peu de ses vieux confreres, courtizé des jeunes ; ce qui fut accomparé à un mastin qui a mis la teste dans un pot de beurre, & les autres petits chiens, qui luy viennent lecher les barbes par congratulation ; si bien que à l'Assemblée Sinodale de Touars qui estoit pour la reddition de compte de Saumur, les fermes y receurent quelques atteintes. Là on veit du milieu de deux cents perfonnes affemblees le Miniftre de Parabelle, nommé la Forcade, fe lever debout huit ou dix fois pour interrompre les voix en s'efcriant, *Meſſieurs, gardons nous bien d'offencer la Royne.* Là on voulut grabeler les Gouverneurs qui mettoyent leur garnifon en la bourfe, quelques jeunes Miniftres dirent, *Ils font pourvoyants & pacifiques.* On voulut toucher à ceux qui aux defpens du Party prenoyent des penfions. Vn autre Miniftre difoit ;

Principibus placuiſſe viris non ultima laus eſt.

Sur cefte nouvelle farce, Aubigné prit congé de la Compagnie, prenant occazion de fon aage, difant qu'il eftoit quitte des Affemblees publiques eftant devenuës telles que des femmes publiques.

Le Duc de Rohan hay & defavorifé pour avoir bien faiɔ̌t à Saumur, fe retira à St Jean, faifant mine de fe fortifier d'amys ; Aubigné de qui la garnifon non plus que celle de St Jean n'eftoyent plus payees, fept mille francs de penfion otez, pour avoir refufé augmentation de cinq mille, fut contraint d'aller querre fon payement fur la riviere de Sevre. A cefte occafion eftant menacé de fiege, & ayant recognu l'affiete du Dognon, fe refolut de n'eftre point la foricé d'un pertufo, il achepta la petite ifle, fit baftir une maifon dans Maillé pour deux mille efcus. Parabelle eut commiffion de l'aller vifiter ; Aubigné s'y trouva & le traitta.

L'annee d'aprés, Parabelle ayant mefme commiffion pour vifiter des vacheries qui fe faifoyent au Dognon, il convia le baftiffeur à fe trouver à la vifiter, l'autre refpondit que la befogne ne valoit pas la peine, & que le Commiffaire cerchaft qui luy donnaft à difner : Cefte eflevation aprit à ce Commiffaire le mefpris de l'affaire, & refpondre à la Cour que ce n'eftoit rien : mais un matin arriverent à la place trente maffons, cinquante ouvriers, des tentes de toile, trois colouvrines & un magazin. Cela mit l'alarme au camp, fit envoyer & efcrire : & lors, n'y eut de refponce que des refolutions à toutes extremitez.

Le Duc de Rohan ne demeura gueres à eftre convié au premier remuement du Prince de Condé, & du Duc de Bouillon, raffembla fes amis à Saint Jean, & Aubigné ne pouvant abandonner fa befogne fut prié de donner aux compagnons une refponce au Prince & aux fiens. Il leur envoya pour toutes lettres ces deux lignes ; *Nous voulons bien mettre fur nos efpaules le fardeau de voftre guerre, delivrés nous de celuy de voftre paix.*

Cefte premiere efmeutte s'efvanouit en accord & oubliance pour tous, hormis pour Aubigné qui pour tout remede fortifia ces deux places, & mit la derniere en eftat de prefter le collet. Cefte annee paffee en diverfes menées, vint à efclorre la guerre du Prince de Condé, qui ayant choifi Aubigné pour fon Marefchal de Camp, lui envoya les defpefches; mais luy ne les voulut pas recevoir de fa main, ouy bien des Efglifes affemblees à Nifmes.

Le Duc de Sully, Gouverneur de Poictou, eftant à Poitiers s'obligea à la Royne avec douze principaux du pays, que la province ne branleroit point pour le Prince de Condé, & vint à Maillezais pour faire confentir à mefmes chofes, par promeffes & par crainte, difant au Gouverneur que tous les grands de Poictou maintiendroyent bien leurs promeffes. Il eut pour refponce qu'il avoit oublié en cefte Affemblee un grand homme qui en diroit fon advis le lendemain : il vouloit dire le premier tambour du regiment qu'il dreffoit pour fon fils, & qui le lendemain matin batit aux champs. Le jour mefme le Sieur d'Ade avec la garnifon de Maillezais prit Moureille par petard. De là à quinfe jours le Duc de Sully ayant armé de fon cofté, il arriva que quatre compagnies de ce regiment, & la compagnie du Duc avec une autre de Carabins arriverent en mefme temps à Vouilley pour loger; mais les gens de pied chafferent la Cavallerie comme il appartenoit.

Monfieur de Soubize fit fon amas, & marcha au devant du Prince de Condé avec fept regiments faifants plus de cinq mille hommes. Vn matin le Duc de Bouillon marchant pour le fiege de Luzignan, rencontra Aubigné allant à la mefme befogne comme Marefchal de Camp ; là s'appointerent les differents de Saumur. Il n'y eut rien en cefte guerre qui vaille la peine d'eftre efcript, feulement à la fin Aubigné contre la volonté du Prince de Condé fit tant qu'on affiegea Tonay-Charante, où s'eftant bruflé la moitié du corps par un accident, il fe fit porter aux tranchees. Ce mouvement n'apporta plus que le traitté de Loudun, qui fut une foire publicque d'une generale lafcheté & de particulieres infidelitez.

Le Prince de Condé dans les confeils appeloit Aubigné fon pere ; luy ayant faict banqueroute comme à tout honneur, luy cria par une feneftre, *A Dieu en Dognon*. La refponce fut, *A Dieu à la Baftille*. Le Prince arrivé en Cour luy rendit pour fes bons fervices, pour luy avoir caufé un fecours de cinq mille hommes, avec defpenfe de feize mille efcus bien advoüez & comptez & point payez,

& pour les falutaires confeils qui l'ont fait foufpirer defpuis en fes prifons, luy rendit ce tefmoignage dans le confeil fecret, qu'il eftoit ennemi de la Royauté & capable d'empefcher un Roy de regner abfolument, tant qu'il vivroit.

Le mefme Prince fit envie au duc d'Efpernon de lire les *Tragiques;* & luy ayant expofé les traicts du fecond livre, comme efcripts pour luy, fit jurer la mort de l'autheur, comme auffi elle fut pratiquee de là & d'ailleurs en plufieurs façons.

Ce Duc vint en ce temps faire la piafe de la Rochele. Les Rochelois ayant prié Aubigné d'armer, luy firent congedier & ramaffer fes troupes jufques à trois fois, felon les incertitudes de leurs traitez avec leurs ennemis, qui enfin s'avancerent lors qu'il n'i avoit plus à Maillezais que cent cinquante hommes. On fçeut tout à coup que les forces de Xaintonge avoyent paffé, & eftoyent à Mozé, ce que Aubigné ayant fçeu & le departement d'un regiment pour la ronde, il eut grand mal au cœur de laiffer piller une de fes dix paroiffes qu'il avoit comme les autres desfendues exemptes de toute incommodité de guerre. La fechereffe de cefte annee faifoit qu'elle n'eftoit plus ifle : ayant donc recogneu que cent chariots de front pouvoyent paffer le mareft, il ne laiffa pas de s'i prefenter avec ce qu'il avoit, & depuis pour faire bonne mine en mauvais jeu voyant arriver fix compagnies de Cavalerie au logis de Courfon, il leffa les payfans du pays armez en monftre fur un terrier, & luy avec fes cent cinquante hommes marcha à deux heures aprés midy à la veuë des ennemis faire un logis à Morvain, faifant filer fes hommes à veuë & au prix qu'ils arrivoyent fe defrober au trot par derriere le village pour venir encor joindre la queuë, ſi bien que Reaux qui commendoit comme Mareſchal de Camp aux troupes qui s'avanſoyent en ces quartiers, deſpeche à ſon Duc l'advertir qu'il avoit ſur les bras pour le moings huit cents hommes. Ceſt advis le fit fortifier de quatre compagnies ; encore Aubigné ayant recogneu la miſere de l'effroy, leur fit quitter quelque logis où ils venoyent fourrager, & ayant recognu le logis de la greve, alloit la ſeconde nuict pour l'enlever : il reçeut en marchant advis par ceux du Duc de l'accord qu'avoyent fait les Rochelois.

Deux Gentils hommes luy aporterent ceſt advis, ſe convierent effrontement à venir diſner à Dognon, & entrerent en diſcours de la haine que leur Duc portoit à leur hoſte : racontant qu'il avoit dit tout haut devant cinq cents Gentils hommes, que s'il ne le pouvoit avoir autrement, il le convieroit à venir voir en un pré une des bonnes eſpees de France ; la reſponce fut telle ; *Je ne ſuis pas ſi mal nourri que je n'aye apris les advantages des Ducs & Pairs, ce que nous leur devons, & le privilege qu'ils ont pour ne ſe battre point ; ie ſçay encore le reſpect que je doy au Colonnel de France, ſoubs lequel je commande des gens de pieds, mais ſi un excés de colere ou de valeur avoit pouſſé Monſieur d'Eſpernon à me commander abſoluement d'aller voir ceſte bonne eſpee dans un pré, certes il ſeroit obey. Il m'en a autres fois monſtré une, ſur les gardes de laquelle il y avoit pour vingt mille eſcus de diamants ; s'il luy plaiſoit y porter celle-là, je la tiendrois encor pour meilleure.* Vn des Gentils hommes replicqua que Monſieur le Duc avoit des qualitez dont il ne ſe pouvoit deſpouiller pour venir à une telle eſpreuve de ſa valeur. Reſponce : *Monſieur, nous ſommes en France, où les*

Princes qui font nés en la peau de leur grandeur s'efcorchent quand ils la defpouillent; mais fachez qu'on fe peut defveftir de fes meubles & acquets : le Duc d'Efpernon n'a rien qui ne foit de telle nature pour fe rendre impareil à moy. Le plus vieux des Gentils hommes adjoufta, *Or bien, Monfieur, quand tous ces poincts feroyent d'accord, il y a tant de Seigneurs & Gentils hommes autour Monfieur le Duc, qu'ils l'empecheroyent de pouvoir vous affeurer un pré.* Aubigné efchauffé ne fe peut empefcher de dire qu'il l'ofteroit bien de cefte peine, & qu'il s'en affeureroit un dans le Gouvernement du Duc auquel luy mefme apporteroit la feureté contre les amis de fon ennemi; là finit le propos, lequel rapporté au Duc d'Efpernon luy fit faire nouveau ferment de vengeance, avec execrations.

Il y avoit long temps qu'Aubigné fe rendoit ennuyeux par advertiffements à tous ceux qui manioyent les affaires; & il n'y avoit Affemblee où il n'efcrivift ce que le long ufage luy avoit appris. Mais plus particulierement il avoit veu un tableau de tout ce qui eft arrivé depuis entre les mains de Gafpard Baronius, nepveu du Cardinal, lequel ayant efté apelé à la cognoiffance de Dieu pour avoir jugé à mort le petit Capuchin à Romme : ceftui ci parvenu par la faveur de fon oncle, & par les grands dons qu'il avoit, à eftre de la congrecgation qui s'appelle de la *Propagatione della Fede,* fut choifi pour un des trois que ce Confeil envoye tous les ans aux trois coings de l'Europe, avec memoires de tout l'eftat de la Chreftienté. Sur fon partement pour Efpagne, bien garny d'or & de defpefches autentiques, il fe fauva à Briançon entre les mains de Monfieur d'Efdiguieres, qui le fit conduire par un Conful du lieu à Paris, & là le presenta à une Assemblee qui se faisoit au logis de Monsieur de Bouillon. Aubigné & Monsieur de Feugré estants choisis par ceste troupe pour auditeurs du Seigneur Gaspard, il leur mit sur table les memoires de toute la Chrestienté, distinguee par provinces, leur monstrant de chacune deux cayers, sur l'un desquels estoit escrit, *Artes pacis*, & sur l'autre, *Artes belli*. Ces deux ayants demandé de voir les affaires de la province menacee de plus prés, cest homme leur fit voir premierement *Rhetorum Commentarios*, comme debvant la persecution commencer par là, & avant arborer l'estendart de la Croisade. Voila où Aubigné s'estoit fait sçavant en predictions, & importun par elles, & non pas pour avoir eu chez luy le muet qu'on luy reprocha. Or est-ce chose assez merveilleuse, pour à ceste occasion vous faire cognoistre ce muet.

C'estoit un homme (si homme se peut dire, car les plus doctes l'ont tenu pour dæmon encharné) qui se montroit aagé de dix neuf à vingt ans, sourd & muet, l'œuil tres horrible, la face livide, qui avoit inventé un alphabet par les gestes & par les doigts, par le moyen duquel il s'expliquoit merveilleusement. Il a esté quatre ou cinq ans dans le Poictou, se retirant à la Chevreliere & puis aux Ouches, admiré de tous pour deviner tout ce qu'on luy proposeroit, faire recouvrer les pertes du pays. On luy amenoit quelque fois trente personnes, auxqueles il contoit toute leur genealogie, les mestiers des bisayeulx, ayeulx & grands peres, combien de mariage chacun, combien d'enfants, & enfin toutes les monoyes piece à piece que chacun avoit en sa bourse. Mais tout cela n'estoit rien au prix des choses avenir & des pensees les plus occultes, desquelles il faisoit rougir & paflir chacun; & fachent Meffieurs les Theologiens (de qui la cenfure eft à craindre en ceft endroit) que ce furent les Miniftres les plus eftimés en ce pays qui donnerent cognoiffance de ce monftre à Aubigné : eftant arrivé en fa maifon il fit deffences à fes enfants & domeftiques fur peine de punition de ne enquerir le muet fur les chofes à venir, & comme *Nitimur in vetitum*, ils ne l'enqueroyent que de cela.

Il faudroit une hiftoire à part pour vous dire comment ceft homme là monftroit ce que faifoyent tous les Grands de la France, les propos qu'ils tenoyent à l'heure qu'on l'enqueroit. On eut foing de fçavoir de la Cour un mois durant, les heures des promenades du Roy, qui avoit parlé à luy le long du jour; & cela confronté de cent lieuës avec les refponces du muet ne manquoit jamais. Les filles de la maifon l'enquirent combien vivroit le Roy & de fa mort. Il leur marqua trois ans & demi, le caroffe, la ville, la ruë, & trois coups de coufteau dans le cœur. Il leur marqua tout ce que fait aujourdhuy le Roy Louys, comme les combats maritimes de la Rochelle, fon fiege, fon defmantellement, & les ruines du Parti, & plufieurs autres chofes que vous pourrés voir dans les *Efpitres famillieres* qui s'imprimeront. Vous faurés par plufieurs, nourris en la maifon où vous eftes, la verité de ces chofes.

Les ennemis d'Aubigné pour rendre inutiles fes prevoyances, dirent qu'il les avoit aprifes du muet, & par tel foupçon rendirent vains fes falutaires advis. Or la verité eft qu'il obferva religieufement de ne demander jamais à ceft organe une feule chofe avenir; mais fon employ aux affaires & fa longue experience luy faifoyent dire ce qu'on a fenty depuis.

Il fe pourveut donc à deux Affemblees de la Rochelle

pour depofer fes charges & places entre mains de perfonnes fideles, & les ofter au Duc d'Efpernon, & à l'Efvefque de Maillezais, qui par hommes interpofez faifoyent traiter avec luy. Vne partie de l'Affemblee y entendit volontiers, mais la Maifon de Ville de la Rochelle fe rendit partie contre luy & les Saindics du peuple, qui eftoyent pour luy, ayants choyfi l'advocat Bardonin pour fe joindre à fes demandes, l'advocat corrompu conclud au rafement du Dognon & de Maillezais s'il fe pouvoit : fi bien que de là à un mois, Monfieur de Villeroy efcrivit à Maillezais en ces termes : *Que diriez vous de vos amis, pour lefquels vous avez perdu huict mille francs de penfion, refufé augmentation de cinq mille, perdu encore la bonne grace du Roy, & vous mefmes tant de fois : ils nous demandent importunement qu'on vous rafe voftre maifon fur vos oreilles. Je ne change rien aux termes de vos amis ; fi c'eftoit à vous à faire refponfe à une telle demande, quelle feroit-elle ? J'en demande voftre advis.*

La refponce fut, *Monfieur, s'il vous plaift que je fois voftre commis pour la refponce à la requefte des Rochelois, elle fera en ces termes : Soit fait comme il eft requis aux defpens de qui le requiert.* Monfieur de Villeroy ayant porté au Confeil fes deux lignes le Prefident Janin dit en jurant, qu'il les entendoit bien ; *C'eft à dire* (dit-il) *qu'il ne craint ni nous, ni eux.*

Telles paroles accompagnees d'effects & de pourvoyances à la deffence des places, firent qu'on donna charge à Vignoles, Marefchal de l'armee du Roy, de voir fur quoy fe fondoit l'audace d'Aubigné. Il le vint donc voir comme amy, & comme ayant efté nourry chez le Roy foubs luy. Il rapporta deux choses, l'une l'importance & la force du Dognon, disant pour le premier point, que la Rochelle, de laquelle le siege se meditoit des lors, ne pouvoit estre assiegee que la riviere de Sevre possedee par ces deux places, & qui nourrit les deux tiers d'Espagne, ne fust libre pour le pain de l'armee du Roy, laquelle d'ailleurs auroit le pain bien cher, s'il falloit que les vivandiers passassent, à la misericorde de ces places, le destroit d'entre Surgeres & Mozé, & qu'elle ne receust vivres, qui ne fussent escortez ou perdus. Il adjousta d'autres choses à la consequence ; mais pour la force il rapporta que Maillezais cousteroit tousjours un bon siege Royal, & le Dognon plus à estre assiegé que la Rochelle à estre prise. Voila sur quoy on despescha des Mestres de requestes pour traiter. Monsieur de Montelon en eut la premiere charge, & au desfaut de luy, la Vacherie. Il seroit bon voir toutes les ruses par les quelles ce traicté [fut] protelé environ deux ans, sur la fin desquels le Duc d'Espernon, par le moyen du Marquis de Bresé, fit offrir jusques à deux cents mille francs contant, & en payement fait sur la foy du vendeur. Mais Aubigné deposa ses places entre les mains de M. de Rohan pour cent mille, moitié contant, moitié à venir. De là il fit sa retraitte à Sainct Jean d'Angeli, où s'estant meublé, il acheva l'impression de ses *Histoires,* tout à ses despens, tint à grand honneur de les voir condemnees & bruslees au College Royal à Paris.

Ce fut à ce point que commença la petite guerre de la Royne Mere pour laquelle M. de Rohan fit venir le Gouverneur de Sainct Jean, Aubigné & huict autres amis du Duc à Sainct-Maixant, comme pour prendre advis d'eux, s'il se debvoit engager en cefte guerre ; mais la propofition qu'il mit fur table n'eftoit point de cefte forte ; il demanda particulierement à Aubigné les prevoyances & pourvoyances qu'il falloit à l'armee de la Royne, pour avec foixante mille hommes affieger Paris. Aubigné refpondit, qu'il avoit eu l'honneur d'eftre appelé deux autres fois pour les preparatifs de ce mefme fiege, & qu'il fe fouvenoit à peu prés comment on s'en eftoit aidé ; mais qu'au lieu de refpondre à cefte inefperee propofition, il prioit le Duc de regarder à la confufion qui diffiperoit ce grand party dés fon entree : & pour luy faire provifion d'un bon pis-aller, & pour fe rendre encor plus fafcheux, protefta qu'il ne porteroit point les armes pour le Party, & ne tireroit point fa petite efpee hors du crochet.

Or en prenant congé du Duc, il dit aux deux freres, *Je vous ay protefté n'eftre point du parti de la Royne, mais je feray du party de Rohan à voftre extremité, & vous me trouverez bien à propos.* Cela faict, il fe retira à Sainct-Jean où les mutins de la ville ayants fçeu comment les affiegeurs de Paris avoyent efté mal menés au pont de Sef, fe fouleverent & chafferent l'aufthorité du Duc, fon Lieutenant, & fes Capitaines.

Le Duc efcrivit à fon amy pour le faire fouvenir de la promeffe d'extremité. Aubigné trouva les deux freres, & la Nouë avec eux, avec deux regiments qui faifoyent quinze ou feze cents hommes & quelque cent chevaux en tout. Tout cela n'ayant où fe retirer que Sainct Maixent & s'acheminant vers le Bas Poictou, fans avoir lieu preparé pour refifter deux jours, il prit par la main ces defvoyez & leur tourna la tefte à un deffeing affeuré, que luy qui s'eftoit avancé excecutoit la nuit, dont le foir auparavant arriva la paix faite avec la Royne mere, & ceux de son party qui s'en voudroyent servir.

Là dessus le Roy ayant en diligence rempli le Poictou de son armee, Aubigné prit sa resolution de venir prendre le chevet de sa vieillesse & de sa mort à Geneve. Ceux de la faveur qui le cerchoyent par tout, ayants envoyé billet aux principales villes pour l'arrester, & sur tout au passage des rivieres, il partit avec douze chevaux bien armez, & usant de la bonne science qu'il avoit des chemins, passa la premiere nuict dans trois regiments, & trois corps de garde de l'armee; & eut en son voyage quelques heurs bien à propos, comme trouvant un regiment qui l'arreta dans les fausbourgs de Chasteau-Roux, un paysan de rencontre luy fit passer la riviere en lieu inesperé, de mesmes son train ayant été coupé par la moitié au passage de Bourges, en lieu non accoustumé, par une guide de rencontre, le mesme heur luy arriva en ce que plusieurs Gentils hommes & Ministres aux quels il s'adressoit pour leur demander des guides, sans le cognoistre, poussez de quelque sentiment, luy en servoyent eux mesmes.

Le Pasteur de Sainct-Leonard le conduisant à Conforgien, le destourna pour luy faire voir en un village le miracle d'une famme de septante ans, de qui la fille estant morte en couche, elle pressa son petit fils contre son sein, s'escriant, *ô Dieu, qui te nourrira?* à ces mots l'enfant empoigna un des bous de sa grand'mere, & les deux mamelles furent à l'instant pleines de laict, duquel elle l'a nourri dishuit mois parfaitement bien. Ceste histoire avant qu'estre imprimee a esté verifiee par l'acte public de l'Esglise.

A Conforgien, le Baron du lieu ayant employé un nommé Petit Roy pour la conduite de son hoste, ce

I. 7

galent amaſſa la nuit quelques Gentils hommes du pays pour leur mener dans une ambuſcade. Petit Roy au matin ayant parlé à Aubigné, il luy prit un mal de cœur, ſe deſiſta de la conduitte, & donna un autre guide qui changea de route : & ceci fut confeſſé par un jeune Gentil homme, qui en demenda pardon en mourant à ſa mere, laquelle l'avoit nourri à la Religion.

Faiſant paſſer dans Maſcon ſes gens deux à deux, un vieillard au milieu de la ville arreſta un des ſiens, luy diſant à l'oreille, *Vous faites bien de paſſer ainſi deux à deux*. De là Monſieur Foſſiat luy donna adreſſe à Monſieur d'Anieres, & l'accompagna juſques à Geneve : & encores y eut une mutinerie à Gex, qui luy fit courir fortune pour le port des armes qui n'eſtoit pas permis en ce pays là : ceux de la garniſon ſauterent au colet de quelques Gentils hommes qui l'accompagnoyent fort habilement & luy en faiſoyent autant ſans ſa reſiſtance. Il fut ſi heureux qu'il ſe deſmeſla ſans tuer aucun ; autrement il eſtoit pris & perdu, car il n'euſt peu eſtre ſi peu arreſté, que le Marquis de Cypieres, qui le pourſuivoit ayant ſon portraict, ne l'euſt enlevé comme Lieutenant de Roy.

Enfin il arriva à Geneve, le Jeudi premier de Septembre 1620, où il fut reçeu avec plus de courtoiſie & d'honneur que n'en cerchoit un refugié. Outres les courtoiſies ordinaires que reçoivent en ceſte ville tous les eſtrangers notables, il fut viſité en ſon logis par le premier Sindic ; & le meſme le mena au preſche pour le loger en la place du premier de l'an paſſé, qui eſt le ſiege que l'on donne par honneur aux Princes & aux Ambaſſadeurs de Roys ; on luy fit un feſtin public, auquel la Seigneurie entiere

& quelques eftrangers furent conviés. A ce feftin y eut de fort grands mafpans, portant les armoiries du nouveau venu. Aprés avoir efté quelque temps chez les Sieurs Peliffary & de Tournes, le logis de Monfieur Sarrafin, defpuis acheté par les Princeffes de Portugal, luy fut loué aux defpens de la ville, jufques à ce qu'il en eut acquis un par mariage. On luy fit voir tous les magafins & fecrets; & ayant defiré voir en monftre toutes les bandes qui font faize, cela luy fut accordé, chofe qui n'avoit efté faicte depuis vingt ans. On fit un confeil de guerre de fept teftes feulement, auquel on luy donna toute authorité, & dura cet ordre jufques à ce que on demanda à cefte compagnie ferment de fidelité & de fegret. Aubigné ayant appris que fes collegues eftoyent obligés de communiquer les principaus affaires au petit confeil, confentit de prefter ferment de fidelité, mais non celuy de fegret, fi fes colegues n'eftoyent exemts de reveler les chofes qu'ils auroyent jugees dignes d'eftre tuës à tous. Les forces de Savoye s'eftant eflognees, le confeil ceffa pour les fufdites dificultez.

En ce temps, toute la ville fut employee aux fortifications qu'il luy plut ordonner tant devers Sainct Victor que vers Sainct Jean.

Il ne fut point fix fepmaines à Geneve que l'Affemblee generalle de la Rochelle ne luy defpefchaft par deux voyes un tefmoignage notable combien ils fe repentoyent de l'avoir iniquement traicté : car ils luy envoyerent premierement par la voye de Paris, & puis par le Sieur d'Avias, un des deputez qui eftoit de leur corps, premierement une procuration generale pour engager tout ce que les Efglifes pouvoyent en corps, & tout le pouvoir des Rochelois en particulier, pour les affaires que nous deduirons; puis aprés lettres de creance à chafcun des quatre Cantons proteftans, à la ville de Geneve, en general aux Hanfiaticques, à tous les Princes proteftants, vingt des dittes lettres, le nom en blanc, le cachet volant nouvellement mis en ufage par la dite Affemblee, & encore lettres à part pour les corps des Efglifes & Miniftres fignalés, tout cela aux fins d'autorizer leur Procureur.

Aprés, il y avoit fes inftructions tandantes à efmouvoir les Souiffes au prefent d'une levee gratuitte, & à favorifer le paffage des forces que le dit Procureur pourroit lever par autres moyens, joint à cela commiffion pour commander l'armee; & de toutes les pieces y avoit quatre copies en parchemin, deux par chacune des voyes, hormis des lettres miffives, defquelles il n'y avoit qu'une copie feulement.

Le Sieur d'Avias eftant arrivé, habillé en payfan, à Saint-Julien, envoya fon homme veftu de mefme, pour prendre lieu de conference, eftant bien adverti combien le refpect de la France tenoit Geneve en fujection, il fut logé dans les cabanes faites de nouveau pour la fortification, & là fe firent les refponces à l'Affemblee. Aubigné avoit demandé aux Ving Cinq eflection de deux, aufquels il puft commettre quelque fegret, mais ces deux voulans dire tout au gros, il fut contraint de les fortifier des deux principaux.

En ce temps là, Monfieur Sarrafin avoit receu lettres du Conte de Mansfeld, qui mal-mené en Boheme luy demandoit un maiftre. Cefte demande reiteree, Aubigné traicta avec luy conjointement avec les deux Ducs de Wimar. Aprés plufieurs voyages d'une part & d'autre, & grandes defpences fur la bource du procureur, les trois furent obligez à amener douze mille hommes de pied, fix mille chevaux, douze pieces d'artilerie, moitié de batterie, pons & atelages neceſſaires, juſques à la riviere de Saune, pour y joindre trois regiments de chaſcun deux mille hommes, tels que les pourroit amaſſer Aubigné : lequel, tant que les forces feroient jointes, ferviroit de Mareſchal de Camp general ; & tout devoit marcher ſur la foy de l'Aſſemblee, juſques à ce que l'armee eſtant en Foreſt recevroit deux monſtres qui n'eſtoyent qu'une, pource que par le traiſté, ils ne devoyent recevoir que la moitié de leurs payes juſques à une paix qu'ils toucheroyent le tout aſſiné ſur les ſalines de Eſguemortes & Peguais, lors encor poſſedees en aparences par le Party.

Toutes ces choſes agrees d'une part & d'autre, & Mansfeld avancé juſques en l'Alſace, Aubigné qui attendoit deux cents mille livres par lettres de change de la Rochelle, fut adverti que quelque gentil eſprit de la Rochelle avoit propoſé que ce grand affaire ſeroit mieux entre les mains de Monſieur le Duc de Bouillon : ce qui fut ſuivi gaillardement. Le Conte tourna donc vers Sedan, & en arriva ce que vous apprendrés en l'*Hiſtoire* : le premier marchand demourant en croupe avec cinq cens piſtoles de deſpence. Ses enfans ſeront ſougneux de garder les pieces juſtificatives de tout ce que deſſus.

[1621] Les Bernois avoyent durant cette negotiation envoyé à Geneve le fils du premier Avoyer, requerir Aubigné de les viſiter, ſur le poinct que Frankendal eſtoit aſſiegé, ce qu'il accorda, & fut reſû avec feſtins partout, canonnades, & autres honneurs, deſquels il blaſme l'inſolence : & ce premier voyage l'obligea à un ſecond, qui fut de trois à quatre mois.

En jettant l'œuil ſur Berne, il entreprit (contre l'advis de tous les grands Capitaines qui l'avoyent veuë) de la fortifier : c'eſtoit encore contre le vouloir des principaux du Conſeil du peuple, contre leurs loyx & ferment, mais ſelon le beſoind. Le Duc de Bouillon luy en eſcrit, & à quelques uns des principaux Conſeilers, alleguant la desfaveur de la ſituation, & que elle eſtoit au cœur du païs : il eut pour reſponce que le ſit ſe trouveroit trés avantageux, & que ce cœur n'eſtoit que à un doigt des coſtés.

Le peuple de la ville eſtoit tellement ennemy du mot de fortifications, & imbu de celuy de bataille, que aux premieres promenades qu'ils virent faire, quelques yvrougnes porterent leurs halebardes, criants qu'il falloit jetter dans l'Ar les François qui eſtoyent venus pour violler leur coutumes. A tous ces empeſchemens, l'entrepreneur porté par Grafenried, d'Erlac, & quelque peu d'autres, praticqua les Miniſtres ; deſquels le principal ayant accompagné la Seigneurie pour aller viſiter le deſſein, ſur quelque eſmoſſion de vollontez, demanda de rendre graces à Dieu ſur le champ de la bonne & ſalutaire deliberation, & en ce diſant & mettant le genouil atterre, la Signeurie & la grand foulle qui les avoit ſuivis de meſme, & par là engagés. Preſque toute la ville ſe trouva le lendemain au meſme lieu, où le Miniſtre ayant faict une exhortation, aprés un chant de pſeaume & un grande priere, Aubigné fit avancer ſes picquets ; avec une profonde reverence, en preſente un à Monſieur Manuel, premier Advoyer, qui voulant ceder ce premier ouvrage à l'inventeur, qui le refuſa, il fallut tenir conſeil ſur ces courtoiſies : & lors contraint à le poſer, à accepter cet honneur, il jetta ſon chapeau à terre, y mit un genou, & dit tout haut en donnant le premier coup de maillet, *Soit à la gloire de Dieu, à la conſervation de ſon*

Efglife, & *pour arrefter les ennemis des Souiffes confederés.* Ainfi le premier Avoyer & tous les Seigneurs de fuite planterent les picquets de la fortification, que aucune de l'Europe ne furpaffe en avantage naturel. Sous couleur de venir à ce travail, les Bernois firent voir les forces de tous leurs Bailliages, eftimés jufques à quarante huit mille hommes.

En aprés, fe fit la vifitation de toutes les villes du Canton, la recognoiffance des campemens declarés jufques à fept, & un refervé pour relever une confternation. Monfieur de Graffenried, dans le Confeil, mit la plume entre les mains de Aubigné pour figner le ferment de Capitaine general : ce qu'il refufa, s'excufant fur l'ignorance de la langue : & lors eftant preffé d'en nommer un aux Bernois, il leur bailla le chois de trois, affavoir du Vidame de Chartres, du Sieur de Monbrun & du Compte de la Sufe. Le dernier fut choifi.

La Seigneurie de Bafle voulut eftre confeillee de mefme main, le Sieur de Lutzelman envoyé pour la conduitte ; mais de vint deux baftions qui leur furent traffez par le Sieur de La Foffe, ils fe contenterent d'en faire quatre, leffant leur ville en l'inperfection où elle eft.

Durant ces voyages, l'Ambaffadeur Squaramel entra en traité de la part de la Sereniffime Seigneurie pour le faire General des François à leur fervice : & tout fe concluoit favorablement quand Myron, Ambaffadeur du Roy en Souiffe, fit efcrire à celuy de Venife qu'ils feroyent en l'inimitié du Roy, fi ils fe fervoyent d'un homme tant hay de fa Majefté. Les amis eurent beau alleguer, que les caufes de la haine des Roys devoyent eftre aux Republicques caufe de charité, la crainte prevalut fur le defir d'acfepter la fidelité.

Myron ayant ronpu cefte affaire entreprit de defloger Aubigné de Geneve par quatre diverfes menees. La premiere en fe plaignant que il femoit la ville de mauvais propos : à quoy le remede fut d'en demander une exacte inquifition. La feconde attacque fut par lettres du Roy, lefquelles dezignoyent la perfonne fans la nommer. A cefte fois, la Seigneurie avec advis de l'accuzé, efcrivit ainfi aprés les affaires de la ville :

Quand au refte de voftre lettre qui s'employe contre quelques uns retirez en cefte ville, convaincus & condamnez de crimes atroces, & de plus d'avoir fait des traités & des menees contre l'Eftat de France, & n'avoir pas porté le refpect deu à la majefté du Roy, nous vous dirons en faifant diftinction de ces deux poincts, que jamais aucun particulier n'eft venu former plainte en cefte ville (ce que vous pouvés fçavoir eftre arrivé à plufieurs) qui n'i ait reçeu bonne juftice, auffi prompte & auffi fevere qu'en lieu où il fe fuft peu arrefter. Quand il plaira à ceux qui fe plaignent envoyer en ce lieu homme capable de fe rendre partie avec les pieces neceffaires à cela, & principalement fur le commandement du Roy & voftre recommandation, nous nous efforcerons de refpondre au renom de la bonne juftice que ont acquis nos devanciers. Mais en ce qui regarde le Roy directement, nous nous y porterons avec la vigueur & rigueur qu'il faudra, pour monftrer à quel pris nous avons un nom si precieux. Nous la fifme paroiftre l'an paffé, lorfque un Gentilhomme retiré en cefte ville nous fit plainte d'un raport qui vous avoit efté fait de mefme ce que vous touchez; promptement furent delegués deux des Seigneurs du Confeil, anciens

Sindics pour faire une foigneufe perquifition ou à la defcharge ou à la condamnation de l'acqufé : cefte enquefte a duré fix mois, durant lefquels le Gentil'-homme ha gardé pour prifon les murs de la ville.

Durant ces chofes Aubigné achetta & baftit la terre du Creft qui en tout luy revint à onze mille efcus. Et eft à marquer que eftant par deffus le finquiefme eftage & ayant rompu d'un faut l'échafaud, il s'empoigna d'une main à une pierre pas plus groce que le poing, affife fraichement; cefte main bleffee de deux playes porta tout le corps, & luy donna loifir de voir deux bois tres pointus qui l'attendoyent pour l'empaller, fi le fecours des fiens eut tardé : Dieu ne voullans en aucun temps ny lieu le laiffer fans perils.

Ces attintes continuelles de la Cour luy firent defirer fon ellognement, pour n'eftre point en charge à une ville à laquelle il avoit voué fa vie : mais les perpetuelles menaces & apparences d'un fiege l'y retenoyent : tellement qu'il fe fervoit du Creft pour une abfence que fes amis luy confeilloyent.

La troifiefme attacque fut rude, car fans eftre adjourné, encore moins ouy, on le fait condamner à avoir la tefte tranchee, pour avoir reveftu quelques baftions des pierres d'une Efglife ruinee l'an 1562 : qui eftoit le quatriefme arreft de mort pour crimes pareils, qui luy ont tourné à gloire & à plaifir. Ce fut une invention pour le rendre odieux à Geneve, & outre cela une praticque pour empefcher un mariage qu'il avoit commancé à traiéter.

C'eftoit avec la vefve de Monfieur Balbany de la maifon des Burlamafqui de Luques. Ce mariage fut commencé par la voix du peuple, qui n'avoit rien à souhetter pour une perfonne grandement aymee, tant pour la probité, charité & bienfaicts envers tous, que pour la race trés noble & les biens & commodités à fuffifance de cefte nouvelle vefve. Le jour devant qu'on penfoit paffer le contract, le perfecuté penfa ainfi ; *Sy j'ay affaire à un efprit & courage commun, & qui ne foit pas preft à expofer fa vie pour les caufes qui font condamner la mienne, elle rompra fur ceft effroy : mais fi j'ay rencontré un ame par deffus le commun, & telle qu'il la fauft à un courage refolu de ne ployer point, voici de quoy me la faire paroiftre, & me rendre bien heureux.* Sur cefte refolutiôn, il porte luy mefme la nouvelle & eut pour refponce : *Je fuis bien heureufe d'avoir part avec vous à la querelle de Dieu : ce que Dieu a conjoint, l'homme ne le feparera point.* Ainfi fut accompli le mariage le 24 d'avril 1623 fur lequel Monfieur Foiffia donna ces quatre vers :

> *Paris te dreffe un vain tombeau,*
> *Geneve, un certain hymenee :*
> *A Paris, tu meurs en tableau,*
> *Ici, vis au fein de Renee.*

Quelque temps avant fon mariage, il congedia & contenta quatre Gentilfhommes qu'il avoit jufques là entretenu, & fe reduifit au menage avec fa femme, quittant aux Seigneurs l'honneur & commodité de leur logis : comme auffi ne voulant plus eftre en butte pour les places du prefche pour lefquelles des Comtes allemants murmuroyent contre luy. La Seigneurie luy donne le lieu le plus commode du temple, où il avoit veu autre fois un Prince palatin, & plufieurs grands Capitaines françois.

Il eſt temps de dire, qu'ayant trouvé aux fortifications de Saint-Victor deux cornes merveilleuſement bien placees par Monſieur de Betune, mais faictes à la haſte & à l'eſpargne, il les voulut affermir par les pieces qui s'i peuvent voir : & pource que le flanc de courtine eſtoit trop eſlogné pour les dedans des cornes, il deſigna entre les deux une piece de conjonction, ſans la vouloir excecuter que à la neceſſité : tant pource que elle ſe pouvoit faire à la veuë des ennemis, comme auſſi pour eſpargner les poſſeſions & l'inimitié qui naiſt de telles choſes. Mais le poſſeſſeur puiſſant en la ville (comme fils d'un des meilleurs Sindics qu'euſt eu Geneve) & luy Procureur general, ayant parlé de ſon intereſt trop haut au gré des Seigneurs, ils firent un arreſt prompt, commandans à leur Ingenieur de tracer dans deux heures la piece de conjonction ſelon l'ordre qu'il en avoit, ſur peine d'eſtre caſſé. La Seigneurie marcha pour y mettre promptement les ouvriers ; & Aubigné accourut pour faire differer : mais ſes prieres & raiſons furent emportees par la reſolution. Et luy ne laiſſa pas d'avoir pour ennemis une famille ſi puiſſante, que quand l'un d'eux avoit un procés en Deux Cents, les proches eſtoyent recuſés juſque au nombre de ſoixante.

Ceſte animoſité ſe continuant prit diverſes occazions pour ſe vanger : comme ſur l'impreſſion de l'*Hiſtoire*, de laquelle la haine irritoit (comme ils diſoyent) la France, comme auſſi à la premiere retraitte que fit à Geneve le vieux Marquis de Baden, on fit courir le bruit qu'il venoit par la praticque de Aubigné pour dreſſer une armee, & par là irriter l'Empereur ; mais il parut que jamais il n'y avoit eu entre ces deux ny cognoyſſance de veuë ni praticque par eſcris. Ceſte accufation fit voir une mauvaife volonté en plufieurs qui en ont eu honte, voyant le Marquis trés bien reçeu & veu à Geneve defpuis cinq ans, hormis fon voyage en Dannemarc.

On luy fit encores plufieurs niches, comme perfuader au peuple que cet eftranger avoit confeillé aux Seigneurs de le tenir bas, inventé quelques foules, & autres telles chofes, trouvees fauffes, & luy recognu pour celuy qui eftoit hors de France pour avoir efté trouvé & nommé Republicquain.

Mais la derniere entreprife efchauffa le plus fes ennemis, & eftonna prefque fes froids amis ; c'eft que Rozet defputé en Cour avec Monfieur Sarrafin mefnagea fi bien Herbaud, Secretaire d'Eftat, par fes lettres & celle qu'il fit efcrire au Defputé mefme, au temps que la perte de la Rochelle, les affaires de Languedoc, & les ruines d'Allemagne effrayoient les moins fermes, que le Seigneur du Creft y paffa trois mois, non fans peines : pour ce qu'en mefme temps quelqu'un qu'on foupçonne eftre le Duc d'Efpernon, ou l'Archevefque de Bourdeaux, ou les deux, deffrayerent jufques à dix affaffins, qui ont par deux ans fait grand vacarme dans le païs, reniants leur falut (où ils n'avoyent guere part) s'ils ne le mettoyent à mort. Mais celuy qu'ils guettoyent s'accompagnoit, & les cerchoit, & efcrivit à Monfieur de Candales, le priant d'advertir fon pere qu'il employaft de meilleurs ouvriers. Enfin il ne fut rien prononcé à Geneve qui fift la feparation, pource que les meilleurs prevalurent, & l'amitié du peuple fut confiderable.

Quelques temps auparavant Monfieur le Conneftable eftant à la guerre de Gennes, envoya le Confeiller d'Eftat Bullion vers Aubigné, quoy que leur derniere veuë qui avoit efté à Saumur les eut laiffez en une grande querelle. C'eftoit pour une entreprife pour la Francheconté : à l'execution de laquelle on devoit donner à ce pauvre *defterrado* trois vieux regiments & à luy un nouveau, avec une compagnie de Gendarmes, mais cela fe fentit de la finguardife qui parut au refte de cefte guerre là.

Peu aprés pafferent par Geneve le Comte de Carlile, Ambaffadeur extraordinaire, & le Chevalier [Thomas Rowe] revenant de Conftantinople : defquels Aubigné ayant reçeu des honneurs outre mefure, & efté convié avec beaucoup d'ardeur de faire un tour en Engleterre, le defir luy en prit, ayant obtenu place au batteau que le Comte faifoit faire à Strafbourg pour fon retour.

De quoy il fut deftourné par la mefme raifon qui defja par deux fois luy avoit fait rompre ce projet : c'eftoit pour la grande apparence qu'il y avoit d'un fiege à Geneve, laquelle cette annee là eftoit defporveuë de toutes chofes à la fois. Or ce nom d'Engleterre, & ce qui fe paffa entre le Comte de Carlile *& luy*, m'engage à un recit que j'euffe bien voulu fupprimer.

Comme Dieu ne veuft pas que fes graces foyent attachees à la chair ni au fang, Conftant fils aifné & unicque de Aubigné fut nourri par fon pere avec tout le foin & defpenfe qu'on euft peu employer au fils d'un Prince, inftitué par les plus excellents precepteurs qui fuffent en France, jufques à eftre choifis & fouftrais des meilleures maifons, en doublant les gages. Ce miferable, premierement defbauché à Sedan par les hivrougneries & les jeux, & puis s'eftant deftracqué des lettres, s'acheva de perdre dans les jeux dans la Holande. Peu de temps aprés, en apcence de ſon pere, ſe maria à la Rochelle à une malheureuſe femme que deſpuis il a tuee. Le pere le voulant engager hors de la Cour, luy fit donner & luy dreſſa à ſes deſpens un regiment à la guerre du Prince de Condé : mais rien ne pouvant ſatisfaire à l'inſolence d'un eſprit perdu, il ſe jetta à la Cour, où il perdit au jeu vint fois ce qu'il avoit vaillant : & à cela ne trouva remede que de renoncer ſa religion. Il fut trés bien receu, pour eſtre un eſprit ſublime ſur tous ceux de ſon ſiecle. Le pere adverti de ſa grande frequantation avec les Jeſuiſtes luy deffendit par lettres telles compagnies : il reſpondit qu'à la verité il entretenoit le Père Arnou & du May. Le vieillart replicqua que ces deux noms faiſoyent αρνϋ-μαι [Je renie]. Tant y a qu'il eut un Bref du Pape pour frecquanter les preſches & participer à la Cene de la Religion pretendue Reformee. Et là deſſus vint en Poiƈtou pour empougner les places de ſon pere, qui pour le mieux retirer luy donna ſa Lieutenance dans Maillezais ; & luy s'eſtant retiré au Dognon luy en laiſſa l'entiere adminiſtration. Maillezais fut bien toſt un berland, un bourdeau, & une bouticque de faux monnoyeurs ; & le galant ſe vante à la Cour qu'il n'avoit plus de ſoldats qui ne fuſſent pour luy contre ſon pere : lequel adverti de toutes ces choſes par les Eſgliſes du païs, & plus particulierement par une dame de la Cour, met des petars & quelques eſchelles dans un batteau, & arrivé dans les derrieres de Maillezais, s'avance ſeul, traveſti, pour gagner la porte de la citadelle : à quoy la ſentinelle voulant faire refus, il luy ſauta au colet avec un poignarg, ſe fit maiſtre, & chaſſa ceux qu'il eſtimoit infidelles. Ce meſchant deſlogé ſe retire à Niort à l'ombre du Baron de Navailles, revolté comme luy : & là commança à faire des entreprifes fur le Dognon, qui dés lors eftoit vendu à Monfieur de Rhoan & gardé par le Sieur de Haute-Fontaine qui avoit un lieutenant bien fidelle, mais inutile à toutes factions.

Vne aprés difnee, le Gouverneur de Maillezais eftant dans fon lict detenu de la fievre, ouït un Capitaine revolté, & qui fuivoit fon fils, mais qui fe fentant obligé des biens faicts du pere, luy apprit qu'il marchoit avec quatre vints hommes par eau, & une troupe par terre, pour prendre cette nuict là ou Maillezais ou le Dognon : le malade demande fes chauffes, & avec trente fix hommes qu'il peut tirer de la garnifon, defpourveu lors de Lieutenant & de Sergent, monte fur un bidet, refolut d'aller guetter fon fils à un paffage commun à l'une & à l'autre entreprife : ayant faict demie lieuë, & fa fievre redoublant, vint à luy au galop Monfieur d'Ade, fon gendre avec deux hommes : cetuici fe mit à genou devant luy, & à grand peine impetra avec plufieurs raifons de le renvoyer en fon lict; & luy, ayant pris la leçon du pere, à deux heures de là trouva fon beau frere marchant à l'entreprife du Dognon, deux fois plus fort que luy, le charge, & prend feife prifonniers mis entre les mains de Monfieur de Rohan, lors Gouverneur de la province, qui ne peut jamais en obtenir juftice.

Conftant à qui le Roy avoit dit qu'ayant perdu fon pere, luy feroit le fien, fe trouva en peu de temps en execration à tous les fiens, & en horreur, & mefpris à ceux qu'il fervoit; chaffé de tous hormis de la Broffe, fignalee maquerelle, & de putins qui le nourriffoient. Il fit parler à fon pere de reconfiliation, la refponce fut que la paix eftant faitte avec le pere celefte, le terreftre y foufligneroit. Il vint à Geneve, fe prefenta aux Miniftres, fit là, en Poiétou, & à Paris toutes les recognoiffances qui luy furent enjointes, efcrivit en vers & en profe furieufement contre la Papauté, obtint de l'argent, & une penfion, telle que pouvoit donner un pere de hors de fon bien.

On luy confeilla d'aller trouver le Roy de Suede, avec un moyen certain d'i avoir charge incontinant aprés fon arrivee : mais cela eftoit trop eflougné de fes pretentions ; il convertit donc ce voyage en celuy d'Angleterre. Notés que le pere foupçonnoit tellement ce mefchant efprit, qu'il ne peut obtenir de luy lettres ny au Roy, ni au Duc de Bouckinguam, mais feulement à quelques amis, avec toutes reftriétions.

Luy fe prefenta, excufant fon manque de lettres fur le danger des chemins. C'eftoit au temps que fur les affaires de la Rochelle, le Roy d'Angleterre, pour refoudre, la guerre n'apela que le Duc de Bouckinguam, quatre Milhords, le Sieur de Saint Blanccard envoyé de Monfieur de Rohan, & ce mal'heureux comme defpefché de fon pere : cette Affemblee refolut la guerre, & les plus preffantes particularitez. L'une fut d'envoyer querir Aubigné ; la commiffion s'en donnoit au Chevallier Vernon, mais le galand la luy ofta, comme fils.

Arrivé à Geneve, aprés avoir rendu compte à fon pere de fa charge, enquis plufieurs fois s'il n'avoit point paffé dans Paris, & l'ayant nié avec toutes fortes de ferments, car c'eftoit la claufe plus efpreffe de la continuation d'amitié juree par ferment du fils au pere, qui favoit bien que la cervelle de ce miferable n'eftoit plus fienne dans le bourdeau : il fallut parler du voyage, dans la defcription duquel le pere prit un foubçon en chofes de fort peu, & d'elles refolution de ne faire point le voyage, renvoya fon meffager chargé de chofes bonnes & generales, mais non de la particularité qu'il tenoit precieufe ; ce que le fils fentit, s'en pleignit, & n'eut autre chofe.

En venant il avoit paffé à Paris, veu de nuit Monfieur de Schomberg, & au retour luy & le Roy, de nuit auffi, & leur defcouvrit les affaires d'Angleterre, en payement d'avoir receu tant d'exces d'honneur. Voila ce qui a defchiré l'amitié d'entre le pere & le fils.

Le vieillard pour garentir fa perfonne des puantes actions de fon proche, deliberoit de paffer en Angleterre, & avoit accepté la commodité du batteau du Comte de Carlile ; mais la guerre de Mantouë ayant rempli d'armees les bordures de France, d'Italie, & d'Allemagne, en une annee où Geneve eftoit à fec de blé, de fel, & autres neceffités, pour ne pouvoir porter le fiege un mois, les ennemis fachant toutes ces neceffitez à point nommé ; & luy eftant hay, pour avoir defpuis cinq ans crié & importuné pour y apporter des remedes, jugeant bien qu'il n'y avoit point de capitulation pour luy, ne laiffa pas de fe refoudre de quitter tous autres deffeins, pour chercher dans Geneve une honorable mort.

TESTAMENT

DE

TH. AGRIPPA D'AUBIGNÉ

TESTAMENT

DE

TH. AGRIPPA D'AUBIGNÉ[1].

[Mém. de d'Aubigné. Ed. Lalanne, p. 421.]

OIT notoire à tous qu'il appartiendra que feu haut & puiſſant Seigneur Meſſire Théodore Agrippa d'Aubigné a fait ſon teſtament ſecret par lui écrit & ſigné de ſa propre main, en date du 24 avril 1630, & du même jour fait un codicille reçu par moy, notaire ſouſſigné, eſtant après paſſé avec, ſur le repli dudit teſtament, par lequel il auroit fait declaration vouloir ſes dits teſtament & codicille avoir lieu & effet valables, joignant ledit codicille au dit teſtament, & après le décès

---

1. L'orthographe de d'Aubigné n'a pas été conservée dans cette copie.

dudit feigneur deffunt auroit ledit teftament été rapporté en juftice, & là ouvert, infinué & homologué avec ledit codicille comme par acte d'homologation.

Signé Chabrey en date du 17 may 1630. Defquels teftament, codicille, acte de declaration & acte d'homologation la teneur s'enfuit.

TENEUR DUDIT TESTAMENT

Au nom de Dieu, je Théodore Agrippa d'Aubigné, certain, & par les octantes années où il a plu au Seigneur me conduire, averti & proche de la mort, incertain de fon heure, ne la défirant, ne la craignant : fon nom & fes effets ne m'apportant que douces penfées, libre d'efprit & de corps, en mon fecret j'écris à ma poftérité ce teftament. Ce titre authentique de ma dernière volonté, commandant à mes enfans qu'ils ayent mes derniers défirs pour règles des leurs, qu'ils reconnoiffent mon ordonnance pour loi naturelle, leur père pour légitime magiftrant, priant auffi tous juges fortifier de leur autorité l'équitable difpofition de mes biens. Quand donc il plaira à Dieu appeler mon ame laffée de vains travaux, en fon véritable repos, raffafiée & non ennuyée de vivre, s'il plait à Dieu exaucer mon fouhait de mourir à Genève, je laiffe à ma femme & à mes alliés de demander ma foffe au cimetière de Saint Pierre ou au commun de la Coulouvernière, mais fi j'ai une maifon de refte de neuf que j'ai bâties, j'aurai pour agréable qu'ils m'y conftruifent un fépulcre qui ne furpaffe point vingt cinq écus d'or en dépenfe, y faifant graver l'infcription qui fuit. « *Deo optimo, maximo. Quam vobis nactus, folo favente numine, adverfis ventis, bonis artibus, irrequietus, quietem eam colere! Si Deum colitis, si patris satis, contingat; si secus, accidat. Hæc pater, iterum pater, per quem non a quo vobis vivere & bene datum, studiorum hæredibus monumento, degeneribus opprobramento scripsit.* »

Je laisse à mes enfans l'exemple de ma vie, de laquelle ils ont pour livre domestique le plus véritable & plus exprès discours que ma mémoire ait pu fournir. Sur tout je les exhorte à l'amour de Dieu, à être ardents, pathétiques & constans en sa cause, pour elle faire jonchée de la vie & des biens, affecter de perdre tout pour celui qui a tout donné, prodiguer sa vie pour la querelle du Prince de vie, mais pour leur intérêt ménager toutes ces choses, comme j'ai fait, & Dieu les délivrera & tirera leur vie du port du bas tombeau de la mort, comme il m'a fait : qu'ils soient tardifs à prêter serment pour n'en violer ni seulement expliquer aucun, non plus que leur père : qu'ils gardent surtout celui du mariage quand Dieu les y aura appelés afin d'hériter à la rare bénédiction de laquelle ils sont sortis d'une mère sans reproche, honorée de tant de vertus, à laquelle j'ai gardé foy & loyauté & chasteté trois ans devant & quatre ans après la durée de sa vie & du mariage, pouvant jurer ne l'avoir enfreint ni par désirs ni par effet. Voilà pour les exemples à suivre; en voici à fuir :

Car si viens maintenant à donner gloire à Dieu par la confession de ma honte, c'est que quatre ans après mon mariage [l. veuvage], le vicieux désir de maintenir ou croître sans trouble le bien de mes enfans, surtout de l'aîné que j'aimois outre mesure, m'empêchèrent un second mariage, & me firent rechercher la compagnie de Jacqueline Chayer, laquelle, non fans grandes fuafions, eut de moy un fils né & nourri à Nancray en Gâtinois, baptifé en l'eglife de Gergeau. Je le fis nommer Nathan, & lui donnai pour furnom Engibaud, premièrement montrant par le nom qui retourné fe trouve de même à retourner le furnom auffi, & trouver celui du père.

En fecond lieu, j'ai voulu que ce nom me fut un Nathan, qui fignifie *donné*, & que le nom du cenfeur de David reprefentât mon ord péché aux yeux & aux oreilles inceffamment. Les miens remarqueront le foin & les dépenfes que j'ai apportées pour éloigner de ma famille l'odeur de mon péché. J'avoue donc Nathan pour mien & fils naturel; il s'eft marié, je l'ai partagé felon fa condition. Au même temps que mon aîné s'eft rendu ennemi de Dieu & de fon père, a renoncé & trahi l'un & l'autre & a produit infinis exemples d'horreur : l'autre, Nathan, s'eft rendu recommandable par probité de vie, doctrine non commune, m'a accompagné en mes périls contre l'autre. Je lui ai permis de porter lui & les fiens le nom d'Aubigné, & veux que les miens authorifent cette bonne volonté.

Premièrement je déclare Conftant d'Aubigné, mon fils aîné & unique pour le deftructeur du bien & honneur de la maifon, & en tant qu'en lui a été, & pour avoir mérité d'être entièrement defhérité par plufieurs offences énormes, particulièrement pour avoir été accufateur & calomniateur de fon père en crime de lèze-majefté ; c'eft pourquoi je le prive de tous mes meubles & acquets de quelque qualité qu'ils foient : toutefois, s'il fe préfente quelque enfant bien légitime de lui, à fes enfans, non à lui, je laiſſe la terre des Landes près Guinemer près Mer, qui eſt mon ſeul patrimoine.

Je donne aux pauvres écoliers étrangers, étudiant en théologie à Genève, qui feront par la compagnie des Miniſtres jugés dignes d'aſſiſtance, la ſomme de mille florins pour les deſpandre par cinq années ſubſécutives à deux cents florins par an.

Je fais don de la même ſomme aux pauvres ſoldats étrangers, tenant garniſon en ladite ville, pour être diſtribuée à deux cents florins par les Gouverneurs de la bourſe françaiſe, y appelant les Capitaines de la garniſon & non autrement.

Je donne à l'égliſe de Juſſi la ſomme de cinquante florins pour le maître d'école, pour cinq ans, à dix florins par an.

Je donne à Boiſrond, mon Page, cent cinquante florins.

Je confirme le don fait à ma fidèle & bien aimée femme, à ſavoir : de la ſomme de ſix mille livres tournois, deſquelles je veux qu'elle ſoit payée ſur les premiers & plus liquides deniers, ſans avoir égard ſi j'ai été payé tout à fait des dettes ſur leſquelles le dit don eſt conditionné, & en cas qu'il en fut beſoin, je lui redonne la dite ſomme de ſix mille livres de nouveau.

Je fais mes héritiers de tout ce qui me reſte d'acquets ou meubles de quelque nature qu'ils ſoient :

Premièrement, les quatre enfans de ma fille aînée Marie, à ſavoir : Arthémiſe, Louiſe, Joſué &... de Caumont, pour partager entre eux les trois quarts de ce qui me reſte à diſpoſer également, hormis trois mille livres que je donne par préciput à mon petit-fils Joſué ; & pour ce que Arthémiſe, à l'âge de quatre ans & demi, me dit une parole que je promis faire valoir mille écus : je lui donne mes quatre cents perles, mon gros diamant & le petit en pointe, mes deux grandes émeraudes, & un nœud où il y a vingt-cinq diamans enchaffez que je lui ordonne recevoir & compter pour les mille écus promis.

Quant au quart qui refte du total, je le donne à ma bien aimée fille, Louife, femme de M. de Villette, pour en partager fes enfans felon fa pure volonté : que s'il y a quelque difproportion entre les enfans de Marie & les fiens, je la prie donner cela à la pauvreté de ceux-là & à quelques avantages, quoique bien meritez, ci-devant faits à mon fils, fon mari, & à elle.

Je déclare que tous mes meubles, même les joyaux que je donne, feront cenfés & comptés en la maffe de tout le bien.

Item, que fi un des quatre enfans de mon aînée venoit à décéder, ceux de ce lit en foient feuls héritiers, & de même touchant les deux de M. de Villette, mais que fi une des branches venoit à faillir, l'autre lui fuccèdera felon le droit & coutume du Poitou. Que s'il y a quelque difproportion au partage que je fais, par lequel il femble que ma feconde fille ait de quoi fe plaindre, je la prie d'en donner la caufe à la pauvreté des enfants de fa fœur, confidérant auffi quelques avantages, quoique bien méritez, que fon mari & elle ont reçus de moi. Excufer fi cette claufe eft répétée.

Il me refte à difpofer de mes enfants fpirituels, à favoir : mes livres, lefquels fans ma nonchalance, pertes & retranchement que j'ai faits égaleroient le nombre de mes années. Je ne puis en ce lieu m'étendre à l'énumération & diftinction de mes écrits, réservant cela au mémoire exprès que j'espère donner à leurs tuteurs. A cette charge, je convie & prie M. Tronchin, le pasteur & docteur en théologie, & lui donne pour coadjuteur Nathan d'Aubigné, dit la Fosse, auquel j'ordonne de travailler soigneusement. Je désire donc que ma femme, ou ceux qui auront mes papiers entre les mains, ayant mis à part ce qui concerne les affaires de la maison, mette confidemment tout le reste entre les mains de M. Tronchin, &, en son absence, dudit Sieur de la Fosse, pour accomplir mon juste désir.

Sous le terme de mes livres, sont comprins ceux que j'ai ci-devant fait imprimer, les manuscripts & ceux de divers autheurs qui sont pour le présent en mon cabinet. Je recommande à mes amis la protection des premiers & la réimpression de mes *Tragiques* & autres, s'ils le trouvent à propos. Et quant aux mille exemplaires qui sont à Rolle, je désire qu'ils soient vendus & leur prix mis à ma succession, hormis deux cents desquels je fais don par moitié à M. Tronchin & à la Fosse, à chacun cent.

Quant aux manuscrits, je mets en la commission de mes amis les deux mots : *Ure, Seca ;* exhortant la Fosse d'être en ceci partisan, sans les précédents qui devant Dieu sont lépidités, renvoyant l'ordre de leur impression au mémoire que j'espère en dresser.

Quant aux livres de mon cabinet, je donne tous les françois & italiens à ma femme, & ceux des autres langues au sieur de la Fosse ; tiré de tout, mon grand livre des cartes, imprimé par Ortelius, duquel je fais don au Sieur Louis Callandrin.

Quant à tous mes meubles, desquels je n'ai point disposé, y compris toute ma vaisselle d'argent, je donne le choix à ma femme, s'ils valent plus que fix mille livres qui lui adviennent, de les retenir pour fon payement, finon les mettre à la maffe & fe prendre aux premiers deniers liquides, comme il eft dit.

Pour l'exécution du préfent teftament, je nomme ma très-aimée & très-fidèle femme Renée Bourlamachy, & prie le Sieur Louis Callandrin lui vouloir être conducteur, ou fi une abfence ou autre accident l'en empêchoit, je permets à ma dite femme de faire élection de quelqu'un de fes proches non héritiers.

Je défire que quiconque, lors de mon décès, fera mon homme de chambre, foit payé, outre l'année qui courra, d'une autre année encore, de laquelle je lui fais don, felon que fes gages feront connus.

Pour les pauvres qui fe trouveront enfemble lors de mon enterrement, je veux qu'il leur foit départi la fomme de cent florins. Si je fuis en lieu où les gens de guerre me veulent porter, je tiens à honneur leur peine & prouver que ma famille a eu l'honneur d'une couverture de velour noir; je la demande auffi, remettant cet article & des autres petites dépenfes & cérémonies à la prudence & bonne conduite des exécuteurs de mon teftament. Or, à Dieu qui m'a fauvé de périls innombrables, des ennemis généraux & particuliers, de toutes fortes d'afflictions d'efprit & de corps, des défaftres de la guerre, des embûches de la paix, des mains longues des princes, qui a converti mes péchés en bien, quand eux ont changé mes fervices en crime, quand ils m'ont ôté honneurs & biens, il m'a élevé & donné de quoi & à qui pouvoir donner les fruits de fa bénédiction, à lui je tends les bras & configne mon âme qu'il a relevée de fes chutes, fortifiée dans les perfécutions, changé fes terreurs en hautes efpérances, & la gardant du précipice auffi chèrement que la prunelle de l'œil, l'a confervée comme fienne & pour foy, à lui feul, tout bon, tout jufte & tout puiffant, foit gloire, règne & puiffance ès fiecles à jamais.

Fait & figné, écrit de ma main, ce 24 avril 1630.

Signé : D'AUBIGNÉ.

TENEUR DUDIT CODICILLE

L'an 1630 & le vingt-quatrième jour du mois d'avril, avant midi, par devant moy François Dunant, notaire juré, bourgeois de cette ville de Genève, fouffigné, & témoins fous nommés, fut préfent & perfonnellement établi haut & puiffant Seigneur, Meffire Théodore-Agrippa d'Aubigné, Maréchal de camp des armées du roy de France & cidevant gouverneur, pour Sa Majefté, aux îles de Maillezais, Seigneur du Creft, étant de préfent en cette dite cité, malade en fon corps, & toutefois fain d'efprit & de bonne mémoire, grâces à Dieu, comme eft apparu & appert : lequel fe ramentevant d'avoir écrit & figné fon teftament & difpofition de fa dernière volonté, de fon bon gré & libre volonté, a dit & déclaré, dit & déclare vouloir que fondit teftament forte fon plein & entier effet & foit valable par forme de teftament fecret & par écrit & par tous autres genres de difpofer en dernière volonté qu'il pourra mieux & plus fûrement valoir ; fuppliant notre très-honoré Seigneur de cette cité le vouloir approuver & homologuer, entendant qu'il foit remis, après fon décès, à moy dit notaire, auquel il en commet les expéditions en faveur de qui il appartiendra, & ajouter à fondit teftament, qu'il veut & ordonne que les fept enfants de Mefdemoifelles, fes deux filles, partagent fa fucceffion par têtes fans autre diftinction, finon qu'il donne & lègue en préciput & prérogative aux deux fils de fes dites deux filles, à chacun mille écus de dix florins pièce; & par femblable préciput donne & lègue à mademoifelle Arthémife de Caumont, fa petite fille, felon fes promeffes, la fomme de mille écus tels que deffus, à devoir être prélevés, lefdits prélégats, fur fes biens, après fon décès.

Item, donne & lègue au Sieur Duchat, fon médecin qui l'a bien foulagé en fa préfente maladie, 500 florins pour fes vacations, peines & falaires, payables par fes héritiers nommés & inftitués en fondit teftament, deux mois après fondit décès.

Item, donne & lègue à Antoine Prudhomme, fon valet de chambre, 300 florins, payables comme deffus, deux mois après fondit décès.

Item, donne & lègue au Sieur Jean-Jacques Guerra, fa robe fourrée, & à la Judith, fa femme, douze ferviettes & une nappe.

Item, augmente le légat fait par fon teftament à Boiron, fon page, d'un habit de deuil & de 100 florins, pour les frais de fon voyage à fon retour en fon pays.

Item, donne & lègue à Perrinette, fa fervante & à la petite Henriette, à chacune 10 florins; tous les dits légats payables comme deffus par fes héritiers, deux mois après fondit décès.

Item, déclare qu'il veut qu'après fon décès toutes fes bagues foient vendues & encantées, excepté celles qu'il tient en dépôt ou gage. Approuvant, quant au surplus, tout le contenu en sondit testament, qu'il veut être valable comme dit est; comme aussi ce présent codicille.

Fait & prononcé audit Genève, dans la maison d'habitation dudit Seigneur. A ce présens : honorable Abondio Pero, Jean Sicard, Jean Baudouin, Jacques Gogat, David la Fleur, Simon Grange & Claude de la Rue, tous tant citoyens, bourgeois que habitans dudit Genève, témoins requis & priés d'être recors. — Ainsi signé sur la minute : d'Aubigné, Abondio Pero, David la Fleur, Simon Grange & Dunant, notaire.

TENEUR DUDIT ACTE DE DÉCLARATION

L'an 1630 & le vingt-quatrième jour du mois d'avril avant midy, par devant moy François Dunant, notaire juré, bourgeois de Genève, soussigné, & témoins sous nommés, fut présent & personnellement établi, haut & puissant Seigneur Messire Theodore-Agrippa d'Aubigné, Maréchal de camp des armées du roy de France, & ci-devant Gouverneur pour Sa Majesté, aux îles de Maillezais, Seigneur du Crest, étant de présent en cette cité, lequel de son bon gré étant, grâces à Dieu, sain d'esprit & de bonne mémoire, quoique malade en son corps, a dit & déclaré, dit & déclare que l'écrit en ses deux feuilles de papier, cousues & cachetées sur le repli de son cachet, est son testament secret, contenant l'ordonnance de sa dernière volonté, qu'il supplie nos très-honorés Seigneurs & Messieurs de la justice de cette cité vouloir ouvrir, insinuer & homologuer en temps & lieu, commettant l'expédition d'icelui & des clausules y contenues, à moy dit notaire, sans déroger au codicille par luy ce jourd'hui peu avant s'être fait par devant moy dit notaire, qu'il veut être joint à sondit testament.

Fait & prononcé audit Genève, dans la maison dudit Seigneur testateur. A ce présens : noble & honoré Seigneur Jean Sarrazin l'aîné, Seigneur, premier Syndic ; les Sieurs Jean Detourners, noble Michel Liesme, honorable François Maillard, Simon Grange, Isaac Tricon & Jean Bellami, tous tant citoyens, bourgeois que habitans dudit Genève, témoins requis, lesquels, avec ledit Sieur testateur & moy dit notaire, se sont soussignez sur le repli dudit testament, cacheté en sept endroits du cachet dudit Sieur testateur.

LETTRES

[Recueillies pour la première fois & publiées d'après les Mss. originaux.]

LIVRE DES MISSIVES

ET

DISCOURS MILITAIRES.

[Collection Tronchin, Mss. d'Aubigné, T. II, f° 1.]

I.

A M. D'ARSENS [1621].

Monsieur, je reviens à traverser vos serieuses occupations par mes lettres. Prenez-vous en à la memoire de vostre doulce conversation, & à deux de vos signalez bienfaicts; peut estre aussy que quelque tesmougnage que vous avez rendu de vostre bonne affection envers moy a causé à Messieurs Deodati, Turetin & Calandrini que j'accompagnasse leur lettre de la mienne. Quoy que ce soit, je n'estime pas qu'il soit besoin de grandes suasions, ny à vous faire cognoistre la necessité, ny à vous faire desirer les remedes que vos mains pourront contribuer à la generale calamité. Vous favez mieux que moy (bien que vos prevoyences vous feroyent fentir le mal plus tard qu'aux aultres) comment en la conjuration, union & contribution de toutes les parts de l'Europe occidentale, tout s'ameute à la deftruction des fideles : & fi c'eft avec divers pretextes & moyens differents, tout aboutift à mefme point. Vous voyez encores à regret que cefte union en laquelle nous avons autrefois excellé & par elle fubfifté, s'en eft fuie aux ennemis qui la nourriffent mieux que nous de leurs puiffances, trefors & authoritez. Les meilleurs de nous courent & foupirent aprez, la defirent, la rapellent : mais elle ne revient pas *ad fingulorum vota*, & defquels chafcun couche de foy. C'eft à vous qui eftes puiffants conjoincts, & qui parlez par nous, & pouvez mettre la main au defordre avec efficace & honneur ; dans une defroute nul ne fe veuft rallier aux particuliers feparez, mais au gros, & là où les drapeaus paroiffent arborez. Faictes nous paffer dans vos diftances, & nous voila ralliez pour reprendre le combat. Ne nous defdaignez pas. Noftre vertu fume encor & prefte à fe rallumer, & n'ayez point efgard l'eflougnement de ceux qui vous requerent, puifque ce qui eft conjoinct de l'ame ne peut eftre feparé. Encor oferay-le dire, que cefte ville eft fituee en un endroit d'où nous oyons le cliquetyz des armes, & voyons paffer les troupes qui s'acheminent contre vous à morceaux, & à divers reletz, par des chemins precipiteus que peu retrancheroyent aifement & tout au coup : il y a oultre cela quelque pont commandé de rochers, où beaucoup moindre troupe que l'ennemie les pourroit combattre demy paffez avec le choix de la tefte ou de la queuë. En tout je dis que Geneve

propre à loger & nourrir une troupe gaillarde, y
adjouſtant ſon peuple courageux, romproit ou deſ-
tourneroit de pluſieurs journees le chemin des
armees. Cela voudroit une plus longue deliberation,
un diſcours plus exact, duquel j'importunerois ſon
Excellence, ſi je pouvois apuyer mes hardieſſes de
ſon abſolu commandement. Je ſay que les plus froids
eſprits feront difficulté d'eſtendre ſi loin vos puiſſantes mains, & mettront en avant ceſte ſentence
vulgaire, que *celuy qui trop ambraſſe mal eſtreint*.
Mais nous diſons que [qui] prend pas ſa braſſee
n'eſtreinct point. J'en prens à teſmoin vos conqueſtes
victorieuses, honorables & utiles à 3000 lieuës de
vous. C'eſt aſſez : Dieu vous veille preſerver, conſerver du dehors & du dedans. Je ſuis aſſuré que
pour le principal ſubject de ma lettre, vous
employerez de bon cœur voſtre authorité, & que
vous eſtendrez vos mains benites de Dieu pour le
ſervice de ſon Egliſe. Honorez de voſtre ſouvenance
Voſtre...

II.

A M. DU PARC D'ARCHAC [1621].

Monſieur, nous ne ſaurions dire pis de la tempeſte dont le ciel ſe deſcharge, que ce que nous en
avons attendu voyant l'amas des nuees & ſurtout de
celles que nos pechez ont enlevees entre le ciel
& nous : mais auſſi nous pouvons nous attendre

[à] moins de duree par la vehemence de l'orage. L'Orient s'efclarcift & encor ceft Orient qui tire vers le Septentrion. C'eft de là que les mariniers attendent le beau temps. Toutes les nouvelles que nous en avons font de la defaicte [de] Buquoy, & de fa mort, du fiege de Riga par le roy de Suede avec perte de quelques Poulonnois qui auffy ont eu quelque revanche fur des Tartares coureurs, la retraite des Polonnois vers la Pruffe, l'acheminement de trois armees du grand Seigneur, luy en perfonne, l'entiere defconfiture de Colalto par Budean, celle de 1200 hommes fur la retraitte de l'armee de Baviere par le Conte Mansfeld, que les Eftats ont commencé & entrepris de payer, les excellents progrez, combats & prife du Marquis Gegendorf, & de plus prez les nouvelles refolutions de nos Grifons en fureur des rufes des Ambaffadeurs. Leopold, qui avoit mis l'eftendart au vent, mefnage accord pour aller fucceder, felon quelques-uns, au Conte de Bucoy, felon les aultres, à l'Archiduc. Adjouftez à cela que l'armee de Holande a affiegé deux villes du Roy d'Hefpagne au deftroit. Toutes ces chofes confirmees par quatre depefches nous font regarder ceft aube en effuyant nos pleurs. Les profperitez de France font tenir à noftre voifin quelques langages à noftre profit, s'ils eftoyent dits *fida oratione, non in fpeciem compofita*. Bien heureux en tout cecy qui ne perdra point le temps fur les exultations qu'on nous efcrit avoir efté prononcees à Toulouze, à favoir qu'ayant eftourdy les affaires de France, il fault aller regler les defordres d'Almagne. Ceux de celte ville travaillent affez bien, & pourroyent fe garantir des menaces de tout aultre que du grand Seigneur. Vous n'aurez de moy que cela pour la hafte de voftre excellent voifin qui m'a promis de vous faire tenir les penfees de Voftre...

III.

A M. DE BOÜILLON [1621].

Monfeigneur, la difficulté des chemins ayant entrerompu le contentement que j'avois de vous efcrire, j'ai eu chere cefte occafion pour communiquer ce qui fe peut en ce temps. Vous avez feu la derniere refolution des Grifons, qui fe voyants trompez devoyent partir le 29° d'Aout, pour donner dans la Valteline avec 12000 hommes ; nous en attendons le fuccez. Nous & nos voifins fommes reveillez par force. Vous aurez feu les converfions ordonnees par le Pape pour les interets du Roy & du Duc à la conquefte de ces pays & d'Orange. Le Duc, craignant que fa part n'en fuft pas raifonnable, a pris l'occafion du fiege de Montauban, & a eu je ne say comment, les forces que le Pape avoit payees tant à Milan que deffendues à Villefranche prez de Genes, & marchent droit à nous à jeu defcouvert, eftimant qu'ayant commencé la befougne tant defiree à Rome, on n'en donnera pas l'avantage au Roy comme l'on faifoit fans cefte anticipation. Il nous trouvera n'avoir pas efté du tout pareffeux, & c'eft là où il faudra faire la harangue de Trasee. Je ne fais pas de doute que ce Duc, qu'on doit tenir entre les premiers Capitaines, s'eftant veu tant de fois efchaper des mains fes deffeins, ne fera rien precipitament, & viendra paré à tous les manquements paffez : contre quoy je maintiens n'y avoir rien fi fain que les nouveautez, & mefmes celles qu'on fait voir à l'*armata vifta*, pourveu qu'elles foyent fuivies confidemment. Je me fouviens d'avoir veu de tres lourdes inventions bien fuivies, & en affurance qu'elles eftoyent bonnes, profperer grandement, & d'aultres delicates, fubtilement inventees, n'avoir pas reuffy pour avoir efté effayees en taftant, & foupfonees pour la mauvaife creance de l'entrepreneur. Si on me la donne telle qu'il fault, j'engage ma tefte, que j'eftime beaucoup, & mon honneur qui vault encores mieux, que par une forte de dehors peu ou point veuë jufques icy, je feray faire aux affiegeans ce que firent les muguets de Penelope, qui fe contentants des fervantes, laifferent la maiftreffe en paix. Je ne parlerois pas fi hardiment à un moindre maiftre du meftier, & d'ailleurs je fuis preft à payer. Or, Monfeigneur, comme vous aplicaftes à une lettre que vous efcriviez au Roy, la fin du Pfeaume 30me, je vous adreffe le verfet du Pfeaume 44me, en vous reveillant la memoire des franchifes que a tousjours aufees envers vous Voftre...

IV.

A MM. DE GRAFFRIER ET DE SPITZ [1622].

Meſſieurs, n'imputez point à pareſſe ſi je vous eſcris enſemble; c'eſt la crainte que j'ay euë que l'un de vous deus fuſt à Zeuric, & puis je prends cette permiſſion de voſtre conſentement au bien. J'ay receu des lettres de M. de Mayerne, & par elles apris que le jugement de M. le duc de Boüillon confirme mes advis en tout, hormis quelque difference en deux poinčts. Le premier eſt que la deſpence & le labeur qui s'employeront à la fortification de Berne ſeroyent plus utilement tournez à quelques frontieres. Mon eſcript fera foy que j'ay commencé par là, & dis encor qu'il faudroit prendre ce deſſein ſans laiſſer ceſtuy ci ; mais pluſieurs raiſons appuyent le choix que vous faites pour le commencement. De ces raiſons, les unes ne ſont pas bonnes pour le papier. Voicy ce qui s'en peut eſcrire. Il ne fault pas imaginer voſtre territoire comme un rond, ou un quarré, au centre duquel la capitale ſoit poſee; mais elle eſt tellement au cœur, qu'elle eſt prez de vos coſtés gauches, & de ſes remparts eſtend ſa veuë ſur le pays ennemi : j'adjouſteray à cela, outre la bienſeance & la reputation, la neceſſaire garde de voſtre arſenal & de ce qui le faićt mouvoir ; & certes M. le Duc ayant veu ce que j'ay veu, en diroit autant. Donc, en vous ſouvenant de la premiere theſe à laquelle il n'apartient qu'à vos Souverainetez de toucher, à ſavoir, *ſi pacis aut belli artibus utendum fit,* en la liberté que vous m'avez donnee, nous demourerons, s'il vous plaift, fixes au premier project, fauf à deliberer pour les coins de voftre patrie, ce que voftre prudence avifera au premier temps commode ; peut-eftre que vos fubjects, quoy que inftruicts aultrement par les emiffaires des deux colleges voifins, aprendront à faire leur defir du contre-cœur des ennemis, & ayans veu que leur deffenfive deplaift à quelques-uns, & bien entendu ce que cela fignifie, envoyeront par une crainte bien formee leur prieres au devant de vos commandements.

L'autre point, fur lequel M. le Duc a quelque chofe à dire, eft fur la charge du General. Je fuis bien joyeux de quoy il a aprouvé noftre ouverture fur le Generaliffime. Pour cefte feconde perfonne, je prie vos prudences d'en avifer & refouldre, & là deffus n'oublier point nos meditations.

Tout à propos, cefte lettre eftant commancee, eft arrivé M. du Moulin, que M. le Conte de la Suze m'a envoyé. Nous croyons que M. Defdiguieres condefcendra à ce qu'il vous face fervice ; mais il veuft que ce foit avec le mouvement du Roy, afin que vous en fachiez gré à Sa Majefté & à luy, vers lequel ce fera affez de depefcher. Cependant il le veuft employer à un traitté pour le Languedoc : tout cela eft honorable. Le principal efgard fera à vos commoditez, ou incommoditez. J'en ai confidemment difcouru avec M. du Moulin, en attendant que je puiffe recevoir l'honneur de vos commandemens de vive voix, & par elle eftre inftruict de vos volontez. Je vous prie, comme j'ay faict cy devant, me prefcrire jufques où je me dois eftendre vers mon dict Seigneur le Conte. Ne blafmez point la crainte & le refpect avec lequel j'ay marché en ceft affaire dés le commencement : c'eft pour l'experience que j'ay des fymptomes qui acompagnent la charité des Grands. Or, en attendant vos plus expreffes volontez, j'affureray ce Seigneur que vous les avez trez bonnes envers luy pour convertir en effect les propofitions d'une part & l'autre, autant qu'il vous plaira me rendre la main, & alonger mes reines, & non plus. Remettez moy pour les nouvelles à M. Stek. J'adjoufteray à ce qui eft de M. le Conte de la Suze, que le confentement que portera à ceft affaire M. le Marefchal eft une faveur couverte ou defcouverte pour une levee en Dauphiné, & une grande ayde au Capitaine Baignols que vous luy avez demandé. Voftre...

V.

A M. TURETIN [1622].

Monfieur, avec l'honneur que je reçois au foin que vous avez de moy, voftre lettre m'oblige à refpondre aux poincts qui fuivent : à la grande befougne que nous avons depefchee en un efté qui peut avoir retardé les chofes plus neceffaires ailleurs, à ce que nous avons eftendu la corne droite, luy donnant ce que nous appelons la mitre, de laquelle le labeur euft peu eftre employé à l'agrandiffement des foffez qui font faicts : pourquoy la piece de conjonction ne meritant point de diligence a efté hastee, pourquoy advancee plus avant. Ce m'est un grand contentement que les aultres poincts ayent esté approuvez par son Excellence, qui est le seul Capitaine du monde duquel je voudrois dire αὐτός ἔφη ; car pour les meilleurs Ingenieurs qui n'ont que la theorie, il faut qu'ils laissent aux Capitaines experimentez par plusieurs juges resoudre ce qu'il fault faire, où, & combien il fault entreprendre, & qu'ils se contentent de dire leur advis sur le comment. MM. Erard & Vendasme avoyent theorie & prattique, & pouvoient parler en Capitaines & en Ingenieurs. On dit du premier qu'il a trop deferé aux commandemens. A la verité les experiences nous ont deschargé de les craindre trop, mais avec de bons esgards; car les commandements qui ne vous desavantagent qu'en front, & ne peuvent favoriser les ataques d'assault ou de pied à pied, qui se font à la droite ou à la gauche, ceux-là sont peu considerables : mais les aultres ne se peuvent trop eviter, & corriger.

La premiere fois qu'on me mena promener à vos cornes, je m'escriay : *Voicy de la besougne d'un Capitaine,* ne sachant point que ce fust M. de Betune. Ce qui me fist parler ainsy fut, que vos deux cornes comprenoyent les deus lattes de la croupe, & avoyent la droite sa courtine droite, & la gauche sa gauche sur un penchant precipiteus : & partant, ne leur restoit en jalousie que leur deux fronts, estant hors de toute apparance qu'un assiegeant engageast ses aproches dans l'estroit de leur entre-deux. J'ay estimé, sans parler de Sainct Gervais, que Geneve etoit franche de tout siege ailleurs, pour ce que le lac vous oste le soucy d'un tiers, le Rhosne d'un tiers : & le Plein-Palais, qui faict l'aultre demy tiers, a deux choses qui empefcheront tous bons Capitaines de travailler : premierement la grande tenaille que la place bien fortifiee conftituë entre les haultes fortifications, & fon corps ; fecondement que tel defavantage des affiegeans leur ofte le refte de leur efpoir, pour [ce] qu'il leur faudroit aller gratter aux pieds d'une montagne.

Ce que je viens de dire refpond à la premiere queftion de la trop grande befougne en un lieu ; à quoy j'adjoufte que quoy que la befougne foit tres grande, n'y comprenant point ce que j'apelle les efbattements de la ville, le calcul de la defpenfe eft venu pour tout à trois mil deux cents efcus. Je viens à ce que nous appelons la mittre, qui eft un nom donné à plaifir. La verité eft que tout ce qu'avoit fait faire M. de Betune affifté de M. de Vendafme eftoit bien felon l'art, & fort joly, mais j'ay apris à n'aymer rien de joly contre un Prince qui menace de 40 canons ; & le front commandé par un furieux rideau eflevé de 20 pieds à 400 pas de loin, n'ayant fon parapet que d'une toife & demie, n'avoit fon couridour que de douze à treze toifes : c'eft à dire pour eftre en poudre dans huict heures de battrie. Je lui ay donné à chafque main un front de 100 pas geometriens, & fes parapets, le plus hault & le premier de 17 pieds, & trois banqueftes qui adjouftent chafcune trois pieds, quand le foudroyement nous reduira à la derniere : le tout fans faune, ni gafon, & la terre bien purgee de fes cailloux. La troifieme queftion eft de la piece de conjonction, que là on a jugee bien à propos n'avoir point deu eftre haftee. Auffy je vous prie de vous fouvenir que c'eft un erreur populaire, ou plus toft une colere contre les declamations que faifoyent les proprietaires du champ, *me multum reclamante*, & a fallu fe laiffer aller à ce defir. Pour ce dernier, à favoir pourqoy nous l'avons advancee plus qu'elle n'eftoit marquee dans le plan, la raifon en eft claire & courte : c'eft qu'elle eftoit fort bien logee pour flanquer de moufquetries la vieille fortification ; mais ayant pouffé noftre befougne 50 pas plus avant, nous l'avons aprochee de 25 ou trante pour deffendre noftre labeur avec le moufquet. Quant au flanc qu'elle devoit tirer du baftion du Pin, nous ne trouvons rien de cela, & y a encore d'autres avantages que nous en pouvons tirer quand il faudra partager la corne, lefquels ne fe peuvent guere bien comprendre qu'à la veuë, à caufe du fit. A la verité je cede en fcience aux excellentes perfonnes à qui vous en pouvez communiquer, mais j'ofe dire que un moindre medecin, qui a l'œuil & la main fur fon malade, en doit mieux ordonner qu'un fuffifant, à qui on en porte l'urine bien loin. Voila mon apologie. Il refte que je vous tefmougne l'impatience de tous les gens de bien pour voftre abfence, les grandes craintes que nous avons pour voftre retour, & les ardentes prieres à celuy auquel a efté dit une fois & bien à propos : *tu fais l'endroit par où je dois*, & cœt. par Voftre...

VI.

A M. SARRASIN.

Monſieur, l'incertitude en laquelle ſont mes trez honorez Seigneurs pour la conſtruction du fort de Sainct Jean, ou de leur ſerviteur au quel ils ont commandé d'en mettre ſon advis par eſcrit, dict ce qui s'en ſuit. Premierement, fault cognoiſtre les difficultez qui ont retardé ceſt affaire juſques icy. Elles ſont la deſpenſe, le degaſt des poſſeſſions, la ſurcharge de la garde, & l'avantage que les ennemis prendroyent de céſte piece, l'ayants miſe entre leurs mains.

Au premier eſt à noter que l'eſtenduë des fortifications pourra venir aux deux tiers de ce qui a eſté faict à Champet; mais pour ce que la teſte demande un foſſé de 100 pieds au lieu de 40, qu'il faudra quelques maſſonne[ries] pour une bande de muraille d'une toiſe par le pied, & auſſy pour la porte, & pour une tourette de garde, il fault conter la deſpenſe au double de ce qui a eſté employé à Champet, qui ſeroit 6000 eſcus, ſans conter l'exercice du peuple de la ville qu'on appele les Terraus.

Pour les poſſeſſions, il eſt juſte de recompenſer ce qui ſera gaſté aux bordures, le milieu ne recevant point de dommage, ſinon lorsqu'on voudroit baſtir une ruë ou deux, & en ce cas, faudroit que la vente des maiſons fuſt eſtablie au profit des proprietaires.

Pour la garde, il fault une tourelle conſtruite de

façon que douze mousquets logez dedans puissent empescher l'assiette de l'armee ennemie, jusques à plus grand secours de la ville, & que de trois coups de canon du bastion neuf, elle puisse estre renduë inutile. On estimeroit que la patroüille logee là dedans pourroit de là faire ses rondes en espargnant une nouvelle despense.

Quant à l'eslevation, pour ce qu'il fault donner deus toises de rempart, tant pour le parapet que pour maistriser l'eslevation d'une toise que peut prendre la campagne sur nostre niveau, il est certain que l'ennemi se trouveroit eslevé d'autant, ce qui semble luy donner plus de commandement.

Les utilitez ou necessitez, qui semblent vincre les considerations cy dessus alleguees, sont que la ville de Geneve ne peut guere bien subsister sans la garde de Sainct Gervais, tant pour la communication des deus costez que pour les battries à feu, & que pour la conservation des moulins. Sainct Gervais paroist aussy de trez petite & meurtriere deffense, estant dominé du monticule de Sainct Jean, qui est un cavalier formé à 480 pas, & d'où encores on peut oster les moulins sans la prise de Sainct Gervais.

On peut encore conter quelques unes des commoditez qui sont deduites au memoire faict pour Champet; et de plus, les avantages que nature contribuë à ce monticule, bien remarcables, soit pour Geneve, soit contre elle : ce qui ne seroit pas à propos d'estre mis en escript.

C'est donc à mes trez honorez Seigneurs à mesurer à leur forces la depense & la recompense, à voir si ce qui est proposé pour la surcharge de la garde est suffisant, & quant à l'eslevation de la quelle nous avons parlé, remarquer qu'elle s'eflougne de cent pas des battries que cefte colline peut prefenter à la ville de plus prez : & puis, que deus toifes de haulteur n'efpargnent le labeur des ennemis que de quatre journees. Enfin il n'apartient qu'à la Seigneurie d'avifer à la premiere thefe, & puis demander à leur Serviteur le comment.

VII.

A M. LUBZETMANN [1622].

Monfieur, pour la peine continuelle où je fuis du falut de Bafle, où j'ay receu tant d'honneur & de tefmougnage d'amitié, j'ay efté trez aife d'avoir des nouvelles, tant de mes trez honorez Seigneurs que de vous en particulier. Je refpondray premierement à ce que vous demandez pour vos fortifications, pour dire de voftre eftat un peu trop pour un eftranger, mais trop peu pour un cœur paffionné à voftre confervation. Vous ne fauriez rien faire de plus prompt, de plus neceffaire & qui defroge moins, ou à pourfuivre voftre deffein, voulants fubfifter, ou à vous contenter de peu, flottans comme vous avez faict, que l'aprofondiffement de voftre foffé de deux braffes, fi vous pouvez, pour mefurer noftre rempar à ce qui en proviendra. Je fuis de voftre opinion à laiffer quelque vide entre le dict rempart & la muraille, jettant à l'endroit des guerites & des tours quelques planches, afin que les rondes paſſent la teſte dans le foſſé. Quant à remplir les dictes tours de terre, il y a 50 ans que cela ne ſe fait plus, n'ayants affaire des dictes tours que contre les ſurpriſes : vos mouſquetaires ſeront auſſy bien portez d'un plancher de bois, & la tour eſtant plus vide, vous vous ſervirez mieux du hault & du bas. Les rempliſſages des tours les rend inutiles, & quand le canon les verſe dans le foſſé, la terre qui eſtoit dedans rempliſt d'avantage & faict explanade. Tout cela eſt mieux que rien, mais ce n'eſt que cracher ſur une playe qui s'en va en gangraine.

Nous gemiſſons pour vous, en conſiderant Baſle pour la conqueſte la plus proche, la plus honorable, la plus riche, la plus utile, ſoit pour les arcenauls, ſoit pour le pont : oſeray-je dire la plus facile à laquelle Leopold puiſſe jetter l'œuil. Nous regardons que la perte d'Heidelberg n'eſt receuë ny de vous ny de nous, ny avec la crainte ny avec l'horreur qu'elle euſt eſté ſentie, quand Dieu ne nous avoit pas frapé d'un eſprit d'inſenſibilité. Ceux qui ont les yeux moins fermez voyent bien combien ce malheureux lethargue vous aporte d'autres malheurs.

Je diſcoure avec ceux qui vous ayment, quel moyen il y auroit de pourvoir auſſy bien que prevoir au peril de vous & de vos voiſins, ſoubs lequel je voudrois mettre l'eſpaule, la teſte & la vie, meſme n'en eſtant pas requis. Et certes, aprez avoir demandé conſeil à Dieu, nous apprenons une choſe que je crains qui nous ſoit dure à ouïr : c'eſt que voyant combien petits ſont les remedes que nous apportons à de ſi grands maux, nous voyons plus d'eſperance (comme j'ay eſcrit à vos voiſins) à vous relever qu'à vous garder de choir. J'eſcrivois ces jours à M. le Conte de la Suze, que ſi nos bras foibles ne peuvent empeſcher un ſi peſant corps & tant penchant à ſa ruine de donner du nez en terre, encor faut-il, aprez noſtre devoir du premier mal, nous preparer au relevement. On dit là deſſus, ne feroit-il pas plus aiſé d'apuyer avec de bons fulcres, que de relever un corps caſſé & briſé de ſa cheute? Je dis que non, pour ce que ceſte grande maſſe a pris ſon branle & accablera ſes amis ſoubs ſoy, eſtant les volontez bandees au precipice. Nous aymons mieux tomber malades que de nous purger, nous aymons mieux eſperer de nos traittez & de la perfidie de nos ennemis que de noſtre vertu. Les valureux eſtrangers nous ſont ſuſpects, & ne mettons point difference entre les trahiſtres & les trahis, entre les perſecuteurs & les perſecutez, & nous contons pour profanes ceux qui abandonnent biens, familles & vies pour la religion qu'ils ont ſemblable à nous. D'autre coſté, nous recourons à des pactions & accords frivoles, cerchans dans les ſeins infidelles la foy qui n'y eſt point, mais pluſtoſt un vipere pour punir nos doits de leurs erreurs : nous touchons à la main qui goutte encor du ſang de nos freres & voiſins. Voila ce que j'appelle le branle & le vouloir tomber.

Mais peut-eſtre que les eſpricts s'eſtants faict mal à la cheute, nous ayderont au relevement, ce qu'ils ne font pas à l'appuy. Excuſez moy ſi je ſuis un criard ſur les dangers, où je ne ſuis obligé d'aucunes conditions que de l'ame, qui eſt un grand bien. Je regarderay pour les canonniers que vous me demandez. Souvenez vous de mes propos touchant Fartſbourg, ſi vous en voulez uſer comme je vous en ay dict, & meſmes pour eſtre le relais d'un fecours qui iroit à vous, je vous envoyerois quelque homme bien inftruict de moy, bien marry que ma vieille carcaffe donne trop de peine & de couft. Je vous fuplie d'affurer Meffeigneurs qu'il fe peut rien adjoufter à ma bonne volonté pour leur fervice, ouy bien au moyen de l'exploiter, & me faire voir en leur general, & en voftre particulier, Voftre...

VIII.

A MM. DE GRAFFENRIED ET DE SPIETZ
[1622].

Meffieurs, le filence de vos lettres n'a pas encore ordonné le mien, & bien que je n'ay eu aucunes refponfes à celles que je vous ay adreffees, je l'impute à la multiplicité de vos affaires, & non pas que vous ayez eu defagreable mon impunité. Je continuë donc à remercier les trez honorez Princes & Seigneurs du foin qu'ils ont eu de moy. Lorfqu'ils me feront l'honneur de m'appeler, j'efpere avoir celuy de les fervir fidellement. Le delay de mon voyage a efté fort à propos pour le mauvais temps qui eft revenu, & pour ce que les Seigneurs de cefte cité ayant longtemps differé la fortification de Sainct-Jean, l'ont enfin refoluë & commencee, fur les continuels advertiffements qu'ils ont eu, que toutes chofes fe preparent à leur extreme peril. Le peuple, d'un commun accord, fe faigne à l'execution,

& comme on leur a preſenté deus deſſeins, un moindre à l'eſpargne & un plus grand à plus de vigueur, ils ont voulu avoir le plus grand, ſi bien qu'ils prenent plus de pays que n'en contient Sainct-Gervais. Nous craignons bien que cela haſte les ennemis, mais nous eſperons en peu de jours avoir faict de quoy les arreſter, & parachever le reſte à leur veuë. La lettre qui eſt venuë de vers vous, portant la reſponſe du Conte Mansfeld, a merveilleuſement eſmeu les eſprits. Nous y aprenons premierement la correſpondence du Roy de France & du Duc de Savoye en la recherche de ce Capitaine, & qu'ils ne ſont point d'accord en cela, qu'ils ne le ſoyent en aultre choſe; comme auſſi nous en avions eſté advertis de deux notables endroits, particulierement par le Conte Mansfeld qui, à ce conte, le devroit bien ſavoir. En ſecond lieu, nous y marquons la puiſſance que le Duc s'eſt reſervee, & là deſſus on voit comment le Duc ayant oſé s'en ſervir ouvertement pour la jalouſie de France, le donne à la France pour s'en ſervir sans jalouſie, & tout pour venir à bon conte, ce que nous n'avions pas voulu croire, en eſtans advertis. Pour le tiers, nous voyons comment le Duc l'ayme mieux employer à la beſougne du Roy qu'à la ſienne; c'eſt pour ce que l'une ſe fera à l'ombre de l'aultre. Au quart, le Conte montrant la crainte qu'il a d'eſtre forcé à ſe jetter entre les bras des Reformez, montre de quelle foy il procede envers les Princes qu'il faict ſemblant de reſpecter. Pour le quint, le terme de General en Almagne montre que le Roy veuſt faire, & pour ce dernier nous voila inſtruicts ſur la queſtion qu'on faiſoit touſjours : quelles forces pouvoit avoir le Duc pour venir à bout de ſes menaces & appareils. Vous marquerez, s'il vous plaift, la claufe touchant Orange, qui fut dernierement copiee dans les nouvelles adreffees à M. Stek, en vous fouvenant des tiltres pour cefte principauté que devoit fournir le Duc au Roy, & pour lefquels on dict maintenant, qu'à l'entreveuë de Lyon, il doit donner en ce pays à Madame fa feur, Getz, Vaux, Roman & Baugé. Voila les interpretations de ce lieu; peut eftre que toutes chofes feront à meilleure fin. Vn Miniftre de voftre pays efcrit icy, que le confeil de Meffieurs les Ambaffadeurs a prevalu à Berne, & qu'un Ingenieur vous a dict qu'il demanderoit plus de vintg ans pour executer ce que nous avons marqué. On ne peut mieux refpondre à telles villonneries, finon que de monftrer les effects au lieu des parolles, & faire voir noftre befougne de cinq mois, qui a un tiers plus d'eftenduë que ce que nous pretendons devoir eftre fait à Berne.

Dieu vous donnera de penfer voftre mieux, voulant vous conferver comme je l'efpere par fa grace, & l'en requiers de tout mon cœur. Vous me trouverez paré à toutes vos volontez, pourveu que j'aye moyen de vous faire paroiftre, par utiles & honorables actions, Voftre...

IX.

A M. MANUEL [1622].

Monsieur, vous aurez, à mon advis, part de ce que j'ecris à M. le Conte. Vous ne communiquerez ce petit mot qu'à M. l'Advoyer vostre pere, Messieurs de Spiets, & aultres que vous choisirez. Je fay jugement que ces douze mille hommes de pied, & 2000 chevaus seront licensiez ou en gros, ou en detail sur la frontiere de Savoye, pour en faire le Duc heritier, & ce qui me faict mescroire ceste demeure de six mois dans vostre frontiere, c'est que je n'ay jamais veu menacer six mois l'ennemy d'un project ouvert, ny arrester ny entretenir une armee pour donner un eschec de si loin; d'ailleurs vous auriez desja eu, par son ambassade pour le moins ordinaire, la participation de tels desseins & demande pour contribuer passage, hommes, vivres & munitions de guerre. Je croy bien que le Prince de Condé ait avancé cest affaire jusqu'au poinct où il est, mais il pourra estre tondu en une partie de ces affaires, comme il paroist estre en celle de la paix, & on se contentera d'une partie de ses promesses faicte. Dieu vous face la grace, que si on procede avec vous aux offres & demandes, les vrais Suisses soyent les mieux escoutez en vostre conseil. Je vous prie de bien faire peser le tout & l'interpreter au fidelle soin que nourrist en son cœur pour vostre Republique, Vostre...

X.

AU CONTE DE LA SUZE.

Monſieur, je viens de recevoir voſtre derniere qui m'a donné joye de voſtre promenade : vos bons yeux vous aprendront que je ne ay point deſiré cela ſans raiſon. On dira quelque jour que je ne reſvois pas en diſant qu'il faloit deffendre la Suiſſe par campements, non pour tousjours, mais en attendant que ces peuples, vaillents de ſoy meſme, ſe ſoyent affermis à la dureté de la guerre, & rendus pareils à leur peres. Vous ſaurez bien voir les trois appanages qu'il fault à un campement : aſſiette qui combatte, ville qui accomode, & chemin qui favoriſe les vivres. Certes nous devons donner nos vies juſques au dernier fumeau à maintenir ce dernier reſort de refuge à la verité. Si Dieu donne le vouloir, vous y verrez le parfaire ; ce qui eſt de ſaiſon, quelque calme qu'il ſoit, eſt le magaſin des bledz : ſoyez leur faſcheus de cela, comme je le ſuis icy. Excuſez mon ſoin vieillard, car il eſt de Voſtre...

XI.

A M. DE VAUBECOURT.

Monsieur, j'ay travaillé à la cognoissance des liens des peuples, des factions qui les separent, des diverses pretentions, & quand des traversantes volontez de leurs voisins, à savoir : qui sont les partisans d'Autriche, comme ils en ont de puissants, où les intelligences les peuvent dissoudre & les nostres les nouër, ou par promesses ou par craintes, ou par leurs interetz : savoir où les dominations Françoises, ou Hespagnoles, ou Italiennes sont desirees, ou abhorrees ou indifferentes, d'où il fault tirer des gens de guerre, & d'où non : quels sont les soupçons? comment ils se doivent guerir? par qui proprement, & non par ceux qui y ont deja mis il *tossico* ? & puis y a une aultre sorte de recognoissances qu'un bon chef de guerre estimera les principales, à savoir les passages des monts & des eaux avec les concessions des cantons, les magasins de bouche & de guerre, la facilité des convoys, leurs assiettes, leurs suretez, la garde de cette sureté sans jalousie & sans foiblesse, les places & forteresses que l'ennemi a saisies ; quelles il veust garder par contenance, quelles à l'extremité, & aultres telles choses desquelles je viens d'instruire le Chancelier, & un Colomnel du pays pour retourner travailler le premier; c'est celuy que j'envoyai à Lyon pour instruire de ces choses les Ministres de l'Estat qui n'en firent pas leur profit, pour ce qu'ils avoyent aultre but. Je retiens d'aultres particularitez à dire, desquelles je voudrois obliger l'oreille d'un General, sans vouloir aultre recompense que d'avoir faict encor un service à la maison de Bourbon avant mourir. Ne craignez point de dire un mot hardiment, qu'un de mes meilleurs services doit estre reçeu au commencement sur la seconde question qu'on propose au conseil d'une armee : avancez encor jusque là que si on desseigne des sieges, où l'ennemy vous puisse afronter de plein pied, avec bonnes places de suport à son cul, vous [serez] contraint de vivre à dos de mulet. C'est parler de la perte & de l'armee & de l'entreprise. Je ne say pas si la faveur du ciel n'appelleroit point celle des peuples par où vous aurez passez comme ayant esté fidelles aux prosperants. Vostre...

XII.

A M. LE CONNESTABLE [1625].

Monseigneur, les deux commissions & commandemens desquels vostre Grandeur m'a honoré me font grandes obligations. J'y vay mettre les deux mains, Dieu aydant. Cependant puisque vous honorez mes plus fidelles que subtils advis, de les demander sur la plus haulte entreprise & plus difficile besougne à laquelle les François ayent esté decouplez depuis Charles 8e, je dis que si vostre conseil passe le Rubicon de la guerre d'Hespagne, les

lieus où vous la devez faire, puifque la juftice eft
par tout, font ceux par lefquels vous eflougnez le
moins les frontieres & les commoditez de voftre
royeaume, où le pays peut nourrir fa guerre, & où
le fuccez eft plus apparent. Ces trois poincts auront
leur explication quand il vous plaira; mais pour
aller au devant d'une objection pleine de juftice
& de bienfeance apparente, à favoir : fi vous ne donnez aux Grifons, vous ne fecourez vos amis, laiffez
aux ennemis leur poffeffion & le fiege de la guerre
où voftre juftice doit fleurir. Je dis à cela qu'il y a
moyen avec une petite troupe choifie de partager
par les deux tiers la conquefte Hefpagnole, &, à
l'ombre de vos actions generales, faire que les Grifons fe rachetent eux-memes fans jaloufie que les
preneurs ne les prenent : & cela par un ordre qui
merite le fecret avec le fuccez duquel je rendrois
ma vie pour plege, quand les Venitiens & les François, & tous leurs aultres amis ne les voudroient
fecourir que de 200,000 efcus. Et pour ce, Monfeigneur, que felon le precepte de Mucian, il fault
que le bon confeilier adjoufte fon peril à fes fuafions,
je vous prie ne me conter point pour fi vieux, que
je ne trouve encor une gayeté de cœur du temps
paffé, & une difpofition de corps, pour donner ma
vie à une œuvre pleine de pieté & d'honneur,
& mefmes fous vos aufpices, puifque je fuis, &c.

XIII.

AU MARQUIS DE CASTELNAULT ET AU SIEUR DE CAMPET, SERGENT-MAJOR AU MONT DE MARSAN.

Meffieurs, puifque vous me prenez pour arbitre de voftre different, je m'efforceray de vous contenter; mais pour ce que, depuis l'an 1567 que j'ay pris les armes, j'ay veu ce qui eft de voftre queftion changer en tant de façons, que ce que plufieurs me demandent par curiofité, je leur fais diftinguer le temps duquel ils cerchent la couftume : j'en diray un mot plus generalement, aprez avoir fatisfaict au particulier de la demande.

Vos Caporauls veulent recevoir le mot de tous fans diftinction à leur corps de garde : ils euffent eu raifon aux guerres de Piedmont, & à toutes les noftres civiles jufques à la fin du regne de Henry IIIme, où l'on exempta deus perfonnes de chafque garnifon, à favoir le Gouverneur & le Sergent-major, aux armees le General, à l'avant garde le chef d'avant garde, à l'arriere garde de mefmes, le premier Marefchal de Camp par tout, le Colomnel de l'infanterie aux corps de garde des gens de pied, le Colonel & le Maitre de Camp de la cavalerie legere. Tous ceux là ont obtenu de recevoir le mot, au lieu de le donner : cela changé fur les remontrances que les chefs ont faictes, difants qu'il eftoit bon de favoir fi leur mot n'avoit point efté changé. J'ay contredict quelquefois cet ordre, le voulant reſtreindre à ceux là ſeuls qui l'avoyent diſtribué aux armees & aux garniſons, & c'euſt eté le General & le premier Mareſchal de Camp, ſans plus. Je laiſſe ceſte queſtion pour ſouldre la voſtre, c'eſt que le mot vous eſt deu, & que l'on veuſt aujourd'huy que, aux camps & aux villes, les viſages & les voix des deux principales perſonnes ſoyent cogneuës de tous.

Quant aux rondes, de mon premier temps, celuy qui parloit le premier recevoit le mot : teſmoin que, durant le grand ſiege de Sainct Jean d'Anjely, nous eſtans jettez dans Cougnac, & moy lors Enſeigne de M. d'Anieres, faiſant la ronde, je rencontray ſur la muraille M. de Tors, vieil, brave & rude Capitaine s'il en fut onques : à l'aproche il me tend l'oreille, & moy à luy comme ayant parlé le premier; aprez un grand contraſte, il me donna le mot, & m'embraſſa, diſant que ſi j'euſſe faict autrement, il m'euſt envoyé en priſon. Depuis on adviſa pour les rondes que ny l'un ny l'autre ne le donneroit : mais que, en cas de meſfiance, tous deus rendroyent conte de l'ordre au corps de garde le plus prez, tousjours en exceptant les perſonnes qui doivent eſtre cogneuës, comme nous avons dict : mais il n'y a rien d'exempt vers les Anglois, s'ils n'ont changé de couſtume. Depuis le roy Henry 4me, avec lequel je me ſuis trouvé faiſant patroüille dans ſes armees, & comme nous aprochions des gardes de ceſte nation, pour qui que ce fuſt, il faloit qu'on s'advanceaſt & alaſt reſpondre, en ayant l'eſpee du Caporal, dont la pointe chatoüilloit la gorge. Nos jeunes gens trouveront mauvais, que au lieu de *ordre* je ne dis mot : car depuis qu'ils ont apris des Heſpagnols *tenemos orden*, ils n'ont plus voulu parler de mot, qui eſt pourtant une partie de l'ordre : car quand les Sergents-majors des regiments, ou bien hommes advoüez & preſentez pour eux, vont au logis des Mareſchals de Camp prendre ordre pour la nuiƈt & le landemain, cet ordre conſiſte bien en aultre choſe qu'au mot : & c'eſt pourqoy j'ay pris plaiſir en mes bandes, & aux armees où j'ay diſtribué les ordres, de diſtinguer le particulier mot de l'ordre general. Je vous en donne plus que vous ne m'en demandez, c'eſt le vice des vieillards : &, s'il y a excez, il eſt en l'amitié que vous porte Voſtre...

XIV.

A M. DE SAINT GELAYS.

Monſieur, en peu de paroles on ne peut ſatiſ-faire à voſtre deſir, qui eſt de vous inſtruire quel eſt à bon eſſiant l'office de Mareſchal de Camp. C'eſt de qoy j'entens toucher generalement, car pour deduire tous les particuliers devoirs de cet office, il faudroit un bon volume plus gros que celui qu'a faiƈt le vieil Mareſchal de Biron intitulé : *Le Mareſchal de Camp,* lequel il m'a fait lire, comme le tenant d'une main, pour le reſerrer puis aprez. Je dis de cet eſtat ce que l'Eſcriture diƈt du juſte : à ſavoir qu'il peche ſept fois le jour : il eſt l'œuil de l'armee qui fait faillir tout le corps de ſes moindres faultes, qui fait le premier ce qu'il fault faire, qui eſtant loin des ennemis, ha ſon ſiege auprez du cœur, qui eſt le General; mais quand il fault affronter les armees, ſa place eſt entre les Coureurs; car ſa vertu principale eſt d'eſtre preſent à tout. Vous ne voulez de moy que ſavoir où s'eſtend ſon authorité : à cela je ne puis reſpondre abſolument; mais comme j'ay dit d'autres choſes, il fault de nouveaus preceptes en changeant de temps & de lieus. Je diray donc, comme qoy je l'ay veu prattiquer par les trois Generauls, qui l'ont poſſedé en France ainſy qu'il apartenoit, à ſavoir : le vieil Seigneur de Biron, le Viconte d'Auchy, & M. de Fervaques. Le premier & dernier deſquels ont de là monté à la Mareſchauſſee de France, comme en eſtant le plus proche eſchelon.

Ceſt office prend la cognoiſſance des quatre elemens de l'armee, à ſavoir du conſeil, des vivres, de l'artillerie & de la mareſchauſſee. Au premier doit preſider le Mareſchal general, ou le premier : ſinon, quand un Prince ou Mareſchal de France, ou celuy qui commande l'avant ou l'arriere garde y ſont preſents, & lors il leur laiſſe la place d'honneur, mais non pas la direction, ce qu'il fait de bonne grace, comme en ſoulageant ſon chef des choſes peſantes. Ainſy ſe ſont conduits les deux premiers des trois que j'ay nommez, aux armees de Monſieur, juſques au voyage de Poulougne, & ainſy le tiers, ſous M. d'Alançon au voyage de Flandres. Si d'autres ont prattiqué auttrement, je le mets au rang des abus, de tous leſquels je ne puis rendre conte.

Pour les vivres, il n'y a nulle partie d'affaires par le defaut de laquelle periſſent tant d'armees que par ceſtuy là, principalement en ce temps où on y met des hommes, qui font plus de profeſſion du lucre que de l'honneur. Et c'eſt pourquoy les Grands du Royaume ne ſe ſont pas deſdeigné autrefois de cette charge, teſmoins ce grand Capitaine, le Vidame de Chartres, qui ne refuſa pas le nom & la peine de Commiſſaire general. Je dis donc, qu'il n'y a ny chef, ny commis de vivres, qui ne rende conte bien exact, ſoit pour l'amas, ſoit pour la deſpenſe & le departement.

C'eſt en l'artillerie où j'ay veu le plus de corruption arriver, par deus moyens, ou par la trop grande ſuffiſance des Grands Maiſtres, ou pour leur faveur auprez des Roys. M. de Biron eſtant fait Grand Maiſtre, & exerceant ſon office au camp de La Rochelle, avoit ſi bonne opinion de ſoy, & ſi mauvaiſe des aultres chefs, (comme auſſy il honoroit la charge plus qu'elle luy), qu'il oſta aux Mareſchauls d'armee la cognoiſſance du placement de l'artillerie, la direction des tranchees, & ne daigna pas meſmes en conferer. Nous luy avons quelquesfois dict qu'il avoit pris cela ſur l'authorité perſonnelle, & non ſur celle de l'Eſtat : nous n'euſmes pour reſponſe à cela qu'une ſouſris portant adveu. De là eſt arrivé, que les Lieutenants de l'artillerie, & aprez eux les Commiſſaires, ont voulu par tout repreſenter le Grand Maiſtre, & ont reſpondu aux Mareſchaulx de Camp, qu'ils ne vouloyent pas laiſſer perdre l'authorité de leur Grand Maiſtre, & qu'ils ſavoyent bien leur metier. Cela s'appeloit, qu'au lieu de placer pour une batterie avantageuſe, breche de ruine baſſe, beau chemin à l'aſſault, deſlogement des pieces du dedans, & batteries en courtine, leur eſgard principal eſtoit que leur plates-formes & tranchees, & les chemins pour y aller, fuſſent choiſis à la commodité, & au moins de peril. Eux meſmes ſe ſont voulu attribuer la façon de toutes les tranchees : mais presque tousjours les Meſtres de Camp, chaſcun en ſon logis ou poſte, s'en eſt fait croire, & non ſans raiſon. L'ordonnance de tout cela appartient au Mareſchal de Camp.

Pour le quatrieſme poinct, que j'ay nommé la Mareſchauſſee, j'y comprends la juſtice de l'armee (comme eſtant exercee par les Prevoſts), le taux, & la police des vivandiers, le faict des hopitaux, medecins & chirurgiens, les eſtats de Capitaine des Guides, & l'authorité des paſſeports importants, qui n'apartient qu'au General & à luy.

On trouvera force endroits où elle eſt eſchapee, ſur tout aux petites armees : mais principalement en Holande, où il y a eu un ſi grand Capitaine general, & bien ſouvent de ſi mauvais ſubalternes, que cet excellent Prince, faiſant toutes les fonctions d'armee, a rendu les officiers deſchargez de beaucoup de choſes avec peu d'employ & d'authorité. Or pour ce que voſtre demande eſt pour vous conduire entre les armes françoiſes, je ne me ſuis point chargé de vous conter comment en uſent les Italiens, Heſpagnols & Allemans; les derniers des quels font leur Mareſchauls generaux chefs d'avant garde & ſecondes perſonnes de l'armee, ſi quelque peu n'en uſent autrement.

XV

A LUY MESMES [M. DE SAINT GELAYS].

Monſieur, aprés vous avoir donné les autoritez & les ſoins generauls du Mareſchal de Camp, vous me demandez encore quelque diſcours abregé des démarches de cette autorité, & certes cette ſeconde eſt encore plus conſequentieuſe & dificile que la premiere. Vous ſavez que cela voudroit un livre entier. Pour donc ne vous deſdire ny ennuyer, & n'entreprendre point ſur ceux qui en ont eſcrit au long, je vous donneray une journee de ce meſtier là, à la commancer par la ſoiree, & par les preparatifs du lendemain juſques à l'arrivee du meſme poinct.

J'employeray en cecy pluſieurs ſoins qui ne ſerviroyent de rien dans les armees qui logent au piquet : c'eſt le paradis des Officiers & l'abregé de leurs peines ; condition heureuſe, & qui nous a mille fois, en faiſant la charge, fait eſcrier, *ô bien heureus ceux-là*. Or en vous deduiſant la beſougne plus dificile, l'autre vous ſera douce quand vous y pourrez parvenir.

Noſtre Mareſchal de Camp eſtant logé avec les cautions que nous gardons pour demain, ayant fait avancer ſon Capitaine des Guides pour prendre & lier une douzaine de guides, les fait tous venir en ſa chambre, met ſa carte de proviſion ſur table : & puis, ayant marqué l'Eſt, le Sud, l'Oüeſt & le Nort, & quelques vents moyens s'il veuſt, met l'aſſiette de fon General en telle partie de fon papier, qu'il y ait place fuffifante pour marquer tous les quartiers qui couvrent le cœur de l'armee : & puis, interrogue les hommes qu'on luy a amenez, libres, fi c'eft en pays amy, fi autrement, captifs comme nous avons dict : les enquiert chafcun à part, & à l'oreille, des diftances des parroiffes & villages pour s'arrefter au plus de voix, des rivieres, des ponts, des guaiz, des bois, des roches, des paffages difficiles & mauvais chemins : enquefte qu'il aura enjoincte par departements aux Capitaines, pour luy mander ce qu'ils auroyent trouvé de non preveu par ceux qui viendront tantoft querir l'ordre. Sur telles inftructions il fait fa carte particuliere pour le logis du lendemain, & aprés l'affiette, faict les departements, defquels un ayde de Camp ou Marefchal des logis d'armee prend la charge de la diftribution, & un aultre le contrerole : que une curieufe recherche des vilages, qui font logés fur les rivieres bien defignez, font la principale caution d'une carte bien faite, & furtout pour marquer les finuofités des fleuves.

Icy je fuis contrainct, fans m'amufer aux mutations que j'ay veuës depuis, [de dire] comment j'ay veu les bonnes armees compofees d'officiers. J'ay efté en une armee de 40,000 hommes, où il y avoit le Marefchal General des armees de France, quatre Marefchaux de Camp, quatre Aydes, quatre Marefchaux des logis d'armee, & huict Fourriers d'armee, & n'y avoit rien qui n'euft fon office diftingué. Des quatre Marefchaux de Camp, un eftoit attaché à l'avant garde, un à la bataille, un à l'arriere garde, & un auprez de fon Marefchal general, ou qui lui gardoit fon logis entre les Chevaus legers.

Ce n'eft pas que je vouluffe obferver cette mefme

quantité dans les moindres armees, mais tout à proportion. Je donne advis que là où le Marefchal general ne fera point, il eft befoin que un des autres porte le titre de premier, ou autrement vous verrez de belles confufions. On a depuis inftitué un Marefchal de la carte pour complaire à Des Efcures, qui certes en favoit beaucoup : mais l'invention eft ridicule, comme trouvee quand on a fait des Marefchaux de Camp de faveur & ignorans à faire leur carte, que le Marefchal de Camp qui fait fa carte luy mefme a le portrait du pays en fa cervelle, celuy qui la reçoit d'autruy ne l'a qu'en papier. De toutes ces mutations j'en prononceray une fentence, de laquelle les Compagnons du meftier n'apelleront point : c'eft que toutes les nouveautez que les deffaults & les neceffitez ont produites, font à recevoir : celles de faveur à efteindre par les gens de guerre qui affectent les armees, & non pas la Cour.

Il a falu fournir cela cependant que les Capitaines & Sergents majors viennent prendre l'ordre pour le landemain matin. Là eft l'excellence du Marefchal de Camp pour faire les rendez-vous où rien ne retrograde, où affez toft & à propos les troupes, qui doivent marcher enfemble, fe joignent fubfecutivement, & fans defroger à l'ordre de marcher. C'eft une grande incommodité, quand l'armee eft toute obligee à un chemin : en ce cas, il fault faire les journees courtes, comme de trois lieuës françoifes : & en pays couverts & bocageus, ne jetter de Chevauls legers à la tefte de l'armee qu'autant qu'il en fault pour venir faire allumer la meche, faire voftre tefte d'infantrie, fur tout de piquiers, & gens choifis en cefte façon.

Il y a en toute armee deux fortes d'ordre, ou

celuy que les bandes & regiments ont par preeminence & avantage fur les aultres, ou celuy qui fe fait alternativement; car ceux qui l'ont voulu aux premiers arrivez excitent bien la diligence, mais ruinent tout par la confufion.

Là où les primautez font alternatives, je ne veus rien tirer du regiment qui doit aller le premier; mais des deus ou trois qui fe fuivent, je veus de chafcun 200 moufquets & 200 piques, ou au moins à proportion. Ce corps de 600 ou 900 hommes doit eftre au cul des Chevaux legers avec une prattique pour les piquiers que je recommande grandement, c'eft de faire des fronts de cinq rangs tout de pique, avec deux relais de mefme, & vint-cinq bons pas entre chafque peloton : ma raifon eft, que fi tout eftoit contigu, le trouble à la tefte eft auffy toft au cul; mais en ces intervalles, la gloire des noms differents donne à chafque Capitaine de qoy porter le nom du mal ou du bien faire : & d'ailleurs ce qui a rompu le premier corps vient fi defordonné au fecond, qu'il eft aifé de le malmener.

Quant à la moufquetrie en des lieus tout farcis de hayes & buiffons, je ne leur donne place que celle qu'ils pourront gangner en advanceant s'il fe peut, fauf leur recours à leur foreft cheminante, avec une admonition aux Capitaines qui les menent, de ne farcir point les hayes front à front l'un de l'autre, pour ne s'entretuer : & c'eft à qoy il fault un Marefchal de Camp ou Aide de Camp, pour marquer les places du bout du bafton.

Je voy quelqu'un qui me demande à qoy cette peine de trier les hommes d'entre les regiments, & s'il ne feroit pas meilleur de les laiffer en leur forces. Je refponds que les hommes choifis font neceſſaires dans des lieus eſtroits, où la qualité l'emporte, & non la quantité : & puis, laiſſant marcher le premier regiment plein de ſoy meſme, j'oblige plus particulierement les aultres à avoir bon ſoin de leurs elites ; car ſans doute les plus beaus auront brigué d'eſtre à la teſte.

Encor ne faut-il pas oublier la depeſche des *extradios* que je deſire à petites troupes, pourveu qu'elles paſſent 12, eſtant le nombre limité pour la difference de l'homme de guerre & du voleur. Et ainſy fait-on le procez à ceux qui vont à moins : il fault à ces gens là donner trois choſes quand vous le pouvez, le logis principal de la cavalerie legere, un mot general pour eſtre reçeus des vedettes ſans alarmes, & quelque guide, ſi le Capitaine des Guides en peut fournir. Mais il fault tout cela plus expreſſement à ceux qui vont à la guerre pour lever un logis. Icy je diray que M. de la Nouë, le bras de fer, obſervoit pour la ſeureté de ſes logemens de donner tousjours quelque alarme à ceux des ennemis, avec charge d'en taſter l'effroy pour ne faire pas la faulte, que nous fiſmes à Coüé, deſcritte au ch. [XV] du livre [cinquieſme] tome [premier] de l'*Hiſtoire*. Il fault donc que cela ſoit diſpoſé dés le ſoir avant marcher, & que là-deſſus noſtre Mareſchal de Camp, aprez avoir communiqué ſa diſpoſition au General, s'aille repoſer content de ſa ſoiree.

Voicy en qoy je ſeray faſcheus à quelques eſprits, comme je l'ay eſté à pluſieurs aux petites armees eſquelles j'ay eu charge. C'eſt que je tiens une armee trez mal menee qui n'eſt achevee de loger avant midy. En voicy les profits : c'eſt qu'on jouiſt à plein des commoditez des lieus, deſquelles ſont privez ceux qui arrivent au ſoir : c'eſt que les logements & retranchements se font parfaittement & pour une utilité notable; cela ne se peut faire que les boute-selle & les premiers coups de baguette ne se facent entendre un'heure & demie ou deux heures avant jour, & en ce temps là, qui est le dangereus pour les attaques, vous avez toute l'armee sur pieds.

Tout ce qu'on peut m'oppoſer est que les ambuſcades des ennemis ſont moins deſcouvertes qu'elles ne ſeroyent au plus hault du jour : cela est à craindre aux petites troupes qui marchent avec incertitude, & non pas à une armee qui va reſoluë à tout. On dict que les chefs principauls des armees doivent eſtre les premiers à cheval & les derniers à pied : car il fault que noſtre Mareſchal de Camp, avant que aucune troupe batte la marche (j'entens quand on eſt voiſin des armees ennemies), ſoit à la teſte de tout : ſi ſon armee fait pluſieurs files, il fault qu'à la teſte de chaſcune il ait un Ayde de Camp : ſi c'eſt en plaine pouſſer loin coureurs ſur coureurs, pour donner loiſir aux files d'aprocher le grand chemin de l'armee & la force du milieu. Soit dit qu'aux grandes plaines il ſuffiſt que les avant-coureurs ſoyent à veuë des coureurs, & les coureurs à la troupe de ſouſtien de meme : mais aux pays couverts, chaſque troupe doit eſtre à la veuë, & à l'ouyé de la parole de l'autre.

Noſtre Mareſchal de Camp ſera accompagné du tiers de ſa cavalerie legere, à qoy elle ſera obligee par ordre touſjours prattiqué, ou bien d'un choix de dix ou quinze hommes de chaſque troupe, ce que j'aymerois mieux. Il fault qu'il ait avec ſoy les gardes de tous les Princes ou principauls chefs de l'armée, & les ſiennes : & oultre (puiſque nos armees ne s'en peuvent dedire) les Seigneurs volon-

taires qui cerchent à donner le coup de piftolet;
tout cela au pays de campagne peut s'efgayer devant l'armee : mais aux lieus eftroits, je leur donne
leur place avec la foule des Chevauls legers entre le
premier & fecond regiment horfmis à 20 ou 30 que
le chef de guerre choifira prez de fa perfonne,
ayant bien inftruits ces premiers fantaffins à fendre
& à remplacer pour les recevoir au befoin. Vous
avez une aultre troupe fafcheufe, qu'il fault encor
eflougner de vous : ce font les Marefchaux des logis
de cavalerie & d'infantrie , & avec eux une race de
Fourriers, qu'il fault chaffer jufques à la premiere
cavalerie qui marche aprez les regiments, fi ce n'eft
que vous en recognoiffiez quatre ou cinq capables
de porter vos advis & ce que vous ordonnerez, froidement & fans changer les termes que vous aurez
prononcez.

Voftre armee arrivee, vous ferez fubfifter voftre
infantrie & quelque gros de cavalerie durant que
les logements fe feront. Si vous faites voftre tefte
d'infantrie comme il fault aux pays couverts, vous
ne vous fierez en aucun Capitaine de fes poftes
& corps de gardes : vous les luy marquerez, l'advance
des fentinelles perduës, & leur refuge, s'il y en a.

Si voftre tefte eft de cavalerie, vous leur placerez
leur corps de gardes aux quarrefours advancez
& jufques où leurs premieres & fecondes vedettes fe
pourront eftendre : mais furtout vous defignerez à
vos Chevauls legers leur place de bataille derriere la
bourgade, & au contraire aux Gens d'armes leur
place d'armes au devant. On fait ainfy aux premiers,
pour ce que chargez vivement ils ne pourroyent fe
mettre en ordre : & puis, pour profiter de la confufion que aporte le vilage avec cette maxime, que la

perte du bagage ne l'eſt pas de l'honneur : mais les aultres de peſante armure ſont obligez de recevoir les Chevaus legers ſans la confuſion qu'aporteroit le vilage, de donner le loiſir à leur gens de deplacer s'il eſt beſoin. Marquez qu'en tout ce que je dis icy de Gens d'armes & de Chevaus legers, ce n'eſt pas que j'ignore que les tiltres en ſont confus aujourd'huy, mais non pas les factions.

Si en cheminant, ou ſur le logement, les coureurs raportent de nouvelles que l'ennemy paroiſt, il la doit envoyer à ſon General comme elle eſt, eſtant incertain, ſi ce ſont troupes qui ayent fait partie pour aller à la guerre, ou ſi c'eſt l'armee ennemie : & pour demeſler le doute, il doit promptement ſe mettre à veuë, & pouſſer à droite & à gauche deux vieux Capitaines, chaſcun prenant le large au plus qu'il pourra, pour voir les coſtez, & ne faire pas comme le duc de Parme au levement du ſiege de Roüan, que M. de Boüillon empeſcha de voir ſes flancs dextrement, & faiſant prendre une troupe de retraitte pour l'armee meſme, fit perdre une grande occaſion : il fault encor pouſſer au cul de ceux qui prenent l'eſcart quelque petite troupe pour reſpondre les premiers, & les ramener quand il faudra. Or voicy les choſes à quoy doivent avoir l'œuil ceux qui recognoiſſent, pour ſavoir ſi l'armee marche en corps.

Premierement, ſi les troupes que vous deſcouvrez portent leur drapeaux, ſi aprez les premieres, ſecondes ou troiſieſmes, vous voyez du bagage & principalement des chariots : ſi en eſté les groſſes pouſſieres ſe levent derriere & au loin, ſi voſtre oreille reçoit quelque bruit en l'air, comme on l'oit ſur les groſſes villes : mais ſurtout ſi on voit ſur le paſſage d'un hault, ou d'un hault en une plaine, une file d'artillerie que un bon œuil cognoiſtra de trois quarts de lieuë, pour ce qu'elle fait une ligne eſgale plus groſſe que l'infantrie & plus platte que la cavalerie. Si vous n'y voyez rien de tout cela, mais ſeulement un, ou deus, ou trois gros, faites par un de vos Aydes de Camp fendre l'infantrie de voſtre teſte, paſſer ce que vous avez de cavalerie preparee, mettez à la tete de vos coureurs un bon fou avec 20 chevauls : ſouſtenez le de 50, renforcez le de 100, & donnez commandement à tout de meſler & engager.

Si c'eſt l'armee, vous ne devez point avoir marché que vous n'ayez tousjours l'œuil ſur les aſſiettes par leſquelles vous paſſez : ſi vous en avez trouvé quelqu'une avantageuſe, à quelque eſpace raiſonnable derriere vous, vous devez comme en deviſant l'avoir fait recognoiſtre à un vieux Ayde de Camp, qui en porte l'advis au General, afin que luy & ſes principaux conſeillers de guerre viennent prendre ces avantages, & faire executer par ſon Sergent de bataille ce qui ſera ordonné. Cependant il ſera aiſé au Mareſchal de Camp d'amuſer la teſte de l'armee ennemie, laquelle ayant meſme beſougne à faire, ne le preſſera point de ſon honneur. S'il n'y a autre choix de place que celle où eſt la rencontre, il faudra commancer de s'eſlargir à gauche & à droitte, former les cornes des premiers pour laiſſer aux derniers le milieu. Si aucuns de ces accidents n'arrive, noſtre Mareſchal, ayant laiſſé pour luy un logis parmy les Chevauls legers, vient au quartier general, deſigne le logis de la perſonne de ſon chef & de ce qui l'approche, des vivres, de l'artillerie, ſans oublier le quartier des chevaux, marque le parc des munitions de guerre, & l'affiette du corps de garde principal pour le General, celuy des poudres, & mefmes de la fentinelle fans meche, qui doit y faire faction : & puis nous lui donnons congé d'aller difner, pour aprez aller voir à l'œuil l'execution de fes ordonnances, fi le confeil ou affaire de l'armee l'empefche y envoyer fes meilleurs feconds : & puis je luy permets de fe defrober une heure pour dormir, afin de reprendre les evres & le labeur par lequel nous avons commencé.

Or encor que la cognoiffance des querelles eft proprement de fon gibier, je vous laiffe à penfer s'il doit en eftre foulagé en ce temps dangereux. Il vault mieux le laiffer travailler à toutes les entreprifes que les Capitaines de l'armee ont en main, & defquelles l'une ne luy doit eftre cachee, quand ça ne feroit que pour empefcher la concurrence, & pour le congé des troupes qui vont aux exfecutions.

Il refte le mefnagement des efpions & ferviteurs fecrets, de qoy il ne doit faire part qu'à fon General. Certes il faudroit un traitté à part, pour dire à qoy on doit choifir un efpion, & pour ce que les doubles font les meilleurs, par quels moyens il fault fe prevaloir de fa duplicité; comment on fait les uns de ce meftier contraires des uns, & pleiges des autres, du choix des advertiffements qu'on leur permet veritables, & mefmes avec quelques dommages des particuliers pour un grand bien general; où il fault leur recompenfes & efperances pour les tenir engagez : à qoy fentir leur faux ou veritables raports, quel fecret obfervé à les oüyr. J'euffe defchifré tout cela fans la crainte de vous ennuyer, & moy auffy.

XVI.

AU MESME.

Monsieur, tant me pressa vostre homme à la derniere de mes lettres, que j'ay pensé vous devoir un suplement, quoy que non demandé. Je vous ay montré de quelle fattigue est l'estat de Mareschal de Camp, soubs lequel tous dorment, & qui ne doit dormir sur aucun aux choses importantes, sans mespriser les moindres qui se trouvent quelquefois importantes en effect. Je say un de vos amis qui n'a jamais esté un mois en cette occupation, sans que la terre luy soit venuë sur le visage.

Je veus maintenant vous dire ceux que j'ay cogneus capables de ce fardeau. Je mets le premier & sur tous, aux premieres guerres, M. de Fequieres, & des trois Generauls que j'ay nommez en France, les deux premiers. Le Roy a eu aussy Chantemesle & Paban, collegues & s'accordants bien; nous avons eu de leur nourriture un vieux Fourrier, qui en savoit encor par delà tout ce que j'ay dit : il n'avoit la mine que d'un boucher, & gras & vilain qu'il estoit, il faisoit l'estat & la leçon au Seigneur de Fervaques, quoyque mal endurant, avec toutes rudesses & injures, & l'aultre en souffroit les utiles coleres. Et pour moy, si peu que Dieu m'en a donné, je le tiens de ce vieillard. Entre les petits compagnons, j'ay aussy cogneu Mignonville, mon collegue, que le Roy tira d'entre les serviteurs du

Prince de Condé, à contrecœur, par mes importunitez. Si vous avez veu, en ces derniers temps, tant d'armees auxquelles il n'a point falu de bataille pour les deftruire, prenez vous en à ce que on a donné les eftats [non-feulement] à des gens de bonne maifon ou de faveur, mais à des *poc' in teftes,* qui ne meritoyent le tiltre de gens de guerre en aucune façon.

Et pour ce que ce terme nous vient à la main fouvent, je veus vous dire à qui j'eftime un tel tiltre apartenir. Je demande premierement : fi celuy entre les mains duquel on met le commandement fur tant d'offices, a paffé par ces degrez, & s'il fait, quand il commande à un Caporal de mettre une fentinelle perduë, à un Sergent d'entreprendre fur celle de l'ennemy, à quelques Lieutenants d'aller faire brufler l'efmorche devant leurs bataillons, à un Capitaine d'en fortir par file ou par rang, & d'y rentrer de mefme, à un Sergent-Major de faire faire l'exercice de Holande, à un Meftre de Camp de refrefchir à fon rang un affault, à un Capitaine de cavalerie pour fes gardes & pour fes combats que je m'ennuye de deduire par le menu : c'eft à favoir, dis-je, s'il a faittes toutes ces chofes pour les commander dignement, fachant ce qui fe peut & qui fe doit.

On a inftitué aux villes policees les Maiftrifes des meftiers jurez, ordre bien à propos, quand il eft bien prattiqué : c'eft de quoy le meftier de la guerre auroit le plus de befoin qu'aucun, pour eftre l'eftoffe qu'on y met en befougne, à favoir, l'honneur, la vie & le bien, plus precieux qu'aucune marchandife; or pour ce que ces chofes ne fe peuvent employer à exercer ny à efprouver un aprenty qu'aux occafions generales, je ne voudrois pas que, pour faire le chef d'œuvre de celuy qui veuft eftre Maiftre, on fist des combats nouveaus. Mais les besougnes, qui ont passé par les mains des pretendants aux haultes charges, n'ont point esté faites en des boutiques secrettes. Il n'y a rien de ce que je veus exiger qui n'ait eu pour tesmoins nos soldats, nos compagnons & nos superieurs. Il n'y a nulle de ces conditions, surtout entre les François (peu exceptez), qui n'attenuë les belles actions plus tost que de les eslever, & qui n'exagere les faultes plus tost que de les excuser. Ainsy les actions d'un chascun sont estalees à la cognoissance de tous.

La guerre consistant en effects, & non point en discours, entre plusieurs chefs d'œuvres sur lesquels je voudrois donner à un Capitaine le tiltre de homme de guerre, il y en a trois que j'ay choisis, sur lesquels, ou partie d'iceux, vous pouvez passer Maistre celuy qui s'en fera bien aquitté. Le premier & le plus commun est une retraitte de foible contre le fort, faicte sans desordre devant des gens de guerre & mauvais garçons. Le second est l'entree dans une ville bien assiegee, & surtout quand l'action garantist la place. Le tiers est le logement fait à la vuë ou au moins à la cognoissance d'une armee puissante, (ce qui s'appelle la truelle en une main, & l'espee en l'autre). Je ne pense pas mal à propos de vous montrer du doit des exemples des trois, sans y employer l'antiquité, mais des choses que nous sçavons bien estre vrayes, & en quelques-unes desquelles nous pouvons avoir eu quelque petite part.

XVII.

A L'AMBASSADEUR DE VENIZE [1625].

Monfieur, j'attendois pour vous efcrire, que j'euffe receu quelque certitude de ce qui me vient le plus à la main pour vous en donner advis, & de quoy peut-eftre, dans une heure aprés le partement du meffager, je recevray expreffes nouvelles. Vous eftes mieux adverty que moy, & des deux armees qui entrent en Italie contre l'Hefpagnol, & des deux aultres qui fortent d'Almagne, dont l'une eft desja en Flandres, & l'autre menace Lindau de fon premier logis ; à cela feulement j'adjoufteray que M. le Conte de la Suze m'ayant adverty, que ceux de Lindau avoyent defir de fe deffendre, & demandoyent fecours, demie heure aprez avoir feu ces nouvelles, je m'envoyay offrir pour me jetter dedans. J'ay eu refponfe que c'eftoit trop tard. Cela fait que je me donne à quelque tafche que M. le Conneftable ne donne pour le fervice de la ligue ; j'ay lettres frequentes de luy par lefquelles il montre une brave gayeté de cœur. Si je puis fervir vers vos quartiers, je ne lairray pas d'y tefmougner ma bonne volonté. J'euffe voulu vous pouvoir rendre conte du facheus & intempeftif affaire de M. de Soubize ; mais le trouble où nous en fommes ne nous permet pas de vous en eclaircir : cefte nuee fe levera bien toft, & nous donnera moyen de vous y faire voir plus clair. Cependant difpofez en general & en particulier de celuy qui eft Voftre...

XVIII.

A M. DURANT [1625].

Monsieur, je ne voulois point vous escrire, & vous laisser en doubte de l'intempestif & fascheus trouble de Xaintonge & de Bretagne, qui nous fait beaucoup de maux en general & en particulier ; mais tant plus nous allons en avant, tant plus cette affaire nous vient obscure : le fort de Blavet est une trop bonne place, pour croire que M. de Soubize soit allé en esperance de la forcer avec 800 hommes. C'estoit pour prendre les grands vaisseaux du Roy, qui ne pouvoyent estre à leur aise en aucun havre de France que en cettuy là. Ces vaisseaux estants quasi prets pour quelque dessein du Roy, que je vous specifieray quand je le sauray mieux, ne furent pas plus tost saisis, que le fort de Blavet fut remply de noblesse & soldats qui y accoururent pour le service du Roy. Les Ducs de Vandosme & de Rez, auparavant soupsonnez, y furent aussy tost, comme le Seigneur de Manty qui promptement jetta quelques obstacles dans le havre à la faveur de la forteresse, selon lesquels il manda au Roy, que Soubize & sa prise estoyent pris, qu'il esperoit luy mener vif ou mort ; mais au premier bon vent, Soubize a prins le large avec six vaisseaux qu'il avoit amenez de la Tranche, où il s'estoit embarqué, & non à la Rochelle, huict aultres qu'il a pris à la mer, & cinq grands du Roy : il en [a] encore bruslé un grand & quelques petits dans le havre, dont il ne se pouvoit accommoder, il eſt venu vers la Rochelle qui avoit envoyé le deſavoüer, comme la plus part des Egliſes, & demandé congé d'armer contre luy; leur proteſtation & demande a eſté receuë avec riſee, mais non pas des aultres villes. Ces enragez ſont allez vers la riviere de Bourdeaux, & maintenant on doute ſi les menaces contre les Rochelois les auront apointez avec ce pyrate de bonne maiſon. J'attendray à eſtre plus ſavant pour vous en dire davantage. Je m'eſtois offert à ceux de Lindau pour eſſayer de rendre la place-montre de l'armee de l'Empereur champ de combat; mais on m'a remercié comme de choſe qui n'eſtoit plus de ſaiſon. Vous entendrez parler du bon affaire propoſé aux Cantons, & depuis par eux à Geneve. Je vous prie que l'excellent Fulgence reçoive mon nom par voſtre bouche. On imprime l'*Hiſtoire* perſecutee en quelque lieu d'Almagne qui vous donnera des premieres pretes. Honorez de vos commandemens Voſtre...

XIX.

A M. LE CONNESTABLE.

[LE 2 APVRIL 1625, N. ST.]

Monſeigneur, j'ay pris cy devant la hardieſſe d'advertir Voſtre Grandeur du premier paſſage des Almans, dont l'advis fut à Turin avant qu'eſtre à Berne, par le moyen d'un homme de creance qui avoit logé avec eux. Il eſt arrivé que la teſte de ces troupes n'a pas eſté fuivye du reſte par les mandements contraires qu'elles ont receu, & V. G. n'eſt pas à eſſayer que c'eſt que de mener des gens de guerre, & eſtre commandé par un conſeil eſlougné. Ce corps donc qu'on eſtimoit lors à 17,000 hommes ſe fuit & ſe rejoinct, & ſelon les nouvelles que nous en avons, doit exceder plus toſt la quantité que la diminuer. Nous en avons le vent dés Nuramberg. M. le Conte de la Suze m'en eſcrit d'hyer au ſoir en ces termes. Ils nous mettent en doute ſi eſtants joincts avec les petits cantons, qui les attendent en bonne devotion, ils tourneront à droite ſur nous, ou à gauche ſur la Valteline, ou s'ils perceront le Gothar, là où on dict qu'il avoit eſté mis des gardes, qui ont eſté oſtees par quelque autorité que je n'oſe nommer, pour ce que je ne puis encor certifier la choſe. Or, Monſeigneur, je penſe que le tiers advis eſt le plus apparent, & qu'il regarde de plus prez voſtre action; c'eſt pourquoy je vous ſuplie avoir mon ſoin agreable, puis que je ſuis condamné à ne porter que des paroles à voſtre entrepriſe genereuſe que Dieu veille benir, & me donner la grace de contribuer quelque petit labeur au plus excellent deſſein dont la France ſe puiſſe vanter, comme eſtant Voſtre...

XX.

A M. DE TOUVERAC, MON LIEUTENANT
A MAILLEZAIS.

Mon Coufin, je crois bien ce que vous m'efcrivez, que les Gouverneurs mes voifins n'aprouvent pas ma nouveauté pour les gardes; ils ne favent pas quelles raifons m'ont conduict à cela, dites leur en deux que voicy : la premiere eft que nos garnifons eftant foibles, & ne me fouvenant, depuis 60 ans que j'ay veu de la guerre, d'avoir jamais veu entreprife à portes fermant, je defire avoir à la Diane, qui eft l'heure où il y a communement plus de danger, les deux tiers de ma garnifon fur leurs armes; ce qui fe fait en changeant la garde au matin, car ce qui entre & qui en fort eft en eftat de fervir. Voila la caufe la plus honorable, mais non celle qui m'a le plus preffé : c'eft pour vray l'ivrougnerie, à laquelle nos foldats s'en vont fi debordez, qu'il fault, ou recevoir en faction des hommes pleins de vin, ou, fi vous les refufez, diminuer par trop voftre nombre, là où ceux qui ont demouré la journee en faction, & n'ayant point taverné, font des hommes. On dira là deffus qu'il fault punir : & je refponds que les punitions qui vangent le paffé, & n'aportent pas de correction pour l'advenir, font ruineufes. Je demandois un jour à un Capitaine des mutinez, pourquoy ils recevoyent toutes nations hormis les Almans : *Pour ce*, dict-il, *que nous les aurions plus toft deftruits qu'amandez*. Je vous recommande que vous fafliez faire la defcouverte par ceux qui fortent de garde, & que les autres ne mettent point leurs armes au raftelier qu'aprez le retour. Dieu vous garde des courtoifies & du mefpris.

XXI.

A M. HUGUETAN, ADVOCAT A LYON.

Monfieur, voftre demande eft que je vous deduife toutes les chofes qui font befoin en un fiege. La demande eft trop generale : & pourtant il m'a falu expliquer que vous entendez d'une place où il faille tout porter, comme le Seigneur de Vignoles me demanda il y a 45 ans pour la place de Talmont, où le Roy de Navarre le jetta.

Ne m'ayant point efté fait mention de la grandeur de la place, je feray mon conte fur l'une des plus petites, afin que vous puiffiez vous eftendre felon l'occafion, toutefois en ne vous trompant pas : car au prix que les places fe trouvent plus grandes, & principalement aprochantes de la forme ronde comme faict l'octogone, & celle qui va du quarré au fix doublent, & celle des huict baftions veuft quatre fois autant d'hommes que celles de quatre, prefques à la mode des carrats de diamans.

Je pofe donc une place quarree de 200 pas ou 600 pieds de diametre, ayant quatre baftions chafcun, 70 pas de courtine, & peu de dehors. Je dis à commencer par les hommes, comme il fault là dedans 600 hommes de guerre, 200 hommes de ſervice & 200 pionniers ; ſi vous demandez leur logement & caſtrametation, je vous l'envoyeray : mais pour ceſte heure je me contente de dire ce qu'il fault pour les armes, & puis pour le ventre.

Premierement, il leur fault pour l'artillerie, en contant avec menage, 16 pieces aſſez bonnes & courtes pour les flancs-bas, 4 canons & 6 coulvrines lointaines : outre les armes de chaſcun, 800 mouſquets bien garnis, un millier de piques, 200 armures à preuve, quatre milliers de meche, autant de plomb : &, pour ce qu'on charge aujourd'huy l'artillerie de poudre fine, je mettray de poudres pour tout 1000 quintaux, ou, ſi vous voulez faire vos magaſins de ſalpeſtre, qui eſt le mieux, quand les ſieges ne ſont pas preparez, je ne voudrois que le quart de poudre battuë avec le ſoufre & fagots de bourdaine, ou à faute, de vigne, ſaule & figuier-Argilles, & ce qu'il fault à fondre quelques pieces ou boites de mine de celles qui ſe caſſeront. Pour eviter 200 articles à qoy tous les inſtruments neceſſaires ſe montroyent, fault être ſoigneus de loger en bon lieu, c'eſt-à-dire hors le boulet des ennemis, deux forges de mareſchal avec ce qu'il fault pour les œuvres blanches, & deux boutiques de ſerruriers bien garnies, autant de menuſiers avec 500 madriers de bon bois, pour pouvoir entretenir la moitié des pyonniers que j'ay dict, entre leſquels fault qu'il y ait 50 maſſons, 20 charpantiers, 10 mineurs, & le reſte des ouvriers que nous avons dits : & pour tant fault au magaſin trois milliers de fer & un millier d'acier : ne fault oublier papier fort, cartons, ſoufres, canfre, huile de lin, huile de petrole, fer blanc & autres matteriaus que vous avez plus diligemment recerché que moy.

Si il fault loger feurement les forges, de mefme des fours, pour lefquelz il faut ferrer des matieres, & les refaire quand ils feront uzés. Il fault venir à la chirurgie, laquelle je mefure à la mode de la mer, où, pour le long cours qui eft de 8 mois, ils donnent à chafque centaine d'hommes un cofret de chirurgie. Tous les chirurgiens de marine vous en donneront un memoire, s'il en eft de befoin, & vous le ferez faire à un medecin, 2 apotiquaires qui auront auffi boutique ordinaire, & quatre chirurgiens qu'il fault en la place. Mais n'y oubliez pas le moyen d'avoir des œufs, & deux grands cofres de linge ufé, les ferrements de chirurgie. Je mets entre les memoires de guerre & de bouche 4 milliers de chandelle, & huiles à brufler : fuyez ceux de poiffons, pour ce que toute puanteur eft dormmageable, & ne mefprifez poin d'obliger quelques gens à curer les immondices : car la garnifon eft groffe pour la place, tellement que fi c'eftoit un camp de hutes, il faudroit en chafcune quatre foldats.

Pour les memoires de bouche, cefte place doit avoir pour un an 2000 charges de froment, 600 de febves, 400 de poix, 200 de ris. Eftimez grandement les affiettes, où quelques ruiffeaux precipiteus vous peuvent donner des moulins, ou une roche des moulins à vent hors la battrie : à default de cela, ceux à cheval, comme on les fait aujourd'huy : ceux à bras font fi importuns que j'ay veu les foldats plus toft que d'y travailler, manger du bled boüilly, & mourir bien toft. De pourceaux falez 2000 quintaus, de beus ou vaches autant, 200 charges de fel pour faler l'autre beftail qu'on pourra recouvrer : beurre fondu ou falé, 500 quintaus : jambons, joues de porceaux & langues de beufs, ce qu'on peult.

Faites des nourritures de tourtres, perdrix, faizans & levraus, pour au besoin, & sur le poinct de la capitulation faire bonne mine, comme à Lusignan. Employez tout soin pour avoir quelques jardins, pour vendre à la place jusques aux bouquets, huile d'olives & de noix, capres, & olives, & noix, vinaigre mesmes pour les incendies, mettre encor en veuë oranges, citrons & petits artifices de four, pour ce qu'il fault que le soldat repaisse, aprez le ventre, les yeux : il fault un soin necessaire aux commoditez des buees, à faulte desquelles les pestes viennent au galop.

Oultre qu'il fault faire entrer les compagnees bien vestuës, fault de plus 4000 aulnes de toutes sortes de draps, 4 ou 500 pieces de toutes sortes de toiles, quelque quantité de draps de soye, 1000 chapeaux, 3000 paires de souliers ou cuirs pour les faire. J'aprouve fort pour l'hyver quantité de sabots, bois & outils pour les former, *item* en chaque garde dix robes de grosse estoffe que les sentinelles se quittent l'une à l'autre, ceintures ou porte espees, & ce qu'il fault pour remettre des charges aux bandolieres : & pour ce que la vanité est l'element de la guerre, j'y desire une quesse de pennaches, non pas pour les souffrir dans l'ordinaire des gardes, mais pour les arborer aux habillements de teste des chefs & hommes armez aux assauts & sorties d'importance, principalement vers la fin du siege. Je say une espreuve notable de ceste inutile folie. Parmy la pottrie qu'il fault amasser pour la cuisine, fault mettre à part une centaine de pots longs, ou de cruons, comme pour l'huyle, lesquels on convertist en un bon usage pour les artifices de feu.

Cela fait, donnez ordre à l'entree du siege de

faire lire les ordonnances militaires, & planter une eftrapade pour leur donner vigueur.

Faites juftice pitoyable hormis aux propos de lafcheté, rebellion, cry de nation & trahifon. Je mets au dernier le plus honorable des prefcheurs excellents, qui foufrent les gayetez, non les crimes, difants bien pour la jufte caufe, & pour le mefpris de la mort : bien heureux qui en peut trouver comme j'en ay heu autre fois qui montroyent, l'efpee à la main, en faifant la prattique de ce qu'ils avoyent enfeigné.

XXII.

A M. DE BREDERODE.

LE 22 SEPTEMBRE 1625.

Monfieur, vous voulez que je m'explique fur ma derniere, refpondente à vos demandes en ce que j'ay dict, que le plus difficile & neceffaire magazin, qu'il fault donner au Roy de Boheme pour la reconquefte de fon pays, eft une lifte d'hommes de bataille. Voicy que j'entens par ce nom. Premierement, il luy fault deux Princes, s'il fe peut (prefupofant que luy tiendra fa partie), un bon Chef d'avant garde & un d'arriere garde, un premier Marefchal de Camp ou General, fi vous le voulez, & duquel la place eft en cheminant au cul des coureurs, mais à une grand' journee & à la bataille tient par la main son General, un bon grand Maiftre d'artillerie, furtout un Sergent de bataille plus toft choifi à la fuffifance qu'à l'auctorité. Aprez il fault, s'il fe peut, que ce nom foit merité par tous les Chefs des efcadrons, aufquels il ne fault pas laiffer le choix & marques des raliments : mais qu'ils les prenent tous du Sergent de bataille, de peur des grandes confufions.

Du temps que nous faifions des bataillons de 4 & 6,000 hommes, j'euffe lors defiré de cefte eftoffe tous ceux qui en avoyent commandement principal : mais aujourd'huy nous nous contentons de les faire de 500 hommes, quelques fois de moins. Je defire qu'aux trois bataillons qui filent l'un par l'autre, qu'il y ait un vieil Meftre de Camp qui pouffe le premier au combat & qui pour faire paffer les autres par leurs intervalles, ne combate qu'au dernier.

Quant au Chef des enfans perdus, je ne le mets pas de ce nombre, mais la partie qu'on luy demande le plus eft d'eftre d'un courage efprouvé, qu'il ait le jugement de donner à fes gens un ordre fans ordre, pour troubler celuy des bataillons qu'on va affronter; car cela eft leur principal meftier. Mais je requiers en chafcun d'eux qu'ils ayent autre fois en une bataille, ou tenu leur partie aux charges que j'ay dites, ou ayent efté feconds de leur chefs en mefme affaire. Je me fuis trouvé à bien voir un grand Prince fuffifant & courageux pour autre chofe, lequel menant au combat un efcadron de nobleffe tourna le cul à la manjouaire, & fon principal drapeau Couronnel le contrefit, & nous allait faire perdre le guain de cefte journee, fans deux bons feconds qui le choquerent en difant : *Voicy le che-*

min, & non pas là, & relevants fon default le mirent dans le combat. Je nommerois ceux-cy, fi je le pouvois fans defigner l'autre, duquel je ne veus pas offenfer la renommee. J'ay veu de pareils exemples ailleurs, qui m'ont fait dire qu'il y a deux chofes que les peintres n'ont jamais fuffifamment reprefentees, à favoir : une grande bataille & une grande tormente de mer.

Et nos jeunes gens ne les ont pas veuës en effect ; qoy que leur courage fuffiroit pour une galantrie, n'ont pas fi toft acquis la piece qu'il fault à tout homme de bataille, qui eft de n'avoir pas feulement du courage pour foy, mais en fuffifance pour en diftribuer par paroles & par exemples à ceux qu ['ils] voyent branler.

Je vous ferois quelque catalogue de ceux que j'ay cogneu de telle marque, fi *l'Hiftoire* ne m'en relevoit.

XXIII.

A MONSIEUR DE SAINTE-MARTHE.

M. le Marefchal de Biron, duquel vous me demandez ce que j'en ay cogneu, vault à bon effiant la peine que fa vie foit au rolle des illuftres, & non pas ceux qu'on y a mis pour avoir efté regents de claffe, ce que je vous prie en paffant de remontrer à ceux qui en veulent efcrire, & pour qui vous requerez cela de moy. J'ay commencé à favoir de fes nouvelles dés les premieres guerres, & des aultres aprez, où il fut employé à faire une paix laquelle, pour fon mauvais fuccez, pour ce qu'à luy qui eftoit boiteus, on avoit adjoinct le Seigneur de Malafize, fut nommee : *la paix boiteufe & mal affife*. Il fut foupçonné d'avoir intelligence avec les Huguenots, pour ce que par franchife naturelle il loüoit quelquefois les actions de M. l'Admiral & des bons Capitaines de ce party, fe moquoit des fulminations des prefcheurs, avec quelques paroles pleines de liberté, comme celle qu'il dict à Chartres voyant le frere Ange chargé d'une croix de bois : *Cet homme*, dit-il, *cerche paradis par un bizarre chemin, & feroit bien eftonné s'il n'en trouvoit point;* mais la nourriture de fes enfans à la Religion refformee, qu'il permettoit à fa femme, augmenta les foupçons, pour guerifon defquels il fit cette diligence merveilleufe que vous voyez pour la bataille de Gernac : & encor fit gayement la guerre au Roy de Navarre, comme vous lifez à la bravade de Nérac & à la charge de Tonnins.

Depuis, vous trouverez fon amitié & fervices utiles au Roy de Navarre, fur tout à la mort de Henry III, où il obligea tellement le Roy nouveau, qu'il devint trop importun demandeur, ou fon Maiftre donneur trop retenu : d'où nafquirent plufieurs querelles entre eux, aufquelles prefque toutes je fus employé par le Roy, & affez heureux aux reconciliations. Je ne diray pas de luy comme de *primus Antonius*, qu'il fuft *raptor largitor*, mais au lieu de *raptor*, je voudrois dire *poftulator*.

Pour rendre l'exceffive defpenfe qu'on luy reprochoit tolerable, comme un vice de Capitaine, j'ay un conte à vous faire que vous ne trouverez pas de mauvais gouft.

Ce chevalier, ne fentant rien d'abject, ne refufoit à fon fervice domeftique aucun qui luy fuft donné, ou qui fe donnaft foy mefme : fi bien qu'au premier fiege de Paris, fa maifon fe trouva pleine de 300 & quelque bouches. Il avoit un Maiftre d'Autel nommé Philolie, lequel il aymoit grandement pour fa valeur ; les officiers utiles de la maifon luy firent fouvent remontrer par luy qu'ils eftoyent contraints d'abandonner tout, pour ne pouvoir mefmement dans une armee entretenir une telle multitude. Aprez plufieurs inutiles remontrances, Philolie fe joignit aux aultres à remontrer que de ces 300 il n'y en avoit que 40 utiles, que le refte empefchoit leur Maiftre d'eftre bien fervy, & la derniere claufe qui eftoit de quitter tout, s'il n'y avoit reformation, contraignit ce brave vieillard de demander un role de ceux de qui il fe pouvoit paffer. Ce cathalogue fait, prefenté vingt fois, ne peut eftre veu de trois mois ; en fin quelques officiers neceffaires ayants quitté, il fallut voir l'eftat des inutiles qui fe montoit à 260. M. de Biron demande : « *Me jurez-vous en foy d'homme de bien que je me puis bien paffer de tous ceux là?* — *Ouy*, refpond Philolie, *& que c'eft le feul moyen que vous foyez fervy.* — *Or bien*, dict le Maiftre, *voila un poinct vidé, que je me peus bien paffer d'eux : mais, M. le Maiftre, dites moy en confcience, fi eux fe peuvent bien paffer de moy?* » Je vous ay donné ce tableau pour vous faire un peu cognoiftre l'ame & le courage de l'homme duquel nous parlons.

Cette defpenfe le rendit pefant fur les bras du Roy, pour ce que luy ayant donné l'Abaye de Marmotier promife par Henry troifiefme à M. le Grand Marquis d'O, & une troupe unie du vieux cabinet poufferent Henry IIII à luy ofter cette belle piece, comme obligé à maintenir les dons du Prince deffunct. Le Marefchal difoit que c'eftoit un don feinct, par ce que l'Abaye apartenoit au Cardinal de Joyeufe, auquel Henry III ne l'avoit duë ny peu ofter, luy ayant efté fidele : qu'il avoit pour fa querelle receu un fouflet dans le Confiftoire de Romme, dont il advint un foir que le Roy eftant à Creil, ils entrerent en de tres hautes & vives paroles, & le Baron de Biron m'ayant envoyé querir pour fouper, je fus efbahy que fon pere fortit de table fans avoir mangé ny parlé, finon une fois qu'il me demanda tout brufquement comment s'appeloit le compagnon de Bellizany : ce que je feignis ignorer. Au fortir de table il me prend par la main avec ces termes : « *Je voy bien que vous eftes venu icy pour y aporter la paix, comme vous avez fait quelquefois.* » L'ayant affuré que j'eftois venu fans commiffion, « *Vous en eftes mieux venu,* » dit-il; « *mais ce fut vous qui me vintes aporter les excufes du Roy, quand il donna l'Abaye de Sainct Pere defpendante de Marmontier à Frontenac, & à Bez; il la tenoit donc bien pour mienne. Qu'eft-ce qu'on dira en voyant qu'un Prince encore conquerant ait ofté à un Capitaine, à qui il eft obligé, le pain de la main pour le donner?* » — Je coupe là d'eftranges difcours, aufquels fa colere faconde l'emporta, & puis il fuivit : « *Il me refouvient du nom que je vous ay demandé; vous avez fait ignorance de difcretion; c'eftoit Narcez qui conquit à l'Empereur [Juftinien] toute l'Italie, & le chemin pour y aller. L'imperatrice [Theodora] jaloufe de la gloire de ce pauvre efcouillé...* » — je ne puis pas changer fes termes — « *luy manda qu'il s'en vint filer avec fes chambrieres.* » Le compagnon refpondit, « *M*^me *la putain, je vous vay filer un escheveau que vous & vostre cocu de mary n'ourdirez de vostre vie. — Cettuy-la*, dit-il, *redonna l'Italie & les autres provinces à qui il les avoit ostees.* » Là dessus il ferma d'un silence menaceant tels propos, ausquels (comme à faire bien un conte il estoit trez eloquent) joincts à ce qu'il dict à son fils devant Roüan : « *Tu fais littiere de ta vie, Baron, pour un homme qui t'ostera la teste un jour,* » mirent le Roy en telle fantaysie qu'il nous disoit fort souvent : « *Ne sortiray-je jamais de la tyrannie du Mareschal de Biron.* » Il en fut delivré tost aprez par un coup de canon devant [Epernay].

C'estoit un excellent Capitaine sur le tapy, & le cul sur la selle : tant qu'il fut Mareschal de Camp nul ne l'a esgalé, & il m'à montré un livre portant pour nom le tiltre de cet office. Il disoit que la vanité estoit un cinquiesme element, & celuy des soldats : aussy en avoit-il sa part, tesmoin un trait que j'ay encore à vous dire. Nous estions à Vaugirard : il ouït dans un fonds, à sa gauche, l'attaque d'une assez bonne escarmousche : ayant demandé qui commandoit là bas, & eu pour responfe, *M. de Chastillon y est.* — *Il faloit*, dit-il, *y envoyer un homme de guerre.* — Et ceux qui avaient feu les escarmousches de Montpellier, & qui tenoyent M. de Chastillon maistre en cella, s'offencerent grandement de ce propos. C'est assez pour parer bien la besougne de vostre homme, s'il en sait bien user. Advisez en quoy peut tesmougner son obeissance Vostre...

XXIV.

A M. LE DUC DE CANDALES.

1er NOVEMBRE 1626.

Monseigneur, je loüe fort voſtre penſee de vous ſervir du pic & de la pale, mais il vous faudra travailler aux lieus eſlevez où il n'y a rien à gratter, il faudra changer d'eſtoffe & de façon. Je voudrois de bon cœur pouvoir communiquer à voſtre Grandeur une invention, que j'ay apprife dans les montagnes, pour loger & couvrir une groſſe troupe en quatre heures en plus de ſeureté qu'elle n'en auroit dans les bourgades qui ſe fortifient contre des gens de guerre. J'en avois inſtruit ſuffiſamment le Gentilhomme duquel je vous avois parlé. Je m'aſſure que ſi voſtre Grandeur avoit pris mon projeƈt qu'elle ne l'executeroit point ſinon au grand beſoin, pour ne faire point part aux ennemis de choſe tant utile. Je vous exhorte à une autre choſe; c'eſt que le Mareſchal de Camp qui prendra ſoin de vos troupes ſe face contrerolleux du General des vivres, comme il luy apartient; c'eſt une grande caution pour ne perir point. Honorez de vos commandemens Voſtre...

XXV.

A MON FILS [1626].

Mon fils, de vos trois queſtions, j'ay reſpondu aux deux dernieres comme il fault, à ſavoir que ce n'eſtoyent que des propoſitions ſur leſquelles je n'ay pas voulu me rendre ridicule, comme un Capitaine de ceſte ville qui s'eſtoit engagé à une compagnee de gens d'armes, & une de Chevaus legers, & n'euſt peu mettre quatre hommes enſemble. Je voy bien que les hommes levez icy vous eſpargneroyent beaucoup; mais c'eſt icy que les chemins rompent de gens qui ſe ſauvent des troupes de Venize, auſſy bien que de celles de Piedmont, & crient la faim, la peſte, & le non payement. Toutefois, je vous ay mandé que je vous trouverois un de vos premiers membres & quelque douzaine d'hommes quand vous auriez l'argent; quant à pleger voſtre levee, j'aymerois mieux pleger la choſe pecuniere que l'honoraire, & eſtre quitte pour rendre l'argent, principalement au ruineus marché que vous m'eſcrivez. Il a paſſé trois regiments icy que la difficulté des eſtappes eſtropia de leurs moitiez, & ſans le credit des Venitiens qui les ayderent de leur faveur à la frontiere de Suiſſe, ce peu qui reſtoit s'en retournoit deſbandé. Vous ne ſauriez pour tout l'argent qu'on vous promet, & encor autant, fournir de vivre à vos gens pour paſſer le pays des Cantons. Vous dites une autre choſe, que les longues annees qu'on vous entretiendra remplaceront vos advances : vous ne fauriez mettre à cheval 70 hommes, quelque efpargne qu'il y ait, à moins de 6000 efcus. Je prefupofe qu'on vous donne les armes, car ce feroit encor 2500 efcus. Mais la defpenfe de laquelle il ne fault point douter, laiffant la France à part, où je veus que vous teniez les champs, vous avez vingt journees de pays à faire, de chafcune defquelles vous ne ferez pas quitte pour 200 livres, & puis la defpenfe de vous & de voftre fuitte par les bonnes villes. Tout cela reviendroit pour le moins à 8000 efcus : la refource en eft fur trois annees d'entretien, c'eft-à-dire trois annees où il faudra encore mettre du voftre, pour les cheretez & ruineufes conditions que reçoivent le François. Je conclus par là que j'ay bien veu reuffir des voyages entrepris temerairement, & comme l'on dit, des ambarquements fans bifcuits, à ceux qui n'y portoyent que leurs perfonnes, & non pas à ceux qui ont plus de charge d'ames qu'un Curé, qui ne faillent point à ruiner leur troupe, leur credit pour l'argent, leur creance pour les hommes, & quelquefois la vie & l'honneur. Voftre...

XXVI.

AU CAPITAINE RUFIGNY.

Monſieur, encor que le Mareſchal de Biron diſt, en montrant ſon plumet, que la vanité eſtoit le cinquieſme element des gens de guerre, ſi eſt-ce qu'elle a ſes differences : car celle qui pouſſe à plus faire, & plus eſtre du meſtier, ſera une honorable vanité : mais celle qui conduiſt au pareſtre ſans eſtre, eſt la peſte des gens de guerre. J'ay eſté merveilleuſement ennemy des honneſtes hommes & des volontaires. Les premiers eſtoyent certains galands, qui aprez avoir deſrobé une bonne jument, armez d'une grande eſpee de duel & d'un vilain poignard à coquille & avec freſes dentelees, nous venoyent ofrir leur ſervice avec un langage matroüillant, comme pour dire Capitaine, ils diſoyent *Quepitaine, Caitaine, Guiritaine,* & enfin *Quitaine :* qui avoyent auſſi diminué le *Qui va là,* à ne dire plus qu'*Oüa.* J'en dirois force autres, ſi mon but eſtoit de vous faire rire : j'ayme mieux vous aprendre le mal que ces gens là font : ils veulent eſtre apointez, & ne faire aucune faſtion, s'ils n'y ſont pas commandez par un Capitaine. Ils vont aux eſcarmouches avec une eſpee en la main, capables d'être tuez & de ne tuer aucun, propres à la gloire de voſtre ennemy & à voſtre honte, en vous engageant à la fuitte, qu'ils prennent les premiers. Comme j'eſtois en Oleron, je m'adviſay d'une tour maſſive à laquelle on montoit par une eſchaile, qui de la muraille du chaſteau penchoit deſſus : j'y mis en faction un honneſte homme toute la journee, à la riſee de tous les compagnons, & puis je l'envoyai honteuſement. A une eſcarmouche, un M. de la Valee qui faiſoit le fiolent avec une eſpee doree, & ne vouloit pas aller querir d'autres armes, je le fis tirer pour le tuer par un des compagnons, qui luy emporta la ceinéture avec la peau. Je vous fais ces deux petits [1]..................

1. La feuille qui contenait la fin de cette lettre manque dans le manuſcrit.

II

LETTRES

ET

MEMOIRES D'ESTAT

[Collection Tronchin. Mss. d'Aubigné, T. II, fo 38.]

I.

A MONSEIGNEUR LE DUC DE ROHAN [1621].

Monſeigneur, ayant reçeu par M. du Parc voſtre lettre au Roy, elle a eſté reveuë, jugee utile, & admiree en ce pays, ſur tout pour voſtre foupleſſe & dexterité à confire vos hardieſſes & fermes advertiſſements en la douceur des reſpects & du debvoir. Certes, nous avons plus apris par elle que par tout ce que nous avions eu d'ailleurs. Ce n'eſt pas en ce temps vaine curioſité, que de vouloir ſavoir le cours du marché : c'eſt une preſſante neceſſité ; & pourtant en la generale attaque qui fe faict par tout, vous feriez un grand bien de nous inftruire à plein fonds de vos conditions, craintes, efperances, & refolutions pour l'advenir : de crainte, comme il advient en pareilles chofes, que l'ignorance nous face paffer une occafion de vous fervir, ou mefmes choquer vos interets en un negoce incogneu.

Pour ce qui eft de nous, il femble qu'on nous prepare un grand fiege, à quoy nous nous parons avec un courage fans mefure, & des preparatifs mefurez à ce que nous pouvons, fi ma creance avec ces gens de bien n'eft point traverfee, & que nous ne doutions plus d'un engagement à nous affieger. J'efpere donner une grande confufion aux deffeins de Son Alteffe, en la troublant par un traict plus hardy & plus difficile que ce que je preparois pour les Rochelois, mes deferteurs & perfecuteurs.

Pour vous, Monfeigneur, je ne me puis laffer de vous recommander voftre utile, feur, & honorable logis. Et fi vous l'entreprenez en faifon, où il paroiffe à Geneve un calme qui m'ouvre la chaine d'honneur dont je fuis attaché icy, certe, je hafarderay le paquet pour m'y faire porter ou trainer. Ceft homme de creance vous fournira de nouvelles : n'en efpargnez point un choify pour inftruire des voftres & des occafions qui fe prefentent. Voftre...

II.

A M. LE DUC DE BOÜILLON [1622].

Monseigneur, estant de tous costez si bien adverty que vous estes, il me reste peu d'espace pour conferer quelque chose à vostre cognoissance. Ce sera de l'accord par partage que font nos voisins avec les Fribourgeois, constituans en cela toute seureté contre tous accidents, quoy que ils voyent les sept petits Cantons maintenant declarez de tout poinct pour l'Hespagne, & que les articles proposez de Milan pour laisser la Valteline en paix, les doivent faire penser à eux, comme estant declaratoire qu'il n'y a point de paix qui puisse souffrir aucuns restes de la Religion, notamment la restitution des Evesques & aultres Eclesiastiques en tous leurs biens, avec quelque repetition d'arerages. C'est un article qui se propose comme n'estant pas mesme en la puissance des Hespagnols d'en disposer. Cela va bien ailleurs. Messieurs de ceste ville, qui esperent toujours du costé de la France, ont envoyé vers M. Desdiguieres un deputé bon & suffisant. Aprez plusieurs protestations pour la fermeté en la religion, & encore plus de declamations contre Bear, la Rochelle & Privas, autant de loüanges du Gouvernement present, le deputé luy demandant qu'il estimoit de l'armee qui se dresse à Milan, & alleguant qu'elle donnoit crainte à ces quartiers, il ne respondit au commancement que par un ris, & le landemain ayant long temps branlé la teste, il s'estendit comment ces forces eftoyent de quarante & deus mille payes, & qu'elles aportoyent crainte à la France auffy bien qu'à Geneve, & qu'elles fe partageroyent la moitié pour marcher vers Spinole, & du refte une partie vers les Grifons, l'aultre pour les affaires de Venize. Il n'y avoit à Monmelian que huict canons au commencement de ceft an : il s'y en trouve maintenant vintg & deus, quelques mortiers, & forces grenades. J'aurois quelque chofe à vous efcrire de trez exprez fur les bonnes volontez qu'a tefmougnees le Roy de la Grand'Bretagne, & fur le faict de la Rochelle. Vous favez que cefte contree eft mon vieux breviaire, auquel je dois avoir bien eftudié, mais cela ne fe peut faire que par un trez bon chiffre que je defvierois de M. Juftel, & cela par un vad-pied. Icy finift de vous eftre importun Voftre...

III.

A M. LE CHANCELIER DE SILLERY.

Monfieur, ayant efgard à tant d'affaires, & que feul vous fouftenez, j'euffe arrefté ma lettre, fi elle n'euft eu à vous rendre conte que de ce qui me touche particulierement; mais fon fubject eft en public, comme traittant de l'honneur du Royaume. En la dignité de telle caufe, j'ay efperé vous faire lire, y adjouftant l'honneur de voftre cognoiffance, & les bons accueils defquels il vous a pleu me gratifier aultre fois. Depuis la mort du grand Henry, j'ai cerché plufieurs voyes par lefquelles (finon pour continuer l'honneur que mes fervices avoyent obtenu en la maifon royale) au moins travaillois-je à n'eftre pas criminel de l'oubliance paffive, & du chagrin qui en provient. Mais j'ay efprouvé combien inutile meffager eft le papier, & combien foible la parole des abfens. Il m'eft arrivé en mon fejour des champs d'avoir, par le commandement du grand Roy que j'ay fervy, efcrite l'*Hiftoire* de laquelle il eft principal perfonnage, & moy fidelle tefmoing, & de prez. Le fardeau de cefte entreprife a redoublé fur la fin de mon labeur, pour la peine qu'il y a, en ne fervant que la verité, à fe garder des haynes fraifches & des interets encores en fleur : & puis il m'a efté trop difficile, de l'acul de mon vifage, pouvoir bien difcerner toutes les circonfpections de la Cour. Ce fut pourquoy ayant demandé des Commiffaires, j'acceptay volontiers M. d'Aire, depuis Evefque de Nantes, & M. d'Aillé pour correcteurs aux chofes de leur cognoiffance. Ce fut lors des mouvements de la Royne, que les deus s'eftans acheminez vers l'ifle Bouchard, prindrent frayeur des troupes qui s'amaffoyent, m'envoyerent leurs excufes par un Carme dechauffé, nommé Tirageau, lequel auffy avoit mefnagé ceft affaire dés le commancement. Mes imprimeurs que j'avois faict venir de loin avec grand' defpenfe, le papier, les preffes apreftees, & plus que tout cela la confcience trez affeuree de n'avoir point franchy les barrieres du devoir, me firent achever mon ouvrage, auffy toft attaqué à la folicitation des Jefuites, & condamné par la brieve fentence du Lieutenant civil. De mefme temps, je me fuis trouvé accablé de foupçons & difgraces par les menees des mesmes accusateurs : les oreilles du Roy imbuës de mon nom, & moy qui ne respirois plus que le repos, rendu digne de l'ire de Cæsar.

Il pleut au Roy me faire parler par M. de Montelon & aultres, pour recevoir recompense d'un Gouvernement que j'avois aquis par siege, & d'une maison plus considerable pour sa nature que par mon labeur. Ma premiere responce fut d'accepter le prix que S. M. m'ordonneroit, ce qui s'acomplit purement & simplement selon la mesme volonté.

Monsieur, j'estime selon le soin que j'en ay pris, que vous aurez seu comment, me voyant desagreable sans forfaict, ou peut estre criminel de mes trop haults services en la personne de Henry le Grand, par la voye de Messieurs de Vignoles & de Montelon, & par lettres que j'escrivis à deux Secretaires d'Estat & à M. Frontenac, j'offris ma retraitte hors du Royaume, chez tels aliez du Roy que S. M. me voudroit prescrire, sans aultre choix que la liberté de ma conscience & profession, & au lieu de 4000 livres de pension ordinaire, & de 3000 sur le petit estat, de quoy il avoit pleu au Roy signaler ses bontez & mes labeurs, S. M. daignast restreindre ces sommes jusques à un escu de pension par laquelle je peusse adjouster la marque de domestique à celle de subject, & qu'ayant pour maistre mon Roy, je fusse de tant plus criminel, si j'oubliois mon debvoir par aucuns de mes comportements.

Maintenant, Monsieur, ayant faict place aux calomnies des raporteurs (selon un ancien) tousjours infidelles, assez hays de tout temps, & jamais assez corrigez, je vous escris de mon Ostracisme, que j'ay choisy au milieu d'un peuple, duquel la saincte pasfion au fervice du Roy reluift par les effaicts, ne voulant par mes lettres importuner S. M. ny vous d'aucune demande des chofes que j'ay touchees, mais bien m'en fervir à ma juftification, vous prefentant une requefte que voftre juftice ne refufera point. C'eft qu'il vous plaife jetter l'œil fur quelque ou quelques perfonnages de probité & de favoir, bien inftruits au livre du monde, lefquels ayants veu & reveu mes trois Tomes, y cottent les poincts qui peuvent offenfer, comme s'il m'eftoit advenu d'avoir reçeu quelques memoires fans trebuchet, & par là d'avoir failly en la queftion du faict, car je me fuis abftenu eftroittement de celle du droit : afin de reparer tout en une edition que je veus donner au contentement de moy mefme, & de mes Seigneurs & amis. Je croy que vous me lairrez la liberté des chofes que les Catholiques ont efcrit avec privilege, & de tout ce qui appartient à deffendre de calomnie, & juftifier par la verité les premieres & dernieres armes de Henry le Grand; & encore, fi vous jugez que ma liberté moderee fera receuë avec plus de creance que les fervilles declamations des mercenaires, & qu'il vous plaife jetter deffus quelques corrections ou memoires de vos remarquables geftions, vous verrez que je n'ay pas rompu paille avec la bienfeance en m'acuillant au fervice de la verité.

Je protefteray pour la fin, que ny les menaces de ceux qui m'ont jugé, ny les efperances d'aucunes faveurs comme d'un privilege, n'ont tiré cefte depefche de mes mains : c'eft la loy de mon debvoir, & de tous ceux qui ont en main le partage de l'honneur : c'eft la reverance deuë au trofne, fous lequel nous fommes nez, & auquel nous refpirons,

c'eſt le reſpect à ma patrie & à ſes peres, entre leſquels vous tenez le premier lieu, & enfin pour ne
dementir point l'inſcription qui dit au Frontiſpice
de mon *Hiſtoire :*

Nil gratiæ detur, nil offenſæ.

IV.

AU BARON DE SPIETZ.

Monſieur, j'ay apris par voſtre lettre pleine de
conſolation pour les gens de bien, & d'un eccez
d'honneſteté en mon endroit, que Dieu vous a faict
preſant des deus premieres pieces de ſon ſecours, qui
ſont le ſavoir & le vouloir; reſte le pouvoir, & le
parfaire, qui ne vous manqueront point, pour ce
que un bon Capitaine qui engage ſes coureurs au
combat, les ſuit de ſon reſte, & ce ſavoir & ce vouloir ſont l'avant garde du ſecours de Dieu. Ceſte
contenance que vous prenez de ne perir pas, montre
aux ennemis de Dieu un aultre tableau, & une
aultre face d'affaires que celle ſur laquelle ils avoyent
baſti le deſir, l'eſpoir, & le project de voſtre deſ-
truction. Voſtre prudence ſaura bien maintenant
cognoiſtre de quels yeux vos voiſins contempleront
ceſte nouveauté, car ſans doubte ils fremiront contre,
meſmement ſi leurs deſſeins ſont traverſez par les
moyens de voſtre ſubſiſtance. Et ſi vos deſſenſes leur
ſont offenſes, elles empeſchent le cours de leur mau-

vais propos; car ſi vous les bleſſez en ne prenant que les armes deffenſives, dites qu'ils avoyent fourbi les offenſives, & vous ne vous tromperez. Je dis toutes ces choſes pour vous faire ſouvenir que nos propoſitions generales & les projeéts de toutes nos forces doivent eſtre les garant du particulier effeét de la fortification, au cas qu'elle eſmeuſt nouveaux mouvements entre vos voiſins, & pour ce que c'eſt une precaution qui ſera inutile, Dieu aydant : je n'en diray pas davantage, mais bien adjouſteray ce mot, que s'ils murmurent, vous ne devez pas eſtre pareſ- ſeus à faire garde ; & d'autant que vos peuples ſont tellement alienez, par le long repos, du meſtier de la guerre, qu'ils ont meſme en aprehenſion de faire la garde. Si vous en venez là, je croy que vous auriez beſoin de quelque petit ſeminaire de ſoldats, & d'aproprier le memoire de la garde [de] ce lieu, que vous a laiſſé le Capitaine Cambiague, à vos com- moditez, au naturel de vos peuples & à l'eſpargne, ſans vous mettre du commancement à la rigueur qui s'obſerve en ce lieu. Nous en traitterons quand il ſera temps, comme auſſy du grand ſoulagement que ce vous ſeroit de n'avoir qu'une porte hors de voſtre ville. La Foſſe attendra vos commandemens & moy toutes occaſions de joindre mon labeur & mon peril à mes advis. Suportez, Monſieur, moins diſcret & plus violent, Voſtre...

V.

A M. DE MAYERNE [1621].

Monsieur, cefte voye m'a efté fort chere pour vous ouvrir mes penfees de loin, & mes defirs qui croiffent en alant, comme la renommee, ou comme les vents feptentrionnauls plus furieux aprés avoir paffé les Alpes qu'en la Sitie, d'où ils viennent. C'eft donc en attendant qu'Aubonne vous reçoive, & que nous vous y voyons. Je vous demande quelque correfpondance, en tefmoignage que l'honneur & l'amitié que je vous porte, font receus de vous. Ceft honnefte porteur vous rendra conte de noftre eftat avec plus de liberté que ma plume n'oferoit. Tant y a que l'eftendart de la croifade qui n'eftoit preparé que pour l'an mil fix cent vintg & deux eft arboré d'un an & demy plus toft par l'amorce de Boheme. Ces peuples ont tellement oublié ce qu'ils eftoyent autrefois, que le nom mefme de la guerre leur fafche, & n'en peuvent enduire les preparatifs. Ceux qui aux Grifons batent un'aile pour leur liberté, aprenent tous les jours qu'ils pouvoyent mieux faire, & ne fe preparent qu'aux regrets. De noftre Duc voifin, il ne vous en fault rien aprendre, noftre Ambaffadeur entre dans fes confeils plus avant qu'Ambaffadeur. Ce prince a efcrit quelquefois que les paroles fervent aux aultres hommes pour defcouvrir leurs penfees, mais aux Grands pour les cacher. Sa refolution defpend de ce que fera, ou ne fera point le duc Defdiguieres à la Cour. Il veuft avoir pour eftre François la lifiere depuis la riviere d'Ain jufques au lac; on prendra d'Efpagne l'offre pour les Genevois, & tout le pays qui parle Roman: & lors vous l'auriez pour fouverain, & je ferois confifqué. Le Languedoc eft en armes, & à grand regret a mieux aymé fuivre la refiftance de la Rochelle que l'obeiffance des Navarrins. La France s'en va fur le *væ & iterum væ.* Si je vous avois abouché, je ferois voir que la modeftie de voftre Roy *remittit domui Auftriacæ noviffimos cafus.* Dieu veille que fon traitté d'Hefpagne ne foit point la planche aux affaffins pour fa perfonne facree, & pour le Royaume, aux machinations. J'en dis peut eftre trop pour un eftranger, mais je ne le fuis pas de fa foy, ny en affection qui m'a faiɛt mediter pour luy un grand fervice, quoy que inutilement. Si vous corrigez cefte franchife par l'eflougnement de nos yeux & de ces affaires, je vous remets à la proportion vifuelle, qui faiɛt mieux voir d'une jufte diftance, & de prez ne faiɛt qu'efblouir. Tel voir, & tel prevoir nous a quelquesfois faiɛt porter en l'oreille de Henry le Grand des penfees qui ne fe pouvoyent juftifier par raifon, & l'ont efté par les effets. Je brife là, & donne un coup de cavefon à ma liberté qui m'emporteroit plus avant : corrigez la par voftre reprehenfion, ou me faites favoir fi vous aurez agreable la communication que veuft avoir avec voftre ame, Voftre..

VI.

A MADAME DE ROHAN [1621].

Madame, je ne puis entamer aultre difcours, que je n'aye fatisfaict à ce qui me preffe davantage : c'eft qu'ayant trouvé en la lettre dont il vous a pleu m'honorer, le terme de mon precipité depart, & ayant feu que mon affliction avoit efté ainfy nommee en Poictou, je veux me purger de touts blafmes de legereté, ayant voüé au fervice de vous & des voftres, fur toutes qualitez, ma conftante affection qui paffe à l'opiniaftreté.

Quand je fuis party de Poictou, je ne pouvois regarder les Rochelois que pour avoir folicité le renverfement de ma maifon fur mes oreilles. Ce font les termes auquels M. de Ville-Roy m'efcrivit, trouvant eftrange que ceux me vouluffent perdre, pour lefquels je m'eftois tant de fois perdu. Je m'eftois fauvé de S^{ct} Jean d'Angeli comme participant à la rifque de M. du Parc. Les autres places eftoyent tellement partifannes de mes Seigneurs & amis, que toutes traittoyent avec ceux à qui je fuis irreconciliable. Les maifons de mes amis & enfans eftoyent troublees & en effroy de m'avoir couché une nuict, & nul de ceux à qui communiquois mon efloignement ne le diffuadoit, & n'avois refponfe qu'un fouflevement d'efpaules, ou un œil larmoyant. Encores avois je tafté, en trois lieux, fi 12000 efcus en un, & deus ou trois mille aux aultres, me pouvoyent remettre la clef de ma vie à ma feinture.

C'eſt en ceſt eſtat, Madame, que je paſſé la nuict parmi trois corps de garde de l'armee, & que j'ay faict ſept vint lieues, preſques autant à pied qu'à cheval, pour mon indiſpoſition; pardonnez moy ce faſcheus diſcours pour ne ſoufrir aucun trouble en une penſee qui peut ordonner de ma vie.

Je paſſe à l'Eſtat douteus où eſt toute l'Europe, & ſur tout la France; car les aultres pays qui ſont dans la guerre ne ſont point incertains de leur eſtat, & je plains ſur tout Meſſeigneurs & amis aux difficultez où je les voy, & deſquels je ne juge point, ny en ma paſſion, ny ſans paſſion. Par le premier terme, je veus dire ceſte violence de laquelle j'ay touſjours tendu à n'eſperer rien des ennemis, mais tout de la vertu. Je maintiens encore que en ne ſe deſpartant point de ce chemin, il eſtoit droit & ſeur; mais puis que l'on s'en eſt eſgaré, on n'y peut pas retourner que par des ſentiers tortueux. Je dis cela pour ne declamer point contre les prudents, deſquels on peut uſer en la miſere preſente; on apeloit cela à Saumur loveer. Pour retourner à la navigation, c'eſt en loveant ainſy qu'on s'eſt aſſablé. Je voy bien d'icy ce que vont operer les diſtinctions que je ne rejettes pas toutes; mais ainſy qu'aux diſputes de Sorbonne nous les avons apelez extinctions, il y a bien apparence qu'elles eſteindront la charité & l'honneur de quelqu'un. Ceux à qui je me ſuis voüé ne manquent ny de prudences pour ces laberintes, ny de bon deſir pour venir au bon port. Je ſuis marry de leur eſtre inutile en leur difficultez; ne pouvant plus, j'y aporte mes prieres. Tous ces propos entre les barrieres de divers reſpects, eſt de vous ſuplier trez humblement, Madame, quand tous ces nuages viendront à la tempeſte formee (laquelle semble s'adoucir en ce lieu & me permettre quelque liberté), ne laisser oublier à Messieurs vos enfans, que je suis serviteur d'extremité, & ne sera point mal à propos de les faire souvenir en ce temps là du petit jardin de Maillezais; car parmy toutes choses incertaines, j'en say une qui ne l'est point, c'est le constant desir, non sans esperance, de montrer avant mourir, combien j'ay esté, suis & seray partisan des Mavules, & que si on faict anathomie de moy, on les doit trouver peintes sur mon cœur.

VII.

A M. DE ROHAN

SUR LA DOUTEUSE ENTRÉE AUX AFFAIRES.

Monsieur, vous avez eu de moy simple depesche par le jeune Savion. Vous aurez maintenant ce que le temps a depuis aporté : l'estat de ce regne veut que nous ayons alternativement une nouvelle de paix aprez une de guerre, y ayant grande differance entre ceux qui jugent par discours de raison ou ceux qui simplement raportent ce qui se faict. Les premiers se trompent souvent quand ils attendent ce qui se devroit faire, à qoy l'estat du royaume sert d'un exemple non commun, là où vous voyez le vieil Conseil du Roy, les cours de Parlement, les corps des villes, & qui est plus que tout cela, ceux de la faveur ennemis de la guerre, de laquelle ils cognoissent trop le dommage pour eux : & contre tout cela, un petit vent punais ambraſſe la guerre en une diſpoſition des affaires du dehors, qui devroit mener à la paix nos Conſeillers d'Eſtat. Et j'oſe dire que ces conſiderations qu'on foule aux pieds ſe leveront, & rameneront au logis les plus eſchaufez par le poing. Dieu vous faſſe la grace de prendre advis de vos affaires, & non des perſonnes : car il y en a peu ou point de qui la langue ne ſoit à la ſolde des interetz.

VIII.

A M. DE CHASTILLON.

LE DERNIER MAY 1621.

Monſieur, le peril des chemins, l'ignorance de vos affaires particuliers, & les violentes occupations ou ma lettre faict conte de vous trouver, tout cela exige d'elle la diſcretion & la brieveté. Je ſuis trop paſſionné à voſtre bien & mal, pour ne m'eſtre ſoigneuſement enquis de ce qui s'eſt paſſé en Languedoc : ſur quoy, ſelon mon devoir, je n'ay point donné de bornes à mes deſirs, ouy bien à mon jugement, qui me permet ſeulement de vous faire ſouvenir comment toutes guerres, & ſur toutes les civiles, entre pluſieurs vices, ont cettuy là que la mediocrité, qui eſt l'or des vertus & compagne de la ſeureté, eſt trés pernicieuſe, ennemie non ſeulement de l'honorable, mais de l'utile & du ſeur ; ſans feuilleter les livres pour prouver ce que je dis, par exemple Bear, Saulmur, & plufieurs aultres villes qui nous reveillent de leurs larmes, s'ils ne le font bien toft de leur fang. Je ne declameray point contre ceux qui ont perdu ces avantages par l'action derniere; mais pour s'eftre mis de longue main, Saulmur en l'impuiffance, & les aultres villes que nous avons perduës, en la difficulté de faire mieux. Je ceffe de faire le critique, pour vous offrir le refte de ma vieilleffe, pourveu que Geneve foit en repos, à laquelle j'ay voüé mon dernier fumeau. J'ay plufieurs chofes à dire à vous ou à un confident, que le papier ne peut porter. Et tout pour rendre un evident tefmoignage, combien je me fens, & fuis Voftre...

IX.

A M. D'ARSENS

POUR UNE ASSISTANCE AUX GENEVOIS [1621].

Monfieur, voftre charité n'eft point cachee foubs le muys, & s'efpend en tant d'endroits, & en chafque lieu fi puiffamment, & avec telle abondance que tous la cognoiffent, les bons l'exaltent, & entre ceux là Geneve y fait bien fon debvoir; mais ce pendant que nous faifons efclater les loüanges de vos bienffaicts, noftre extreme neceffité s'oppofe à cefte contemplation, & nous contraint d'effayer pour nous ce que nous admirons fur aultruy : ce n'eft pas que la violence de nos affaires nous oste le respect des vostres, mais l'urgente necessité nous met au rang de vos importuns, pour peu que vous puissiez nous assister, car le vouloir n'est point en doubte ; il y a de quoy esperer que Geneve sera un des endroits où Dieu veut faire briser les cornes de ses ennemis, & lors, comme nous nous esjouirons en vostre assistance, aussy ferez vous en vostre bon employ. Honorez tousjours de vostre souvenance & quelquefois de vos commandemens Vostre...

X.

AU CONTE MANSFELD [1621].

Monsieur, j'avois eslougné vostre attente jusqu'à la fin de Novembre, & pour user de vostre bienveillance sans en abuser, sentant la misere, l'irresolution & mauvaise esperance de vos requerans, j'avois en toutes mes lettres (ce que je vous prie marquer sans l'oublier) excepté & mis cause expresse, afin que mon traitté ne fist perdre à vostre Excellence les honorables & utiles occasions que maintenant elle prend par les cheveus ; mesme encor je vous prie de ne mettre point soubs les pieds la retention & condition que toutes mes lettres ont portee, & plus expressement les paroles de M. de F. J'ai eu nouvelles que les difficultez de passer en ce lieu, & le choix d'un plus digne & plus puissant negociateur avoit faict tourner les affaires vers les Ardenes, & qu'avec deux Seigneurs de marque on y avoit envoyé une fomme notable. Certes ce negoce accabloit mes efpaules, & ne fera qu'un jeu au Seigneur que vous favez. Ayant veu le train que cela prend, j'ay quitté une voye qui fembloit favorable pour n'amufer point M. F. J'ay creu me devoir entierement decharger envers vous, hormis de tout fervice particulier, priant voftre Excellence que fi elle paffe dans le pays d'Alfaffe, & qu'elle m'eftime encore capable de donner un coup d'efpee auprez d'elle, il luy plaife mettre les mains fur moy, & honorer de fes commandements Voftre...

XI.

A M. DE MAYERNE [1622].

Monfieur, ce qui a retardé l'envoy de la piece à laquelle vous faites trop d'honneur, eft que mes copies ayant efté emportees cà & là, il m'a falu redemander celles des Seigneurs. J'y adjoufteray un petit difcours de ce qui s'eft mis en perfection depuis voftre partement. Je croy eftre obligé à vous rendre conte de ce qui nous touche de prez, car vous eftes à la Haye mieux inftruit de toutes les chofes eflougnees que nous. J'avois differé, pour des raifons que je vous dis à l'oreille, le voyage que Meffieurs de Berne requeroyent de moy : enfin leur priere plus expreffe me fut un abfolu commandement. Forces gens de ce lieu, qui mefurent tousjours les chofes prefentes & à venir aux paffees, trouvoyent ridicule d'effayer à reveiller ceft ours endormy. Ce qui me fit entreprendre d'aller effayer le poffible, fut d'efperer que fi je les trouvois fourds aux raifons, ils ne feroyent pas aveugles au fpectacle de leurs ruës pleines de gens qui donnoyent l'aumofne, il y a peu de jours, & maintenant demandent miferablement leur pain. Cela a reücy de façon qu'à mon arrivee, l'Advoyer Saguer & quelques principaus s'eftans allez promener aux champs pour n'en revenir que deux jours aprez mon partement, les Seigneurs de la ville choifirent fix des principaus pour entrer, eux & moy enfemble, en Confeil fecret, par onze jours, au bout defquels les ayants quittez, & l'Advoyer eftant revenu fort contraire à tout ce que nous avions faict, les Abayes ayants eu communication de mes memoires traduits en Alman, la convocation generale fe fit, & les Seigneurs efcrivirent icy, que de memoire d'homme ne s'eftoit veu un tel confentement que celuy avec lequel ils ont juré les refolutions que nous avions traffees, lefquelles eftans fuivies, ils doivent mettre fur pied un'armee de 12000 hommes, & tenir preft une milice de deus fois autant. Si bien que pour une bataille affignee, ou pour un levement de fiege, ils peuvent, de leur Canton feul, voir 36000 hommes felon leur eftat. Nous fommes aprez pour joindre à ce gros amas de fer un peu d'acier eftranger, & pour tant, pour leurs continuelles follicitations, j'efpere leur donner de bonnes pieces, & fur tout les meilleures teftes de Montauban. Depuis trois [jours] ils m'ont envoyé ce qu'ils ont refolu en une feconde affemblee, à favoir l'election de 18 commiffaires, fix du Petit Confeil, entre aultres l'Advoyer Manuel, Meffieurs de Graferrier & Baron de Spits, Virman, Ornes, & aultres bien choifis. A ceux là tout le pays a paffé une obligation autantique de les obeir, & indanifer foit pour emprunts generauls, ou pour les impofitions particulieres qu'ils adviferont de mettre fur un chafcun. Encor eft il bon de vous dire, que nous eftions en grand peine de choifir en leur pays quelque place de retraitte, pour donner moyen d'alumer la meche, quand nous avons defcouvert l'erreur populaire qui defcrioit Berne incapable de toute fortification. Au contraire, c'eft une affiette merveilleufement avantageufe, & qui fe peut (pour la moitié des defpenfes de Geneve) rendre beaucoup meilleure que La Rochelle, fi vous laiffez à part l'avantage de la mer. Je fay bien que je viens d'offenfer vos oreilles, & de quelques-uns aufquels vous pourrez communiquer ce propos avantageus; mais je feray la paix avec les yeux de ceux aufquels je pourray montrer de quoy, & encore mieux fi le brave, utile, & neceffaire deffein des Bernois nous peut conduire aux effects. J'adjoufte cecy, fachant bien que c'eft de l'inconftance des peuples, & d'ailleurs la zizanie que feme dès cefte heure l'efchole de Fribourg & de l'aultre ville voifine. J'aprens que de mefme efchole, vous avez eu des traverfes en voftre negociation, dont je fay bien que vous aurez faict paroiftre une confequence, à favoir que tous ceux qui traverfent la deffenfe des fources, & les fecours de Geneve, ne fe peuvent apeler François, ny vrais ferviteurs de leur Roy. Adjouftons que c'eft encores une preuve de l'union generale à un mefme deffein, foubs le rouge eftandart de la croifade qui s'arbore en l'an 1622, union qui, à caufe de nos pechez, ne fe fait que d'un cofté feulement de cela. C'eſt ce qui ſe peut dire par ceſte voye. Vos amis vous auront eſcrit l'augmentation de l'armee de Savoye juſques à 30000 hommes de pied tels quels : mais à 4000 chevaus en Chablais, & 1000 hommes de pied vers la Bonne-ville. Les uns diſent que cela menace la Suiſſe proteſtante avec l'ayde des Cantons papiſtes ; les aultres qu'ils tourneront à nous qui ſommes en meſmes reſolutions que nous vous avez laiſſez.

Je vous envoye un plan faict à la haſte de nos dehors, comme ils ſont parfaicts : chaſcun les juge les plus beaus qui ſe ſoyent guere veus, ſur tout à cauſe de leurs grands foſſez. J'aurois bien à vous entretenir du Dauphiné, mais c'eſt un affaire qui eſt encore trop obſcur ; d'ailleurs nous ne ſavons ſi les promeſſes qui eſtoyent faites au Conneſtable touchant Orange & Geneve, paſſeront au Prince de Condé, comme quelques-uns diſent. Il reſte un mot de priere pour ſauver de naufrage mes pauvres livres ; mais une plus ardente à Dieu pour voſtre heureux retour, que deſirent ardemment vos amis & ſerviteurs, & en ceux là, Voſtre...

XII.

AUX TREZ HONOREZ SEIGNEURS DE BERNE
[1622].

Meſſeigneurs, l'honneur que j'ay reçeu d'une Seigneurie qui poſſede tant d'honneurs pour en pouvoir donner, exige de moy, aprez la profeſſion de la recognoiſſance, un perpetuel reſentiment par effects. Je n'euſſe point craint de commettre mon hyver en celuy du temps quelque rude qu'il ſoit, s'il m'euſt eſté honeſte & ſuportable de partir de Geneve, à qui j'ay voüé ma vie, voyant l'avant garde des ennemis nous mugueter de deux lieues : tel advancement eſtant neceſſité d'entreprendre d'avantage, ou s'eſlougner en peu de temps. Je ne lairray eſchaper aucune eſpace pour vous aller preſenter mon ſervice, avec un grand deſir que ma preſence ne diminuë point l'eſtime qu'il vous a pleu faire de moy. Il eſt certain que les divers interets de tous les Princes qui abaiſſent leur ſceptres ſoubs le joug de Rome, ſont aujourd'huy adunis, & ameutez à un deſſein qui eſt d'eſteindre deux choſes, premierement la verité de Dieu, & puis les Republiques, & leur liberté. Nous cognoiſtrons que Dieu aura faict paix avec nous, & que nos pechez ſeront hors de devant ſa face, quand nous reſpondrons à la fureur de nos ennemis par la fermeté de nos courages, & ſur tout à leur complot & conjuration generale par une generale & ſaine union. Dieu vous a mis en mains & hommes & moyens pour reſiſter, & vous donne juſtice pour mettre ces choſes en uſage. Il reſte que vous trouviez en vous le treſor que la Royne d'Angleterre montra [à] ceux des Pays Bas dans leur ſein; car comme ils la preſſoyent de levees ſur levees pour leur ſecours, elle leur fit voir qu'ils avoyent en eux meſmes ce qu'ils cerchoyent en aultruy. Vous voyez, Meſſeigneurs, commant les aſſiſtances que l'on reçoit des armees deſreglees ruinent les membres ſur leſquels ils tombent en les gueriſſant. Il me ſouvient d'avoir oüy diſputer dans le Confeil fecret de deux grands Princes fouverains, qui leur feroit plus utile d'employer à leur guerres les eftrangers, ou bien leurs fubjects : le plus de voix emportoit de mettre es mains des regnicoles le moins d'armes que faire fe pourroit, & les plus fortes raifons aboutiffoyent toutes à la dangereufe authorité des generauls d'armee & principaux officiers, lefquels pourtant ils ne vouloyent pas d'eftrangers; mais on ne vouloit pas laiffer à leur portes des hommes obligez à leur interets & aux mefcontentements qui ordinairement fleuriffent quand les guerres font efteintes. Quelqu'un difoit que fort peu de gens de guerre oubliroyent leur devoir envers le Prince qui leur donne le pain, pour ceux qui ne leur diftribuent, en faifant le meftier, que perils fans recognoiffances, & immenfes labeurs. Je pris la hardieffe de dire en cefte compagnee ce que j'avois apris parmy les veneries, à favoir que les chiens ne cognoiffent plus celuy qui leur porte le pain, quand les veneurs ouvrent la porte du chenil. Mais fans vous enuyer davantage de ce difcours auquel je m'enfonferois volontiers, j'en viens là, que toutes les confiderations qui convient les Princes à fe fervir d'eftrangers, font fauffes ou contraires en les Republiques, aufquelles il n'eft arrivé que trop fouvent d'avoir faict leur maiftres de leur puiffants fecourants, & d'avoir mis fur leurs teftes ce qui devoit marcher à cofté.

Employez donc vos biens pour vos biens, & vos vies pour vos vies : & fi vos ennemis vous reveillent du long repos de Capuë, ils trouveront l'ancienne vertu par l'acier de laquelle vos anceftres ont chaftié les tyrans, eflougné les voifins turbulants, & maintenu la verité du Dieu des armees qui, ayant en main les victoires, fait bien planter le triomphe fur le chef de fes partifans. Je le prieray qu'en mon extreme vieilleffe, il me donne encor l'honneur d'eftre voftre foldat : je mettray de bon cœur mon ame confolee entre fes mains, quand j'auray veu par vos valeurs arrefter l'infolence de l'Antechrift, & que, en remplaffant mon infufifance en fidelité, j'auray tefmougné à quel poinct je fuis Voftre...

XIII

A MESSIEURS DE GRAFFRIER
ET BARON DE SPITZ [1622].

Meffieurs, je vous prie de trouver bon que je vous efcrive conjoinctement des affaires qui touchent le public pour la crainte de l'abfence d'un de vous deux. A la derniere venuë de noftre meffager, je ne trouvay rien digne de vous eftre envoyé : & encor pour cefte fois je n'euffe point mis la main à la plume fans ce qui m'eft venu de Grenoble. Vous pouvez favoir d'ailleurs l'entree du Roy à Paris, la grande defpence des Parifiens où l'on remarque particulierement des mandilles en broderie de diamans eftimez jufques à fix ou fept mille efcus : vous aurez feu l'accord aparent des Princes de Condé & de Soiffons, l'envoy du Marefchal de Pralins dans Amiens, la volonté du Roy d'y aller, les aultres difent en Champagne, pour aboucher le Duc de Boüillon ; & cela pour la paix, à laquelle on fpecifie ceux qui font contraires, & pour laquelle parlent ceux qui ont veu les fieges de Gafcongne. On parle diverfement de M. de Vic, Garde des Sceauls : peuteftre auffy qu'il en parle diverfement. Les plus exprez mettent le doubte de la guerre ou de la paix fur les trefors que l'on trouvera dans Annans. La Rochelle continuë à fe fortifier en mer, toutes les villes de haulte & baffe Guyenne & Languedoc en terre; ils fe ventent maintenant qu'ils ont traitte Montaubans : & M. de Rohan a dict du premier, qu'au lieu de quinfe mille hommes, qu'il en faloit 50,000 pour le raffieger. On a deffaict auprés de Montlimar 400 hommes, comme vous verrez par la lettre de M. de Bouteroue, laquelle je vous envoye avec un memoire qui m'eft venu de deux endroits, & toutes les deux voyes par Miniftres, qui me fait croire qu'il eft compilé par quelque confentement. Je leur refpondray que vous aviez desjà montré vos volontez en ceft affaire par la depefche de M. Stek. Je ne vous importuneray point fur cette affaire, craignant troubler la fecurité, où l'on me mande que les lettres du Roy vous ont mis. Je ne prefferay point vos commandements : mais en priant Dieu qu'il conferve voftre tranquilité, & que ce grand amas qui fe faict fur le Rhein fe puiffe departir fans produire quelque effet pareil à Prague, & que pour ceft effect il luy plaife envoyer du ciel un caducee d'une nouvelle force, & non ouyë; je me tiendray preft à toutes occafions pour vous tefmougner combien vos courtoifies m'ont rendu Voftre...

XIV.

A M. LUTZELMAN [1622].

Monsieur, j'ay pris l'occasion de cette troupe de soldats tous bien advoüez & bien de la Religion, qui s'en vont cercher à estre employez, pour vous dire que les forces de Savoye n'ont point changé de place depuis vostre venuë en cette ville : nous aprenons seulement qu'ils se disent payez de l'argent du Roy d'Espagne, montrent des pieces faites au nom de Sainct Carles, & commencent à parler de se joindre à l'armee de Milan qui doit passer à Pasclauff pour aller joindre Leopold. On la faict fort grosse, de quoy je ne veus rien asseurer : seulement vous diray je le bruit de Turin qui asseure le concours de tant de forces qui arrivent sur le Rhein d'une part & d'aultre, ne pouvoir se demesler sans une bataille commandee de Romme, à quelque prix que ce soit. Si je suis adverty de l'aultre costé qu'il se prepare quelque chose de semblable, je serois trez heureux d'estre receu pour aller aprendre & servir en vieillissant : c'est chose que l'on nous a apris à cercher de cent lieuës. Si Dieu nous fait present de la victoire, il sera bien aisé de s'en resjouir, & d'en jouir; si aultrement, nous sentirons sur nos fronts la sentence que nous avons prononcee contre ceux de Prague qui pouvoyent armer 40000 hommes, ou pour empescher l'ennemy d'hasarder le combat, ou pour en rendre le succez à leur avantage, ou pour arrester la malheureuse consternation qui a rendu la patrie avec eux joüet de leurs ennemis, fange à leurs pieds, horreur à eux mefme, & à leur pofterité. Ce feroit une marque de noftre paix faite avec le Ciel, fi, comme toute l'Europe infidelle renge fes hommes, fes trefors & fes deffeins (qui eftoyent divers), foubs l'eftendart de perfecution & de la croifade : ainfy, fi tous nos divers partis n'en faifoyent qu'un, & fi nous prenions de bons yeux pour voir les defroutes encores plus prochaines que celle de Prague, & que par tel exemple nous peuffions devenir advifez, fans que ce fuft à nos defpends. Je n'ofe m'eftendre davantage pour plufieurs refpects, & fault pour cefte fois que je me contente de ce que j'ay desjà offert à mes trez honorez Seigneurs par vous : c'eft que je ne perdray aucune occafion, quand leurs Excellences voudront mettre la main fur moy pour, au general & à voftre particulier, me montrer par bons effects Voftre...

XV.

A M. DE BOÜILLON [1622].

Monfeigneur, cefte annee commenceant par diverfes perplexitez, je ne puis en vous rendant conte de ce qui eft le plus prez de nous, vous donner rien d'affuré. Nous avons les yeux fur quatre accidents, defquels quelqu'un aura frapé fon coup ayant que ma lettre parvienne à vous. Le premier eft le refultat de l'Aſſemblee notable ; le ſecond ce qui arrivera du concours de tant de forces ſur le Rhein ; le tiers ce que produira le traicté qui ſe fait en Languedoc, dans lequel eſt bien conſiderable l'angoiſſe où ſe trouve M. le duc Deſdidieres ; & pour le dernier poinct ce que deviendra l'armee qui s'amaſſe à noſtre veuë. Nous ne pouvons de loin rien eſpelucher ſur les premiers poincts, & n'avons rien à y porter que nos prieres. J'ay à vous dire ſur le penultieſme, que ce vieil Seigneur a raporté de ſon voyage une reputation pleine de ſoupçons & de haynes, & entre aultres Lyon & le pays voiſin animé par les Jeſuittes à un langage pernitieux : ſur quoy il y a le voyage du Roy, nombre de faſcheus advis, les craintes de tous les ſiens qui l'ayment, les violences des commiſſaires qui ſont prez de luy, & les interets de ſa femme. On nous menace maintenant de nous faire ſentir la famine, & ſemble qu'on veille prendre ce chemin là ; ſi nous pouvions nous reveiller aſſez à temps, nous la ferions ſentir à nos ennemis plus toſt qu'eux à nous. Je vous deduy nos perplexitez ſans y aporter jugement, ſeulement pour vous en rendre conte, & prier de nous donner vos deciſions & ordonnances comme il ſe peut. J'adjouſteray ſeulement que pour eſtre capable de vos commandemens, & du ſervice où je le doy, je ne me ſuis attaché à rien, meſurant les charges, non au front & au cœur, où ſont les penſees & les deſirs, mais à mes foibles eſpaules ſeulement. Vray eſt que ſi le ſiege ſe parfait, le devoir m'arreſtera où il fault. Vous avez reſjouy ce peuple par vos lettres ; vos advis y ſont puiſſants. Vous ne ſauriez prendre ſi petite part à nos peines que ce ne ſoit un charitable ſoulagement. Dieu veille vous garantir des effects de ceſte epidemie qui semble comme les fiebvres pestilentieuses vouloir foüiller par tout & ne laisser rien en l'Europe qui ne se sente de l'accez. Honorez de vos pensees & commandements Vostre...

XVI.

AU GOUVERNEMENT DE BERNE [1622].

Messieurs, il y a dix jours que nous avons esté affligé par un bruit constant que M. le Conte de la Suze estoit prisonnier derechef à Lyon : il est vray qu'il a esté detenu aprez quelque esmeute du peuple contre luy, mais principalement pour empescher qu'il n'halenast M. le Connestable sur le poinct de sa defection. J'ay ce jour d'huy receu un homme par lequel il m'advertist de sa delivrance, & acheminement en çà : c'est surquoy j'ay voulu user de la voye de diligence pour vous oster de ceste crainte, venant sur le poinct de vos délibérations pour les secours de vos Grisons. Le messager n'a point veu M. Stek, pour ce qu'il avoit suivy M. le Connestable à Valence, où il va dresser son armee pour assieger Bays, ou Privas, ou s'employer ailleurs, au cas qu'il se face quelque composition que l'on mesnage tousjours. L'armee du Roy a pris en Languedoc trois bicoques, desquelles les noms vous seront incogneus : la plus celebre s'appelle Bedarrius, on y a pendu quarante hommes : le reste, femmes & enfans,

traictez à la Negrepelice. L'armee regarde d'une
lieuë Montpeſlier, où M. de Rohan a conduit de
quatre à cinq mille hommes, & meſmes dict on qu'il
s'y veuſt enfermer : qui ſeroit un traict de ſoldat,
plus que de Capitaine general. De toutes les parts
de la France nous n'avons nouvelles que d'inſolence
de peuple : on en conte une de Paris, que un homme
pour avoir dict en une boutique que le nouveau
Conſeil du Roy le pouſſoit à des choſes deplorables,
qu'on avoit auſſy toſt crié à l'huguenot, & qu'un
grand peuple amaſſé l'avoit faict pendre; que la
multitude eſtant au ſuplice, ſans l'ordre que y mit le
Parlement, commençoit un maſſacre par la ville,
eſchaufez par un bruit que les preſtres firent courir, à ſavoir que l'Egliſe de Paris avoit aſſemblé
& envoyé 40000 eſcus au Conte Mansfeld pour le
faire entrer en France. La fureur des peuples eſt en
un tel penchant, que nulle bride ne les pourroit relever du precipice, & on trouvera que les orages de
Royaume en auront pourri les reines, qui ſe rom-
pront quand on voudra tenir la main haulte, & garantir la cheute dans le malheur. A cela ſe joinct la
puiſſante violence des preſcheurs & confeſſeurs :
ceux là infectent les ames, & embraſent les cœurs
de penſees & de deſirs, à l'execution deſquels rien
n'eſt difficile, ny cher, & les peuples qui obeiſſent
aux commandements quelquefois à regret, exploitent
ſans regarder derriere, les ordonnances de leur
volontez : ſur tout aux paſſions de la religion, auſquelles s'uniſſent les commandements, & les volontez : comme aujourd'huy que le deſſein general de
Rome, d'un meſme, employe les [grands] par penſions, & les petits par paſſion à un meſme effect.
Ceſte derniere clauſe ſe pourroit bien faire cognoiſtre,

en la diftinction de laquelle vous m'avez efcript, entre les penfionnaires des petits cantons & le peuple : tefmoin que ce font les derniers qui gardent les paffages, & brifent vos amitiez. Cependant M. le Coneftable dict à fes familiers, que fa revolte n'eft par cognoiffance de religion, mais au bien des Eglifes pour lefquelles il fe damne. Nous devions eftre preparez à ce langage, commencé par un Prince qui nous a dict les mefmes chofes avec plus d'apparence, & auffy peu de raifon & moins de fuccez. Ce qui empefche la paix en France, c'eft que la crainte mutuelle par laquelle elle fubfiftoit eft maintenant tournee à mefpris, & ce grand Capitaine, pour nous rendre plus confiderable, acheve de nous accabler : voilà en quelles mains on a confeillé, & on confeillera encores aux oprimez & à ceux qu'on veuft oprimer, d'avoir recours. Dieu veuille benir vos prudences en toutes chofes, mais plus expreffement aux deliberations fur lefquelles vous eftes, & defquelles felon voftre promeffe, je vous prie me faire autant de part comme vous verrez à propos pour en communiquer avec M. le Conte de la Suze à fon arrivee en ce lieu. Je ne prends point la hardieffe de vous donner mon advis fur le principal de vos affaires ; j'ofe dire feulement que à quelque deffein que vous pouffent, & vos ferments folemnels, & vos aparentes neceffitez, vous n'eftabliffiez rien d'incertain, n'y ayant de toutes refolutions nulle pire que de n'en avoir point. J'ay dict cy devant combien il importoit d'eftre puiffants en greniers, non feulement pour nous, & pour ceux qui font en mefme caufe, & du falut defquels le noftre defpend : mais auffy pour ofter le pain aux ennemis. J'aprens combien l'execution de telles chofes eſt de ſaiſon, en voyant faire le meſme meſnage en Bourgougne, Auvergne & Lyonnois. Les rigueurs du Duc de Savoye qui ne ſe contente pas de nous priver de ſes grains, nous oſte les noſtres, & en meſme temps a donné de l'argent à chaſcun de ſes Capitaines pour augmenter leurs compagnees de cinquante à deux cents hommes; il eſt bon que vous ſachiez auſſy qu'entre les magaſins de guerre qui arrivent à Lyon, on ſpecifie 600 charretees de poudre, ce ſeroit pour tirer ſix vint mille coups de canon. Ceſte quantité ne peut eſtre vraye, mais ceſt effort eſt bien conſiderable à gens qui traittent de paix.

XVII.

A M. LUTZELMAN, EN SEPTEMBRE 1623.

Monſieur, oultre l'honneur que je reçois de vos lettres, & l'agreable teſmoignage de voſtre ſouvenance, j'ay eſté fort aiſe de voir la bonne reſolution des trez honorez Seigneurs de voſtre ville. Pluſt à Dieu qu'elle euſt pris ſon terme dez mon voyage; Baſle ne pourroit aujourd'huy eſtre menacee que d'un Empereur, ou d'un grand Roy, n'ayant affaire qu'à elle, & encor fauldroit il qu'elle fuſt deſtituee de tous amis, horſmis de ſa vertu : or j'eſpere qu'en voſtre affaire vaudra la vieille ſentence qui dict, *aſſez toſt, ſi aſſez bien*. Encore ne vous puis je celer que ce m'eſt honneur & joye de ce que mon projeét a efté choify aprés ceux que de fi grands perfonnages ont prefentez, aufquels je ne me veux pas eftimer pareil en fcience; j'ofe feulement dire deux chofes : l'une que la veuë m'a donné en cela un grand avantage, felon la comparaifon que je fis chez vous d'un excellent medecin auquel on aporte de l'urine, ou d'un moindre qui voit l'œil du malade & qui tafte fon poulx; l'aultre avantage eft qu'ayant apris avec beaucoup plus de prattique que de theorie, je fay travailler en ayant efgard à l'efpargne, quand elle ne ruine pas la feureté. Les deffeins des ingenieurs ne peuvent faire cela, pour ce qu'ils ont honte que leur art foit incommodé par les neceffitez. Les Capitaines veulent que les neceffitez n'empefchent point leurs actions, que la preuve delivre de tous blafmes. Dieu vous face la grace d'avancer, & moy d'eftre capable de prouver par la pique, que la plume n'a point failly; ou plus toft, que vous jouiffiez du principal bien des fortereffes, qui eft d'aporter crainte & refpect aux ennemis, & la paix par la crainte & le refpect. Honorez tousjours de voftre amitié Voftre...

XVIII.

AUX TREZ HONOREZ ET TREZ PUISSANTS PRINCES ET SEIGNEURS DE BERNE.

Ne doutant pas que les mefmes bruits & incertitudes que nous avons receuës en ce lieu pour la paix de France n'aye paffé jufques à vous, j'ay eftimé vous devoir faire voir une lettre que je viens de recevoir de M. de Rohan par un de fes gardes : d'autant que par elle vous pourrez avoir certitude de ce qui s'eft paffé, plus que par les aultre nouvelles qui ont couru : & auffy que dedans le dict fecours quelle porte pour le project à venir, vos prudences auront de qoy s'employer fur ce qui touche vous & vos voifins, pour la liberté defquels force gens de bien donneroyent leur vie, & moy entre ceux là, refervant ce qui touche vos Seigneuries premierement. Je defire auffy vous avoir advertis que le jour mefme que j'avois cotté à M. le Conte de la Suze les bandes qui devoyent venir au pays de Gez ont paffé La Clufe, un regiment feulement ; le refte encor douteus de fon affiette. Je prie Dieu pour la profperité & augmentation de vos Seigneuries, en attendant qu'elles honorent de leur commandement Voftre...

XIX.

AUX TREZ HONOREZ ET TREZ PUISSANTS PRINCES
ET SEIGNEURS DE BERNE.

Encor que je fois courtifan que du palais & de la baffe court, j'ayme mieux vous obtemperer felon mon debvoir & mon naturel, que de vous refufer par une prudence fans charité. Cefte ligue nouvelle nous rend perplex : les vieux Confeillers d'Icy ne le sont pas moins, les jeunes Seigneurs ne pensent & ne parlent qu'à gangner de l'honneur, les vieux pensent sans parler à y gangner de l'argent : mais vos Seigneuries de qui l'honneur est assis en leur conservation, & ne veulent aultre guain que de ne perdre point, craignent que ce dessein se sentant de la vanité françoise s'engage dans pesante hayne Hespagnole. Et d'aultre costé il vous fault eviter que vous mettant mal avec la France, vous ne soyez comme vous ne pouvez aucunement estre de l'aultre costé : vous craignez encore qu'en ne prenant point de party, vous ayez les deux pour adversaires : & de plus que le party que vous prendriez ne soit obligé par l'authorité de Rome de vous estouffer en son sein. Vous voyez d'un costé les massacres des François, de l'aultre l'inquisition d'Hespagne : tous les deux vous touchent, vous haïssent, vous recerchent, & vous menacent : j'ose croire que l'un & l'autre possede quelques voix parmy vous. Regardez bien à bon essiant dans le giron duquel vous serez le mieux assis : vos serviteurs ont une opinion que vous ne trouverez amitié, confience, ne seureté, qu'en la bonne grace de Dieu, & en vostre vertu. Pour l'envoy de Paris on y trouve plus d'apparence qu'il n'y en avoit au vostre dernier : mais voicy ce que j'ay ouy dire à des gens du mestier. *Les Suisses evangeliques sont-ils pas desja en alliance avec la France ? Savent-ils pas ce qu'ils luy doivent aux choses ordinaires, où est-ce grand changement qui demande une nouvelle liaison ? Ils peuvent donc promettre leur secours à la naissance des occasions, sans qu'on n'exige d'eux pour la France, plus que la France n'avancera pour elle.* On vous bat de ce que vous avez demandé les choses, ausquelles on vous convie maintenant : & là deffus plufieurs difent fimplement, que ce voifinage eftoit plus à propos que le dernier que vous fiftes en une mal convenable faifon : d'autres refpondent pour vous que vous n'avez point efté conviez par la voye ordinaire, & que la mauvaife forme d'inviter ne vous donne pas bonne efperance du feftin ; & enfin on veuft tirer de vous un avantage de vous avoir mis à la guerre ouverte, n'y ayant que vous defcouverts, ou prendre fur vous l'excufe, quand on fe couvrira de fa chemife par une explication de Madril. Voilà ce qu'on dict. Voicy ce que ofe dire un de vos Serviteurs : fi la guerre fe faict à bon effiant contre l'Hefpagnol, vos advantages, voftre honneur, vos ferments vous obligent à y participer, & armer pour cela : & fi la crainte des petits Cantons vous en empefchoit, le mefme refpect vous feroit perdre la deffenfe de vos foyers. Si auffi l'entreprife fe tourne en vanité, certes il vous fault eftre armez pour le retour de la foire, vous affurant qu'on ne lairra pas inutiles des armees qu'on aura mife fur pied. Celuy qui vous efcrit cecy n'ignore point combien les armemens vous font à contre cœur, combien il vous eft dur de vous defpouiller de l'or & vous veftir du fer, combien il eft difficile de faire remonter les richeffes qui font venuës du public, des bourfes des particuliers au fecours général, comme la charité deffend & ne monte guere de bas en hault : il fait bien encores combien puiffants font les confeils parmy vous quand ils tendent à l'aife & au profit, & combien quelques uns [eftiment] que vous eftes defavorifez quand vous montrez le chemin par lequel la neceffité vous mene à voftre ancienne vertu. Sachant bien ces chofes vous n'euffiez pas eu cet efcrit, fi vous en l'euſſiez exigé : pource qu'aprez l'honneur de voſtre cognoiſſance, je n'ai plus eſtimé qu'on peuſt vous eſtre utile par advis : mais que (Dieu vous donnant de penſer ce qui eſt propre à ſes jugemens) vos bons ſerviteurs attachez à vous du lien de religion, ne pouvant de leur foibles epaules empeſcher voſtre cheute, comme nous avons dit ailleurs, les doivent tenir preſtes pour voſtre relevement. Voſtre...

XX.

AU CONTE DE LA SUZE.

Monſieur, depuis mon entretien avec M. du Moulin que il vous aura raporté, j'ay eſté encore preſſé deux fois par un des Seigneurs de Berne que vous ne tenez pas des moindres en merites, de luy donner mes advis en particulier, puiſque je les avois refuſé en general, ſur la difference qu'il y avoit entre le premier voyage qui les a rebutez, & ceſtuicy, où ils ſont apelez ſur le teſmoignage & conſeil de M. le Conneſtable & le voſtre. J'ay adjouſté qu'ils avoyent eſté requerants de ce à quoy on les convie : que ſi l'Ambaſſadeur les a mal traictez en ceſte affaire, comme ils en eſcrivent rudement, qu'ils ont à qui ſe pleindre. Aprez aultres difcours, je conclus par ce dylemme : que ſi la liaiſon que leur offre un grand Prince ſuccede heureuſement, leur honneur, leur intereſt & leur ſeureté veulent qu'ils arment pour en eſtre participans ; que ſi le deſſein alloit à neant, encores doivent-ils armer, afin que l'excufe du mal ne ſoit pas ſur eux, & en tout cas pour eſtre preparé au retour de la foire, au cas que leur voiſins vouluſſent employer leur argent. J'y adjouſte quelque choſe un peu rude contre la lethargie du temps, juſques là je crains de les avoir irritez ; mais il fault tel remede à ce mal. Ils ont trouvé fort rude une clauſe de M. de Belujon, comme je luy ai dict, par laquelle il les adviſoit de ſe mettre bien avec M. Miron, afin que par luy ils euſſent la bonne grace du Roy. Là deſſus ils m'ont eſcrit en termes que je n'ay oſé montrer ma lettre aux Seigneurs d'icy. Ceſte voye leur eſt de dure digeſtion. Ils maintiennent en termes fort exprez qu'ils n'ont point eſté advertis ſelon l'ordre que le Roy avoit donné, & de meſme ceux de Baſle m'ecſrivent d'hyer qu'ils ont ouy parler de quelque aſſociation qui ſe doit faire ; mais en tout cela point de nouvelles d'y eſtre conviez. Or, de tout cela, je ne veus eſtre ny plege, ny certificateur, mais bien vous dire que la Suiſſe prend un mauvais ply. Si ils ſont irritez, ils ſauront bien dire de quoy, mais je diray un mot de leur eſtonnement que je ſay par eux meſmes. Ceſte grande menee qui ſe faict au pays de Valey, & en meſme temps les nouvelles qu'ils ont qu'on acheminera les forces de Milan pour la Franche Conté par le pont Sainct Maurice, leur donne la fiebvre qui eſt redoublee par une proteſtation des petits Cantons qu'ils diſent en ces termes, qu'ils armeront contre quiconque voudra l'execution du traitté de Madric. A cela ſe joint les deux demandes de Leopold, l'une pour un Conte de Monfort, l'aultre pour luy. Les Cantons Catoliques qui y ont part, reſolus de leur accorder, & cela me fut encore confirmé hyer au foir par un homme que l'Ambaffadeur de Venife a envoyé icy. Nous avons en mefme temps nouvelles de l'Italie de l'avancement de 6000 hommes, & d'un ordre pour attaquer Zurik à ce printemps. Le pis de tout cela eft qu'horfmis quelques gens de bien & peu, le gros reçoit les nouvelles non pas en la crainte qui faiɛt prendre les armes, mais en la peur qui les faiɛt jetter, jufques où il y a des villes principales qui cerchent pour remede de fe faire villes imperiales; Berne n'eft pas encore de ce rang. Je vous diray auffy que le peuple de Valey fe contentent de banir ceux de la Religion de leur pays, mais ne prend pas encore les aultres marques de defeɛtion. J'ajoufterois bien encore ce que contribue à tout cela le voyage de M. le Prince, mais vous favez mieux ces chofes que nous. Voilà ce que j'ay creu eftre de mon debvoir; ne vous irritez pas fi vous n'avez point de mes lettres par la commune voye, je fuis trop fubjeɛt aux mauvaifes interpretations. Nous avons les deus prifonniers pour lefquels on a tant prié; ils ont faiɛt mourir le troifiefme & fa mort a efté glorieufe, auffy bien que d'une dame bruflee à Milan. Donnez moy de vos nouvelles, & de celles du monde par voye affurée. J'ay à vous dire que vous m'avez trompé de l'horeloge que vous mefprifiez pour me donner, c'eft une trez excellente piece : & ainfy en une faifon pleine d'artifice au mal, vous faites le bien avec art. Dieu vous face la grace que l'aproche du foleil vous efclaire fans vous efblouir. Voftre...

XXI.

A L'AMBASSADEUR DE VENISE [M. CAVASSA].

Monsieur, c'est un grand contentement de servir aux choses justes & honnestes, quand mesmes elles seroyent difficiles & dangereuses, & encor quand nos inclinations naturelles sont d'accord avec nos conditions. C'est pourquoy j'estreindray à bras advancez les occasions qui se presenteront pour vous montrer que vos commandements vers moy ne seront pas mal employez. On nous promet vostre presence en ceste ville pour quelques jours : elle seroit fructueuse à deus choses : l'une à l'establissement de nos correspondences par chiffres, & moyens secrets, & l'autre pour ouïr & dire nos sentiments plus privement que le papier ne peut porter sur un demeslement d'affaires les plus obscures & perilleuses & plus generales qui se soyent impliquees, il y a cinquante ans en la Chrestianté. Ce que nous recevons de Paris, de Londres, de la Haye, de Turin, & de divers endroits d'Almagne me faict dire cela, & les contrariantes opinions de ceux qui nous escrivent, me font vous prier de n'exiger de moy pour ceste heure rien de certain en chose tant incertaine. Il reste que je vous fasse un vœu, qu'ayant dez ma jeunesse affecté de voir la Serenissime Seigneurie de Venize, ayant esté son apologue en tous mes escrits, je voudrois que Dieu m'eust faict la grace d'employer aussy bien que la plume ma petite espee contre leurs ennemis ; il n'a pas tenu à moy que je n'y fois engagé tout entier. Cependant je demeureray à voftre eftat en general, & à vous en particulier, Voftre...

XXII.

AU SEIGNEUR CAVASSA,
AMBASSADEUR DE VENIZE EN SUISSE.

Monfieur, il vault mieux que je refponde aux honneftetez de voftre lettre par fervice, & par aprocher de l'honneur qu'elle me donne, que de penfer les recognoiftre dignement par difcours. Deux jours avant la voftre, j'en receus une de M. de Rohan, par laquelle (comme fe tenant affuré de fervir la Sereniffime Seigneurie), il m'ufoit de ces mots : *Nous n'avons rien maintenant de fi grande importence que de regarder aux paffages de nos forces; nous nous fommes attendus à vous pour la recognoiffance de cela. Je vous prie de m'en inftruire amplement.* A ces mots j'ay refpondu que par l'ayde de trois perfonnes confidentes & d'authorité parmi les Grifons, j'avois tellement veillé à cela que je prenois fur moy tant que quatre mois dureroyent, non feulement la difficulté du paffage, mais tout le refte allant de bon pied, la premiere demarche & le premier employ avec un effect, à l'execution duquel je m'offrois, qui advanceroit tout d'un coup la moitié de la befougne ; que tels preparatifs doivent eftre achevez dez ceft hyver, & les forces fur pied pour marcher fur les dernieres neges. Je luy avois efcrit que tout ce qu'il efpereroit de cet affaire par la duree de la Cour en une opinion & fur le fentiment des affaires voifines, feroit de peu de feureté ; mais qu'il devoit fonder fes efperances fimplement & purement fur la S. S. &, fe rendant leur homme, eftablir tellement toutes chofes, que fon nom ne puiffe eftre taché des faultes d'autruy.

Il m'a femblé bon de vous rendre conte de ces propos entre ce Seigneur & moy, pour ofer vous dire que je fais grande difference entre les hommes qui feroyent à la S. S. ou ceux qui s'appelleroyent leur fecours. Ceux cy font retenus aux commandements bornez de leurs chefs, les aultres fervent fans reftriction. Et la premiere hardieffe que je prendray avec vous, fera que je ne voy point de parfaite fiance ny en chefs ny en foldats, à qui la reverance du fiege de Romme puiffe aprendre à interpreter les abfolus commandements de la S. S. Il court aujourd'huy un terme qui n'a pas efté oublié au dernier accord faict à Romme : *Le tout pour le fervice de l'Eglife.* Ce terme eft un piege & un nid de interpretations & puis trahifons. Je dis donc qu'il vault mieux avoir 4000 François qui ayent en horreur les equivoques des Jefuittes, que 20000 qui les aillent interroguer fur le poinct de confcience. Il y a là deffus forces chofes à dire qui ne s'efcrivent point.

Je jette dans mon chemin une petite oppofition, c'eft que les Republiques ordinairement veulent & fagement, *oftendere bellum, ut pacem ferant.* Et je dis que le choix des reftes de Montauban & de Monfpellier feroit montrer la guerre; que fi vous leur prefentez des hommes defquels ils puiffent difpofer par argent, ils feront la paix à eux & la guerre à vous. J'entens quelqu'un difant le danger qu'il y auroit d'employer des courages violents, comme ceux là; mais j'ay apris aux efcuries que les chevaus de bon efpron ne laiffent pas d'avoir la bouche bonne & eftre de facile arreft.

Monfieur, voftre collegue Ambaffadeur en France devifant avec M. de Rohan de quelque Capitaine, & de fa reputation, demanda fi ayant efté bon aux guerres civiles, il le feroit de mefmes aux royales. La refponfe à cela eft que les pylottes de la mer ne peuvent fe troubler en l'eau douce. Or je m'attache à bon effiant à l'eftime de ceux qui font en poffeffion d'attaquer, & vaincre grand nombre avec peu, de mettre le moufquet en la main gauche & l'efpee au poing pour mefler chofe de dure digeftion aux Hefpagnols, mais encore j'eftime pour voftre affaire les nations qui font profeffion de fobrieté, tant pour l'efpargne des foldes que des vivres où je voy cefte annee grande difficulté.

Je toucherois un mot fur ce que M. le Conneftable a dict, que la Sereniffime Seigneurie feroit affiftee des François ouvertement ou couvertement. En ceft endroit le refpect m'arrefte l'explication de ces deux termes, & l'avantage que je penfe eftre au dernier des deux demande le difcours de vive voix. Vous m'avez comblé de joye en l'efperance de ce bonheur; Dieu le veille faciliter & me donner les moyens & les occafions de montrer à la Sereniffime Seigneurie, en general & en particulier, que je fuis de toutes mes affections Voftre...

XXIII.

A M. DE GRAFFERRIER,
ADVOYER DE BERNE [1623].

Monſieur, ayant ſeu depuis ma derniere lettre voſtre promotion à la ſupreme charge de Berne, entre tant de perſonnes qui vous portent leurs fœlicitations (pour uſer des termes de ce pays), je les porte à la cité plus toſt qu'au bon citoyen, & pour vous des ſuplications à Dieu qu'il fortifie vos eſpaules ſous la charge que la ſaiſon va apeſantir. Voilà ce que je donne à la bien ſeance afin de dire à la neceſſité. Nous avions reçeu la ſemaine paſſee nouvelles d'un homme de bien & de conſeil du pays de Savoye, qui eſtoyent fort expreſſes en pluſieurs poinƈts de l'entrepriſe qui ſe fait ſur vos terres, pour de là venir à Geneve : l'importunité de tels advis, & la mauvaiſe chere qu'on leur faiƈt, fit que je ne les communiquay à aucune compagnee de Geneve : mais quelqu'un des Seigneurs de ce lieu les ayant veu, me diƈt que le Conſeil venoit d'avoir confirmatoires des meſmes choſes : & entre aultre d'Evian, & d'Yverdon. Nous euſmes hyer quelques aultres articles ſur la conjonƈtion des intereſts du Duc de Longue-ville avec ceux de voſtre voiſin. Et auſſy quelque homme d'eſtat nous eſcrivoit que la diſette d'argent & la difficulté des bledz pourroit bien faire differer l'entrepriſe. Je ne vous dis point ces choſes pour vous preſſer, ny d'achever vos fortifications, ny d'eſtablir vos ordres pour la garde generale

& particuliere, ny pour vos magafins : tout cela eft de vos prudences. Mais le poinct de ma lettre eft pour vous dire, que fi les affaires vous amenoyent à mettre la main à la befougne à bon effiant, je vous prie n'oublier point les ouvertures que je vous fis à vous premierement, il y a prez de trois ans. Il eft bon que vous fachiez qu'elles font encores faifables aux conditions que je les propofay, vous priant, au cas que Dieu nous menaceaft d'une confternation & eftonnement, vouloir que deux perfonnes nommees par celuy à qui vous avez donné l'honneur du choix, euffent charge de prendre de moy mon project avec toutes fes particularitez, eftant ceux qui favent voftre langue plus propres à defmefler cet affaire qu'un homme eftranger de tout poinct, comme moy, & duquel pourtant vous ne trouverez eftranger (comme la langue) le cœur, la tefte, ny la main.

XXIV.

A M. CAVASSA, AMBASSADEUR DE VENIZE.

Monfieur, il n'eftoit pas raifonnable qu'un fi excellent moyen de vous efcrire m'efchapaft, bien que je n'aye rien apris defpuis ma derniere, finon quelques legeres indices du dialogue veritable efcrit par cy devant. Je penfe vous avoir cotté une deffence faicte aux advocats en Parlement du lieu principal de non playder pour ceux qui font condamnez par l'inquifition. Un aultre indice eft, qu'à noftre Cour, le foupçon de cefte mutation ou defection eft arrivé. Je feray fort curieus de vous lever un efchantillon de la piece, pour, au lieu de vous donner feulement un advis hiftorique, comme j'ay faict, en donner un tout evident pour faire la preuve entiere que *facile congregantur pares cum paribus* ; j'y adjoufte *facile diffentiunt* (paradoxe duquel la verité eft trez efprouvée), & que jamais Monarque ne fut bon fupport des Republiques; fi je voulois difcourir fur les exemples je ne fortirois point du territoire de Venize; vous les avez mieux eftudié que moy. Cecy n'eft qu'un mot d'entretien, & pour entretenir l'honneur & la profeffion d'eftre toujours Voftre...

XXV.

A M. LE DUC DE ROHAN.

Monfeigneur, la premiere ligne de ma derniere lettre eft en ces termes : *Voicy la fixiefme fans refponfe*. Mais Dieu mercy, j'ay receu la voftre qui m'a aporté plus de contentement que toutes celles dont vous m'avez honoré depuis le defaftre. Vous pouvez vous fouvenir de ma jufte opiniaftreté au fait de la Valteline : j'en fens une pareille en la conftante & feure attente de ce que vous m'efcrivez craindre. Je vous prie vous fouvenir que le manquement d'un meffager exprez, que vous & Monfeigneur voftre frere m'aviez promis, a faict beaucoup de mal à l'un & à l'aultre, & m'a cauſé autant de repos que j'en puis ſoufrir quand mes amis ſont en travail. Si pareilles occaſions ſe preſentent, ne ſoyez pas chiche d'un entremeteur duquel la creance ſoit choiſie par vous. Tout ce que ce papier peut reſpondre aux voſtres eſt, que les anciens remedes ſont preſque tous eſnervez ; il en fault demander à Dieu de nouveaux, & il ſemble qu'il les nous montre par un bout, & comme ſous la cappe ; c'eſt ce qui ſe peut dire. Voſtre...

XXVI.

A M. DE MONBRUN.

Monſieur, je vous rendrois bien un ample conte de la Valteline & des Griſons, comme des garniſons que le Pape y avoit miſes & leſquelles, à l'ouyr de ſa mort & à la premiere menace Heſpagnole, ont mis les drapeaux au ſac, & leur ont tout quitté, reçeus à Milan avec riſee ; là y a armee oultre les vieilles forces de 4000 Biſongnes deſſendus au Final, & de trois Terçes, Neapolitans & Calabreſſes, faiſans 9000 hommes au commancement : ceux-cy ſe vantent d'eſtre au Duc de Savoye, les aultres doivent marcher en Flandres. Je vous dirois bien encor des Griſons, & comment l'Empereur ayant faict venir vers ſoy les forces qu'avoit Leopold pour les terreurs de Betlehem. Ceſtuy-ci a envoyé à une aſſemblee de Suiſſes au commencement de laquelle les

Papiftes avoyent declaré aux aultres qu'ils n'auroyent point de fecours d'eux. Nonobftant quand l'Ambaffadeur de ceft Archiduc eut demandé confentement & ayde pour un fort que fon maiftre vouloit baftir à Steik, important comme celuy de Füentes, les Papiftes furent les premiers (comme les plus proches & plus intereffez) à refufer de l'endurer. J'ayme mieux vous donner la confirmation de la bataille que vous aurez desjà veuë gangnee par le jeune Braumzvik à laquelle fa valeur a contribué, le foldat plus [que] le Capitaine. On met les mort à 10000 hommes, à 12 canons, & l'argent des montres pris à 300000 talars. Voftre...

XXVII.

A M. LE CONTE DE LA SUZE [A BERNE].

Monfieur, je n'ay garde de conter entre les nouvelles les tefmougnages que vous me donnez de voftre affection envers moy, ce ne font que les fuccez de mes attentes, & certaine efperance en voftre charitable probité. Quant au bruit de Lofanne, c'eft une friponnerie qui vient de ce lieu; il euft efté bien malaifé de me perfuader telles chofes de M. le Colomnel Peblis, tant pour les honorables propos qu'il m'en a tenu, que pour la fuitte du project. Je cederois bien plus volontiers la gloire d'ingenieur, à quoy je ne fuis qu'empyrique, que celle de donner ma vie pour la defenfe de ces utiles travaux. Pour vous entretenir de chofes meilleures, j'ay leu voftre billet de nouvelles. Les Valezans fe trompent en difant qu'il n'y a point de forces au tour de Milan; mais fi les nouvelles que nous avons de devers Vienne continuent, ces bandes feront pour prendre la volte de Baviere. Pour le Duc voifin, on n'en peut difcourir que vainement. Nous avons eu du Nationnal quelques lettres d'un ftile bien nouveau; s'il y a avec Mme la Conteffe, quand elle paffera, quelqu'un à qui je puiffe confier le jugement que je fais de ce langage, vous l'aurez par luy. J'ay auffy eu lettres d'un homme d'affaires fur un envoyé de la part du Roy de Boheme au Roy de France, avec des refponfes du dernier, portant quelques reprehenfions du paffé, allegation du fecours envoyé, demande d'eftre plus acertené des deffeins cy aprez, & le refte eft de promeffes conditionnees. Vous faurez cela mieux que moy; mon loifir n'occupera pas davantage vos grandes occupations. Commandez & inftruifez, Voftre...

XXVIII.

A M. LE DUC DE ROHAN.

Monfeigneur, on demandoit un jour à feu la Garenne pourqoy il eftoit fi curieux de faire nourrir fes deux garçons en Almagne : il refpondit avoir apris du plus favant homme du monde que toutes les affaires de l'Europe fe devoyent demefler entre les Almans. Il semble que Dieu veille encor remedier aux malheurs de l'Occident par diverſions de l'Orient, comme il fit l'an 1572. Il n'eſt pas que vous n'ayez oüy dire que l'eſtat de la Poulougne que je n'oſe vous eſcrire, pour les impudentes mentries que nous recevons tous les jours avec conſentement de ſept ou huict endroits, confirmees & imprimees bien ſouvent ; je vous en rendray meilleur conte dans le mois prochain, Dieu aydant. Ce que nous avons pour ceſte heure eſt une revolte generale de la nobleſſe de Poulougne : premierement la Huguenotte qui eſtoit trez rudement traittee, & puis de la Catholique, pour cauſe que je ne ſay pas. La principale fiance eſtoit en une armee, la plus part de Coſſaques, leſquels eſtants à la frontiere ont tué leur Chancelier ou Conneſtable : (vous ſavez que ces offices ſont confus), & puis ont marché pour ſe donner au Roy Gabor, (car ceux qui eſcrivent ne luy donnent aultre titre). C'eſtoit ſur la ſaiſon qu'il avoit rendu toute la Syleſie, & preſque toute la Moravie ſienne, obſervant pour le dernier pays qui ne luy a point reſiſté de ny faire entrer aucun Turc, ny Tartare. Vous aurez oüy dire ſon progrez vers Vienne, la desfaicte des forces de l'Empereur campees ſur le fleuve Iglaf pour ne l'avoir ſeu paſſer, & comment la faim avoit preſſé ceſte armee de perſer la pique baſſe, à qoy ils furent accablez, ny ayant que le Conte de la Tour & la cavalerie de l'avant-garde. Voicy ce que nous avons ſeu depuis, qu'y ayant grande quantité de priſonniers, & entre ceux-là le Marquis de Montenaigre General des Heſpagnols, & Dom Baltazar Mareſchal de camp general, que l'on dict eſtre mort de ſes playes, le principal Bacha de l'armee que quelques uns veulent eſtre un Wizir, voulut envoyer tous les prifonniers de marque à Conftantinople : ce que pour empefcher, Gabor defploya au confeil fa commiffion du Grand Seigneur & lettre à tous les chefs, pour luy obeir abfolument avec cette claufe, que luy feul avoit les volontez fecrettes du Grand Seigneur. A cefte lecture, le Bacha qui donnoit le mot auparavant, fortit de la premiere place du Confeil, fe profterna devant l'autre & s'alla mettre au deffous de luy. Je n'oferois vous dire le partage de l'armee en quatre, une partie qui a faict le premier effect, l'autre fous Budeani qu'on efcrit avoir pris Vefprinium, de laquelle les terres ne font qu'à trois journees de celles de Venize. Le Marquis de Heguerdof a un' aultre partie pour menacer la Styrie & mefme la Baviere ; le refte demeure auprez du Roy. Encor ne faurez vous point par moy les fauls bruits de Pragues, comme je vous prie de ne croire rien qu'aprez les confirmations.

Voicy ce que nous pouvons vous dire plus affurement : c'eft qu'un regiment que Leopold avoit encores laiffé vers Conftance, & celuy du Conte de Sulz qui gardoit les Grifons avec le Colonnel, s'en vont à grandes journees vers le bord du Danube pour gangner l'Autriche, & Leopold a envoyé en diligence relafcher au profit des Baflois la deffenfe des bledz & les gardes qu'il avoit eftablies en tous fes pays.

J'ay nouvelles de l'Ambaffadeur Cavaffa pour lefquelles je pourrois bien vous envoyer un homme de creance fi elles continüent, pour vous convier à prendre le temps que il dict n'avoir jamais efté tel pour efmouvoir fes maiftres à entreprendre & dependre comme il fault. Si j'avois auprez de noftre Roy le quart du credit que le pere m'avoit donné, j'efpererois luy faire un des fignalez ferviçes que pauvre foldat ait jamais faict à Prince : mais Dieu ne permettant pas qu'il y ait oreilles pour nous, j'oferay feulement vous dire que cefte bonne volonté eftant convertie en quelque commancement d'action, nous verrions accourir à noftre befongne des multitudes que je n'ofe vous dire. Si M. Locar eft encore à Venize, branlez luy le mors pour tafter les nouvelles penfees du lieu : & fur ce poinct viendroit bien à propos l'homme exprez que vous m'avez promis de m'envoyer. Voftre...

XXIX.

A M. DE BREDERODE [1623].

Monfieur, il ne fault point ayder à voftre memoire fur nos derniers propos, lefquels il femble que Dieu veille rendre efficacieux. Voicy ce que peut dire ce papier : fi la mutation eft telle en Almagne comme on commence à nous faire favoir, & que fur les progrés de Gabor quelques Princes & quelques Republiques effayent à relever l'enfeigne d'Ifraël, ceux qui auront levé les mains quand Dieu nous tend les fiennes, ceux qui premiers recevront de Dieu la prudence & le courage, & qui en feront part les premiers au teftes & aux cœurs capables d'un tel prefent, ceux là, dis-je, ne pourront manquer d'un grand contentement à leur confciences, & de ce qui a nom falaire au ciel. Je ne vois homme en l'Europe à qui Dieu ait donné plus de conditions propres pour lier nos defirs & actions que vous. Nous avons à refpondre d'un talent, & vous de dix. Pourfuivez, au nom de Dieu, ce que vous avez bien commencé. Je ne puis vous celer que quelques perfonnes publiques ont envoyé vers moy pour s'affurer de deux chofes : l'une fi je pourrois refpondre de bonnes & guaillardes forces de France pour travailler en Almagne fur la bourfe de la Sereniffime Seigneurie, fur le jeu de laquelle il avoit nouvelles & grandes affurances; l'autre poinct eft s'il fe pourroit affurer de mon fervice. J'ay montré pour le premier les efcrits de quatre Marquis & de cinq Colomnels qui ne font de guere moindre eftoffe, & les prieres qu'il me font d'eftre leur œuil pour les faire employer, mefmes en diminution de leurs charges. Ainfy je les ay affurez de ce cofté là, n'y ayant apparence que le Roy n'ait trez agreable cet employ, & ay desjà depefché en Daufiné, Bourgougne, Languedoc & Gafcougne, auffy avant que la depefche receue me permettoit. Pour moy je me fuis reftreinct à beaucoup moindre prix qu'on ne me mettoit de ce cofté là, mais promis de donner ma vie & d'efpoufer la condition qui me pourroit donner un' honorable mort fous un maiftre qui ait l'entendement de fe laiffer bien fervir. Si ce que je vous conte eftoit plus en forme, je pafferois plus avant aux particularitez; c'eft affez pour cefte heure de vous montrer que vous n'eftes pas feul en la befougne de Dieu. Je ferme cefte lettre en chantant: *O qui & quand de Sion fortira pour Ifraël.* Honorez de vos nouvelles & commandemens... Voftre.

XXX.

A M. LE BARON DE SPIETZ.

Monsieur, vous m'avez obligé de me faire savoir l'estat des Grisons. Si les affaires se descousent vers Hongrie, il ne fault pas douter que vous n'ayez vostre voisin plus garni de desseins & de forçes qu'au temps passé : cela vault la peine d'estre seu de bonne heure, car Dieu vous donne grands moyens de vous deffendre, pourveu que la surprise n'ammene pas la consternation. J'ay desiré le voyage que vous faites, afin que vous vous souveniez de ce que j'ay dict & escrit touchant vostre maintien par campement. Les choix en seront à M. le Conte & les dispositions à M. Tritoran, & à vous le jugement des prevoyançes qu'il fault pour cela, ce que je ne partage pas entre vous de façon que vous ne soyez tous trois puissants en chascune des trois charges : mais c'est selon le trez propre : & à tout je cree quatre magasins de bled en Suisse ; vous ne pouvez vous repentir de l'amas, oüy bien du contraire. Prenez en bonne part ma passion, car je suis Vostre...

XXXI.

A M. CAVASSA, AMBASSADEUR DE VENIZE [1623].

Monſieur, les nouvelles eſtant deſgelées, il fault que nos plumes le ſoyent auſſy, & maintenant que les affaires ſemblent prendre un nouveau viſage, tant par les bonnes nouvelles que nous venons de recevoir d'Angleterre & que vous ſaurez mieux que moy. Le principal des poinćts reſolus eſt la reconqueſte du Palatinat laquelle ſe pourra faire des nations Teutoniques & Angloiſes, & cela nous rendra la main gauche hors de jalouſie. Mais ſi la France a purement reſolu, & ſi elle garde fermement le deſſein pris ſur les parties de deçà, c'eſt aux François, Venitiens & Suiſſes à coudre ceſte beſougne qui ne ſera pas ſans piqûres, le plus grand danger ſe trouvant à enfourner. Je crains pour la premiere difficulté, que les eſgards & interetz de chaſcune des trois pieces ne ſe laiſſe pas aiſement lier en un bouquet bien fait; maudit ſoit à qui il tiendra. M. Durant & moy en parlons familierement, & craignons bien qu'on n'employe à la correſpondence les eſprits de diviſion, & au reſtabliſſement ceux qui ont fait les ruines que nous voulons reparer. C'eſt ce que peut porter le papier à la naiſſance d'un ours qui n'eſt pas encore leché. Honorez de vos nouvelles & commandements Voſtre...

XXXII.

A M. CAVASSA, AMBASSADEUR DE VENIZE.

Monſieur, un mien amy qui a eu part aux affaires depuis la derniere mutation m'ayant eſcrit deus fois des affaires qui branlent, & de toutes douteuſement, j'ay eſtimé devoir laiſſer les doubtes, & vous faire part ſeulement de deus poinƈts, qoyqu'il ſoit difficile d'adjouſter rien à vos bonnes cognoiſſances. Le premier poinƈt eſt que la Royne mere a pris telle part à l'adminiſtration, qu'elle peut plus que tous en la reſponſe qui ſe fera aux Ambaſſadeurs extraiordinaires, leſquels on n'a point voulu ouir qu'elle ne fuſt arrivée. Pour l'autre poinƈt, mon amy diƈt ainſy : le different des Griſons ſe compoſera tant plus aiſement qu'eux ſont les moins conſiderables en leurs affaires, comme en ayant quitté leur eſperance & leur part. Les neceſſitez que l'Heſpagne aura de pacifier la fera contenter de ſa commodité, le Pape de l'honneur, & la France d'une apparance. Mais ſi ces pauvres Griſons euſſent eu le cœur & les reins pour prendre part en l'affaire ſur la grande diſtraction & engagement des forces Italiennes qui ſemblent s'aller faire en Flandres, au Palatinat & en deux autres lieux, on diƈt que pour peu de partage qu'ils ſe feroyent donnez, pourveu que ſolidement, leur part du tout euſt eſté la plus conſiderable. Il s'entend davantage ſur cela juſques à exprimer que deux cent mille eſcus d'aſſiſtance en prenant bien la ſaiſon, pourroyent remettre ces pays dedans deux ans en eſtat qu'eux & leurs voiſins doivent deſirer. C'eſt de qoy peut entretenir pour ceſte heure noſtre correſpondance. Voſtre...

XXXIII.

A M. DE BREDERODE [1623].

Monſieur, nous avons receu la nouvelle de la paix de Gabor ſelon ſon importence, & puis la ſeconde meilleure nous a grandement relevez; c'eſt un grand cas que cet affaire ſi eſlougné ſoit en effect ſi proche : c'eſt ainſi que les coups du talon ſe ſentent premierement dans l'occiput. Nous attendons avec impatience à quoy ſe reſoudra ceſte grand criſe qui ſe joue ſur l'eſchafault de Paris. Pleuſt à Dieu vous en pouvoir dire mon opinion à l'oreille. Voicy ce que j'en puis commettre à ce papier : c'eſt que je vous conjure de ne vous deffaire d'aucune de vos anciennes maximes : elles ſe trouveront veritables, & les nouvelles frauduleuſes. Je n'adjouſteray à ce billet que la commemoration de nos derniers propos. Si j'avois une plus commode voye, je vous ferois part d'un affaire qui n'eſclatera que trop. Voſtre...

XXXIV.

A M. VERAS, SECRETAIRE ET CONSEILLER
DU ROY DE BOHEME.

Monfieur, me fouvenant du foin que vous avez eu de m'efcrire, j'ay donné ce billet à cefte occafion pour vous dire que je m'eftois preparé un voyage & un homme de Nurembourg pour me guider vers M. le prince d'Anhalt, quand je feus fon partement pour Vienne. Les mauvaifes conditions des Almans font, oultre celles que vous favez mieux que moy, qu'ils ont hay le fecours qui, different de langue, ne l'eftoit pas de caufe : ils ont offenfé avec refpect, l'efpee & le chapeau à la main en mefme temps, banny trop toft l'efperance, oublié les cruaultez de ceux aux pieds defquels ils fe jettent, & que les foumiffions des ennemis qui ont arboré les enfeignes, ne font plus qu'apeler au galop le mal qui ne venoit qu'au pas. Excufez ces paroles en l'amertume de mon cœur qui defire ma mort. Voftre...

XXXV.

A M. DE VULSON.

Monfieur, pour ce que vous eftes trop empefché à feftiner M. le Conneftable & les fiens, vous ne le ferez guere à lire ma petite lettre qui vous requiert refponfe à quatre poinêts : le premier, fi le Marefchal de Vitry, comme on dict, eft de la troupe ; le fecond, fi meffieurs de Monbrun ont fait la reverance à M. le Conneftable ; le tiers, fi M. de Bulion en jouift tousjours ; & le quart, fi ce brave vieillard ne montre point quelques fentiments à la veuë de fa patrie de retourner *quafi jure poftliminii* au chemin de la Celefte. Honorez de voftre peine & charité Voftre...

XXXVI.

[SANS SUSCRIPTION.]

Monfieur & trez cher frere, la mifere generale eftant trop veritable, & ne voulant dire que le vray, ma lettre ne peut eftre agreable : & toutefois il eft bon de ce condouloir pour ce que l'amas de nos penfees fur le paffé produifent quelque fois & méfme les confeils. On nous donne encor le mariage de voftre Prince pour incertain : & pour ce qu'il fault parler de ces chofes en crainte, je voudrois que vous euffiez leu un difcours que Henry le Grand, mon Maiftre, fit amaffer par M. Dupleçis fur les malheureux exemples des mariages des Roys attachez aux races royales & baftis fur l'efperance de fecours : & d'autre part des exemples de leur mariages choifis aux excellentes vertus des Dames ou Damoifelles qu'ils ont menées fur le throfne. Durant ces incertitudes Tilly met en frayeur le Rhein, les Almans ployent les genoux tremblants, & fubiffent le joug à pedaçes. Dans toutes les villes des Suiffes, & en quelques aultres, la crainte de la maifon d'Autriche la rend venerable, & la faict eftimer mefmes aux difcours privez. Quelques Roys ont inftruit les mediocres, & ceux là les moindres à telle dangereufe adoration. Encor y a cefte difference, qu'il y auroit moyen par quelques bons exemples de relever les cœurs des petits, pour ce qu'ils ne font tombez de guere hault : mais ceux des Roys font des cheutes incurables, & la haulteur de leur precipice ofte l'efpoir de leur relevement. Je me mets du rang, en mattiere de courage & non de grandeur, d'une troupe de mediocres qui feront bon marché de leur vies pour toucher à la main des affligez & participer à l'honneur de leur reffources : mais ceux qui font prudence de lafcheté rendent criminelles nos premieres deliberations. Or en attendant le fentiment qu'aura la France fur l'exaltation de fes ennemis, nos yeux pleurent, nos genoux fe ployent devant Dieu, & la faifon de fermer les poings s'enfuit. Payez mes fafcheux difcours de quelque bonne nouvelle de voftre Albion, fans oublier celle de voftre perfonne & famille que je voudrois avoir veuë de mes yeux (comme les tableaus me font bonne compagnie,) & que ce fuft à une bonne occafion. Honorez de voftre amitié Voftre...

XXXVII.

A M. DE BULION.

Monſieur, ſachant que M. le Prince Chriſtofle vous porte un recuil de ce qui s'eſt paſſé depuis un mois & de ce que nous ſavons ſe prattiquer aujourd'huy vers le Rhein, je me contenteray d'y adjouſter ce que je receus hyer de Berne confirmant les meſmes choſes, & y adjouſtans qu'il y a entre les Suiſſes Proteſtans une deliberation ſur le bureau d'armer de tout poinct pour aller au devant de Leopold, ou au moins d'aller les premiers ſaiſir quatre villes qui lui apartiennent, dans leſquelles ils ont advis qu'il veult diſtribuer ſes forces pour les mettre à leur perfection. Vous aurez ſeu la priſe de Sondrio par force, & de Morbeigne par la ſurpriſe d'Uliſſe.

Pour les deux commiſſions deſquelles vous m'avez aporté la joye & l'honneur, vous ne doutez point que l'une & l'autre ne ſoit pleine de difficultez; je travaille à toutes les deux, plus craintif de pecher par diligence que par retardement, cependant je ne puis laiſſer aller ma lettre ſans vous ſuplier de tout mon cœur de vouloir regarder & ordonner à quoy M. le Conneſtable me voudroit honorer de ſes commandemens. Je vous dis dernierement l'offre avantageus que j'avois reçeu de M. le Marquis de Baden avec actions de graces & acceptation, ſi le Roy l'employe. Il me tarde que je n'aye quelque choſe digne d'eſtre eſcrit à M. le Conneſtable; en attendant je vous fupplie de redoubler voftre obligation envers moy en m'inftruifant & vous fouvenant d'un efcu de penfion que j'avois faict demander, pour eftre obligé au Roy des devoirs de domeftique auffy bien que de trez fidelle fubject, & en ce qui eft de voftre fervice particulier, je vous fuplie d'honorer de vos commandements Voftre...

XXXVIII.

A M. LE CONNESTABLE [DE LESDIGUIERES].

Monfeigneur, ce n'eft ny pareffe, ny faulte de recognoiftre l'honneur de vos commandements qui m'a rendu un peu long à y fatisfaire : c'eft que j'ay foupçonné la diligence dangereufe en telle chofe, & me fuis trouvé bien empefché à rendre conte de l'ame de plufieurs par la bouche de peu. Voftre obligé y a fervy dextrement & fidelement. J'efcris à M. de Bulion les particularitez qui fe peuvent par un meffager incapable de porter fecret, gardant le refte quand il vous plaira le faire prendre par un des voftres. J'attends impatiemment qu'il vous plaife mettre la main fur mon obeiffance, & honorer de vos defirables commandements, Voftre...

XXXIX.

A M. LE CONTE DE LA SUZE.

LE 11/21 DE JANVIER 1625.

Monsieur mon trez honoré fils, il y a quatre ou cinq mois qu'on m'avoit fait esperer l'honneur de vostre abouchement, comme aussy de M. l'Advoyer Grafferier & puis de M. le Baron de Spietz. Les affaires generauls & particuliers m'ont frustré de ceste attente, & non sans regret, pour ce que j'avois à vous communiquer quelque chose qui estoit importante, & l'est encores plus que je ne voudrois. Tout s'est passé jusques icy comme vous avez veu à vostre contentement, & de ceux qui vous y ont servy. Pour ce qui est arrivé depuis peu, & qui se presente pour l'advenir, je vous feray participant de ce que j'en auray quand il viendra, & peut estre dès aujourd'huy.

Je viens maintenant à ma derniere depesche sur la quelle je receus hyer vostre agreable responses. Je vous supplie de tout mon cœur de faire que par ces Messieurs & par vous je ne soye conté ny pour requerant ny pour conseillant, mais pour simple expositeur de la charge qu'on m'a donnee, joincte avec un' aultre commission de laquelle vostre response me descharge bien aifement. J'avois bien tousjours estimé conjoinctement avec le prudent Seigneur qui vous porta les miennes, qu'on aymeroit mieux la seureté des conditions presentes que le peril de la nouveauté, & avois philosophé pourquoy

Dieu a logé les elements humides & froits entre la region du feu & de la terre, à favoir pour en empefcher l'embrafement. Or fans faire le phificien plus avant, ma refponfe fe fera avec le fecret qu'ils y voudront garder; Dieu conduira le refte. J'avois hyer ceans un homme d'affaires & d'execution qui eft M. de La Saludie. Il m'aprit que le regiment de 22 compagnees qui eft fort plein & fort beau, & qui s'attendoit d'aller trouver M. le Conneftable pour paffer les monts, & duquel ce Seigneur faifoit eftat de valoir 4000 hommes & s'en fervir comme de fes hardes & reprefenter le quartier du Roy; ce regiment, dis-je, de Normandie a receu depuis trois jours deffenfe de partir, & doit demeurer encor en fa place, pour fervir à ce que nous ne pouvons favoir. Le mefme ordre avoit efté envoyé à celuy de Chappes; mais on l'a fait marcher diligemment, & eft avec celuy du Conte de Sault, dans le miferable pays de Pragues, au grand regret des logez & des logeans, fi bien que j'ay lettres de Turin qu'un feul François n'a encor logé fur les terres du Duc. Vous penferez là deffus.

 J'adjoufteray un mot de mon particulier. Je ne puis vous mentir que ma piece du milieu ne fe pourroit accorder avec mon loifir, & mon inutilité, fi la tefte ne la faifoit taire, en luy alleguant la bienfeance de mon aage, & l'accouftumance que j'ay prife de me laiffer mener au bon conducteur fans gronder; j'ay maintenant crainte d'eftre trop employé & là où je ne voudrois pas. Le fervice que j'ay voué à vos trez illuftres Seigneurs, & le defir de recognoiftre l'honneur que j'en ay receu, ne peut eftre efteinct ny par dehors, ny par dedans; je vous fupplie de les en affurer. Je n'ay plus qu'un mot fur la lettre de M. de Bouillon : car j'en ay une de luy escritte en mesme temps par laquelle il n'oublioit rien pour me persuader d'aler planter le piquet à Sedan. Si je ne vous envoye point quelque billet de nouvelles par le messager qui part demain, dites que je n'ay rien. Recreez de vos commandements, Vostre...

XL.

A M. DE BULION.

2 APVRIL 1625.

Monsieur, vous n'aurez point oublié le dernier advis que vous avez reçeu de moy, & auquel le temps adjouste deux choses : l'une que l'obeissance de ceux de Lindau a fait qu'on ne leur a point laissé de garnison, l'autre que ce corps qu'ils apellent armee d'Alemagne passe à deux ou trois fois. La seconde flotte marche maintenant, menee par le Conte de Papenheim qu'il a levé vers Trier. Le conte de Schombourg le suit aprez une si avantageuse capitulation, quatre regiments ont passé prez de Nuremberg qui enfilent encor le mesme chemin de la Suisse. Toute ceste queuë se vante de 15000 hommes. Il y en aura moins, & hormis Schombourg sont tous culs blancs. A travers tout cela Cavaluschi a tiré 3000 hommes de Vittemberg & va servir les Venitiens. Six autres regiments ont passé à Darmestat & se sont laissez deriver par batteaux de Cobelens en bas & c'eſt à mon advis ceux qui font tant crier le peuple des Gueldres. Ceux de Berne, ſelon ce que m'eſcrit M. de La Suze, font eſtat d'aporter quelque empeſchement à la derniere partie de ces bandes; Dieu leur en face la grace. C'eſt ce qui m'a fait redoubler, pour ce que à mon advis tout va à Milan pour y faire un gros qui eſt de conſideration. Le Duc de Baviere continue ſes levees, mais ne trouve rien qui vaille. Quant à la Franche Conté, ils ont levé 2500 de pied & 500 chevaux, en compagnees qui ne paſſent point 50 ou 60 hommes, chaſcune deſquelles eſt logee dans une de leurs petites villes ou bourgades. J'ay fait recognoiſtre cela par deux voyes. Ils ſe vantent ſourdement de faire une diverſion en Savoye, & de quelque entrepriſe que l'on eſtime eſtre ſur Chaumont prez du pont de Greſin. Je ne voy pas qu'avec ſi peu de gens ils oſaſſent livrer de chance. Si S. A. en adviſe d'ailleurs (comme j'eſtime) il y a force gens de bien en ce pays qui s'y oppoſeroyent pourveu qu'avec ſon gré. J'acheveray en vous diſant que voſtre guerre pourroit bien en quelque duree, & vos armees ne pouvant pas eſtre par tout, vos ennemis pourroyent bien uſer de diverſion. En ce cas là je vous prie vous ſouvenir & faire ſouvenir que je ſuis homme de ſiege & ſans capitulation. Si cependant le ſoin que je prends de donner advis eſtoit importun, je vous prie m'impoſer ſilence en bien uſant du deſir que j'ay de me montrer, & ſurtout en voſtre juſte & glorieuſe expedition... Voſtre...

XLI.

[A M. LE CONTE DE LA SUZE?]

Monsieur mon trez honoré fils, je n'ay que cela à vous donner & à respondre sur le doute que vous m'escrivez pour la droite ou la gauche ou l'avance droit à Milan que doivent prendre les troupes imperiales : j'estime qu'ils feront le dernier pour une raison que vous peserez s'il vous plaist, c'est qu'ils reçoivent leur ordre de loin, là où les desseins generauls l'emportent, & d'où l'on ne voit pas les petits avantages qui vaudroyent quelque fois bien la peine de quitter le droit fil de l'obeissance ; comme ils n'ont point un chef de telle estoffe qui oseast s'en faire à croire & glauser sur le commandement. Vostre...

XLII.

A M. DE BULION.

LE 18me JUILLET 1625.

Monsieur, pour ce qui est des gens lesquels vous blasmez par vostre lettre, je me tiens au droit & au tort que leur donne M. le Connestable par une lettre qui court escritte au Baron de Coupet ; si j'ay esté homme de bien, j'en ay dit mon advis où & comme il falloit, & à ce jeu, perdu une amitié efprouvee de trente ans : c'eft affez pour cela. Vous pouvez vous fouvenir, Monfieur, que le defir de fervir en la haulte & noble entreprife où vous eftes employé me pouffa à vous efcrire en valet qui cerche maiftre : & en cela defrogeant à ma gloire particuliere jufques à me vanter d'eftre homme de fiege & fans capitulation (comme je vous ay efcrit), je prenois la caufe d'offre fur les diverfions qui eftoient à craindre en l'eftandue de vos conqueftes.

Or maintenant que cefte mefme bonne volonté pour des caufes plus generales fe prefente, je prends argument fur les deux dernieres lignes de voftre lettre, que ce me feroit un honneur fouhaitable de mourir en bien faifant, non avec, mais foubs le plus redouté Capitaine de l'Europe. Je reprendrois joyeufement la petite efpee que j'ay mife au crochet, & forcerois toutes les incommoditez de l'exil, de l'aage, & de la pacifique condition que je fuis, avec la diligence & vigueur qui fe peut. Voyez en voftre particulier ce que pourra fur vos commandemens Voftre...

XLIII.

[AU DUC DE ROHAN?]

Monfeigneur, voftre bonne opinion de moy me confere trop d'honneur en me communiquant non feulement vos affaires, mais ce qui concerne la Creftianté. Vous excuferez ma franchife en vous refpondant avec affurance, & la bonne affection qui m'a ôté la cognoiſſance du pouvoir par celle du devoir, & mon eſprit deſtraqué des affaires a preſté obeiſſance au cœur deſireux qu'elles allaſſent bien. Vous trouverez en mes raiſonnements que j'inſiſte beaucoup ſur la difficulté de perſuader à tous que l'affaire marche de bonne foy, c'eſt pour ce que aprez un grande orage on ne peut ſi toſt quitter le manteau; la confiance, & la deffiance ſont difficiles & ruineuſes eſgalement. A cela les gens de bien aportent ceſte diſcretion de n'eſtre, par leurs meſfiances, obſtacles au bien, ny par leur confiances dengereuſes, inſtruments de malheurs. Or je trouve que ce n'eſt pas un petit ſervice de donner les moyens de ſe confier ſur des marques qui ſont juſtes, neceſſaires & faciles, qui conferent beaucoup, & ſont de l'eſſence du deſſeing. De ceſte ſorte, je puis maintenir les trois qui ſont en mon diſcours : & puis la particularité des congez de guerre par nos oſtes & ſur tout aux Rochelois avec la retention des bledz eſt de beaucoup plus grand effect que pluſieurs ne penſeroyent. Si cela s'obtient, je vous mettray en main l'affaire que j'avois entrepris ſur le grand deſſeinz du feu Roy, & duquel M. d'Eſquules ſe pourra ſouvenir ſi vous en conferez avec luy : pour cela meſme j'euſſe déſiré faire la reverance au Roy, & avoir l'honneur de voſtre abouchement ſans l'ereſipele que vous me viſtes à Loudun, & qui ne me manque point à la fin des automnes. Je vous ſupplie, Monſeigneur, reſpondre pour moy, que pour m'eſtre veu dechiré à la Cour & deſpouillé des anciens bienfaicts du plus grand Roy du monde achetez bien chairement, la vraye pieté m'aprend à ne laiſſer pas de vouer mes derniers ans à meſme uſage que les premiers pour le ſervice de mon Roy fans le confentement duquel j'eufle accepté les charges qui euffent honoré mon fepulchre entre les Grifons. Maintenant je fuis difpofé felon les commandements que je recevray à me regler à un heureux refus, ou à un honorable travail qui me fervira de refponfe s'il peut prouver à quel poinct je fuis Voftre...

XLIV.

A M. MANUEL, ADVOYER DE BERNE.

Monfieur, j'ay apris de vous de quel air on vous convie; je n'ay pas efté d'accord avec le Seigneur du quel vous m'avez fait favoir l'opinion, tousjours refolu à cela, que les fubmiffions amenent le mefpris, & le mefpris la ruine des corps qui ne peuvent eftre cachez derriere foy. On nous efcrit qu'on vous envoyera M. de Brederode. Nous cognoiftrons la face de Dieu retournee vers nous, quand elle y ramenera le zele & l'union qui s'en font fuis de nous au camp des ennemis. Nous ne pouvons vous faire part d'aucunes nouvelles, que nous n'ayons veu quel vent prendra la nuee de Lyon. Dieu veille que ce ne foit point la mefme qui s'amaffa à Bayonne, l'an 1567. Encore que je vous die peu, je vous prie n'en faire part qu'aux fidelles. C'eft Voftre...

XLV.

[AU DUC DE ROHAN?]

Monseigneur, j'ay esté fort joyeux que vous m'ayez donné adresse pour vous escrire. Vous n'aurez de moi que nouvelles septentrionnales, & encor que je ne garantiray pas de toutes leurs circonstances. Il y a deus jours que j'ai reçeu lettres de Berne, & hyer de Basle. Ces dernieres ne m'aprenent que leur fortifications suivant le plus petit de mes desseins. Un des Seigneurs qui m'escrit a veu Leopold qui en sa grande maladie n'a voulu souffrir qu'aucun Jesuitte ait mis le pied en sa chambre, comme ayant plus de besoin de remedes que de confessions. Il demande passage à ceux de Zurik par un lieu fort dangereux. La maladie est en ses troupes. Ceux de Berne m'aprenent deux choses : l'une la grande negotiation qu'un Hespagnol nommé Basso a faicte au pays de Sion, où il s'est ancré. Sous couleur de traitté du sel il a mis par l'ayde des eclesiastiques & par presents ces gens là sur le poinct de tourner le dos à la France & tendre la main à Milan & recevoir l'inquisition. C'est grand cas qu'ils ont banny ceux de la Religion de leur pays & ne veulent pas recevoir le Calendrier nouveau : & encore ont declaré à leur Evesque qu'aussy tost qu'il auroit accepté un chappeau rouge qu'on luy presente, ils le banniront de leur pays. Les petits cantons les ont poussez à prester serment à Milan. L'autre nouvelle merite plus de vous [estre] escritte; elle est de mesme main que la lettre que je vous envoiay : c'est que les Cantons evangeliques ont refolu de n'envoyer point à Paris contre les fuafions de leurs amis. Il y a cinq femaines que je ne leur ay efcrit de peur des mauvaifes explications; j'ay feulement dict de bouche à un qui les a veus, que fi l'armement contre Milan eft veritable, que l'affociation ne leur pourroit eftre qu'honorable & utile, & que fi le Duc fe trompoit en fes deffeins, l'armement des 6000 hommes qu'on leur demande eftoit bien à propos. M. le Veillieux a efté au lict vintg jours.

XLVI.

A M. LE DUC DE CANDALES.

Monfeigneur, j'ay entretenu privement M. de La Fontau par lequel vous aurez nouvelles de divers endroits : & particulierement les dernieres & plus feures des combats de Xaintonge. Si Meffieurs de Venize trouvoyent bon de faire un coup d'Eftat en Almagne, fuivre le commencement d'une profperité & au poinct que le vifage des affaires fe change, en changer auffy le corps, ils trouveroyent icy un Prince, Capitaine & Soldat, desja logé dans le milieu des affaires & qui a combattu quand les autres fuyoyent, & moy qui fuis condamné à un fuportable repos, fi mon cœur s'accordoit à mon age. Je ferviray de prier Dieu pour la benediction de vos actions...

XLVII.

A M. LE CONTE DE LA SUZE.

Monsieur mon trez honoré fils, si j'ai esté un peu tardif à vous donner des nouvelles du Rhosne, c'est la crainte d'estre porteur de mentries, car quelque protestation que l'on face de ne pleger point, & quelque distinction que l'on puisse representer du vray semblable, du douteus & du faux, on s'en prend tousjours à l'organe, & aussy si je me fusse hasté de vous donner ce que j'avois receu, vous y eussiez trouvé une deffaicte du regiment de Picardie, une de 300 chevaus qui venoyent au Pouzin, comme aussy de la prise de Bays sur Bays. Ces trois articles sont demourez en croupe & n'ont pas continué. Voicy ce qu'on certifie : la prise du Pouzin par Brison. Il y avoit dans la ville des Suisses, & en le chasteau un parent de Mme la Connestable. Quelques uns veulent qu'il y ait eu quatre heures de combat. J'ay envoyé pour les particularitez, pour aussy savoir quelles sont d'autres petites places prises en ces quartiers. On redoubte aussi la prise du Crest en Dauphiné par ceux de Gouvernet, qui ont aussy Mévouillon. Les Lyonnois assistez de Saint Chaumont & de Maugiron voulurent promptement penser à serrer le Pouzin avant qu'il fust accommodé des necessitez d'un siege, lesquels ceux qui s'estoyent sauvez pouvoyent raporter fidelement; mais un homme de marque de Lyon qui n'est point Huguenot nous a apris que trois chofes avoyent rompu ce deffein : l'une, que les preneurs avoyent tenu prets dans Privas toutes munitions de guerre & de gueule, & cela dans vingt quatre heures logé dans le Pouzin ; la feconde incommodité, eft la pauvreté de foldats, tout eftant à la guerre au dehors, & la groffe garnifon qui leur euft difputé le chemin ; fi bien que Saint Chaumont s'eft contenté avec ce qu'il avoit de fe jetter dans Tournon, où les Jéfuittes avoient pris l'effroy ; la troifiefme raifon eft que M. le Conneftable, vers lequel M. de Villeroy eft allé, leur a confeillé de faire halte avec quelques promeffes de remedier à tout. Là deffus, imaginez vous les difcours qui fe tiennent à la Banque de Lyon, & dans lefquels je me meflerois fi c'eftoit de vive voix. Ce qu'il y a de pris en Daufiné fera voir les demarches de M. le Conneftable lequel on nous efcrit avoir arrefté les premieres troupes de M. de Longueville. Voilà pour le voifinage ; mais je vous veus donner *una fatta nuova* que le marquis de Baden, duquel je vous envoye un paquet, me communiqua hier par le prince Chriftofle fon fils. L'Ambaffadeur Wak luy mefme efcrit que pour certain le Pape a fait une declaration publique pour le party hefpagnol, prenant fon fondement fur ce que l'autre party s'allioit & fervoit des heretiques. Ils en ont eu courrier exprez du Prince Cardinal lequel mande s'en devoir venir bien toft accompagné de l'Ambaffadeur de France. Voilà de quoy exercer voftre bon efprit, quel mal, ou quel bien cette nouveauté produira : pour le moins ceux qui ont pour devife *per noi fa garbuggio* en efpereront. Les deux Antagoniftes de la Cour en concevront des efperances par des voyes bien diverfes, & fans doute un des deus y fera trompé; pour moy n'en attendez pour cette heure que le commancement du Pfeaulme 39.

On m'efcrit & de bonne part de la Cour que le changement de Seguiran en Soufran paroift en ce que le Roy va fouvent au logis du Cardinal de Richelieu, quand il ne peut venir au fien. On m'efcrit que le Roy ayant tout à plat refufé d'entrer en la ligue offenfive fur la demande faicte ouvertement & expreffement par le Seigneur d'Arfens, que l'Ambaffadeur de Savoye a pris le pofte le mefme jour pour aller à Londres accepter pour fon Maiftre cette condition. Il a parlé ainfy à celuy qui m'efcrit. Maintenant on parle au refus du Roy d'eftre chef de cette ligue, que la place tombe au Roy d'Angleterre. J'oubliois de Turin, que les forces du Pape devoyent aller à la Valteline pour reconquerir. Vous aurez feu de la Cour les boutades du Cardinal de Sourdis, defquelles il a demandé pardon, fon bonnet rouge aux pieds du Roy, & depuis, les chipotries du clergé en fignant le contrat des 500000 efcus pour le fiege de La Rochelle, la compagnee menee par le Cardinal de la Valette, les quatre commandemens contraires l'un à l'autre obtenus par les deux Antagoniftes avec leurs paroles de querelle, durant lefquels commandemens contraires d'arrefter, ou d'advancer : & cependant qu'on a envoyé querir les deputez Rochelois pour renover le traitté, ils ne laiffent pas de pourfuivre le fort qu'ils ont mis en deffenfe. Vous aurez feu auffy comment le Marquis de Portes ayant fait prendre le chafteau d'Alez par deux Confuls, le Duc de Rohan l'a repris à la veuë du fecours, & pour conclufion comment la flotte qui eftoit allee au fecours de l'Abbaye de Todos Santos a pris l'ifle de Porto Ricco, comme on efcrit qu'ils eſtiment autant que ce qui s'eſt perdu. Tout ſoit dict ſans me rendre pleige, mais aſſez pour vous donner de l'exercice comme doit, à ſon trez honoré fils, Voſtre...

XLVIII.

Monſieur, on ne peut vous obeir en vous donnant un role des hommes d'Eſtat du ciecle, qu'on ne deplaiſe à pluſieurs : & puis vous le demandez de toute l'Europe occidentale, mais à la charge de reparer mon oubly par la correction des plus adviſez.

L'Almagne nous donne d'entree deux grands Empereurs de la maiſon d'Autriche, à ſavoir Charles le Quint & Maximilian : l'un grand à conqueſter & l'autre à conſerver. Je vous donne aprez Maurice de Saxe, duquel ſi vous conſiderez la ruſe & la longue trame, il ne doit rien à pas un des deux : vous avez aprez. . . . .
. . . . . . Electeur Palatin, & entre les moindres, un habile ſerviteur de cette maiſon nommé Beutrec. Mon *Hiſtoire* vous dict quelque choſe de tous ceux là : . . . .

L'Italie ſeroit bien plus fertile de ces eſprits ſi nous les connoiſſions comme les François. Coſme & Laurents de Medicis ſe ſont fait cognoiſtre, & les femmes de ce nom tiennent le premier rang en ce role, teſmoin la Reyne Catherine, & c'eſt à leur ſervice qu'ont eſclatté ces excellents eſprits Machiavel, Guychardin. Les Papes. . . . . Sixte cinquiefme, Clement huictiefme.......... Les Cardinaulds Cajetan...................

Le Roy Philippes.......... & fous luy Efcouardo, Antonio Perez, Eaxis.......... & en ces derniers temps par deffus tous le Conte de Gondemar.

Nous n'avons d'Angleterre que la Reyne Elizabet qui a plus monftré de fageffe à conferver que tous les autres à aquerir. Nous mettrons à fes pieds Walfingan, Cafil.

Au Pays bas & en Flandres ont efclairé pour eftre de noftre age les deux Princes d'Orange, pere & fils, & à leur fervice........... Sainct Aldegonde......................

L'eccellence de ceux là eft de s'eftre exercez contre vent & maree, foibles, pauvres & petits, contre les puiffants, riches, & grands ....
....

Nous voicy en France, où le tableau eft plus large, & nous plus favants : & pour ce qu'il y a eu trois partis, où chafcun a exercé ce qu'il favoit faire, nous les partagerons felon cela............
....

Soubs les Roys François premier, Henry II, & François II, ont paru le Conneftable de Monmorancy, les Chanceliers Olivier & L'Hôpital, & un peu depuis............................

Les Ducs, de Guife, tué à Orleans, celuy de Monmorancy, Morvilliers, l'Evefque de Monluc, Villeroy, les Chanceliers de Chiverni & de Bellievre.

Du party reformé l'Admiral & le Cardinal de Chaftillon, du Rozoy leur Secretaire, le Baillif Groloi, & Aubigné pere de celuy qui efcrit..........
....

I. 18

Ceux de la volee d'aprez ont mefnagé chofes tres difficiles, la Haye, Lieutenant du Poiétou, la Meauffe, Calignon, Clauzonne............
Les miniftres du Nort, Pagefy, Molet........
....

Le Roy, depuis Henry IIII, eft aprez entré en jeu qui a eu befoin de pilottes de tempefte & non pas d'eau doulce : de ce rang a efté le Viconte de Turennes, depuis Duc de Boüillon, le Seigneur de Clervaut, le Pleffis Mornay, le Seigneur Conftant, le Secretaire Pin[1]....................
....

Ceux de la Ligue, defquels je dis, comme des Reformez, qu'ils ont eu à combattre fur eux, aux coftés, & deffous. Les Roys eftablis en leur puiffance, les plus prorhes qui les fervoyent en compagnons, & non en fubjeéts, & les peuples qui font rudes maiftres & infolents : tout cela a efté fupporté quarante ans par les noftres & quelques fix ans par le Duc de Guife tué à Bloye que je mets au rang des hommes d'Eftat, s'il en fut onques. J'ay congneu entre ces negociateurs le Prefident Janin, les Secretaires Chartier, le Seurre, Pericard, & Roffieux. Le premier des quatre, fous un autre maiftre, faifoit les affaires des Guifars.

Quand le Roy Henry IIII a poffedé le Royeaume, il s'eft lors fervy, oultre les anciens, du Duc de Seuilly, du Conte de Chomberg : & entre fes agents d'Almagne on a plus attribué à Bongas qu'aux autres. Si vous me demandez un jour de vive voix pourqoy j'oublie plufieurs Chanceliers & Secretaires

---

1. Tous ces points indiquent des lignes laiffées en blanc dans le manufcrit.

d'Eſtat, je vous le diray librement & non pas en papier.

Pour corollaire, je veus choiſir quelques uns qui ont eſté admirez plus que les autres, comme Morvilliers & Villeroy : car Bellievre que j'ay mis en leur rang a eſté, s'il me ſemble, plus heureux en reputation [qu'en] action. Je vous en feray un petit conte. Ayant l'honneur d'eſtre ſon collegue pour calmer le reſte d'une guerre en Guyenne, je treſſaillois de joye, eſtimant que l'haleine de cet homme là me rendroit homme d'eſtat juſqu'aux dents. Je humois ſes paroles, cherchant en toutes quelque hyeroglife, ou ſens pretieus. Un jour nous eſtions au Mont de Marſan : un courrier nous aporte une grande confuſion & tuerie à Bazas. Je prends la botte avant courir à mon oracle : Je luy demande avec une haſtiveté françoiſe : « *Hé bien, Monſieur, que dites vous de cela ?* » Il eſbranla ſa teſte peu à peu, & puis d'un grand mouvement de hault en bas, & de bas en hault, juſques à quinze ou ſeize fois, il fut une ſeiziefme partie d'heure ſans pouvoir arreſter ce grand nez duquel Raſpin lui a eſcrit :

Non cuivis naſi machina longa datur.

Enfin, *Cum centies abnuiſſet, annuiſſet, nutaſſet nictaſſetque*, voicy ſon advis : « *Que je dis, Monſieur mon Collegue ?* » Et puis il dit trois fois « *Vous demandez ce que je dis : Si fay, je dis vraiment, je dis que, que, que nous ne ſommes pas tous bien ſages.* » Je repars : « *Mais, Monſieur, je demande qu'il faudroit faire à cela ?* » Aprez autant de branlemens qu'à la premiere queſtion : « *Ce qu'il faudroit faire, Monſieur mon Collegue, je vous le vay dire, dit-il, Il faudroit vrayment* » & aprez trois fois : « *Il faudroit que nous fuſſions tous bien ſages.* » Et cependant, on ſe tuoit à Bazas, & fallut remettre d'en adviſer au landemain.

Les uns appellent cette peſanteur marcher à pied de plomb, & nous avons quelque fois dict en compagnee, à pied de veau. Entre les traictez de la façon de M. Bellievre, beaucoup de gens ont hault loué ſa negotiation d'Angleterre, pour ſauver la vie à la Reyne d'Eſcoſſe : on a trouvé excellentes les maximes d'Eſtat qu'il laiſſa eſcrittes ſur le privilege des teſtes couronnees : & moy je dis que tels remedes ſont autant inutiles, que ceux que Rablays fait trouver à Hanſcarvel pour ſa jalouſie. Je dis encore que c'eſtoit faire en homme d'Eſtat, de prattiquer dans le Royaume quelque face de trouble, comme il a paru ſe pouvoir faire : afin de retarder par diverſion, & pour ſauver une vie de telle importance, il ne faloit eſpargner rien de pretieux.

La bande que j'ay miſe aprez celle là marchoit d'autre pied, & en avoit beſoin : entre ceux là eſtoit trez excellent le Secretaire du Rozoy, plus vieux & plus inventif que l'Admiral ſon maiſtre. J'ai apris de mon pere, qu'il lui diſoit quelquefois : « *Vous vous endormez en ſentinelle, vous vous perdez, il y a trois mois que vos gens n'ont rien faict de nouveau,* » & l'Admiral aprit de luy la leçon que vous voyez en mon *Hiſtoire*, quand Genlis vouloit temporiſer, & luy vouloit venir aux mains. J'ai auſſy veu triompher dans les affaires d'Eſtat la Meauſſe & Calignon, & aprez eux le Viconte de Turenne en ſa verdeur; mais à nul ne cede le Roy, mon excellent Maiſtre, ſurtout à ſentir les menees des ennemis, & y trouver des remedes non eſperez; mais il ne ſe fit parfaict à cela que quand il falut mettre le pied à la couronne, car auparavant il haïſſoit les affaires,

& elles l'euffent ruiné, fi les bonnes teftes qui le fervoyent autant intereffees que luy à bien faire, n'euffent porté fon fardeau.

XLIX.

[AU PRINCE DE CONDÉ.]

Monfeigneur, quand je refufay les lettres de Marefchal de camp, que M. le Prince m'avoit envoyez chez moy, quoy que ce me fuft honneur, jufques à ce que l'Affemblée de Nifmes m'euft commandé de les accepter, je me doutois bien quelle en feroit l'iffue, tefmoin la lettre de deux lignes que vous reçuftes à Maziere dattee de Sainct Jean d'Angely. Maintenant vous demandez pourqoy je vous ai quitté à Loudun, mefmes ayant procuration de Meffeigneurs de Rohan, pour figner ou debattre pour eux. Je vous pourrois donner en excufe la bleffure qui me tient au lict depuis deux mois, ou que mon meftier eft de mener une armee, & non pas à la congedier : & quant à la procuration de Meffeigneurs de Rohan, j'aurois bien toft faict de dire qu'ils y font en perfonne, mais pour vous refpondre avec ma nayveté acouftumee, une parole m'a chaffé de voftre confeil, à favoir de demander pardon au Roy, bien que nous n'ayons pas failly, mais par honnefteté, bienfeance, tendreffe de cœur, comme on le demande à un enfant, à une maiftreffe, ou à un malade.

Noftre Roy eft hors de l'enfance par declaration

publique, c'est mal estimer de Sa Majesté de la conter pour malade, & jamais son Conseil & luy ne le font ensemble. Quant à la tendresse de cœur, je l'apelle plus franchement lascheté. Quiconques ploye les genoux au pardon n'a pas les mains capables ny dignes de recevoir la paix.

A ces infimes & infames soumissions, la corde, le pardon, ou l'ausmosne : mais la paix ne se faisant que *mutua formidine* & par interets communs, on peut, on doit refuser la paix à celuy qui demande pardon, par ce qu'il ne peust estre capable de l'un & de l'autre en mesme temps.

On debat la paix par la montre de justice premierement, & puis de sa fermeté : or le pardon renonce à la justice, presuposant crime, ne pose pas les armes, mais les jette par terre, & celuy qui a offensé le Prince, ayant offensé Dieu, quitte sa part du secours du ciel, & de sa propre vertu.

De là est venu qu'en toutes les paix bien faictes on a constamment demandé & emporté cette clause : *Advoüant tout ce qui a esté faict & geré par eux, avoir esté pour nostre exprez service, & bien du Royaume.*

Avec nostre interest marche aussi celuy du Roy : car ce seroit injustice à un Prince d'honorer du nom de paix celuy qui doit condessendre à demander pardon, ce seroit autoriser le vice, mettre à couvert les brigands, defautoriser sa justice, & le Prince qui fait telle paix veust avoir la guerre contre le Ciel.

Si la repentance des meffaits fait joindre ceux qui ont failly, à qoy l'orgueil de la paix au repentant? Si c'est la foiblesse, quel Prince sera si lasche d'embrasser debout celuy qui veust ou doit parler à genoux?

Les paix & les abolitions n'ont rien de pareil : & c'eft pourqoy le premier eft ceelé en cire jaune, comme qui marqueroit d'or les contrats honoraires faicts avec le Souverin : mais on aplique aux pardons & lettres honteufes la cire verte, comme fymbole de la folie du repentant, ou de l'efperance de mieux.

Et quand la demande du pardon feroit tolerable en de legeres pretentions d'Eftat, cela ne peuft etre fuporté en la deffenfe de religion, fi elle eft bonne : fi fauffe, comme le pardon l'advoüeroit, certes il la faudroit quitter en demandant pardon, & sur les allegations de la contraincte & de la neceffité, nos peres nous ont apris par les harangues qu'ils ont faites fur les bufchers qu'il n'y a point de contrainte à qui fait mourir. Nous nous fentons en nos confciences, non la plus fplendide nobleffe du Royaume, mais la plus pure en nos actions, & envers noftre Dieu & envers noftre Roy : & horfmis le petit nombre de Catholiques qui n'a point trempé à la Ligue, nous tenons juftement le refte pour remiffionnaires, fi remiffion peut eftre faicte à ceux qui ont conjuré contre leur Roy au profit des Eftrangers, fans pouvoir mettre en pretexte la perfecution de leur foy, n'y ayant nulles juftes armes contre les Roys que la querelle du Roy des Roys. Combien font loin de là ceux qui fe peuvent dire en verité avoir fauvé la Couronne, ou au moins la tefte qui la devoit porter.

Je viens à l'honneur humain, pour dire qu'il n'y a point de paix pour les deshonorez, mais feulement paction de fervitude. Celuy qui a demandé pardon a mis une bouze de vache fur fa tefte & ne peut plus traitter honorablement.

Voila, Monfeigneur, ce que j'entendois, en difant

que je ne voulois pas eſtre compagnon de la cire verte. J'ay eu quelque petite part à toutes les paix qui ſe ſont faites depuis le ſiege de La Rochelle, & aux reſolutions contre apparence qui ont mis Dieu de la partie, & faiɑ̄t marcher leur honneur aprez le ſien.

Je ne ſuis pas de ceux qui font marcher leur reputation coſte à coſte de la gloire de Dieu, encore moins de ceux qui la logent devant. Il n'y a que trop de teſtes relevees en France qui n'ont autel que leur ambition, teſmoin l'abus des duels. Mais David nous a apris à craindre les oprobres honteux : & ſur toutes les graces qu'il rend à Dieu, il allegue à tous propos la ſalvation de ſon honneur. Il nous eſt donc permis quand la gloire du Tout-Puiſſant tire noſtre bonne renommee par la main, comme une grande Princeſſe qui convie une moindre à la ſuivre, de cherir le bonheur que ce nous eſt d'eſtre partiſans du Dieu des armees, veu qu'il ne ſe deſdeigne pas de ſe trouver en perſonne en la bande qui le ſouſ-tient.

Pour[1] ce qu'il eſt parlé en cette lettre de celle qui fut envoyee à Mezieres, vous ſaurez que le Prince de Condé ayant levé les armes voulut faire branler les Reformés ; en meſme temps pour engraiſſer ſon traitté, il envoya à Sainɑ̄t Jean d'Angely, où Meſſeigneurs de Rohan avoyent aſſemblez leurs principaux partiſans, & ceux là à Maillzais vers noſtre auteur qui gardoit le liɑ̄t d'une bleſſure, pour lui demander ſon advis ſur la reſponſe, & luy leur donna les

---

1. Ces dernières lignes sont une note explicative.

deux lignes fuivantes qui furent envoyees, fans y rien adjoufter :

Monfeigneur, nous fommes prets de mettre fur nous le peril de voftre guerre, fi vous nous oftez celuy de voftre paix.

L.

A M. LE DUC DE CANDALES,

LE 8ᵐᵉ DE MARS 1626.

Monfeigneur, voftre homme m'a fait plaifir de m'advertir pour vous donner fi peu que nous avons. Nos nouvelles s'eftendent à plein fonds fur les grands differents que plufieurs occafions ont fait naiftre entre la Cour de Parlement, & l'Affemblee des principaus du Clergé : d'autres les ont acreues, jufques aux deffenfes publiees à tous Cardinaux, Archevefques, Evefques &c. de ne s'affembler mefmes fur quelque peine. Ceux là defobeiffants & eftants affemblez, la Cour leur envoye commander la feparation par deus Huiffiers qui furent comme forcez de raporter à la Cour une refponfe fignee des principaus : par elle ils declaroyent à la Cour qu'elle n'avoit aucune autorité fus l'Eclefiaftic : & cela avec des termes [tels] que la Cour irritee fit brufler par les mains du bourreau cette piece publiquement, avec mille livres d'amande pour chafque Evefque, aplicables aux œuvres pies, tout par prife de corps. Le Confeil du Roy a eu grand'-peine d'interpofer l'autorité de S. M. pour faire furfeoir les procedures, & cela ne va pas en amandant.

Vous aurez feu les diverfes fentences fur le bruflement de quelques livres des Jefuites : & puis comment le Roy eftant allé au Parlement, pour faire paffer quelques edits burfaus, l'advocat Servin s'y oppofa avec une harangue qui a efté fort admiree, & l'epilogue encor plus : car en achevant Servin perdit la parole, n'ayant peu dire plus que *Chrifte, miferere mei.* Là deffus tout deffonfe en epitaphes pleins d'extremes louanges : quelques uns auffy ont loüé le traiét de la mort, laquelle, difent-ils, fachant que Servin s'eftoit plufieurs fois dedit de telles belles aétions, luy ofta le moyen de le faire.

Vous aurez feu mieux que nous l'acceptation de la paix : ce qu'il y a de fecret n'eft pas encor venu ; mais peut eftre n'aurez-vous pas encor feu comment le Prince Major [a été] declaré General de l'armee de Piedmont, à l'exclufion de tout autre : quelques [uns] donnent fa' lieutenance à M. de Rohan, que je croy trez difficilement. Dites que s'il fe prefentoit quelque chofe de mieux, je le prendrois à deux mains pour vous tefmoigner que le bon homme eft de tout fon cœur Voftre...

LI.

AU ROY [LOUIS XIII],

LE 23ᵐᵉ OCTOBRE 1618, DU DONJON.

Sire, depuis l'envoy duquel la province de Poictou m'honora vers voftre Majefté, plufieurs accidents & fur touts mon aage m'ayant defnié le bonheur de voir la face defirable de mon Roy, j'ay cerché par l'entremife de mes amis tous moyens d'achever le refte de mes jours avec cet avantage, qu'ayant eu pour feul Maiftre & à bonnes marques le Grand Henry, je ne feuffe neceffité de fervir foubs voftre Magefté autre qu'elle mefme ; mais ayant efprouvé combien douteufes & peu utiles font les lettres (foibles paroles des abfens), fur les deux qu'il a pleu à voftre Magefté m'efcrire d'affaires particuliers, quoy que ma petiteffe euft à fe contenter de s'adreffer en chofes ordinaires aux Officiers de l'Eftat, j'ay, par l'advis de M. de Montelon, pris la hardieffe d'envoyer le plus proche de mes amis pour ce qui me touche, & plus le fervice de Voftre Magefté, comme auffy, afin qu'en employant la partie que Dieu m'a laiffee entiere à la gloire du plus grand Roy qui ait ceint efpee depuis huit cents ans, mes envieux ne me peuffent ofter l'accez à l'oinct de Dieu, que je prie jour & nuict pour voftre perfonne & Eftat, comme doibt Voftre...

LII.

[SANS SUSCRIPTION.]

Monsieur, depuis quelques jours j'ay veu M. le President de Monton qui m'a aporté quelque difficulté de S. A., sur le fait de la Religion, au traitté de mon fils, avec acceptation de toutes les autres conditions. Sur cette premiere il y a quelques accomodements proposez & qui pourroyent reuffir. Tout conté, je n'en espere pas plus qu'au commancement, m'ahurtant à deux obstacles : l'un la faulte d'argent qui va estre par tout, l'autre que si S. A. ne voit le Roy à la guerre, il se jettera sans doute à sa particuliere paix. C'est la besongne où on travaille à Turin, & pourtant j'estime que vostre Altesse a bien à propos depesché Monseigneur le Marquis de Christofle. Nous avons de France plusieurs fascheuses nouvelles, incertaines Dieu mercy, ce qui me dispensera d'en estre le raporteur. Ce qu'il y a de moins douteus, c'est l'excommunication du Pape sur l'Evesque de Chartres & autres Eclesiastiques, qui ont osé prononcer & escrire pour l'absoluë souveraineté. Sa *Sotteté* a fait son Viquaire pour l'exsecution de sa fulminante le Cardinal de la Valette, avec indiction de peines, s'il se rendoit lasche exsecuteur, & notamment de la perte du chappeau. Mais le Roy a deffendu au Cardinal, sur peine de perdre la teste, de non toucher à sa commission. Ils disent que le Cardinal ayme mieux sauver la teste que le chapeau. Je voudrois que ces affaires en empeschassent de pires. J'ay receu lettres de Monsieur de Rohan qui parlent bien un langage plus pacific que le bruit qu'on lui donne. J'ay refolu de n'entretenir point Voftre Alteffe des affaires françaifes : car ma confcience ne les pouvant aprouver, ny ma condition les condamner, il ne me refte que le taire & attendre le refultat du ciel. Nous avons nouvelles meilleures d'Almagne. Je ne diray que la plus generale qui eft que la journee imperiale eft remife pour cet efté; (marque de trouble aux affaires de l'Empereur), & tout le refte de ce corps de nouvelles que nous n'avons pas eu feuls promettent un *volta facia* de ce qu'on apelle la Fortune : eette conjuration de la Nobleffe de Poulogne en eft un fynthome. Il y a bien de qoy difcourir, en attendant que Voftre Alteffe ait en main les occafions pour efprouver les fiens, & entre ceux-là Voftre...

LIII.

[SANS SUSCRIPTION.]

L'AN 1616.

Monfieur, j'efcrirois à Meffieurs vos Collegues fi j'avois le bien de leur cognoiffance comme j'ai l'honneur de la voftre, mais voftre union qui s'eft maintenuë entre diverfes teftes, divers interets, eft peut-eftre contraire à fuivre une mefme refolution : qoy que le diable vous aye deputé toute forte de trahiftres pour vous departir. Ce confentement d'un fi grand peuple fans exemple, me faict croire avoir dict à tous ce que je me suis resolu contre ma couftume de faire fçavoir à peu. J'euffe efcrit à voftre mere, mais les tefmongnages que j'ay de fa mauvaife volonté m'en difpenfant, il eft temps que ce qui ayme voftre falut commun fe convie aux preuves. Le Duc d'Efpernon dilaye tant qu'il peut d'aller à la Cour, où il eft apellé, & a fait ces jours la plus part du regiment de Picardie, c'eft à dire de ceux qu'il avoit par Sainct Leger, de Melle, pour retourner en Angommois. Il s'eft vanté que le loup gris avoit des amis n voftre ville, & des plus huppez; il dict cela quelques confidents, le premier de ce mois, jo.. de la prife de M. le Prince, fe trouvant lors affifté de force nobleffe de toutes parts, laquelle il fembloit avoir amaffee à deux fins, l'une pour fe rendre admirable en creance, par fa correfpondance, de la Cour, l'autre pour de là depefcher chacun à fa fonction. Depuis il a fommé Rochefort : c'eft à qoy je m'attache prefentement, voyant que celuy de vous ou de luy à qui le defmenti en demeurera faict perte de reputation. J'ay voulu donc de bonne heure vous dire que fi vous en venez au contrafte, je defirerois que vous paffaffiez en cefte Ifle une troupe gaillarde de voftre infantrie, & de ceux de l'Ifle de Ré, à quoy quelque Seigneur que je cognois vous feroit grandement utile, & auquel force gens, & des Gentilshommes & de fes amis & des miens fe joindront. Tout cela retranché dans l'Ifle n'empefcheroit pas feulement le fiege, mais fembleroit avoir difputé la campagne à ce Grand. Je parle de cela comme l'ayant experimenté aprez la defroute d'Angers, lorfque nos troupes ruinees de la Loyre, battues & diffipees dans les Ifles, n'avoyent retraicte que les foſſez de la Rochelle & de Sainct Jean d'Angely. Meſſieurs de voſtre ville m'employerent au ralliement de tout cela ; à quoy faire je choiſis l'iſle de Rochefort, où avec fort peu de retranchements, au nez de trois regiments avancez entre Niort & Sainct Jean, menez par M. de Laverdin, & des forces de Xainctonge qui avoyent levé le ſiege de Broüage, nous fiſmes un corps qui depuis regangna la campagne, prit par ſiege cinq ou ſix places dans le pays. Je vous prie de vous ſervir de cet advis, ſi vous voyez qu'il en ſoit beſoin : ſinon ſuprimer ma lettre, n'eſtant plus d'aage pour me faire de feſte & aſſez empeſché aux ridottes que je fais, auſquelles il faudra parler avant voir vos baſtions. Je ne vous eſcris point ces choſes comme ayant pris & formé parti, mais ſeulement comme obligé de contribuer à tout ce qui concerne la Rochelle. Permettez-moy d'employer l'amitié que vous m'avez teſmongnee, à vous prier d'aſſurer vos fidelles compagnons d'œuvre que je tiens ma vie preſte pour teſmongner à ces braves qui relevent l'honneur de ce temps, que je ſuis à eux & à vous. Voſtre…

III

LETTRES

D'AFFAIRES PERSONNELLES

[Collection Tronchin, Mss. d'Aubigné, T. II, f° 92.]

I.

A M. LE COMTE DE LA SUZE [1622].

Monfieur, entre les graces que Dieu vous a conferees en voftre affliction, elles ont cela d'agreable, que c'eft par des mains fi honorables que vous les baiferez toute voftre vie avec une glorieufe recognoiffance, comme vous m'efcrivez dignement, & M. le Marefchal [De Lefdiguieres] prendra à plaifir de vous lever tout d'un coup de la fervitude des prifons au commandement de 4000 hommes. Si le grand defir de ces peuples fuccede, je voy encor un grand contentement que le Ciel nous depart, de pouvoir, au lieu des viles excufes, nous juftifier devant le Roy par utiles & honorables actions. Je vous prie m'inftruire comment il plaira à ce Seigneur d'en ordonner, & de difpofer de vous, afin que je n'en promette rien oultre les lignes que vous me trafferez : le refte fera en la bonne memoire de M. du Moulin. Honorez de vos nouvelles & commandemens Voftre...

II.

A M. LE COMTE DE LA SUZE.

Monfieur, puis qu'il fault que le pere obeiffe au fils aux depens de la bien-feance & à l'avantage de la charité, je vous diray, mon trez honoré fils, que le voyage de M. Stek me tardoit beaucoup, pour ce qu'eftant de befoin de lier les affaires, il fault que les parties touchent à la main : il y a long temps que nous traittons enfemble à plein fonds, & confidemment. Je vous convie à cela mefme envers luy : il ne fault pas laiffer tromper ces gens à l'election des Officiers, & mefme en garder le plus qu'on pourra à choifir au premier Confeil ; je ne les ay encor obligez qu'à leur Lieutenant general & au Colomnel de leur François. Il y a bien eu du remuëment contre nous, & par des gens qui ne devront pas eftre advoüez du Roy : car c'eft contre le fervice de S. M. Tandis que Dieu vous en donne le moyen, muniffez vous des bonnes inftructions & affiftances de M. le Marefchal. J'attendray, fi je puis, le retour de M. Stek pour aler à Bafle. Aymez Voftre...

III.

AUX TREZ HONOREZ SEIGNEURS

DE BERNE.

Meffeigneurs, ayant reçeu l'honneur de vos commandemens, j'ay laiffé couler un jour pour attendre les nouvelles du mardy, & pouvoir vous rendre conte de ce que nous [entendons] de tous coftez, comme je feray en la lettre de M. Stek. Les trez honorez Seigneurs de Geneve s'eftants refolus à la perfection de leur ville du cofté de Sainct Gervaix, ont defiré que je donnaffe le branfle à cet affaire. Cela me recule d'une femaine pour vous aller fervir. J'efpere donc partir pour m'aquiter d'une partie de mon devoir, si vos Excelences me font favoir ce terme leur eftre agreable. Je n'eftime pas avoir befoin de conduite, fi ce n'eft au partir de Lozanne. J'ay honte du foin que vous avez de moy, & mefme en ce qui vous aporte defpenfe, c'eft pourqoy je defire aler en eftat de vous donner quelque moix, fi quelque accident notable ne me pouffe en quelque lieu pour voftre fervice, qui eft celuy de Dieu. Nous avons eftudié un moyen d'acourfir à la fortification de deça & la depenfe & le temps par la moitié. Je portray de bon cœur ce que Dieu m'a donné à voftre genereufe & utile refolution : & fur tout s'il faut donner le coup de pique où nous aurons donné tant de coups de pics, eſperant qu'à la fin, encore plus qu'au commencement, vous m'eſprouverez Voſtre...

IV.

A M. DE ROHAN [1623].

Monſeigneur, vous ne doutez point que ſelon le zele d'amitié duquel je bruſle pour vous, la nouvelle de voſtre aproche ſans le contentement de la veuë ne rangrege une ereſipele qui me careſſe tous les automnes, comme vous viſtes à Loudun ; ſans elle j'euſſe deſiré faire la reverance au Roy, quoy que je ſache le mauvais eſtat où le Jeſuitte Arnou & mon miſerable fils m'ont reduict à la Cour. J'ay de quoy montrer qu'il n'y a crime ſur moy que les violents & remarcables ſervices rendus au Roy, recogneus par le deſpoüillement de mes penſions, dont l'une eſtoit dattee de quarante huit ans. Le malheur eſt que ceux qui ſont maltraictez ont pour crime l'imaginaire meſcontentement. C'eſt trop parlé de moy ; j'ai à vous dire ſur la nouvelle que je receus hyer de Venize, de quelque eſpoir qu'ils ont de vous avoir pour General, que le fait de la Valteline ne ſe doit pas commencer par l'envoy d'une armee entre ces montagnes, mais par quelqu'autre moyen plus facile, plus utile & plus honorable que j'ay etudié en deux ans & en trois mois de promenade par ces frontieres, comme y ayant intereſt pour les charges qui m'y ont eſté preſentees & leſquelles j'ay refuſees, ne les voulant pas poſſeder ſans le congé & l'adveu de mon Roy. Si vous eſtes employé à cette honorable entrepriſe, ne deſdaignez point mes plus fidelles que ſuffiſants advis ; j'oſe y adjouſter la cognoiſſance des lieux & des perſonnes, le credit parmi les Suiſſes & Griſons, & plus que cela, la paſſion qui s'augmente tous les jours en Voſtre...

V.

A M. DE ROHAN.

Monſeigneur, vous verrez ce que je vous envoye pour faire paroiſtre, ſi vous le trouvez bon, aux directeurs en cachant le nom autant de temps que bon vous ſemblera : mais ce qui vous touche n'eſt pas du paroiſtre, ny du *Faineſte*. Je vous prie de prendre en bonne part la juſte crainte que j'ay que vous ne preniez pour eſtre ce qui devroit eſtre : & que là deſſus, voſtre grand courage face voſtre eſperance de vos deſirs, & vous aporte le deſplaiſir d'avoir creu legerement, & d'avoir engagé avec vous ceux qui deſpendent de vous. Là deſſus, je vous recommande encor une fois les trois premiers chapitres de mon ſecond tome. De l'auſtre coſté, il ne fault pas que vos ſoupçons, quelques apparents qu'ils ſoyent, eſlongnent tant ſoit peu un ſi bon affaire que celuy qui ſe preſente : le moyen de calmer ces deux craintes eſt de grand prix. Or je vous en fais par les trois preuves qui ſont en mon diſcours & par pluſieurs autres que vous trouverez aux articles reſpondus. Ne meſpriſez point le poinct de la Rochelle, car il eſt puiſſant, ou à confirmer la droitture du deſſein, ou à prouver la fauſſeté. Si vous envoyez M. le Veilleux à Venize, vous trouverez que je ne vous ay pas adreſſé un homme commun. Durant ſon voyage, je pourray agir quelque choſe entre les Suiſſes, s'ils n'ont beaucoup rabattu du credit qu'ils m'avoyent donné ſur eux. C'eſt avec grand regret que je ne puis vous aboucher, pour des raiſons qui ne ſe peuvent eſcrire : mais ſi les choſes vont au bien, nous guerirons bien toutes ces craintes en mettant la main à l'œuvre pour lequel je quitteray, quand il vous plaira, mes livres, mes compagnies exquiſes, mes bonnes & grandes muſiques, & la plus douce vie que j'aye encor ſavouree. Servir à Dieu & à vous tout enſemble eſt le ſouverain bien de Voſtre...

VI.

A M. DE ROHAN.

Monſeigneur, cette cy vous ſera renduë par M. le Conte de la Suze, que vous trouverrez diſpoſé à toutes choſes bonnes, & particulierement à vous rendre du ſervice. Oultre la preudomie de laquelle il a rendu bon teſmoignage en choſes difficiles

& perilleuſes, l'eſtroicte amitié qu'il a joincte avec moy vous eſt un arre de fidelité, & entre les parties de ce qu'il peut, vous conſidererez la condition qu'il a eſtablie en Suiſſe. Vous aprendrez de luy l'eſtat où ſont les Cantons, & particulierement par une lettre que m'eſcrit le Baron de Spietz, dans laquelle je marqueray quelques paſſages ſur leſquels j'ayme mieux vos ſages conjectures que mes licentieux diſ-cours. Là deſſus j'ay eſté d'advis que M. le Veilleux teint ſon voyage ſecret & court, ſe contentant de preparer quelques amis, & ſur tous un à la correſ-pondence, & quant à l'Ambaſſadeur, aprendre de luy, ſans luy laiſſer rien prendre. J'oſe vous dire que tout ce que vous negotierez avec qui que ce ſoit, horſmis les Venitiens, ſe tournera en infidelité & changement pourpenſé de longue main, & pour les voiſins, en meſfiances, longueurs & mortelles ſtupiditez. Il n'y a rien encore ſi ſain que la volonté & le moyen des Venitiens. Triez une ferme reſolu-tion de ce qu'ils veulent pour vous, & ſi vous y trouvez condition, c'eſt du dedans de cette place qu'il fault voir ce que vous aurez deſſus, aux coſtez & deſſous vous. Les affaires de l'honneur & les do-meſtiques veulent que vous fermiez quelque choſe. Excuſez mes hardieſſes qui naiſſent d'affection & de l'envie de participer à voſtre bien ou mal : & Mucian aprenoit à ſon maiſtre que c'eſt la marque des bons conſeils. Si vous le trouvez bon, je m'expliqueray davantage par le retour de M. le Veilleux. Je vien d'avoir nouvelles de M. d'Eſcoutures qui eſt à Straſbourg & que je vous avois recommandé, que pour coronner ce que vous aviez ouy dire de l'achet de Ratiſbonne rompuë, les trahiſons preparees pour les Princes lutheriens & autres ont eſté tellement defcouvertes que tous les Grands d'Almagne, horfmis le Duc de Baviere, arment puiffamment, & fur tous le Duc de Saxe, prenant pour pretexte qu'il maintiendra les privileges de l'Empire. Sur ce poinct, le Duc de Braumzvik qui eftoit emprifonné par advance eft mort, & noftre Evefque à bras de fer reçeu dans Bromzvik Seigneur de deux millions de livres de rante qu'il leve fans efpargner.

VII.

[A CONSTANT D'AUBIGNÉ.]

Surimeau, fi [la] fufcription de voftre lettre euft efté de voftre tant de fois perjure main, elle euft avec toutes celles que vous m'avez adreffees depuis voftre apoftafie, efté condamnee au feu. J'eftime que vous l'avez jugé ainfy, eftant bien raifonnable que toutes vos paroles n'eftants que fumee envers vous, & vos ecrits envers moy, terminent en mefme condition ; & encor, fi je n'euffe perdu la cognoiffance de voftre peincture (comme j'oublie tant que je puis celuy qui aprés Dieu m'a oublié), vous n'euffiez point veu cette refponfe qui m'efchape au foulagement de ma douleur, & non en l'efpoir de voftre changement. Vous m'avez ouï dire plufieurs fois qu'en vain on attendoit guerifon des ames trahitreffes & des corps lepreux, pour ce que le premier infecte toute la fuftence de l'ame, comme l'autre la maffe du fang. C'eft donc pour vous faire perdre l'opinion que vos impostures ayent puissence envers moy que je vous escris : ne pouvant reveiller vostre ame entiere & ses devoirs, j'en apelle la memoire seulement, me fiant que le diable ne l'aura pas esteinte, car elle luy doit d'un de ses fleaus envers vous. Cette memoire vous dictra non vostre eslevation, ny vostre nourriture plus digne du Seigneur que du pauvre Gentilhomme, non vostre education par les plus doctes & plus excellents personnages que j'ay peu arracher des plus grandes maisons *hamis auctis,* non l'eslevation de vostre courage, en quoy j'ay peché en vous donnant compagnee entretenuë sur l'estat du Roy, avant que porter hauts de chausses ; je veus bien encor que vostre memoire oublie la part que ma conssience me donne en vostre malheur, qui est de ne vous avoir laissé tomber aux instructions de la necessité, qu'aprez que vous avez abandonné Dieu & moy, & que vous m'avez osté les renes des mains pour les confier en celles de Satan. Je suis content que vous oubliez ces choses, mais non pas ma fermeté au service de Dieu, mon amour envers ses enfants affligez, ma hayne envers les meschans prosperans, & l'une & l'autre de ces passions redoublantes à mesure de l'affliction & de la prosperité. Ayez donc cette souvenance, afin que vous n'esperiez pas que je puisse toucher à la main qui sert les idoles & faict la guerre à Dieu, que la langue puante de blasphemes me puisse accoiser de paroles, & que les genoux qui ont ployé devant les profanes autels me puissent flechir en flechissants devant moy. C'est batailler contre le Ciel que de faire paix avec ceux qui ne veulent point de paix. Que peut esperer en mes biens celuy qui est desherité du Ciel, & qui en a foulé aux pieds les tresors avec ceux que son pere avoit aquis, convertiſſant mes amertumes en riſees, mes perils en delices, le feu & la fumee qu'il m'a falu endurer & avaler en parfuns parmy les putains, & faiſant de la poudre d'Apocagine, où il s'eſt arreſté comme un ſerpent, meſlee avec mon ſang & mes ſueurs avec la bouë & le ſouil où il s'eſt veautré? Là deſſus, voicy vos magnifiques paroles : « *S'il fault me relever par charité, qui en ha au prix du pere? Si par autorité, où dois-je pareille reverence ailleurs? Si par exemple, à qui eſt plus cogneuë voſtre probité? Si par ſavoir & vivacité d'eſprit, qui eſgale le voſtre?* » O miſerable, que c'eſt mal argumenté du devoir à l'action! Ceſte charité tant de fois deſſenduë de moy à vous, n'a point remonté de vous à moy. Cette autorité honnie de meſpris, n'a plus que la ſentence de malediction qu'elle retient à la barriere de ſes levres. Et ſi vous avez eu de moy quelques bons exemples, Dieu veuille qu'ils ne ſervent point de condamnation à la grande journee du Seigneur. Vous avez eſtouffé l'eſprit du pere quand celuy de Dieu a eſté contriſté par vous. Il n'y a plus qu'un degré à prononcer le pis.

Le dernier propos que j'ay eu avec vous, qui eſt en preſence d'un ſerviteur de Dieu, fut en ces termes : « *Mon pere, je vous prie affectionnement, ſi vous oyez dire que mes affaires m'ayent mené à la meſſe, ne croire point que jamais voſtre fils puiſſe eſpouſer une religion ſi damnable & impie, & d'ailleurs ſotte & brutale comme celle là; mais tenez moy plus toſt pour atheiſte parfaict;* » & les derniers propos de ma lettre feront : Surimeau, tenez pour certain que l'apoſtaſie ou l'atheiſme me ſont inſuportables envers ceux qui ne me touchent point de ſang, [mais] qu'il n'y a regle mediocre en ma douleur ny en ma juſte colere, quand le Diable a mis les ongles dans mes entrailles pour triompher du fils que Dieu m'avoit donné! Et bien heureuſe la mere tant aymee que vous alleguez, d'eſtre morte plus doucement que par les regrets de ſon parricide enfant. Enfin vous demandez que je vous ouvre, pour vous jetter à mes pieds; & je vous dis que ma porte ne vous peut recevoir, que vous n'ayez brizé, ou franchy les portes d'Enfer.

VIII.

A M. DE MAYERNE.

[26 MARS 1623.]

Monſieur, *compendium faciam* de remerciements de voſtre bonne ſouvenance, & en recognoiſſance de l'honneur que j'en reçois, je vous promets en un mot de faire mon debvoir pour l'agreable jeuneſſe de vos enfans. L'aiſné eſt compagnon de noſtre grand conſert, & nous diſons tousjours quelque mot ſur le τὸ πρέπον du monde. Sur le meſme ſubjeſt je vous diray que toute l'Europe eſt plaine de declamations contre les Princes, Republiques, villes & perſonnes particulieres qui par peur, ſtupidité, infidelité, & abandon d'autruy & de ſoy meſme, ſemblent contribuer au grand deſſeing où d'aultre coſté les Jeſuiſtes & leurs diſciples ne preſchent que la neceſſité de tomber ſous le Roy catholique qui doit commander καθ' ὅλου. Sur tous ces discours je hausse les espaules, & dis que Dieu a faict venir devant soy tous les anges bons & mauvais, pour voir qui sera l'Ange trompeur qui entreprendra de seduire les dominations de l'Europe occidentale, & les Demons se sont presentés à milliers pour faire comme fit celuy d'Achas. Voila ce que vous aurés de moy sur ceste matiere pour tenir soubs la clef mon satyrique Demon.

Je viens au second poinct de vostre lettre & dis que mon secret n'estant point de magie, mais par moyens naturels, est difficile & de coust selon ce qu'il entreprend. Les deux engins qui ont servi aux trois espreuves à l'une desquelles vous avez assisté à Geneve, m'ont cousté environ 60 escus chascun. S'il le fault essayer d'une lieuë, & le lac entre deux, ils cousteront prez de deux fois, qui viendroit à 1200 escus. Celuy de France en Angleterre cousteroit encore prez de dix fois autant, qui seroit 12000 & *sic de cæteris*. Or pour ce qu'il ne seroit pas beau de vendre la peine de mes engins, nous essayerons quand on voudra, au prix de ce qu'on y voudra mettre, si mon faict est bien assuré, par une maniere de gajusre : les pactions bien escrittes & l'argent consigné, peut estre que je faudrai, & ce sera au profit du gageur. Il faut reduire tout cela à juger de mon desseing selon ce qu'il est. Il peut servir à instruire un prisonnier dans un cachot, pourveu qu'on luy peust faire tenir un cofret d'un demy pied. Il peut servir aux macrelages & entretenir de loing une femme auprez de son mary. Je ne l'ay voüé aux choses villes ny vitieuses. Voicy son propre : C'est pour faire conferer le conseil d'une ville assiegee avec celuy d'une armee qui la vient secourir

& dire toutes les vingt quatre heures ce qu'on pourroit dire de bouche, en quatre ou cinq, avec diſtinction de perſonnes opinantes, & de leurs noms, & en toutes les langues qui feront entenduës par ceux qui en ont beſoin. Et meſmes ſi vous n'aviez pas entiere fiance en celuy qui maniera l'engin, vous pouvez vous ſervir de luy en langue qu'il n'entendra pas. J'eſtime que pour les 12000 eſcus, nous ferions bien les engins pour parler de ma maiſon du Creſt à la voſtre d'Aubonne. Il y a neuf lieuës ſavoyardes de l'une à l'autre, & plus que de Paris à Eſtampes ou de France en Angleterre. Si on allegue le detour, il n'y en a pas pour une lieuë. Voyez ſi l'armee qui ſecourroit Paris ne ſeroit pas bien contente d'entrer en ce Conſeil d'Eſtampes : l'engin de Montlery qui eſt à moitié chemin, ne couſteroit que deux mille piſtoles, & ainſy en approchant. Si cet affaire eſtoit pris à cœur, je voudrois en vertu de bons paſſeports de la Maiſon d'Autriche en aller moy-meſme faire le preſent. Encore faut-il vous dire que le ſecret eſt auſſy puiſſant pour parler de Londres à Paris, voire à Madric, qu'au travers des trois murailles où vous l'avez veu eſſayer. Mais il y a deux grandes incommoditez en choſes ſi eſlognees : la premiere eſt le couſt, car ne ſe pourroit faire de Londres à Paris qu'il ne coutaſt 200000 livres : l'aultre poinct eſt qu'il fault avoir des logis où celuy qui parle & qui manie l'affaire ſoit hors de danger d'eſtre veu par une porte ou planche perſee, & ces choſes ſe faiſant ſous la puiſſance d'autruy, le ſecret vaut bien la peine d'une violence, puiſque c'eſt un morceau de Roy. Je vous ay donné en vous obeiſſant de quoy paſſer une ſoiree ſans autre fruict, quoy je maintiens tout ce que je vous eſcris aux deſpens de ma bourſe

& de mon honneur [1] ; au moings les effets en font veritables & n'y a rien d'incertain si je n'ay dict quelque chose en ce qui est des despences selon ma commodité.

Pour achever ceste lettre qui est de deux temps bien differents, j'ay à vous dire que nous avons à Milan armee de vingt mille hommes preste qui ha quatre mil chevaux. Le Duc de Savoye qui n'en a que cinq mille, exhorte les Suisses en ces termes, parlant à ceux de Lucerne : *Vous n'estes que trop attachés aux volontés des Ecclesiastiques, vous perdans par un zele inconsideré ; je vous conseille & conjure de vous raillier & faire estat de mon assistance. Si vous demeurés desunis, vous serez attaqués par deux puissances tout à la fois qui vous enleveront, & j'essaierai d'en avoir ma part.*

Le passage du Prince de Galles effraye beaucoup de gens, & là dessus souvenés vous de mes offres & discours, s'il se presentoit occasion pour les recevoir. Geneve s'en va un bon abric, toutes choses consideree : vous y estes aimé & honoré. Ne vous pouvant pour ceste heure rendre un plus grand service, je vous promets que vos enfants & moy aurons querelle bien souvent. Honorés le plus souvent que vous pourrés, & le plus souvent qu'il se pourra, de vos nouvelles & commandements,

Vostre tres humble & tres fidele serviteur.

---

1. La fin de cette lettre manque dans le manuscrit de la collection Tronchin. Nous la donnons d'après une copie conservée au *British Museum* & publiée en entier par M. Th. Heyer.

IX.

A M. SERVIN.

Monsieur, le raport de mes amis de vostre favorable memoire envers moy, & du desplaisir que vous avez pris en l'enorme injustice qu'on a rendue à mes services, à ma vieillesse & à la pureté de mes mains, me faict vous interrompre par ceste action de graces & priere de continuer vostre equanimité, quand mesmes elle ne pourroit produire le fruit qu'elle devroit. J'envoye un factum que j'ay voulu estre corrigé au stile du siecle & de Paris avant le presenter, (comme l'est la coustume aux juges.) J'ay en cela soupçonné que l'amertume de mon cœur ne produisist quelque chose de mauvais goust : & quand j'auray receu vostre correction, je me delibere d'essayer ce qu'il y a de justice entre les hommes avant que d'appeler à Dieu, à qui je laisse la garde de ma vie, de mes biens à nul, & pour la reputation à tous les moyens que Dieu a mis en main à ceux de ma sorte, & qui font lettiere de la vie & des biens pour le renom. Je fais grand difficulté de demander à un esprit chargé de la France un demy quart d'heure de lecture sur la brieve & simple deduction de mon droit : mais vostre bonté cogneuë me fait esperer cette courtoisie, & que Dieu me donnera encore moyen de vous faire recognoistre par quelque signalé tesmongnage que je suis & continuë d'estre Vostre...

X.

A M. DE LA BARRE.

Monsieur, j'ay seu la vilenie qu'on m'a faicte, voſtre bon deſir à mon ſecours, & le deſplaiſir qu'il n'a peu reuſſir. J'envoye un petit factum que je n'ay pas voulu faire imprimer avant qu'eſtre paſſé au rabot de Paris. Je feray ce que je pourray pour cercher juſtice entre les mains de ceux qui me hayſſent ſans raiſon : cela manquant, je la trouveray au ſein de Dieu & la cauſe de reputation qui me chatouille plus que la perte de ma vie & des biens. J'en appelleray dans le temple de l'Univers, verray ſi j'ai credit envers la renommee pour lui faire emboucher ſes trompettes, deſquelles j'ay auſſi apris à jouër. Vous verrez ſi ce que j'ay voulu eſteindre (Dieu n'ayant pas voulu qu'il le ſoit) valoit la peine d'y penſer. Je conclurray par les termes que vous avez autrefois ouy de moy : c'eſt que mon bien le plus diminué que je pourray tombera es mains des frippons, ma vie en celles de Dieu, mon honneur aux miennes, & encore celuy de mes amis. Vous avez de plus en plus obligé & attaché à vous
Voſtre...

XI.

A M. SCENDER.

Monfieur, vous cognoiftrez à cela que je m'eftime aimé de vous, *id mihi dictante amoris mutui confcientiâ*, que je vous employe franchement pour une perfonne & une caufe qui le merite. La perfonne eft M. Vanelly fignalé patron des courtoifies, la caufe eft d'un bienfaicteur qui demande, & d'un héritier qui n'oublie aucune voye pour ne payer point. C'eft là où je m'attends de voir florir voftre juftice & voftre veritable amitié à obliger de plus en plus Voftre...

XII.

A MADAME DE ROHAN.

Madame, avec les plus amples memoires que M. le Duc m'envoya il y a deux jours, je reçeus auffy une des voftres datee du mois d'octobre. Je ne la contay pas pour vieille, mais pour une grande nouveauté, qu'en un fiecle defnaturé il fe trouve des efprits, des ames & des cœurs de la vieille teinture, & qui en temps d'orages ne perdent point leur couleurs. Je le dis, Madame, & pour voftre amitié & foy envers ce qui eft fur vous, & pour voftre charité envers ceux que vous regardez en bas. Entre ceux là, voftre perfeverance s'exerce fur un banny etefté, depoüillé de biens & d'honneurs, & non pas d'honneur. Vous donc & ma conffience m'aprenez une mefme leçon, qui eft de ne paflir pour aucunes menaces, & à ne rougir point des reproches des mefchants, & à rendre tout franchement mes regards d'où viennent vos rayons. Je fuis icy perfecuté de divers hommes, moyens & afflictions : la derniere malice a efté de bailler le choix aux Seigneurs de cefte ville, ou de me perdre, ou [de les priver] des affiftances qui leur font neceffaires. Ils ont refpondu en refpectueus à Sa Majefté, en amis de l'affligé, en juftes & en Souverains. Je me resjouis de l'affiftance de Dieu : mais fur tout en la digeftion de pilules fi amaires, lefquelles comme pour luy, il m'aprend à enduire avec exultation. J'efcris ces chofes qui ne feroyent pas dignes de vous, fi ce n'eftoit en vous rendant conte de ce qui eft à vous. Le partement preffé du meffager ne me permet pas d'adjoufter davantage que la promeffe de vous entretenir par le difcours des abfents, & par cette plume qui fut tiree du pennache de Mercure pour reparer les coups des cyfeaux de l'abfence, comme nous avons apris en la tragedie de noftre Princeffe. Ce n'eft donc icy que eft le commencement de noftre dialogue, qui durera entre nos ames quand les mains fe repoferont. Encor fault il qu'en ma fimple privauté, je vous die que ma compagne que vous honorez de voftre foin eft niece de M. Calandrin qui luy a apris & à toute fa race à fe confacrer à voftre fervice, & leur a, comme je pourfuis, planté des *Maclés* fur le cœur. Interpretez à bien la paffion qui affranchift de refpect Voftre...

XIII.

A M. DE LOMENIE [1624].

Monfieur, depuis mon eflougnement de la Cour j'ay, par deux fois, reveillé l'ancienne amitié de laquelle vos premiers ans ont honoré les miens. Ce fut à l'une de ces occafions que je priay Meffieurs de Vignoles, de Seaux & vous, de dire au Roy que, defirant fortir du Royaume pour n'eftre point ambarqué aux mouvements que je voyois naiftre, il pleut à Sa Majefté me bien faire de deux chofes auffy juftes que faciles : l'une me prefcrire entre quels de fes aliez & de ma religion j'aurois à achever mes jours en paix, l'autre qu'il pleuft à Sa Majefté en remplacement de 7000 livres de penfions defquelles les premieres eftoyent de 45 ans, ce que je puis montrer par l'honorable feing de Marciliere, m'ottroyer une penfion d'un efcu à la charge que tous les ans une fois, par une ceremonie tudefque, j'en defpendrois 50 pour boire à la fanté de mon Prince. Tout cela fut vain, & a falu que je me fois retiré un an avant la guerre fans avoir avtre loy que ma commodité. Je n'eu pas efté fix mois icy, qu'ayant aydé aux Seigneurs de Geneve en leur fortifications, quelques heritages incommodez par elles ne m'ayent faiét des ennemis lefquels ayant accez à M. Miron, Ambaffadeur en Suiffe, ne fe foyent vengez de fauls raports vers luy, luy perfuadents que je parlois licentieufement de la perfonne royale : à cela s'adjoufta que faifant un voyage en Suiffe, & ayant deliberé de prendre lieu & temps à propos pour rendre ce que les François doivent à l'Ambaſſadeur du Roy, je fus rudement convié à cela par les propos que l'Ambaſſadeur teint à ſa table contre moy, à ſavoir que je parlois indignement de mon Roy; me voyant ſi rudement convié, je m'en reveins à Geneve & preſentay requeſte à la Seigneurie pour me donner Commiſſaires à faire une curieuſe enqueſte de mes propos & actions entre tous ceux que j'avois halené, m'ofrant à tenir priſon clauſe juſques à la parfaicte inquiſition. Meſſeigneurs ordonnerent les dicts Commiſſaires : &, pour ne voir rien en moy de fugitif, ſe contenterent de la garde de leur murailles juſques à ſix mois que le raport des Commiſſaires m'a laiſſé ſans accuſateur, juſques à deux ans de là que la hayne s'eſtant acruë, la Seigneurie a reçeu lettres, premierement de l'Ambaſſadeur & puis du Roy, leſquelles m'ont deſigné ſans nommer, qui ont obligé la dicte Seigneurie à reſpondre qu'ils eſtoyent tout prets de faire brieve & ſevere juſtice de ceux qui ont delinqué ſuivant les termes de l'accuſation. J'ay requis que procez me fuſt faict & parfaict ſans faveur aucune ; mais il ne vient ny partie ny teſmoings, & cependant je demeure criminel en la penſee de mon Roy, ruiné de toutes mes affaires en France, en charge & fardeau à mes amis : là deſſus eſt ſurvenu le procez criminel qu'on m'a faict à Paris, ſans que j'aye veu, ni ouy parler d'aucun exploit à ma perſonne, à fermiers, mettayers, ny ſerviteurs, accuſé d'actions les unes veritables, & les autres fauſſes meſmes, comme il paroiſtra quand j'auray des juges auſquels mon nom ne ſoit pas crime. Or voicy ce que je demande au Roy pour les ſervices d'un pere, de frere, & dix parents morts à la querelle des Bourbons, de ſoixante annees que j'ay faict lettiere de ma vie avec plusieurs playes pour le mesme nom, de ce que Dieu s'est servy de mon adresse pour tirer mon Maistre des prisons, & de mes mains pour le sauver de deux assassinats, qu'il plaise à S. M. (si on desire mon eslougnement de ce lieu & ne le causer par aucun crime, comme il seroit grand d'avoir blasphemé de l'oint de Dieu), trouver bon que je m'eslogne de 500 lieues, le feray. Mais si on ternit mon nom de quelque accusation, je retournerois du bout de l'Europe en ce lieu où la justice bonne & severe s'exerce mesmes des delitz faitz au loing. J'attendray donc la pure volonté du Roy pour y obeir sans deshonneur, & en cela je tiendray vostre seul raport, fusse de retourner dans le Royeaume, s'il est en paix, pour commandement absolu. Voila la valeur de deux lignes que je vous demande pour gage d'une trez ancienne & non perissable amitié : que si d'avanture vous n'estiez pas à la Cour, je vous prie m'aquerir à M. vostre fils par ce bon office. J'eusse demandé le mesme à M. de Frontenac qui m'a obligé de sa bonne souvenance, mais j'ay craint que ses occupations à la chasse rendissent ma responsе plus tardive. J'ay encor à vous dire que j'ay receu de toutes les parts de la France, des deus Professions & des principaux Capitaines de l'armee royale, de trez exprez & grands memoires pour pousser mon *Histoire* jusques au temps present : je n'y ay pas donné, ny n'y veus donner aucun coup de plume, tant que j'auray de si dangereus interpretes à mes pures & simples narrations. Achevez d'obliger de ce dernier bien faict celuy qui l'est desjà à demourer toute sa vie Vostre...

XIV.

A M. DE GRAFFERIER.

Monſieur, une perſonne d'honneur m'eſcrivoit, il y a quelques jours, que je faiſois icy du mal en penſant faire du bien, & que M. de Piſieux luy ayant dict un jour qu'il n'y avoit point moyen de faire mon accord, le landemain luy dict que ſi je voulois changer de methode, on changeroit de procedure envers moy, au grand profit & de moy & de celuy qui m'eſcrivoit. Une aultre fois, il m'aprit que j'offenſois en ce pays S. A. & aultres gens qui avoyent credict à la Cour. J'entendois tout cela des Jeſuittes; mais voſtre lettre m'a apris quel eſt mon crime. Dieu me face la grace de commettre de tels pechez juſques à la mort! Dieu ne me lairra pas ſans amis qui protegeront mon integrité, & j'ay beaucoup à vous remercier du ſentiment que vous en teſmongnez. Or en pourſuivant ma paſſion au ſervice de l'Egliſe de Dieu, je vous veus advertir que M. Tritorans eſt icy, la pratique avec lequel me faict vous dire que je n'ay jamais congneu homme capable de vuider les doubles que ceux pour qui nous avons faict des deſſeins, pourront avoir en leur fortifications : c'eſt un eſprit general que je vous ſuplie & conſeille d'employer à regler voſtre malheur, principalement delà l'eau. Je ne trouveray point mauvais qu'il change mes piquets & projects, car je voudrois aprendre de luy. Je me reſjouis que Dieu l'ait faict naiſtre voſtre ſubject,

& mefme je vous diray hardiment que fi Dieu nous affligeoit d'une guerre en ce pays, je le tiens trez capable de vous fervir de fergent de bataille, qui eft une perfection rare, & de laquelle furtout voftre nation ha befoin. Je luy ay demandé s'il ne fe donneroit point l'honneur de vous voir avant retourner à fon Maiftre : il m'a refpondu qu'il n'avoit commandement de s'attacher à aultre befougne qu'à celle de Geneve, mais que le voftre luy ferviroit d'excufe envers S. E. Je n'ay plus qu'un mot de dylemme que j'efcrivois dernierement à M. le Conte : c'eft que fi le deffein de Gabor fe maintient à ce printemps, vous avez un beau temps à remedier aux menaces de vos voifins : fi fon progrez s'en va en fumee, Leopold s'en reviendra bien accompagné. Il feroit bon qu'on vous trouvaft de dure digeftion. Continuez d'aymer & d'employer à voftre fervice Voftre...

XV.

AU PERE FULGENCE, A VENIZE.

Monfieur, vous trouverez eftrange qu'un homme incogneu de face veille entrer en correfpondance avec vous, demandant un bienfaict. Si vous n'eftiez de ceux qui ont commercé avec les intelligences, & des dons fpirituels, & moy de ceux qui cultivent la liberalité auffi franchement par recevoir que par donner, j'euffe efté plus circonfpectueus : & ce qui me donne encore plus de courage, c'eft l'affurance de voir joindre à ma requeste, & quelque jour au remerciment, ce que nous avons d'honnestes & de rares esprits en ce temps qui respirent quelque liberté. Donc, sans plus grande prefique, je vous suplie vouloir faire venir entre vos mains mon livre d'*Histoires* lequel je vous eusse envoyé par cette voye, si le fardeau n'eust esté dangereux au porteur. Vous verrez comment entre les loix que j'ai reçeuës des meilleurs maistres, j'observe de ne descrire que les pures actions, sans donner ma sentence au lecteur. Je ne luy fais present que des premisses, & luy laisse la façon de la conclusion, comme on peut bien donner les viandes cuittes & preparees, mais celuy qui les avalle les doit mascher. Quelques uns qui ne font profession que des lettres eussent voulu que je leur eusse laissé cette besougne comme apartenant à eux proprement : mais la mattiere de laquelle j'escris ne se recueille pas entre les pupitres, & fault des ammes ferrees pour escrire du fer, & que *propter ignaviam & desidiam scriptorum scribendi scribant cantentque canendi.*

Les Jesuittes me reprochent que j'observe l'æquanimité de laquelle je fais profession *in speciem* seulement, & que je fais parler les actions qui rendent evidentes leur conclusions; *habent reum confitentem, & mihi laudi duco quod illi vitio vertunt.* Entre eux le Jesuitte Arnou a montré mes affections cachees & partisannes, comme il dict, en tout ce qui touche la Religion & les Republiques, faisant remarquer à ceux qui me l'ont escrit comme je traitte les succez des Venitiens & des Pays Bas, des deux Estats aux depends d'Hespagne, & des premiers au faict de Lespante, & en ce qui est de la paix avec le Turc.

Monsieur, la censure de ces docteurs ne pouvant rien sur moy, je demande la vostre avec ces termes : *ure, seca,* & puis avec vos diatribes, les aydes desquelles nous accompagnons volontiers les charitables corrections. Sur tout honorez moy de memoires qui me facent encore davantage nommer republiquain. Voila ma demande que je fais d'un si bon cœur, que si vous pouviez me donner une voye asseuree pour consigner en vos mains mes derniers manuscripts corrigez & augmentez d'une bonne partie, je le ferois tres librement : je n'ose vous parler de donner cette besougne à quelqu'un de vos imprimeurs, car si vous me faisiez sentir que cela se peust, je deposerois entre vos mains le pere avec les enfans, qui empougnera avidement toutes occasions pour vous montrer combien votre digne reputation m'a rendu Vostre...

XVI.

AU PRINCE CHRISTOFLE DE BADEN.

Monseigneur, voicy la premiere voye qui s'est offerte à moy pour respondre à l'honneur de vos lettres, & m'esjouir avec vous de qoy vostre voyage a succedé selon le desir de vos serviteurs, non seulement en ce qui est de vostre bon portement, mais aussy en la part que vous avez reçeuë en une des plus souhaitees & plus glorieuses expeditions que les François ayent faite depuis plusieurs annees :

j'adjoufterois heureufe, fi l'avarice & la difcorde m'avoyent donné pleige de n'y mettre point le nez, fi bien que qui ne le juge, ne le goufte, & ne l'advouë ainfy, n'eft pas François : & ceux qui demeurent muets à nos louanges, comme j'ay effayé depuis peu, ont la croix rouge gravee fur le fecret de leur cœur. Je paffe à vous dire que S. A. m'ayant faict l'honneur de me communiquer les voftres, nous avons loué Dieu de ce que fon affaire eft aux mains d'un fi parfaict cavalier que celuy que vous me nommez : pour ce que ceux qui font comblez de louanges ne traverfent point celles d'autruy : la longueur en eft un peu ennuyeufe & fera dommageable, fi durant le parachevement, il ne fe trouve quelque moyen de mettre es mains de S. A. de qoy arrer les chefs & membres d'une levee : pour ce que tout prend party, & un peu plus tard en la Gafcongne, où nous voulons travailler qu'ailleurs : mais enfin, fi nous ne voulons avoir le refte d'autruy, il fault prattiquer, s'il y a moyen, quelque avance. Jamais Prince chreftien n'a aproché des defpenfes de noftre Roy : mais fi S. M. veuft employer S. A. & les fiens, je ne croy point qu'aucun des deffeins qui font aujourd'huy fur le bureau, porte plus de gloire d'un cofté, & d'eftonnement de l'autre que le noftre fera. Je l'apelle ainfy, encor que j'aye reçeu commandement de me tenir preft pour ailleurs ; je prefereray le pain noir fous vos banieres aux delices que l'on peut promettre autre part. Honorez de vos nouvelles & commandements Voftre...

XVII

A M. DE LORMOY.

LE 17 FEBVRIER 1625.

Monsieur, j'ay grandement à loüer Dieu de ce que j'aprends par le tesmougnage de plusieurs & habiles : c'est qu'il m'a donné en vous un excellent secours, soit pour la probité, pour la suffisance ou pour le courage, n'y ayant pas une de ces pieces inutiles à la deffense d'un client que les raports ont rendu *dignum Cæsaris irâ* : & le mal est que je ne suis point accusé de ce qui me rend le plus hay, & de qoy je ne me puis departir. Vostre premiere adresse sera de separer le personnel du reel : en ce dernier, vous trouverez plusieurs choses que je puis justement reprocher, & nulles dont je me doive excuser. Je commenceray par vous prier que mon *factum* soit imprimé : je le soubsmets à vostre correction, *expungendo quidquid ferocius protulerit militaris animus & mens conscia recti, nec evirando tamen*. Je tiens prestes les pieces justificatives pour les envoyer par la mesme voye que j'espere consigner argent : & pour ce que je remets à deduire les affaires en quelque memoire à part, je me contenteray par cette premiere lettre d'exhorter vostre courage à la deffense d'une cause, où un timide auroit à craindre : mais il n'y a rien pour rougir, si ce n'est de trop de louange pour avoir osé deffendre un absent en qui on desire les vices, & de qui on hait la vertu : c'est Vostre...

XVIII.

A M. DE HAULTE FONTENE.

Monſieur, j'ay eſté grandement resjouy que vous n'ayez point oublié nos propos d'amourettes : je ſuis en perpetuelle inquietude pour la proſperité de ceſte maiſtreſſe, laquelle me ſemble plus agreable, plus elle eſt ruſtique & ſans fard : ne fraudez point l'eſpoir que vous me donnez que nous en puiſſions diſcourir enſemble, autrement qu'en papier. Je attendray ce contentement, ſi la perſecution, qui s'attache & s'eſchauffe ſur moy, me permet d'attendre. Noſtre exercice cependant ſera aux prieres mutuelles, comme je les fais ardemment pour le pere & pour vous qui me pouvez tenir Voſtre...

XIX.

A M. LE CONNESTABLE.

LE 18 DE JUILLET 1625.

Monſeigneur, c'eſt par violents ſervices, & non par paroles, que j'ay à recognoiſtre l'excez de vos courtoiſies envers le pere & le fils. Si on luy tient promeſſe, je mettray l'eſpaule ſous la ſienne pour luy ayder à la tenir : il luy faudra un peu de longueur pour le chemin qu'il y a jufques en Gafcongne & Xaintonge. D'ailleurs il n'y a plus que des culs blancs.

Monfeigneur, j'euffe tenu advertie voftre Grandeur de quatre mille hommes à qui on a ofté au Pays-Bas le moufquet & la pique, pour fe mettre à grand journee devant Cordoua, de fon logis à Bafle, de la levee de 6,000 hommes en la Franche Conté & 1500 chevaus, au moins comme on conte, facils pour la cavalerie, des autres levees de Leopold en la Suave fort fterile, de l'affemblee des Cantons dans fon mouvement : & encor de l'Eftat de la Rhetie, comme auffy du voyage du Conte de la Suze & des principaux de Berne vers M. le Marquis de Queuvres : je n'euffe point efté pareffeux, dis je, à vous bailler ces chofes fans l'affurance que vous les avez d'ailleurs, & n'euffe point voulu fervir de frefaye : j'ayme mieux fervir à porter ma vie où elle pourra fermer un pertuis, quand il plaira à Voftre Grandeur d'honorer de fes commandemens Voftre...

XX.

A M. DE LA TOUR.

Monfieur mon coufin, fi la compagnee ou la patience de M. le Lieutenant de Martel m'euffe peu donner une demie mattinee de loifir, j'euffe pris plaifir à vous rendre conte de ma condition entierement, comme obligé à cela, & par l'honneur de voftre alliance, & par les bienfaicts que vous avez rendus felon mes prieres à beaucoup de gens de bien : le temps, la diftance, ny les franchifes du Royeaume ne m'ont pas faict rompre compagnee à voftre doulce fouvenance. Ne pouvant mieux, j'ay rendu un petit conte au porteur fuffifant, comment Dieu m'a puiffamment affifté en la hayne que je fupporte pour luy. Le defir que j'ay de favoir les particularitez de voftre famille me faict efperer que vous prendrez en bonne part la creance de ce porteur. Si quelqu'un (fuffe un Jefuitte de Bourdeaux) va en Italie pour le jubilé ou aultre caufe, je luy ferois bonne chere à Geneve, & y feroit le bien venu en fe difant avoir des affaires à moy. Si M. le Cardinal euft cru le confeil de M. de Vignoles, il y en auroit envoyé un exprez. C'eft ce qu'a loifir d'efcrire Voftre...

XXI.

A M. DADOU

LE 27 AOUT 1625.

Mon brave fils, voftre courage n'a pas feulement pour object les coups des ennemis, mais auffy ceux du feul & grand amy qui eft mieux à luy qu'a nous, & qui fera mieux avec luy qu'avec nous, mais encor trez mal icy & trez bien là. Il a tiré cefte affligee qui ne vivoit qu'autant qu'il falloit pour fentir les douleurs, pour la colloquer en une vie fans douleur & fans mort, mais au comble d'une indicible felicité : vous l'avez trop aymee pour devoir regretter cet heureux changement. J'efcris à voftre hofteffe pour ce qui eft des enfans, tenez confeil vous deux & me diftribuez vos penfees : affurez-vous qu'il n'y a point de rupture au lien de noftre amitié; elle tient par quatre chainons, & plus que par les quatre, par la chaifne d'or de voftre vertu, laquelle ne doit plus eftre attachee à l'obfcurité d'une petite famille, mais fe doit defployer en une faifon, où on va mandier les hommes de vertu. Il n'y a paix du dehors ny du dedans qui puiffe faire ferrer les armes de long temps : tout fe redefploye en ces quartiers. Je croye bien avec voftre frere que ce pourroit eftre pour donner couleur à une paix, mais tous les aers des Eftats tendent ailleurs.

XXII.

A M. DADE [1621].

Mon brave fils, vos fuafions font fondees fur chofes vrayes, & bien efprouvees par moy. Je voy bien l'immenfe fardeau qui va tomber fur nos amis, & leur paucité, foibleffe, pauvreté, defunion, & apparente confternation. Je le renvie d'autant de lafchetez & d'infidelitez notables qu'il y a de places. J'ay encor à dire que l'Affemblee m'a debouté en toutes mes requifitions, follicitee & gourmandee par les Rochelois, & c'eft pourquoy, quand on me demande mon advis fur leur permanence, je m'excufe comme eftant offenfé. Vous avez encore une puiffante raifon fur moy, & que je fuis en pleine miffion qui fe donnoit à foixante ans, puifque j'en ay foixante-dix, ou plus. Je voy comme vous qui favez combien mes bleffures m'incommodent à cheval, que mon labeur fera fans mefure pour aller crever fous un autre labeur, que mon peril continuel ne fervira qu'à cercher un peril mortel, qu'à ce labeur il n'y a point de guain, qu'à ce danger il n'y a point d'honneur qui font la monnoye de tous les deux : mais les Huguenots n'ont point de loy *fi quid fortiter,* fe font porter aux combats s'ils n'y peuvent aller, ne pouvant foufrir *cumulo deeffe virorum,* & le falaire eft en Dieu. C'eft pourquoy je vous prie & ordonne, fur voftre devoir de fils, qu'achevant de lire cette lettre, vous donniez jufqu'à Maillezay, que vous taftiez le poux au petit Gouverneur que je tiens pour Gentilhomme de courage, mais à la mefure de fon experience ; & me trompe fort, fi voyant venir une fi horrible nuee, & le premier paquet deffus fes efpaules, vous ne le trouvez en peine de fa contenance. Je veus que vous lui offriez 10000 efcus, defquels il fait bien la feureté, pour me mettre en fa place, tant que la guerre durera : à la fin de laquelle je luy donne ma foy de luy reftituer, fi je ne fuis enfevely dedans en me rendant mes 10000 efcus : s'il accepte, envoyez moy un bon piqueur de courrier, & tenez moy pour mort, fi dans dix jours je ne fuis à vous. J'attens voftre refponfe avec l'ardeur & impatience de vingt ans. Voftre...

XXIII.

A M. DE LA VOYETTE.

Monſieur de la Voyette, voyez le moyen que j'eſtime le meilleur ſous la correction de MM. Platon & de la Barre, à l'opinion deſquels je cederay, quand ils auront conſideré la mienne. Je dis que je ſuis preſt de conſigner en argent content ou en lettre de change la ſomme de 8000 livres à mettre ez mains de ma partie, quand je ſeray en eſtat de pouvoir tranſporter valablement mes debtes à un autre : je ne dis point quand j'auray touché l'argent, mais ſeulement quand je pourray traitter le mien. Il n'y a pas faulte de noms nouveaus pour me traverſer : c'eſt pourqoy ma debte eſt juſte. Je vous prie donc d'aſſembler MM. Platon & de la Barre & y adjoulter M. Dupuy, Conſeiller au ſiege Preſidial de Bourg, & lequel à mon advis aura fait ſavoir de ſes nouvelles chez M. Vannelly. Vous pourrez encore adjoindre à ces trois quelque homme de conſeil : ſi on m'en donne un avec ceux là, vous adviſerez à la difficulté preſente, comme qoy doit eſtre fait le tranſport, lequel je deſire eſtre fait en voſtre nom, s'ils trouvent que la qualité de gendre n'y ſoit point contraire, & de là me donner ma leçon par eſcrit : & cependant voicy ma beſongne : premierement de trouver moyen qu'il y ait à Paris 3000 eſcus à moy, à qoy je procede par violentes depeſches à M. le Duc, auquel je montre qu'il ne ſauroit rien perdre avec moy, & puis je le ſomme de me declarer sa volonté absolument, pour à ce default y venir par emprunt duquel je suis desjà asseuré. Messieurs du Conseil de M. le Duc ne peuvent guere demeurer à reçevoir sa volonté; mais ils pourroyent faire un grand coup pour moy, si eux ne l'osans faire, faisoyent escrire par quelque bonne main, ou à M. le Duc, ou à M. de la Miltiere que la Cour ayant liquidé les sommes que je dois, M. le Duc me peust tesmougner le cours de son amitié, & à mon grand besoin sans perdre le sien. L'autre poinct de ma besougne est de prattiquer ce qui me peut exempter du guichet, de qoy Dieu me montre des moyens par ce que je vous ay desjà escrit, & que vous dira ce porteur. Ayant mis ordre à ces deux poincts, je commenceray mon procez par les voyes que mon Conseil me dira; si ma partie tient promesse, j'obtiendray facilement, sinon je suis resolu de subir la despense & la peine.

XXIV.

A M. MANUEL.

LE 25 DE NOVEMBRE 1625.

Monsieur, mettant pied à terre de mon voyage champestre, j'ay esté bien ayse de trouver promptement un moyen de vous escrire sur ce que on m'escrit de la Cour, qu'il se debat au conseil du Roy du moyen qu'il y auroit de faire un logis sur le passage du Gothar. On me prie d'en pouvoir respondre avec quelque certitude. En la fouvenance des bons propos que vous m'avez tenus autrefois, là deffus je recours à vous pour vous demander un memoire par lequel vous nous faffiez participans de vos fages & braves penfees : & voicy les poincts principaus. S'il y a lieu commode à faire que par une fortereffe ou deux, on peuft empefcher ou grandement incommoder le paffage des gens de guerre? Quelle eftenduë il faudroit à ce logis pour en mefurer la defpenfe? Si les avantages naturels y font grands & quels? S'il y a de l'eau? Si les incommoditez de l'air font fupportables, & par quels aydes? Si le lieu de la conftruction apartient à Meffieurs de Berne, finon à qui? Et pour ce que je fuis conffientieus à me parer des plumes d'autruy, inftruifez-moy, fi vous voudriez que voftre nom y fuft employé en l'advertiffement, & voftre perfonne en l'execution avec les claufes qui en defpendent. Je vous prie ne m'eftre ny tardif, ny chiche en refponfe. L'amour que je fay que vous portez aux chofes bonnes & à moy, pour les defirer me fait ufer de voftre peine comme eftant Voftre...

XXV.

A M. D'EXPILLY.

LE 22 JANVIER OU 1er DE FÉVRIER 1626.

Monfieur, le porteur de ma lettre eft M. Tronchin que j'ay prié de vous dire que je n'avois eu que du plaifir à faire une pieçe qu'il me fault refaire avec peine & defplaifir : & oultre cela avec grand danger que mon labeur ne fente une Minerve forcee. Si vous entretenez le prefentateur, vous verrez fi ce que je dis de luy ordinairement eft vray, à favoir qu'ayant de la leçon tout ce qui fe peut, ce grand travail n'a point efmouffé une incomparable fagacité, prefant de fon heureufe nature. Je dis encor que la pefanteur de fa charge luy fert de left pour porter plus hautes voiles. J'ai veu de fes vers latins qui doivent peu à l'antiquité : j'euffe dit rien, mais vous ne me l'euffiez pas pardonné. Vous faurez amplement par ce perfonnage à qoy s'employe Voftre...

XXVI.

[AU MESME.]

DE GENEVE, CE 22 JANVIER 1826.

Monfieur, il ne fault point vous recommander M. Tronchin : fon nom, fa charge, fon excellençe en elle & en toutes fortes de fciences le rendent affez recommandable, & plus que tout cela, fon bon droit. C'eft par luy que vous pouvez en toute feureté me donner l'inftruction que je vous avais demandee. Certes, quand il me dict la neceffité de fon voyage, au lieu de m'en condouloir avec luy, j'en reçeus joye pour cette feule raifon qu'il auroit de voftre abouchement : ou bien que je le reçevrois par luy, en qui je me confie plus qu'en moy mefme. On cerche pour la confiance la fageffe & l'amitié, bons liens de la fidelité : le premier poinct n'a que faire de mon tefmougnage, & pour le fecond, je ne m'ayme pas tant que je croy eftre aymé de luy.

Par un fi bon organe inftruifez Voftre...

XXVII.

A M. DE LA VACHERIE.

Monfieur, la veuë de cette lettre, & la recognoiffance du nom de l'auteur vous feront chofes nouvelles & inefperees, & c'eft pourqoy j'ay à vous rendre raifon de cette nouveauté : c'eft que quelques amis, comme il m'en refte encor en voftre Cour, m'ont adverty que vous aviez tefmougné quelque affection en ma perfonne & quelque paffion à mon endroit en ce qui eft de mon honneur, jufques à l'avoir voulu relever. Je dis donc que cette probité m'eftant moins à efperer que mes lettres à vous, je vous dois une bonne action de graces, & une grande refolution de me vanger de voftre bienfaict. C'eft cette penfee qui m'a tiré cette lettre des mains pour non feulement vous dire quelque chofe de moy, mais auffy vous employer pour un amy : c'eft M. Sarrafin premier Sindic de Geneve arraché de fa fonction trez neceffaire, contre l'ufage commun de ceux qui tiennent cefte charge, par un affaire trez fafcheux à fuporter, mefmement à un excellent juge comme il est, & puis à ce pays qui à grand peine se peut passer de luy. J'ay dict que sa demeure estoit necessaire, j'ose y adjouster mesme pour le bien des affaires du Roy & du Royaume : pour ce qu'il semble que nous soyons au demeslement des negoces qui touchent les Suisses & les Grisons. Je vous prie de croire que son conseil n'est pas borné aux murs de cette ville, mais cerché de plus loin, & son entretien fera foy de ce que je dis. Or vous savez tres bien que le voyage de M. de Bassompierre n'est point pour affaires legeres & où S. M. n'ait interest : & de plus cette ville sert comme d'estommac au pays d'alentour pour le departement des aliments. J'adjousteray que depuis les difficultez qui sont sur le Rhosne, tous les divers passages d'Italie en France & en Almagne se reunissent en ce lieu. Je conclus pour l'employ de vostre faveur, afin de nous renvoyer bien & bientost un personnage que vous aurez à gré d'avoir obligé avec nous. Pour mes affaires, Monsieur, vous n'en aurez que ce mot : c'est que la saison ne me permet pas de desployer ma justice, il fault que je me retire dedans moy jusqu'au temps oportun. Cependant si vous aviez agreable que je vous envoyasse un *factum*, auquel vous ne blasmeriez que le stile qui ne peut sentir le vil ny le criminel, je le vous envoyerois : s'il ne vous plaist de le recevoir, ne refusez point mon cœur obligé qui en son exil volontaire, medite comment il pourroit se montrer à bon essiant Vostre...

XXVIII.

[SANS SUSCRIPTION.]

Monſieur, entre toutes les vanitez de laquelle la France eſt galeuſe, & deviendra ladreſſe s'il n'y a changement, il y en a une par laquelle il eſt deffendu à tout homme de ſavoir quelque choſe. Un de mes anciens compagnons nommé M. de Fonlebon ne ſe pouvoit appaiſer contre la ſottiſe, de laquelle je veus parler : c'eſt qu'il ſe fault donner garde à la Cour d'avoir quelque excellence, de crainte qu'elle vous ſoit imputee à meſpris. Ce gentil Cavalier premier de la grande eſcurie avoit de belles filles & de 50,000 eſcus chacune. Quand on luy parloit de quelque Gentil homme, voire Seigneur qui en reçerchoit une, il demandoit : « *Que ſait-il faire?* » On reſpondoit : *C'eſt un brave Gentilhomme.* — Il repartoit : « *Eſt-il homme de ſavoir?* » — R. *O ce n'eſt pas un philoſophe.* — D. *Mais dit-il bien? eſcrit-il bien?* R. *Ce n'eſt pas un poëte.* — D. *Ayme il la muſique?* R. *Ce n'eſt pas un chantre.* — D. *Joue il point du luth?* R. *Ce n'eſt pas un meneſtrier.* — D. *Sait-il bien danſer?* R. *Ce n'eſt pas un baladin.* — D. *Ha-il bien les armes à la main?* R. *Ce n'eſt pas un eſcrimeur.*

D. *Eſt-il bon homme de cheval?*
R. *Ce n'eſt pas un ſaltimbardelle.*
D. *S'eſt-il pas adonné aux Mathematiques?*
R. *Ce n'eſt pas un Aſtrologue.*
D. *Entend-il point les fortifications?*
R. *Ce n'eſt pas un Ingenieux.*

D. *S'eſt-il point apliqué aux ſurpriſes des places?*

R. *Ce n'eſt point un Petardier :* & notez qu'à chaſcune des negatives s'adjouſtoit une clauſe que pour brieveté j'ay voulu mettre icy, c'eſt : *Mais c'eſt un brave Gentilhomme.* Là deſſus Fonlebon juroit & diſoit : *Il fault que voſtre Gentil homme ſoit un ſot, & un marault qui ne ſache rien : par là, Monſieur, mes filles n'eſpouſeront aucun qui ne ſache pour le moins jouer du ſublet.*

Sous ce perſonnage je veus pourſuivre la vanité de laquelle il eſt queſtion, à mes deſpens meſmes qui ay eſté long temps à la Cour & parmy les armees, cachant ſi peu que je ſavois, jettant les livres au feu devant les compagnons pour faire le bravache à la mode : je vous diray comment je fus gueri de cette epidemie. Un jour je me trouvay au lever de Buſſy d'Amboiſe, grand Maiſtre des braveries de la Cour, & qui a eſclatté en temeritez par deſſus tous ceux de ſa volee : je le ſurpris corrigeant quelques vers grecs qu'il avoit faits. Si tous les ſavants & grands perſonnages de France m'euſſent exhorté à n'avoir point honte de ſavoir, j'euſſe levé avec le nez toutes leurs paroles, mais (comme les exemples peuvent plus ſur les fouls que les raiſons) ce foul, cet enragé m'ayant dit : *Ce n'eſt pas eſtre aſſez brave que de cacher ſes rayons de peur des nuës,* je changeay de poſture avec un grand regret du temps perdu : & de là en avant, au lieu de cacher la meche, je me mis à faire paroiſtre ma petite chandelle, comme un grand flambeau.

Je veus accompagner ce diſcours d'un conte qui le fera valoir. Entre les braves hommes de guerre de ce ſiecle, nous avons eu le pere du brave Conte de Montgommery portant le nom de Lorges. Les Montgommeris font venus d'Angleterre de trez noble famille, & la Conté de Mongommeri qui eft en Normandie fut achetee par le vieil Chevalier duquel je parle : fon commançement fut par eftre archer de la garde Efcoffoife ; en cette condition il fit la guerre en Italie : il en revint là par fa valeur qu'il fut Capitaine d'une compagnie : & puis de 800 hommes : de là, Lieutenant des Gardes Efcoffoifes. A un autre voyage des guerres d'Italie il amena deus levriers Corfes, avec lefquels il fe ventoit de combattre un lyon. L'envie de fes compagnons & la facilité du Roy François en vint là qu'on lui offrit l'experience de ce qu'il avoit dict : luy n'en voulant rien demordre, fe trouva en une petite cour où on avoit lafché un lyon : il y vint avec fes deux levriers, leur couvrant les yeux du bord de la cape, pour ne les laiffer pas longtemps aprehender le gibier. Ces levriers corfent le lyon, & luy avec deux efpees courtes luy en met une dans la gorge, & l'autre au flanc ; & ainfy, avec la mort d'un de fes chiens, vint à bout de ce qu'il avoit dict. Depuis retourné à la guerre, il revint Colomnel des bandes du Piedmont & chef de la Garde Efcoffoife. En paffant je diray qu'un foldat parlant à luy, & l'ayant apellé *mon Capitaine,* corrigea ce mot en *Monfieur.* Luy ne le foufrit pas & repartit : « *Ne vous reprenez point : J'avois nom Monfieur parmy nos domeftiques au fortir du berçeau, il m'a depuis coufté beaucoup de fang & de fueur pour avoir nom Capitaine; aurois-je bien efté en diminuant?* » Leçon pour nos capitaineaus qui ayment mieux une vaine qualité naturelle de *Monfieur* que l'aquife de *Capitaine.* Le voila amoureux d'une des filles de la Royne, d'une des meilleures maifons de France, & laquelle je ne puis nommer pour la conclufion que vous verrez. Cette cy glorieufe de fa beauté & de fa raçe, defdaignoit la reçerche de ce beau Seigneur. Un jour que la Cour eftoit allee voir quelque combat de lyon, & fon gand lui eftant tombé en la cour des beftes, dict ainfy à fon ferviteur : « *Vous qui faites meftier de dompter les lyons, allez moy querir mon gan.* » Lorges empougnant la hallebarde d'un de fes archers, s'y en va, fait retirer le lyon & aporte le gand, & en le jettant à terre aux pieds de fa dame, caffa de colere fa halebarde auprez du gand en difant : *Vous eftes une putain : & s'il y a des lyons en voftre raçe, que le plus mauvais me combatte fur ce que j'ay dict*. Il n'y eut pas preffe à cela : mais jamais depuis cette heure, n'a voulu voir en fa maifon nourrir aucun chien, pour le defplaifir qu'il fentoit que la fottife du fiecle cerchaft moyen d'attribuer à chofes villes les honorables caufes de fon eflevation.

Un jour que les Capitaines de M. de Parabelle fe pleignoyent à moy de ce qu'il ne les cognoiffoit plus, eux qui avoyent fa fortune & cœt., je leur fis ce conte pour les appaifer, & je le vous donne pour faire foy de la premiere claufe de cette lettre & conclus ainfy, que fi la manie des hommes qui s'exerçe en la vraye eftimation des autres avoit quelque raifon, il n'y auroit plus de raifon pour ce qu'il y auroit raifon. Voftre...

XXIX.

AU ROY DE LA GRAND BRETAGNE.

Cyre, puisqu'au lever du jour & à celuy du soleil, on espere & craint de la journee que l'on attend de la rougissante aurore, vent ou pluye, & que celle qui est pasle produise un triste jour; il nous est permis des Princes (qui sont nos soleils) former nos predictions & dire de la naissance de Vostre Magesté, & de son advenement aux couronnes de la Grand' Bretagne, que Dieu a faict naistre un clair soleil de joye aprés un temps couvert & nebuleux. L'aube de sa naissance & de nostre espoir a esté sans taches & pure, n'a rien promis que de la pureté : son Aurore n'a esté signalee que de roses, & ces roses Angloises se sont espanouies de leurs vives & agreables couleurs, aussy tost que ses rayons desirez ont esmaillé nostre orizon. Les Princes qui naissent couverts de nuees, sont astres pasles & ternis de foiblesse, qui font par leur inclination trembler les peuples descouragez : comme aussy d'autre part les flamboyantes humeurs de leurs Roys menacent de vents, qui sont soupirs, d'orages qui sont larmes & sont cometes ardents & ignés, desquels on n'attend que des deluges de sang! Bien heureuse Albion, qui admire sur son trosne, non seulement pour elle, mais pour tout nostre hemisphere, un soleil au teint net & vif, un Prince qui ne s'infecte point de la pasle pusilanimité & ne rougist de l'orgueil flamboyant, qui presente dés son entree le bouclier du defenseur de la foy au devant des enfans de l'Eglise, & la pointe de son estoc aux dents des loups devorants & des tyrans persecuteurs : pareil à ces Apollons que l'on a faict de mesmes rayons administrer la vie aux fleurs & salutaires plantes, & des mesmes, sortir des fleches d'or pour crever les Pythons, & chasser les venins : images par lesquelles les payens representoyent à leur mode ce Dieu trez doux qui, soleil & bouclier pour tous, desploye pour la foy ses defenses, & ses offenses contre l'infidelité.

Voila, Cyre, le specieux tableau, qui attirant vers Vostre Majesté les yeux de l'univers, ou en amour, ou en terreur, m'a esmeu de luy presenter les offrandes d'un vieillard, qu'elle ne soupçonnera pas de flatterie, s'il luy plaist de voir son present, & le livre contre lequel forcenent ceux qui ont perdu le goust de toutes veritez. Tel le caresse en secret qui l'a bruslé publiquement. Ses juges m'ont envoyé pour excuse la tyrannie où les Jesuittes les ont reduits, & la servitude volontaire en laquelle ils se sont eux-mesmes soubmis : puisque nul ne peut estre contrainct aux choses vilaines, s'il sait mourir! patrie desolée, miserable saison en laquelle les esclaves jugent de la liberté d'autruy.

Je ne demande pas que la nuict indigeste d'Assuerus fasse aporter ce livre condamné au chevet de V. M., mais qu'elle se fasse lire à quelque heureuse soiree, ou par diversion, ou sur la dispute de quelque action escritte diversement, ce livre escrit d'une main que les presents n'ont ny corrompuë ny asservie, & qui peut justement escrire sur son frontispice : *Nihil gratiæ datum, nihil offensæ*. Ma premiere protestation sera, que estant condamné par V. M., je ne veux plus estre absous. Elle verra en moy grande rareté & chicheté de louanges : ce qui garantift les fiennes, & ma lettre de n'eftre pas cageoleufe, & de ne dementir la confcience ny le cœur. S'il fe trouve des fautes, mefmes en l'impreffion, je dis qu'aux lieux où le menfonge travaille en fplendeur & à midy, la verité fe cache & befougne à minuict, n'ayant que fa lueur naturelle pour flambeau.

Or, fi V. M. prend gouft à mes franches veritez, fi elle defdeigne les phrafes hyperboliques des charlatans du fiecle, & tout ce qu'ils defrobent à Dieu pour donner aux Princes, fi elle eftime que d'un ftile de fer comme le mien, les exaltations des grands & des vertueux bien meritees feront reçeuës de la pofterité, & par elle eftablies comme conftantes veritez, elle mettra la main d'acceptation fur la tefte de celuy qui fe proiterne à fes pieds, afin que mon extreme vieilleffe m'ayant fait mettre mon efpee au crochet, je ferve la voftre royale, en apliquant ma plume en ce qu'elle fe donnera de triomphes, & à moy de veritables fubjects.

De V. M. le trez fidele ferviteur.

XXX.

A M. DE MAYERNE.

DE GENEVE, LE 6ᵉ MARS 1626.

Monfieur, j'ay pris la commodité du cofre de voftre fidelle, pour y mettre un couple de pieces que vous y verrez, vous priant d'en faire prefant d'une au Roy Sereniſſime reliee au mieux que vous adviſerez, ce que j'euſſe fait faire icy, ſans la crainte d'evanter la mine : la verité n'a pas ſes coudees franches où la crainte habite. L'autre exemplaire eſt pour vous. Je vous envoye auſſy une lettre pour accompagner le preſant, laquelle je laiſſe ouverte, afin que vous en uſiez avec les egards qu'il fault. J'ay oüy dire que le livre de M. de Thou, quelque excellent qu'il ſoit, avoit eſté trez mal venu, pour avoir eſcrit nayvement ſur le fait de la Reyne d'Eſcoſſe, grand mere de S. M. J'eſcris d'elle auſſy ſobrement qu'un veritable peut & veuſt, & loing d'animoſité. Vous pouvez vous ſouvenir qu'au temps de ma grande faveur, ayant dict au Roy mon Maiſtre que j'avois envie de voir l'Iſle d'Albion, il ordonna en mon abſence que je porterois la reſolution demandee aux Princes Refformez : ce que je refuſay, ne voulant point porter le noir, & fis donner la commiſſion a M. de Liſle Grolot. Je dis ces choſes, pour vous prier que ſi mon livre eſtoit mal venu, vouloir changer de main, & le donner au Seineur Philippe Burlamachi, auquel j'en euſſe envoyé un troiſieſme dés cette heure, ſi je l'euſſe eu entre les mains. Les eſpions, les fauls freres, & un fauls pere nous font bien du mal. Pour changer de ſubject, j'ay failly à vous eſcrire d'un affaire, ſur les nouvelles que nous avons reçeu par quatre ordinaires, des mal-entendus qui euſſent donné lieu au diſcours que je vous fis une fois, ſur la diſtinction des devoirs differents pour la terre & pour la foy; j'ay rejetté la plume à une autre voye, & occaſion plus evidente : n'oubliez pourtant rien, & ſurtout retenez en voſtre memoire Voſtre...

XXXI.

A M. DURANT.

Monsieur, je ne puis mieux vous montrer avec quelle diligence j'obeis à vos desirs, que de vous envoyer le livre demandé, auquel il manque le frontispice, & la derniere partie de l'indice que j'espere vous envoyer dans peu de jours. J'en eusse envoyé un autre pour le Pere Fulgence, si j'eusse esté assuré qu'il eust esté bien venu : mais faisant criminel tout ce qui me touche, j'espargne plus autruy que moy. S'il y a quelque marchand libraire qui en veille envoyer querir, au prix que ceux qui ont contribué à l'impression y ont mis, à savoir à une pistole & demie les trois tomes, il ne faudra que m'advertir, & sur ma parole, les imprimeurs feront tenir les bales à une journee, dans le chemin de Berne. Vous pourrez faire remarquer de quelle ancre sont decrittes les procedures de la Serenissime Seigneurie, soit en guerre, soit en negotiations, sans que l'auteur ait jamais pensé à un grand mercy, accusé pour cela, ou de la hayne Hespagnole, ou d'un amour republiquain, mais deffendu par la verité sur la fidelité qu'il employe à la servir. Continuez à aymer Vostre...

XXXII.

[A M. D'EXPILLY, 1626.]

Monfieur, nous fommes rencontrez de penfee, & cela me donnera meilleure opinion des miennes. Je bandois fur le traict pour vous efcrire de mon *Hiftoire*, & vous rendre un raifonnable conte de ce que j'ai le plus cher. Si nous euffions efté affiegez en cette ville, j'en faifois aprefter trois copies, pour en depofer une à un ami fecret prez du Roy, l'autre aux Archives des Eftats, & la tierçe en voftre fein, qui n'euft pas volontiers (comme d'un courageux) aydé à ofter les cendres des Cœfars de fur l'Obbellifque, pour y loger celles d'un Cordelier, efperant de vous que l'amour des lettres aura quelque merite à la chofe, & la confiance d'un efprit qui faict amitié avec le voftre fans l'ufage des fens feroit plus forte que l'imperieufe & vilaine domination de quelque hypocrite ennemy de vertu. Voila ce que je voulois & veus faire, fi Dieu ne me donne le temps de l'impreffion : Je fuis à la fin de la correction & augmentation, pour faire dire à mon Imprimeur que fon Lecteur verra la difference qu'il y a entre les livres reveftus en une bonne ville ou qui font fortis tout defchirez du *Defert*. Quand à ce qu'il vous plairoit me donner, je le reçoy des aultres, je le dois mandier de vous. Si M. le Conneftable me donne l'honneur & à foy le contentement de me lire, j'auray vincu, fi je luy donne un petit courroux contre ceux qui ont diverti fon dyaire. On m'a dict qu'il eſt en mains d'un fort habile homme & qui s'en aquitera bien : mais il me ſemble que la reputation qui ſe loge dans un eſprit univerſel prend plus de pied que dans le particulier. Si donc il vous plaiſt m'honorer de vos penſees, je les logerai ſelon ma groſſe Minerve, *fida oratione non in ſpeciem compoſita.*

Que ne dois-je aux amis, moy qui durant les guerres plus flamboyantes, envoyois demander au Duc de Mayene des raiſons ou au moins des excuſes pour ſon mauvais exploit d'Arques : & encore maintenant eſtant ſur les guerres de Son Alteſſe, & de ce lieu voudrois avoir les memoires de ce Prince martial, & euſſe accepté l'honorable offre qu'il me fit dés mon arrivee d'un diſcours de trois ſemaines à Turin, ſans qu'il m'a fallu laiſſer en leur entier les penſees de mes hoſtes auſquels je ſuis obligé. J'ay à cette derniere façon reçeu force memoires de pluſieurs, que je dois aymer & eſtimer comme eſtans amateurs de la bonne renommee ; & cet amour oblige à celuy des bonnes actions.

Excuſez l'amour paternel, ſi je vous rends un conte trop exprez de mon livre incognu au vulgaire, hay & perſecuté des mercenaires, aymé de peu & de bons : entre ceux là il ſe glorifie de qoy vous honorez de voſtre amitié Voſtre...

XXXIII.

A M. LE DUC DE ROHAN.

L'AN 1617.

Monseigneur, je viens de vous escrire pour mon privilege, quand j'ay esté honoré de lettres du Roy & des vostres. Je ne saurois vous donner plus d'assurance de moy par escrit, que celle que vous ay donnee de vive voix. Vous savez, oultre les autres haynes, celle que je suporte de M. d'Espernon, qui n'est pas chiche de menaces, & oultre les menaces, d'employer les siens à me nuire : je ne dis pas cecy en l'air. Il est necessaire, ou que je quitte ma maison en la vendant à quelqu'un qui aye les reins plus forts que moy pour la garder, ou que je cerche ma sureté dans une Venise, ou que je sois assisté par qui que ce soit. M. de Villette m'a aporté un mauvais present d'esperance en me declarant la perte de deux annees passees, qui sont plus de 14,000 livres pour moy. Ce seroit de qoy desesperer un homme qui ne se consoleroit point en Dieu. Maintenant que j'ai donné mon bien à mes enfans, & en ay vendu une partie, je vous suplie, Monseigneur, ne trouver point mauvais, si je fais pleinte à la premiere Assemblee pour la perte des deux annees, seulement pour les clauses qui en cela blessent la foy publique, sur laquelle j'ay faict la depense : si vous me le deffendez, je me retiendray, & pour le reste de ce qui me touche, il vous sera bien seant dans l'esclat d'une

Cour triomphante, de vous fouvenir du fervice fans fin & fans mefure que vous a plus voüé que rendu Voftre...

XXXIV.

[SANS SUSCRIPTION.]

Monfieur, je me fens voftre obligé par voftre vifitation, & pour ce qu'elle n'a pas efté avec le loifir qu'il nous falloit, j'oferois vous demander le mefme bien à votre premiere commodité. Je vous dois encor voftre livre que j'ay bien leu : le deffein en eft bon & la profe meilleure que les vers. Vous avez feu ce que m'ont refpondu Meffieurs de voftre Ville : je ne leur ay rien demandé pour moy, il faudroit que je fuffe en une grande extremité. J'attendray bien le terme de l'Affemblee, mais je n'ay pas deliberé de m'y faire refufer; c'eft pour qoy ils n'auront de moy aucun propos de ce qui me touche en particulier. J'ay veu des Courtifans gens de credit, de qui j'ay apris les intentions de la Cour fur tels affaires que le mien : on ne m'offre point de perte de ce cofté là, mais plus de commoditez qu'il n'en fault à un homme de mon aage, en qoy je cognois quelque chofe des deliberations generales; c'eft à moy à en parler fobrement & me garder bien de convertir mes conjectures en nouvelles. J'en ay reçeu une de la revolte de mon fils, qui eft venuë de M. Dupleffis à Marans : je ne le puis croire abfolument; quand il plaira à Dieu me donner ce coup de bafton, la longue prevoyance a pris de long temps fa part à la douleur : fa famille ne pouvoit demourer en celle de Dieu, ny telle puanteur parmy les encens de l'Eglife. Cependant nous ne laiffons de voir une grande deftruction à nos troupeaux, & pleuft à Dieu que nos Pafteurs vouluffent entendre à fermer la breche par laquelle tant de brebis & telles fe precipitent. Quand nous travaillions à la confection de la paix, Dieu donna à quelques uns de prevoir ces mefmes chofes, & à nul d'y pourvoir : & les voix qui le predifoyent fe firent enrouees & mal agreables de leur cry : les marchands de la paix tourneront en crime cette parole : *Hic non fit pax, fed pactio fervitutis.* Les Courtifans difent que la revolte de Valiers eft une action purement du Roy, qui de celle là & d'autres en veuft la gloire particulierement, mais certes en laiffant au diable la part qui luy en apartient. C'eft nous qui avons faict ce mal, & je n'ofe vous interpreter cela que de vive voix. Dieu garde voftre Jerufalem; quelque mal que j'ay reçeu des infidelles, la bonne quantité de gens de bien qu'il y a en elle, me font craindre & defirer, & en y penfant dire le Pfeaume 122. Excufez ma longueur : en cela ma couftume a efté vincuë par mon affection, laquelle me rend pour toute ma vie Voftre...

XXXV.

[SANS SUSCRIPTION.]

Monfieur, j'ay reçeu voftre lettre à honneur : je vous diray pour la refponfe à laquelle vous m'avez obligé, comment il y a plus de sept ans que je m'exerce à pardonner à mon fils aprez ses desbauches des lettres & des armes, la dissipation de tous mes labeurs, mon nom invoqué en rizee, le verre au poingt parmy les ......es & dans le berlan, le pardon de ces choses, les promesses & les sermens exsecrables d'un amandement faussez (qui est le terme duquel je datte tous ses malheurs), les breches reparees par ma bourse, & les dons pour cuider obliger son courage mesprisez, la despoüille de tout mon bien à mes enfans, celle de mon Gouvernement entre les mains de l'infidelle, qui en fit un puant bordeau, un berlan, une eschole d'atheisme ouverte où, quand on menaçoit de moy, la responfe estoit qu'on m'en engardroit bien : & ce Gouvernement s'en alloit encor une boutique de besongne que le meschant faisoit tout à la fois de sa revolte, de la prise de quelques villes, ou de la mienne mesmes. Je desnichay ce malheureux train : & depuis, ce galand ayant demandé mon abouchement, comme il fait encores, & ayant amené avec soy un Pasteur de l'Eglise auquel il promettoit de me rendre sans replique, l'affaire alla bien autrement : car aprez luy avoir reproché la ruine de tant de pauvres familles qu'il a affrontees, le deshonneur de plusieurs, celuy de la sienne mesme, par le sang de laquelle il a montré que les vanitez desgenerent en cruautez & les erreurs en horreurs ; aprez ces choses je lui fis trois questions : l'une pourquoy il avoit contracté amitié avec mes ennemis mortels, mesmes en une inimitié conçuë pour la querelle de Dieu, la responfe fut que j'estois leur ennemi, & non pas eux les miens ; l'autre pourqoy il avoit promis d'aller à la Messe, il respondit que si ses affaires luy poussoyent, il nous prioit tous de ne le tenir point pour Papifte, mais pour atheifte tout à fait, tefmongnages qu'il en prattiqua & produifit & le pardon que la vilaine & les tefmoins en ont demandé : plufieurs telles chofes furent concluës par un crime qui furpaffoit tout. Pour toucher la proteftation que le mefchant fait de n'avoir pas renoncé Dieu, je n'allegueray point fon abjuration & fes Pafques entre les mains du Nunce, ny tant de meffes qu'il a oüyes en la chapelle de Madame de Sourdis, en faifant l'amour à la battarde, pour ce que je ne fay cela que par d'autres renegats & par un docteur de la Sorbonne, gens reprochables à luy & à moy : mais je diray que c'eft chofe affez horrible que le fils d'Aubigné ait rendu fa religion douteufe ; & puis voicy un faict duquel je parle affurement : c'eft qu'il a fait des prozelytes pour le diable, & mefmes en ont prefenté qui n'avoyent jamais fait profeffion de la Religion, pour boufonner en ce qui eft du falut : entre ceux là je me plains d'un jeune homme que j'avois nourri d'enfance, & auquel je me fiois de ma bouche. Je vis un jour ce galand qui l'entretenoit, le tenant embraffé, fi bien que cettuy-cy enchanté de careffes, me declara qu'il luy falloit quitter mon fervice pour beaucoup de raifons qu'il ne me pouvoit dire, dont je fus contraint de le laiffer aller à grand regret. L'ayant donques payé & obligé de quelque don, il fut reçeu aux gardes du Roy, fur ma recommandation, en la compagnee de la Befne. Dans deux mois de là, il me tomba des lettres entre les mains du Feuillant Sainct-Hylaire, qu'il ne falloit que cercher des benefices vaquans, & que quand il les auroit il n'iroit point à la Meffe : ce jeune homme mourut dans un mois aprez, ayant fenti fa faulte.

Voila un exemple pour tous des meschantez de voſtre priſonnier, auquel (comme j'ay fait depuis dix ans) je ſuis preſt de pardonner tout ce qui ne touche que moy : ce qui bleſſe le Sainct Eſprit n'apartient qu'à Dieu, que je prie encore pour luy. Je vous prie de croire que toutes les playes qu'il m'a faittes au cœur ſont encor moindres que ſon impudence à farder ſes actions, & l'orgueil qui paroiſt aprez telles choſes en ſes paroles ou eſcripts; nous en avons un de ſa main plein d'horribles vilenies : auſſy il adreſſe ſon billet aux bougres & verollez compagnons ſes amis. Dictes que telles choſes paſſees n'eſtant rien ſur ſon cœur, il y en a de bien eſtranges pour l'advenir. Je vous ſuplie de dire à M. le Maire (duquel nous n'oyons que des louanges extraordinaires) que le fait du Dognon n'eſt qu'un jeu au prix des autres projects qui ſont maintenant eſtoufez, parce que Dieu a rompu leur premier deſſein, que ſi Surimeau veuſt depoſer en mon ſein les vrayes particularitez de ce qu'il a eſcrit, & qu'il ſait bien que je ſay, quelque incommodé que je ſoye, je me feray porter à la Rochelle pour le bien de la ville à qui j'ay tout voüé : pour tout autre affaire ſa veuë m'eſt d'un bazilic : & quant à ſes lettres, je n'exige point de luy (eſtant priſonnier) la verité qui le condamneroit; d'ailleurs les fauſſetez m'en offenſent : c'eſt pourqoy je ne le veux point voir. J'ay eu peine à cacher les noms de vos amis & des miens, qu'il a à mon advis alleguez à faux. Il reſte que je vous remercie du ſoin non merité par nous, & de la peine que vous prendrez à lire cet eſcrit trop long pour la peine de vos yeux, mais racourci par tout ſelon l'angoiſſe de mon cœur. Je finiray donc par la ſentence de voſtre lettre : c'eſt que la paix fera bien aifee avec moy, s'il fait la fienne avec Dieu & qu'elle paroiffe par bons effects.

XXXVI.

A M. DE LESDIGUIERES.

Monfeigneur, j'ay defiré que vous viffiez le commencement de mon labeur, & en luy la premiere aube de voftre renommee. S'il vous plaift me donner quelque piece du Dyaire que vous me promiftes à Fontaine-Bleau, je m'efforceray en rendant conte de l'univers de traicter voftre gloire comme fi elle feule poffedoit mon labeur : c'eft ce que requiert de vous en peu de paroles & avec beaucoup de devotions Voftre...

XXXVII.

A M. DE MONBRUN.

Monfieur, fans employer les paroles en recognoiffances ny en proteftations, & gardant tout cela aux effects & fervices que je vous dois, s'il vous plaift d'envoyer querir des memoires que je peuffe avoir dans un mois, j'efpere faire fucceder voftre jugement comme certes il y a bien difference entre les louanges particulieres de ceux qui efcrivent pour un ou celles que l'on reçoit fur le theatre de l'Univers : comme ceux qui au loin ne trouvent en la carte que Paris, Lyon & deux ou trois autres pour la France, en jugent par là le merite & la grandeur. Faites donc voftre depefche, s'il vous plaift, ainfy que vous me l'efcrivez, & fur le memoire que je vous ay envoyé en y mettant voftre livre, fi vous l'avez à gré, & M. de Lefpinay vous en donnera un aultre fur la veuë de cette ligne. Mon impreffion furfoira le mois, quoy qu'avec beaucoup de defpenfe. Si je puis fuporter le cheval, je defire aller baifer les mains à mes amis de voftre Affemblee & jurer un bon coup en voftre main que je fuis Voftre...

XXXVIII.

A M. DE ROHAN.

EN AOUST 1616.

Monfeigneur, voftre lettre m'a aporté honneur & grand contentement : vous eftes venu à bout de vos defirs & labeurs de fept ans, & ce qui m'efleve davantage, c'eft qu'avec quelques gens de bien, je puis dire noftres, non point tant en ce que nous y avons contribué, qu'en ce que nous y devons efperer d'equitables faveurs : il refte que ce que vous eftes, vous le foyez à bon effiant, ce que je ne di point fans raifon : car quand vous ferez une lifte de 24 ou 25 places fermees, qui font en voftre Gouvernement, & que vous regardez combien de ces places & de ces Gouverneurs ont voftre joug auffy agreable, comme il le doibt eftre, ou comme l'auront la Ganache, Beauvois, Sainct Maixant, & Maillezais : vous trouverez, Monfeigneur, que je ne vous ay point en vain importuné par plufieurs lettres pour le faire comme les autres Gouvernements, que l'eftat foit chafcune annee diftribué par vos mains, que vous ayez pouvoir fur les affignations, augmentations ou diminutions, comme a trez bien prattiqué Monfieur voftre beau pere à mes defpens, ce que j'attribuë (en faifant juftice contre moy) pour n'avoir pas efté lors fon confident. Je dy donc qu'il y va de l'efficace de voftre autorité, de pouvoir, là où vous eftes, mettre le nez au depart qui fe faict des deniers d'augmentation, & icy priver de leurs diftributions ceux que vous jugerez ne s'y porter pas bien. La bonne chair qu'on vous faict s'accorde avec ce deffein. Je ne vous donne point ces avis de village en hors, au deplaifir, & plus toft au mefpris de ceux qui mefnagent vos affaires, que je ne voye des menaces qui exigent cette hardieffe de ma fidelité.

Monfeigneur, voila pour vos affaires, le bon eftat defquelles me permet maintenant de vous demander quelque peu de temps pour les miennes. J'ay attendu ce bon poinct, comme doit un patient & bon ferviteur : c'eft qu'ayant efté traicté à Loudun, comme vous favez, c'eft à dire feul fans un denier de foulagement, foit pour mes defpenfes de guerre, foit pour ma defpenfe pour la paix, y eftant attaché à mon refus par les commandements de Monfeigneur le Prince & de vous, ayant cet honneur de prefenter les interets de vous, de M. de Soubize, de M. de Candalles, de M. de Loudriere, de M. de Pardaillan avec un mot des miens, j'ay efté le feul qu'on a deigné d'un mot de refponfe, qui n'ay efté mis en rang ny de Marefchal de camp, ny de Meftre de camp, ny de Confeiller : qoy que le regiment que j'ay mis fur pied le premier, & qu'on a contrainct ceux qui m'ont fait ma part depuis, & maintenu plus d'hommes enfemble feul que fix tels recognus que j'ay veu en l'armee, & defquels les Meftres de camp ont eu des recompenfes. La verité eft que j'ay retiré au commencement de l'annee dans l'Ifle, & payé publiquement de mon argent, & de là fourni trois cents hommes qui fe trouverent à Chandeniers au rendez vous, à l'eftonnement de Saint Maixant : deux compagnées ont encore efté foulagees de ma bourfe à la famine de Loudun jufques au dernier poinct. Toutes ces chofes ne m'ont aporté que hayne parce qu'elles fentoyent le reproche. Or, Monfeigneur, j'attribuë cet inique traictement pour eftre tombé en la tyrannie de l'homme que favez, à qoy M. le Prince ne me devoit jamais expofer : peut eftre auffy que mes amis ne m'ont pas fait rendre juftice avec affez de fermeté. Or tout ainfy que je fuis en cela un exemple notable de l'ingratitude du Prince, je le fuis auffy de la puiffance & dexterité du F. B., lequel a fait efgal à M. de Loudriere mon collegue, un jeune homme de vingt & un an : pour quarante carrabins il y eut 4,500 livres; il paffa une foiree à lire les recompenfes, & à la queuë mon nom fut mis fur le bureau, non fans celuy de ceux pour qui je m'eftois employé. Pour la perfection de cet ouvrage, c'eft qu'ayant levé des deniers du Roy & de l'Ecclefiaftique quelque chofe, j'avois dreffé mes contes à la descharge de mes commis, par lesquels la Cause me doibt une somme notable. Je voulus les rendre à l'Assemblee : ceux qui avoyent couru là, pour empescher qu'au default de Tonnaycharante, le Donyon ne succedast point à m'entendre, escrivirent à Niort qu'ils avoyent fait mes affaires, & que seulement je n'aurois pas le credict de conter, y adjoustant que j'estois freschement. Cela a fait rire le jeu du billard : depuis j'ay conté avec les Commissaires de M. le Prince, qui m'ont renvoyé mes roolles bien nettoyez, & ma debte bien liquide, mais m'ont demandé 800 livres pour signer. Mon juste courroux & mon injuste pauvreté m'ont ensemble empesché de cela; & ainsy je demeure exemple des deux choses que j'ay dictes. Je le feray d'un troisiesme : c'est que contre vent & maree, je demeureray permanent & tousjours pareil, premierement aux Eglises de Dieu, & puis aux vostres, aymant mieux vostre probité dommageable que les fœcondes meschancetez des autres. Je ne fay part d'un seul mot de ma plume à M. le Prince pour ce que je n'ay point le cœur vers luy, comme vers vous.

Or, ce que je vous demande pour le present est que l'Assemblee de Sainct-Maixant (en laquelle le Ministre de M. de Parabere suivy de quatre autres demanda le rasement de ma maison, qui estoit à dire de ma teste) a depesché cet article pour toutes choses mises en arriere; faire adviser à quelque augmantation pour le Dognon soubs le nom de Maillezais, il vous plaise y mettre la main pour vous sauver un bon homme, & une bonne place. Assurez [vous], Monseigneur, que le despit des villonneries qu'on m'a faictes ne me poussera jamais à rien de meschant : mais je pourrois bien prendre conseil de la necessité, en laquelle je fuis, & tel foubfrit quand je me fis pauvre qui n'en rira pas fi ne je fuis fecouru. Il y a quatre mois que j'emprunte jufqu'à dix efcus, m'eftant deu dix neuf mois de l'ordinaire du Roy, & dix de celuy des Eglifes : je voy mes deux voifins payez jufques au dernier denier, comme m'ont apris les payeurs. En mefme temps fe prefentent des achepteurs pour ma maifon : quand je refponds la fidelité que je dois aux Eglifes, ils ont bien efté affez favants pour repliquer que cela eftoit bon pour Maillezais, mais non pas pour le Dognon. Je vous fuplie, Monfeigneur, n'ayant que du papier pour parler à vous, qui eft bien foible au regard des chofes qui fe prefentent devant vos yeux, avoir en prefence ma fidelité & fermeté, & ne permettre que la mifere me face aller manger l'argent de ma maifon à Venize : mais fervez vous d'elle & de moy aux chofes où plufieurs vous abandonneront, & me pardonnez la longueur de laquelle n'avoit jamais ufé en voftre endroit Voftre...

IV

LETTRES FAMILIERES

[Collection Tronchin. Mss. d'Aubigné, T. II, f° 29.]

I.

. . . .[1]
La principale de toutes fut le corps des Jesuittes bandez à ma ruine, comme j'avois appris par les memoires qu'aporta de Rome ce Baronius duquel je parle à la fin de mon troisiesme tome d'*Histoires*. Je vis là dedans ma teste condamnee par ceste Compagnee, que je tiens plus redoutable que la plupart des Princes tréz puissants, & ils m'avoyent montré le premier eschantillon, & de leur hayne & de leur pouvoir, par le bruslement de mon livre faict par leur

---

1. Le commencement de cette lettre manque dans le manuscrit.

requifition, qoyqu'il n'y ait aucune efcapade contr'-
eux.

A l'Affemblee de Saumur M. de Boiffife m'avoit porté parole de voir mes penfions doublees, & l'amitié de la Royne, ou tout mon entretien de quarante ans perdu, & la hayne d'une Princeffe de laquelle la bonne grace m'euft efté un grand trefor. Je fuivis le chemin de ma vocation, & fentis bien toft les marques de la defaveur.

A ce fardeau je joinéts l'inimitié du Duc d'Efpernon, premierement offenfé par le livre des *Tragyques* qu'il tenoit pour mien, dans lequel il s'attribuoit plufieurs difcours, bien qu'il n'y fuft pas nommé : il s'eftoit offenfé de nouveau pour ce qu'en l'expedition qu'il fit vers la Rochelle, je m'eftois rendu plus partifan de la querelle de mes voifins qu'eux mefmes, & luy troublay quelques logis fans action qui vaille le conter.

Comme il congedioit fes troupes, deus Gentils hommes qui en partoyent me vifiterent au Dognon. Aprés difner un d'eux m'ayant dict : « *Nous vifmes hyer M. d'Efpernon en grand colere contre vous, difant devant* 200 *Gentils hommes que s'il ne vous pouvoit avoir altrement, il vous convieroit à voir dans un pré une des meilleures efpees du monde.* » Je ne refpondis à cela qu'un hauffement d'efpaules, & un foufris ; mais fon compagnon ayant redoublé le mefme propos, je me fentis obligé à dire ainfy : « *J'ay efté nourry en trop bon lieu pour ne favoir pas les avantages des Ducs & Pers de France quand ils s'en veulent fervir : mais fi M. le Duc me commandoit abfolument, & fi vous aviez charge expreffe à me convier dans ce pré, certes il feroit promptement obei.* » Un des deux repartit : « *Monfieur, il a des qualitez qu'il ne peut defpoüiller, & d'ailleurs il eſt circuis de tant de Seigneurs & de Gentils hommes, qu'il ne pourroit pas aifement aſſurer le pré.* » J'achevay ainſi : « *Meſſieurs, on faict en France ce qu'on veuſt de ſes acquets, Monſieur le Duc n'a rien de ſa naiſſance par deſſus moy, & encor les Princes, tefmoin le Chevalier de Guife, quittent ce qui leur apartient par exces de courage : & quand à la ſeureté du pré, je l'aſſurerois bien moy meſme, & dans son Gouvernement.* »

Cela luy eſtant par ces indiſcrets raporté en compagnee, & jugé diverſement ſelon la paſſion des auditeurs, j'apris qu'il n'y avoit rien de mediocre en ſes defirs de me perdre ; mais plus que tout, les menaces de la cour & la defection du Parti de mon fils me firent choiſir quinze bons hommes armez & montez pour le voyage, avec leſquels je paſſay la premiere nuict les corps de garde de trois regiments ſans reſpondre, & le landemain traverſay le reſte de l'armee en faiſant le bon compagnon. . . . . [1]

II.

. . . .
à Paris, & ſachant combien vous avez digeré d'amertumes l'an paſſé, & combien cettuy-ci vous

---

1. La fin de cette lettre & le commencement de la ſuivante manquent dans le manuſcrit.

préfente de labeurs : je defire vous tefmougner que contribuant mes prieres à la querelle de Boheme, je voudrois bien y adjoufter un fervice de vieillard, quand le peril de Geneve me le permettra. Excufez, Monfieur, fi j'ay eu à cœur de vous faire fouvenir de moy qui tiendrois ma vie bien employee en vous tefmoignant combien je fuis de toute mon affection Voftre...

III.

AU PRESIDENT D'EXPILLY.

Monfieur, vous m'avez fourni d'un ample argument d'action de graces, foit pour la difficulté de rendre le premier coup, foit pour l'honnefte caufe de voftre bon defir, ou pour l'avantage que vos grands bienfaicts me donnent en une amitié qui m'eftoit plus defirable que pleine d'efperance de vos courtoifies. Tout cela vouloit que je m'efgayaffe en m'obligeant, mais la miferable faifon ofte toutes mignardifes à nos penfees, & par elles à nos efcrits, & me faict vous prier en ce fiecle *ubi de verbis, quin etiam de votis, arguentur qui rerum funt innocentes,* vouloir recevoir cefte petite fedule que la fimplicité de fes termes authorifera, en vous certifiant que jour de ma vie je n'oublieray voftre double prefant, & en cultivant l'un & l'aultre, je tiendray pour fort cheres les occafions qui me deffendront de l'ingratitude, & feront voir en effects combien je fuis en defirs Voftre...

IV.

A LUY MESME [AU PRESIDENT D'EXPILLY].

Monsieur, cecy n'est pas une lettre, mais une excuse de n'escrire pas. Quelle partie pourrois-je tenir en l'excellent consert de vos doulces pensees, ne pouvant mettre hors sur mon lut cassé que le ton enroüé de mes afflictions.

Nos patriam fugimus, & dulcia linquimus arva,

& vous enseignez non pas les forets, mais toute la France à vous servir d'echo pour chanter Amarille.

Producat Deus hæc quæ vobis otia fecit.

Vostre Daulphiné vous est une mer pacifique, & non pas un nid d'alcions. Cependant que nous nous preparons sur les menaces de nos voisins à mourir comme il fault, *nec inulti*, j'auray encor sur mes vieux jours faict aquest en vous d'un amy qui jettra quelque fleur sur mon tombeau. Je vous le demande, si j'acheve ma quarriere de bonne grace, & si par mes dernieres actions je merite le tiltre de Vostre...

V.

A M. LE DUC DE VIMAR
SUR QUELQUES LEVEES GRATUITES ET QUELQUES SECOURS DE FRANÇAIS.

Monseigneur, je loüe Dieu de quoy il suscite encor en la Germanie des esprits & des courages qui reſſantent ce qu'ils luy doivent, à leur patrie, à leur maiſons & à leur noms, comme j'aprens de Meſſeigneurs vos freres & de vous qui prenez le. .

. . . .[1]

VI.

A M. D'EXPILLY.

Monſieur, quand je cerche la nativité de noſtre amitié & *Cui*

Muſæ obſtetricis nutrix abſentia pennas Sufficit.....

D'autre part me ſouvenant du romman (ne l'oſant apeler poëme epique) que j'ay autrefois broüillé en ma jeuneſſe & du quel je n'ay que des fragments, cette naiſſance, dis-je, douteuſe de noſtre amitié me fait eſperer qu'elle fera la guerre à quelque monſtre comme ont fait les enfans nez de quelque eſtrange façon. En ce poëme perdu [2] je faiſois l'Abſence, fille de Saturne & de Fortune, precipitee du ciel pour ce qu'elle avoit la teſte platte par derriere, le front eſtroit, les yeux touſjours pleurants, & qui de ſa grand'bouche crioit ſans ceſſe : & ainſy cette Abſence ne pouvant demeurer entre les divinitez, ny la mere la preſenter à ſon pere par autre moyen, elle eſpia le temps que fuyant de ce beau chaſtieur de Jupiter ſon fils, il eſtoit

---

1. La fin de cette lettre manque dans le manuſcrit.
2. On trouvera au tome III un long fragment de ce roman que d'Aubigné lui-même, dans une note marginale, appelle *le Poëme de l'Abſence.*

caché au Latium : la Fortune l'ayant trouvé par fortune, elle luy prefenta ce vilain enfant pour luy demander quelque partage. Le vieillard pauvre & en colere d'ailleurs s'arrachoit la barbe, en difant qu'il avoit avec les joyes du monde tout perdu : puis par depit frappa de fa faux contre terre, & en caffa un morfeau que la mere prompte mit dans fon fein, & ayant renmené fa fille à Lemnos, fit faire par Vulcan (compagnon de l'Abfence en la cheute du ciel) une paire de cizeaux de ce fer : & puis arrachant une plume d'ale à une des colombes de Venus partagea fa fille en luy difant : *Puis que le ciel ne te peut endurer, & que les Dieux ne feroyent pas Dieux fi l'Abfence habitoit en leur ciel, tu auras pour ton fort de qoy faire mal & bien. Voila des cizeaux pour couper & feparer les unions & amitiez des humains. Je te donne d'ailleurs l'invention des lettres & cefte plume pour confoler les afflictions & recoudre les playes que les mortels recevront de tes cyfeaux.* Il y en a qui veulent que le premier coup de l'aprentiffage de ce maudit acier ait efté faict fur l'Androgene, & que l'Amour qui guerit cefte playe tailla une des plumes de fes ailes, que Mercure & felon d'autres Apollon inventerent l'efcriture. Tout cela se dict gaillardement : mais je n'avois point fceu, ny mis en mon efcrit que ces mefmes plumes euffent le pouvoir de commencer les amitiez, auffy bien que les entretenir. Je l'ay apris de vous, & vous prie de m'excufer, fi pour ma part de la nourriture de cet enfant Abfence, je vous envoye des fables qui font viandes legeres : ou bien difons que c'eft un jouët de qui le fon contente noftre amitié en fon berceau, à laquelle nous pourrions bien donner un jour des viandes plus folides. Je ne veux pas demordre mon allegorie en advoüant que vous avez bien contribué à ceſte nourriture aultre choſe que des fables : car vos bienfaits y ont conferé un reſtaurant, auquel les perles ny l'or n'ont pas eſté eſpargnees. C'eſt le benefice excellent du quel un ingrat meſmes ne pourroit eſtre oublieux à cauſe de ſa grandeur. Le meſme poëme du quel j'ay commencé ma lettre fait commettre à l'Abſence une inceſte avec Saturne, d'où ſortent l'Oubly & l'Ingratitude tout d'un part. Je ne vous entretiendray plus de mes pieces perduës, mais j'eſpere vous faire voir une declamation faite ſur cette ſentence, que *qui ha dict à quelqu'un ingrat, n'a plus de reproches à luy faire.* Je deſcris ce peché dans l'Orgueuil, où dans le mauvais naturel des Grands il m'eſchape d'adjouſter une ſtance qui pourſuit ainſy aprez une qui finit par *ingrats.*

Au ſein ferré deſquels l'ame & l'amitié mortes
Vont tarir & tomber : vous eſtes de deux ſortes,
Ou laſches oublieux, ou fiers meſcognoiſſans,
Ou voſtre main eſt ſeche, ou ſanglante & traitreſſe :
Car l'un laiſſe mourir les biens faits de vieilleſſe,
Et l'autre les eſgorge encores floriſſants.

Et ainſy il fault, eſtant M. d'Expilly,

Cum tot ſuſtineas & tanta negotia ſolus,
Legibus Allobrogas tuteris, moribus ornes,

que vous ſoyez ſubject à quitter quelque requeſte d'importence d'un client qui dict des patenotres de ſinge, contre celuy qui vous amuſe : & enfin ce ne ſont que les fumees d'Aubigné. Certes vous ne les deſdaignerez pas, pour ce qu'elles ne ſont pas ſans feu, duquel il bruſle pour vous, comme eſtant Voſtre...

VII.

AU GOUVERNEUR DE BEAUMONT.

Monfieur, le prefent de mes trez honorez & magnifiques Princes & Seigneurs eft de foy mefme recommandable, & auffy reçeu de trez bon cœur par vos mains, mais encor plus eftimable pour ce qu'il tefmougne que leurs Excellences m'ont en leur fouvenir. Si Dieu nous donne la paix, leur fanté & la voftre ne feront pas oubliees en bonne compagnee : s'il fault vivre en autre faifon, ce fera pour les tranchees & pour les compagnons qui employeront leur vie avec la mienne à tefmougner combien je fuis & veus eftre à leurs Excellences en general, & à vous en particulier Voftre...

VIII.

A M. LE CONNESTABLE.

Monfeigneur, vous m'avez faict grand plaifir d'avoir eu en horreur la voye d'abolition. Je n'ay jamais demandé pardon qu'à Dieu & à maiftreffe : Je ne racheterois pas de cette monoye ce que les hommes peuvent ofter, pour ce que nul n'eft deshonoré que par foy. Voftre...

IX.

A M. LE CONTE DE LA SUZE.

Monſieur mon trez honoré fils, vous m'avez grandement conſolé de m'avoir envoyé un ſage par lequel il fault peu eſcrire. L'Egliſe de Dieu le loüe de ce qu'il vous a tiré de voſtre priſon tout entier, le prie pour vous que tel il vous veille conſerver. C'eſt ce que je mets à l'explication du Gentilhomme ſur les choſes à venir. Il vous dira comment les penſees que j'employois autre fois pour moy, ſont toutes employees à vous faire voir par des exemples qui ne ſont point de ce ſiecle à quel poinct je ſuis Voſtre...

X.

AU BARON DE VIJAN.

Monſieur, advoüant mon caprice contre l'eccez des bottes, je veus en rendre quelque raiſon. Je ſuis nourry à l'infantrie en un ſiecle où elle a flori, & lors, ſi un Capitaine ou Meſtre de camp euſt eſté veu botté, il en eſtoit repris & moqué, comme ayant à montrer exemple de labeur & de diligence à ſes ſoldats : labeur auquel la jambe ne veut pas eſtre entravee d'un faſcheux fardeau. Les Meſtres de camp

avoyent leurs recours aux gamaches des plus belles
eftoffes qu'ils pouvoyent, preftes à eftre quittees
aux occafions. Aujourd'huy comme la chambre du
Roy & les cabinets font pleins de bottes, les rangs
des gardes en font difformez. Nous nous fommes
autrefois ameutez à rire fur les Anglois qui faifans
profeffion de nobles [eftoient] tous obligez à eftre ef-
pronnez parmy les cordages des navires : & depuis
nous avons rit de leurs Procureurs qui font bruire
leur Palais de leur bottes fous la robe longue. Nos
François n'ont batteau coche, lettiere, chambre ny
cabinet exempts de cela, font les voyages de deux
cents lieuës à pied avec la botte & l'efperon. J'en
ay bien fait rire le Roy Henry quatriefme, luy en
faifant defcouvrir un, qui pour couvrir fa pauvreté,
feignoit fe promener autour de fes bois, & l'ayant
interrogué, confeffa aller à Paris & venir d'Anjou. Ce
qui faict que je ne puis tomber d'accord avec cette
folie, & que l'excufe de l'efpargne des bas de foye
eft fauffe, fachant bien que le Baron d'Eftiffac en a
payé une fois 500 efcus, qu'il n'euft feu dependre
en bas : j'adjoufte les decoupures que font faire
ceux qui montrent les bas de foye pour n'eftre honteux d'aucun mefnagement. Quelqu'un me difoit que
la fonnerie des molettes dans la chambre du Roy
montroit quelque majefté. Pour achever, l'auteur de
cette fottife fut un maigre courtifan que le Roy
voyant botté choifit pour eftre plus promptement à
cheval, & loua fa diligence au retour. Il n'y en
avoit point de plus fat, & plus mefprifé que luy :
ce nonobftant fut promptement fuivy & contrefait
de tous. Prefque tous les Gentilshommes françois
ont fuivy les courtifans, & les Almans les François.
Moins en font malades les Hefpagnols & les Ita-

liens. Je defire que mes amis foiyent delivrez de ce fardeau, & que mes ennemis foyent tousjours embourrez de bonnes groffes bottes de vache doubles de veau, bottes à pleins fonds & à grand gueule avec de grands efperons bien efpais à la marquife & des enferges, s'il leur plaift. Je finis par une vieille rime du temps jadis.

> Depuis que decrets ont des ales,
> Les gens d'armes portent des males,
> Les chicaneurs font gras d'abus,
> Les eftrangers font les tributs,
> Les plus putains font plus bigottes,
> Les gens de pied portent des bottes,
> Et que moynes vont à cheval;
> Le monde n'a eu que du mal.

XI.

A M. D'HARAMBURE [1620]

QUI CONDUISIT L'AUTEUR UNE JOURNEE EN PAYS DANGEREUX.

Monfieur, Dieu ayant conduict mon petit vaiffeau à baiffer la voile & terrir au Havre de grace qui eft Geneve, je ne puis dedans le port oublier les voiles que j'ay laiffé au large de la mer : mais fur tout je fais enquefte quel eft voftre repos, vous eftant parvenu à la faifon de le defirer. Lorfque les Grands du Royeaume ont payé mes fervices d'ingratitudes & d'oubly, vous avez bien faict fans fervices à celuy qui ne pouvant plus que la recognoiſſance, la porteroit s'il pouvoit par delà le tombeau. Vous n'avez point veu ſans deſplaiſir les choſes paſſees, & quoy qu'on die que les traits preveus bleſſent moins, ce que j'ay ſeu prevoir ſans avoir peu pourvoir, m'a grandement affligé. Je vous ſupplie humblement me faire part de vos ſentiments, deſirs, eſperances & craintes, pour eſſayer ſi avant mourir, Dieu ne me donneroit point de qoy teſmougner par une action par delà ma puiſſance, combien je ſuis juſques au dernier fumeau Voſtre...

XII.

A M. DE LA TOUR.

Monſieur, je m'eſtime obligé de vous rendre conte de ce que je ſuis devenu dans l'eſcart du grand orage, eſtant raiſonnable que vous ſachiez où eſt une perſonne qui eſt voſtre par alliance & par obligations. La marchandiſe des Grands de mon Party & la ſtupidité que les mediocres avoyent priſe au repos de Capuë ayant rendu mes compagnons ſourds & inſenſibles à ce que je leur montrois à l'œil, non par prophetie, mais par bonnes cognoiſſances de leurs affaires, laſſé de faire la Caſſandre, tout reſolu de prendre le party d'Œnee & aprez avoir preſté mes mains au fer & dans le ſang de Troie, je voulus oſter mes pieds des cendres & ambraſſements, contrainct à cela par l'aveugle ingratitude des Rochelois, qui follicitoyent de faire choir ma maifon fur mes oreilles. Dont advint que M. de Villeroy trois femaines avant fa mort m'efcrivit ces paroles : *Vos voifins pour lefquels vous vous eftes tant de fois perdu nous follicitent violamment par homme exprez de rafer voftre Dognon, & offrent leur artillerie pour cela. Regardez en quels termes vous leur refpondriez fi vous eftiez en la place du Roy.* — Ma refponfe fut : *S'il vous plaift que je fois voftre commis pour cette refponfe, il y aura au bout de la requefte : Soit faict aux defpens de qui le requiert.* Je n'adjoufteray point les offres que je fis à mon Party fur ma volonté invincible de perir avec eux, pour eux & devant eux; mais je vous diray que ce qui me donna refolution de changer d'air, fut de ne pouvoir plus refpirer celuy qu'avoit empuanty de fes peftiferes haleynes mon abominable fils unique, qui aprez avoir guerroyé ma condition, ma vie & mon honneur à la Cour par faux raports, vint enfin au fer, & à la furprife de mes places, & effaya que ma vieilleffe avoit plus de verdeur que fon ame & fon courage fenez par la trahifon.

XIII.

A M. DU PARC D'ARCHIAC.

Monfieur, noftre amitié avoit jetté fes ancres fur le roc affuré de la vertu : & c'eft pourqoy aprez cette grande tormente que les mariniers apellent *de Nouveuë*, à la premiere clarté que tant de navires se trouvent brisez, mis à fonds, & les autres esgarez en la plaine, les nostres se trouvent debout en leur place, & vous avez tiré le premier coup de canon de reconnaissance sur Vostre...

XIV.

AU MARQUIS DE COURTAUMER.

Monsieur, vous n'avez point de l'heureuse & enviable condition où vous estes, desdeigné celle d'un pauvre banny & d'un exil qui n'a point d'esperance de fin, pour ce qu'il est volontaire. C'est donc à moy de vous rendre par congratulation la souvenance que vous avez reveillee par charité. Il n'y a comme point de courages en ces vilaines saisons qui ne doive plus estimer une pique dedans vos rangs que de se voir à la teste de tant de bourreaux qui diffament la France : & je vous proteste que si je n'eusse point esté criminel de mes services & de ma passion qui vault mieux que tout mon reste, j'eusse pris ma retraitte dans le logis d'honneur qui ne se trouve plus qu'au Pays-bas. Il ne fault point vous dire qui m'a osté cette esperance & ce desseing, pour me reduire en un lieu où j'aurais perdu toute esperance sans les menaces de siege que nous recevons continuellement depuis deux ans, & qui depuis dix jours nous montrent plus d'apparence que jamais. Je dis cela pour ce que nostre voisin & ennemy ne se peut dedire, que dans le mois où nous entrons il ne nous face voir les enseignes, ou qu'il ne montre le cul par ses honteux desseings. Or l'estime que je fais de luy me rend certain du premier, & me fait esperer de donner encor quelque coup de ma petite espee avant la mettre au crochet. Cependant le principal poinct de ma lettre est de vous faire savoir comment forces amis me condamnent à un quatriesme tome, & j'exige de vous les memoires de vostre Septentrion, & particulierement de la derniere piece qui est (Bergopzom). J'eusse faict cette demande au seul Capitaine general de l'Europe sous les auspices duquel vous combattez : mais il se va plonger en tant d'actions que ce seroit incivilité de requerir de luy des meditations. Donnez donc quelques soirees à un ami qui essaye de bien faire, si mon *Histoire* vous a apris que je serve à la louange ou au decry de mes amis & de mes ennemis, sans estre poussé aux mensonges, ny par la hayne, ny par l'amitié, en n'establissant ny la louange ny le deshonneur, que par les actions simples & nuës sans y aporter jugement. Il m'est advenu deux retributions qui semblent iniques : c'est que n'ayant eu, non plus qu'esperé aucun grand mercy de mes bienfaicts, je n'ay pas laissé d'estre persecuté pour mes offences : mais rien de cela n'a dementy mon attente, car ceux que j'ay loüez, puisque je suis veritable, devoyent cela à leur merites & non pas à moy, ce qui me faict leur donner de bonne volonté quitance de leur grand mercy. Pour les autres qui m'ont persecuté pour avoir fait paroistre leur iniquité, j'eusse menty s'ils m'eussent laissé sans persecution. Voila comment je vous raconte de celuy que vous aymez ; en attendant responfe & commencement de ce que je vous demande, honorez de vos commandemens, & quand vous pourrez, de vos nouvelles Vostre...

XV.

A M. D'EXPILLY,

LE PREMIER JUIN 1623.

Monſieur, j'ay voulu interrompre vos labeurs pour vous rendre conte de mon loiſir : c'est que je fais tranſcrire mes epigrammes latins, deſquels le langage ſent un peu la meche & la poudre, mais l'agreable malice de leur ſubjects me donne courage de les faire voir. J'ay penſé que les elegies & grandes narrations vouloyent eſtre parees comme des mariees, des perles d'une exquiſe latinité, mais que les epigrames pour eſtre braves, ne vouloyent eſtre veſtus plus delicatement que ſoldats, comme ils ſont, pourveu que leur eſpee & leur poignards ſoyent portez comme il fault. Donnez-moy s'il vous plaiſt un exaſtique ſur cela, & dites que vous demande privement, ce que je n'ay fait à aucun, en la conſcience d'eſtre Voſtre...

XVI.

A M. DU FAY.

Mon couſin, voſtre ſouvenance m'eſt fort doulce, quoy que vous & nous ſoyons en amertume & acablez d'inimitiez. L'orage eſt trop violent pour eſtre de duree. Nous portons deux marques du grand courrous de Dieu : l'un qu'il nous a à l'abandon des paſſans expoſé, & partout ruiné nos forvtereſſes munies ; & ainſy nous ſommes reduits à la honteuſe & douloureuſe nudité ; l'autre poinct eſt qu'il n'y a part en l'Europe chreſtienne qui ne ſente l'affliction. Mais courage ! car ſes chaſtiments n'eccedent point la façon des peres, qui aux rebellions deſpoüillent leurs enfans tous nuds : & pour l'autre poinct les marquent de verges dés la teſte juſqu'au pieds. Je ſay bien que nous ſommes prez de ſentir la peſante guerre des plumes, *bellumque togatum*. Nous ſommes enfans de ceux qui ont ſoufert toutes ces choſes, & Dieu les en a retirez.

XVII.

A M. HUGUETAN ADVOCAT A LYON.

Monſieur, entre les choſes que j'ay peu eſtimer pouvoir ameliorer mon *Hiſtoire* j'ay donné au premier tome trois pieces : l'une pluſieurs apopftegmes ſignalez à la mort de nos martyrs ; en ſecond lieu un abregé du concile [1]. . . . .

---

[1]. La fin de cette lettre & le commencement de la ſuivante manquent dans le manuſcrit.

XVIII.

. . . .
par fa dextre en prenant pour fa dextre vos mains. J'avois recerché ci-devant par amis particuliers ce qui vous touchoit en mes deux premiers tomes imprimez : mais cette voye n'ayant pas reüffy, & commenceant de traicter les plus rares pieces de voftre honneur uni à celuy de Dieu, je me fuis adreffé à voftre Seigneurie pour luy demander les memoires de vos actions publiques depuis l'an 1585 jufques à la fin du fiecle paffé, & s'il vous plaift promptement ce qui touche les cinq premieres annees, pource que je fuis preffé par mon imprimeur. Si j'obtiens ma jufte demande, mon amour violent de Geneve, duquel j'ay faict profeffion de l'enfance à la vieilleffe, n'aura pas efté vain, de quoy en preparant un tefmoignage evident, je prie Dieu pour voftre Sion avec affurance d'eftre exaulfé.

V

LETTRES DE PIETÉ

ou

POINCTS DE THEOLOGIE

[Collection Tronchin, Mss. d'Aubigné, T. II, fo 146.]

I.

A MESSIEURS DE L'ASSEMBLÉE DE LOUDUN.

DE SAINT-JEAN D'ANGÉLI, LE 9ᵐᵉ DE MARS 1620.

Messieurs, ayant sceu la sentence du Chastelet contre mon livre, j'en fis savoir ce que dicta mon premier desplaisir à Messieurs les Secretaires de vostre saincte Assemblee : j'apris par leur response que je devois en escrire à vostre Corps. Je desire m'excuser envers vous sur deux circonspections : l'une que nous ne savions pas encore de qui estoit ce jugement, ni par qui pourchassé, l'autre qu'ayant apris en l'escole de Dieu la difference des oprobres que l'on reçoit pour sa verité, & de ceux que nos vices nous jettent sur le front, je porteray de bonne grace cest honorable fardeau, sans que vous soufriez l'envie & le refus de la justice que vous pourriez demander, endurant aysement sur ma robe les coups que j'attends en mon sein, quand il plaira à Dieu, voire disant de bon cœur : *Meure un membre de peu d'estime, florisse l'Eglise en sa liberté.* C'est ceste liberté generale que vous protegez, & pour laquelle vous saurez bien ressentir ce qui la touche en cest outrage, & le temps pour y mettre la main, selon la fermeté & la prudence que l'esprit de Dieu vous a departies favorablement. Le fidelle & veritable conseiller ne rendra point inutile tant de vœus d'Eglises & de familles qui mettent les genoux en terre journellement & pour tous, & pour vous, à ce que l'issuë aussy bien que l'entree soit bonne & asseuree. Or à vos sainctes resolutions donne ses veus & sa vie Vostre...

II.

A M. CHAUVE, A SOMMIERES.

Monsieur, vostre lettre m'aprenant ce que je dois estre, & non ce que je suis, a donné encor un coup d'espron aux derniers services que j'ay voüé à Geneve, en la memoire que vostre soubscription m'a donnee de vostre trez honoré & encor plus honorable pere, auquel je dois les fondements de si peu de lettres, desquelles j'ay gardé les masures comme j'ay peu. J'ay encor apris de luy à digerer tout ce qui eſt de moy au ſervice de Dieu & de ſon Egliſe. C'eſt aujourd'huy que nous devons le preſent de Thraſee à ſon gendre, qu'il fault *firmare pectus conſtantibus exemplis,* & que ceux-meſmes qui ont regardé derriere eux en faiſant l'œuvre du Seigneur, ou en quittant Sodome, doivent s'unir aux violants, & ravir avec eux le Royeaume des cieux. Si j'ay jamais le contentement de m'aboucher avec vous, j'uſeray de ma franchiſe à vous ſpecifier ceux que mon propos deſigne en Languedoc. Voicy la ſaiſon qui nous fourniſt d'exemples preſſans & accablans, qui nous font voir les Papiſtes en leur naturel. Icy nous prenons pour maxime que l'Egliſe de Dieu perſecutee par toute l'Europe ne peut eſperer Geneve en paix. Je y trouve un excellent pourpris à promener la vie : mais un doux chevet de mort. Dieu vous doit la grace de reſpondre à voſtre eſperance de voir convertir mes deſirs en effects, avec une occaſion pour en particulier vous montrer que je me ſens obligé à demeurer toute ma vie Voſtre...

III.

[SANS SUSCRIPTION.]

Monſieur, quinze jours aprez la diſpute de Fontainebleau, j'arrivay à la cour, & vis avant avoir eu loiſir de prendre mon repas, paſſer devant la porte de la Biche où j'eſtois logé, le Roy accompagné de vingt Seigneurs ou Gentilshommes qui entroit dans celle de l'Abaye Sainct Germain. Je creus devoir prendre cette occafion pour faire la reverance à S. M. que je trouvay bien empefchee à faire fon accord avec la Princeffe de Conty pour des paroles dites gaillardement. Aucun n'eftoit entré dedans la chambre de la Princeffe que Meffieurs d'Epernon & le Grand. Ayant avancé un coin d'oeuil à l'huys qu'ils avoyent laiffé ouvert, le Roy ne m'ayant veu que le front, fort promptement de la ruelle du lict & court à moy, & quant les deus qui le fuivoyent, pour deployer une grande exfultation fur la victoire de l'Evefque. Excufez-moy fi je ne vous rends conte auffy particulierement comme vous me demandez par voftre lettre, tant de la difpute de M. Duplexis que de la mienne, pour ce que l'une & l'autre feront veuës en public, la premiere par la diligence des adverfaires & l'autre par la mienne, fi je puis.

Je reviens à vous dire que me tournant vers M. le Grand qui chantoit la victoire de la verité comme l'on la crioit au palais, je luy dis : *Vous fouvient-il point qu'au premier voyage de M. de Joyeufe en Poictou, on crioit en mefme lieu* : ENTIERE DEFFAITE DES HUGUENOTS ET LA PRISE DES BASTILLES DE LA ROCHELLE PAR M. DE LAVERDIN ! *Je penfois qu'il n'y euft que les Parifiens qui fiffent efclatter de telles joyes.* — Comment, dit le Grand, *voudriez-vous dire qu'il y a auffy peu de verité en l'une de ces affaires qu'en l'autre?* — Là deffus le Duc d'Epernon rancherit : *Voudriez-vous entreprendre la difpute que Duplecis a quittee.* — Je payay tous les deus d'un ouy. Le Roy me tira à part, fe doutant d'avoir de moy quelque traict de liberté à laquelle il ne vouloit point de tefmoins pour me tenir ce propos. Le Plecis a il pas fait une grande faulte, ayant efté admonefté par moy de n'entrer point en cette lice, ne m'avoir pas creu, & d'avoir reçeu honte devant moy & à mon regret, en deffendant un paffage qui n'eftoit pas bien allegué :

Syre, dis-je, *M. Du Plecis n'a point fait de faulte en l'allegation du paffage lequel il cotte felon Sedrenus, & comme ce docteur bigot entre tous les bigots l'allegue à la honte de ceux qui le prenent pour docteur, & non de luy, l'emplaftre à cela eft bien aifé, pris du mefme lieu; car fon livre commence en ces termes (fi je traduits bien le Grec) :* LORS RELUISANTE EST LA VICTOIRE QUAND NOUS METTONS EN AVANT LES TESMOINS DES ADVERSAIRES. *Mais la faulte qu'a fait M. Du Plecis eft de s'eftre perfuadé tant de fervices & de merites envers V. M. que vous prefideriez en cet affaire favorablement pour luy, & que vous feriez plus ferme à le foutenir contre le Pape que vous n'avez efté pour voftre ame & pour voftre falut. Il vit donc tout à la fois les marques de voftre defaveur, & par elle, la diminution de luy & d'une famille trop aymee. Voila fa faulte & la caufe de cefte vaine exfultation.*

Ce Prince piqué de cela dit aux deux qui l'accompagnoyent : *Aubigné fait le refolu, mais il aura fa part au gafteau !* — Il fe paffa dix ou douze jours que l'Evefque d'Evreux m'envoyoit de fes nouvelles, me conviant à faire petit morceau de bonne chere & à difcourir amiablement. Voulez-vous que je ne vous mente pas, j'entray en grande aprehenfion de ce mauvais garçon &, plus que de luy, du grand defavantage que nous avons en l'eftenduë de nos veritez, auxquelles on coupe les ailes par la tyrannie des

Jefuittes fur les imprimeurs, & pour ce que mille voix font efclatter le menfonge avec des organes ftentorees contre une foible qui ofe le vray. La faim, non pas le double trahiftre, m'advertit un matin aux Tuilleries, que ce jour l'Evefque d'Evreux faifoit un grand feftin, auquel fe devoyent trouver dix prozelites, defquels il devoit triompher en ce jour-là : que on difoit par tout que j'y avois efté convié, & que le Roy difoit que je payois d'excufes pour ne m'y trouver pas. En mefme temps je feus que le Roy avoit envoyé à mon logis un neveu de la Valiere, pour me fommer de tenir ce que j'avois promis en l'Abaye Sainct Germain. Certes, tout tranfporté de cela, un jufte defpit me fournit de refolution, & ne me promenay gueres parmy les alees des Tuileries pour me montrer, que m'eftant aproché à une tourbe de gens qui oyoyent une difpute à la mode du temps, je ne viffe l'Evefque qui avoit mis au pied Berticheres fur le poinct de la Juftification. Cette foule me fait place ; je pris la parole pour luy, & l'Evefque, aprez quelque legere velitation, me teint ce propos : *Monfieur, j'ai envoyé à voftre logis plufieurs fois, pour vous convier à prendre voftre difner au mien, où fe doivent trouver dix perfonnes de marque, la plufpart nourrys de voftre main en la maifon du Roy. Ceux la font obligez de parole, qu'en leur montrant quelques poincts que je leur ay promis, ils me donneront le gantelet, & gloire, & resjouiffance* à *l'Eglife. Je vous convie encor devant cette compagnee à vous y trouver, aultrement il y va du voftre & de la bonne opinion que le Roy & un chafcun a de vous.*

Ma refponfe fut : *Monfieur, vous me menez au combat avec telles neceffitez que je ne puis plus, comme je ne veus, me vanter de gayeté de cœur : auffy en ayme-je mieux la refolution que la gayeté : je fuis voftre homme quand il vous plaira.* Nous entrons en fon carroce, duquel il prit la portiere; je vous puis jurer que je vis par la ruë Sainct Honoré plufieurs perfonnes à genoux devant luy.

Arrivez en la fale, j'y trouvay Vignoles, Saincte-Marie, Bertichere, Chambret, Lomenie & deux autres nourris pages chez le Roy, defquels il ne me fouvient pas, & en tout les dix qu'il m'avoit promis, pour feeler leur defection d'une ceremonie avec fplendeur, hors mis deux qui m'ont tefmongné n'avoir pas ce deffein. Le premier de ce feftin fut un grand baffin plein de viandes exquifes, bordé comme de tourelles de patez faits de blancs de chapon. En nous mettant à table, je demanday à l'Evefque fi ce plat eftoit la couronne murale pour avoir deffendu les murs de Babel; luy furpris me demande : *Et vous ne cerchez-vous point de couronne?* — *J'ay vrayment*, dis-je, *celle que tout fidele doit efperer, & pour le prefent la civile, pour la garde de ces dix cytoyens que vous nous voulez ravir.* Il convertit cela en quelque honnefte louange, & puis entreteint tout le difner d'un auffy excellent difcours que j'en aye oüy en ma vie : c'eftoit fur un livre à luy envoyé par le Patriarche d'Armenie, qui eftoit comme un romman fur les guerres des Roys d'Ifraël, & duquel les entrees, les fictions, les epifidies, les epimities, & les cataftrophes n'avoyent rien de pareil en tout ce que nous avons leu. Le tapis eftant mis, M. d'Evreus me prend par la main, prend fa place vers la cheminee, marque la mienne à fa main gauche & deffous luy : de l'autre cofté, à cinq ou fix pas de la table, fait mettre deux grands bancs tapiffez, & y loge les dix clients. Toute la fale qui eftoit grande fut auffytoft remplie en foule d'environ 400 perfonnes, doƈteurs de la Sorbonne, Jefuittes, de plufieurs fortes de moines & parmy eux plufieurs furtanes de damas & de fatin, qui eftoyent à mon advis de la cour de Parlement. Auffy toft entrerent trois crocheteurs qui defchargerent les livres qu'ils portoyent fur deux tables vides à noftre main gauche, & le jeune du Perron mit fur table un gros manufcript, & puis fe teint debout derriere fon frere.

Le filence eftant fait, mon antagonifte commencea une harangue fur l'Occafion prefente, rendant graces à Dieu de ce qu'ayant à tenir promeffes à dix perfonnes de grande marque qui eftoyent là prefentes, & à verifier par les Peres la doƈtrine de falut qu'il leur avoit enfeignee, notamment fur la controverfe & poinƈt de Juftification, de ce que, par un grand bonheur, il alloit rendre ce conte devant un perfonnage & cœt.

Certes mon ancre deviendroit rofette, ou mon papier rougiroit, fi j'y couchois les demefurees exceffives & fpecieufes louanges qu'il prononcea de moy en toutes les parties que l'on peut meriter, des lettres, des armes & de l'Eftat : fi bien que, honteus de cette gloire, je le tiray par fa manche & luy dis affez hault : *Monfieur, c'eft trop pour un Evefque*, & par là abregeant fans rompre entierement fon difcours, il conclut ainfy : *J'ay donc promis de montrer par les Peres que voila prefque tous fur ces tables, & particulierement par Sainƈt Jean Chrifoftome, duquel voila un notable manufcrit de fix cents ans ;* — *ouy bien de huiƈt,* ce diƈt le frere qui eftoit derriere. — *Je montreray,* diƈt-il, *comment il traitte leur poinƈt de Juftification au mefme terme que nous le deffendons : & puis nous pafferons aux autres poinƈts desquels ces Messieurs demandront instruction.* — Cela dict, il se tourne devers moy, comme demandant responsе.

J'oste mon chapeau, je joints les mains & fais une priere ardente & craintive à Dieu, & puis, m'estant couvert, je tourne le visage vers cette grande multitude pour leur dire ainsy : *Je voy, Messieurs, à la frequence de cette Assemblee & aux marques exterieures de ceux qui l'emplissent, que cecy n'est poinct une conference privee, mais une Assemblee de longue main & avec apparat, & me semble que vos regards m'accusent de presomption, de voir un homme qui n'a jamais fait profession que des armes, & un Capitaine de Carrabins oser dessendre sur le sablon de ce theastre pour, sans ou bien peu de lecture, presser le colet à un Prelat tant consumé en toutes sortes de sciences, tant redoutable au faict des controverses, & duquel la reputation me devoit couvrir d'espouvantement. Là dessus, je vous prie de prendre en bonne part deux choses, la premiere que je n'entre point en cette lice de gayeté de cœur, mais engagé par des occasions puissantes, & que je n'ai peu honestement refuser, principalement pour voir assis devant nous dix personnages notables, desquels les uns m'ont demandé secours, comme ayants esté nourris de ma main en la maison du Roy, & mesmes quelques uns ayants fait leur aprentissage & leur premier coup d'essay de la guerre sous moy. Je n'ay peu leur refuser mon ayde, sinon assez forte, au moins assez fidele, obligé de mettre mon devoir en la place du pouvoir. L'autre poinct est que les murs de la verité sont bastis comme Joseph nous despeinct ceux de Jerusalem, si fermes & si haults, que les petites mains de ses enfans, quelques tendres & foibles qu'elles soyent, pourveu* que fidelles, sont capables de vincre & de renverser les ennemis. J'acheveray par ces personnes d'honneur auxquels je m'adresse pour dire ces trois mots :

Messieurs, si vos doutes sont fondez sur les affaires de la Cour, si vous craignez la suitte des miseres & d'afflictions que vous avez souffertes en deffendant la verité, si l'espoir des richesses & des honneurs, si celuy qui commence ses harangues par : JE TE DONNERAY, vous ammene en ce lieu pour, comme quelques uns ont fait, aporter une ceremonie à vostre resolu changement, Dieu vous demandera les tesmougnages de sa verité, sa parole, & son nom que vous aurez pris en vain ; si vous doutez veritablement, vous avez chanté plusieurs fois : C'EST QUE DE REDRESSER CEUX QUI PLOYENT, L'ETERNEL EST CURIEUX.

Là dessus je me tourne vers M. d'Evreux [pour] luy dire : Voicy, Monsieur, ce que j'allegue sur vostre proposition puisque nous ne sommes icy, ny moy pour prendre instruction de vostre profession adversaire, ny vous de mon incapacité. Je vous prie que nous n'employons point le temps ny à parler la main estenduë, ny aux discours bien polis auxquels vous excellez, lesquels en aultres choses je saurois bien admirer & estimer : mais que le poing fermé & par les regles de logique pressantes nous puissions extraire le suc de la verité. Pour vous mettre en ce chemin suivant la regle de Sedrenus disant : τότι λαμπρὰ ἔστι νίκη & ce qui suit & que vous entendez à peu de mots. Je prends pour axiome un tiltre de vostre droit canon qui dict : Falsus judex non est judex. Là dessus je forme mon syllogisme :

  Nullus judex falsus est judex,
  Atqui patres sunt falsi,
  Ergo Patres non sunt judices.

La forme eſt aprouvee, la majeure auſſy ; l'Aſſumption niee, pour la prouver je ſuis ainſy :

Quicumque ſibi contradixit falſus eſt in alterutro, Patres ſibi contradixere, Ergo Patres ſunt falſi.

M. du Perron fit diſtinction *de attributis ad ſingulos aut univerſos*, mais en diſcourant, & non en diſputant, & ſe trouva ambarraſſé en declinant *ad ſingulos*, ſur leſquels j'offrois prouver contradiction de chaſcun à ſoy-meſme & en tous de ſoy à l'eſcritture. Et ce qui le fit diſputer *de univerſis* fut pour voir que *in cœtu autoritas, non in ſingulis*.

Je n'ay pas deliberé de vous raconter en cette lettre une diſpute de cinq heures, pource que ce ſeroit un livre, & non pas une lettre, mais principalement pour ce que j'eſpere donner le jour à ces choſes & aultres deffenſes de la verité, ſur leſquelles la tyrannie loyeaulitique ferme tous les jours la gueule de ſon puits.

La concluſion fut telle que mon premier argument demoura vers lui, eſcrit de ma main, & devers moy eſcrit de la ſienne, la mineure reſtant à prouver, à ſavoir les differents & dementis des Peres l'un contre l'autre que je m'obligeay de verifier par un traitté exprez. Le Roy vers qui tout fut raporté s'en rendit fide-juſſeur. A mon premier retour à la Cour, le Roy avant me dire que je fuſſe le bien venu, me demanda ſi j'avois accompli & aporté ma promeſſe. Je n'eus pas plus toſt dict qu'ouy, qu'il envoya un valet de chambre à mon logis querir mon livret, lequel par ſon commandement je mis entre les mains de M. du Perron fait lors Cardinal, en preſence de celuy de Larochefoucauld, & de ſix aultres Prelats. La reſponſe promiſe dans trois mois eſt encor à venir, quoy que ceux de la Sorbonne l'en ayent exhorté par du Val, lequel le fenfura d'avoir nié la diffention des Peres au lieu de la diftinguer, comme j'apris de la Valiere, Aumofnier du Roy, qui eftoit en cet affaire. Je vous prie de faire enquefte de ce que j'efcris & vous prouverez qu'aucun des dix ne quitta fa religion de quatre ans, au bout des quelz Sainéte Marie, Vignoles & Lomenie fe laifferent aller pour divers interestz, mais les deux derniers ne lairront pas de donner tefmoignage à la verité. Excufez la longueur non accouftumee que vous avez ordonnee & la puiffance que vous avez fur Voftre...

IV.

LETTRE DE M. DE MONTAUSIER.

Monfieur, n'y ayant poinét moyen que je vous puiffe rendre dignes aétions de graces de la peine que vous avez prife pour nous, il fault que je paye voftre labeur par la requefte d'un fecond. Vous eftes obligé de Dieu à vous ne laffer point en un fiecle où la verité eft prifonniere ou bloquee de fi prez par la diligence & l'autorité de fes ennemis, qu'elle n'a plus de commerfe avec les humains que par les courages plus relevez qui percent les gardes pofees contre elle par les rares exemples de leur magnanimité. J'ay veu trois de vos clients : entre ceux-là M. de Chambray m'a parlé de je ne fay quelle pluye qui tomba du front de ce convertiſſeur. Il m'a auſſy dict que quelque temps aprez voſtre diſpute, ſur une nouvelle de ſa mort vous aviez pris la poſte à Blois pour vous trouver à ſon chevet de lict avec un deſſein que j'ai trouvé grandement à mon gouſt. Je vous prie de donner encor un mot à vos enfans ſur l'un & l'autre de ces deux poincts, & m'ordonnez par quels ſervices vous voulez que je me preuve Voſtre...

V.

RESPONSE A M. DE MONTAUZIER.

Monſieur, en vous obeiſſant vous me faites pecher contre la bienſeance : car vous me contraignez aux louanges de moy-meſmes, auſquelles je ne me lairrois pas aller, ſans l'obligation que chaſcun doit avoir de donner jour & reſpiration à cette pauvre verité priſonniere, & comme vous dites bloquee de tous coſtez. Les imprimeries des grandes villes n'ont plus de voix libres; vous ne voyez dans les priſons que des imprimeurs pour avoir mis au jour choſes permiſes, mais autrement jugees par la couverte Inquiſition. Ce qui ſort des villes libres & eſtrangeres eſt querelé ſur les dattes & tiltres, teſmoin ce qui ſe fait à Lyon aux depens de Geneve. On achette les impreſſions entieres, comme on a fait de deux livres polemiques miens, pour les jetter au feu. Ceux qui eſcrivent en faveur des adverſaires, quoyque pauvrement, ſont aſſurez de recompenſes, les autres d'eftres punis [en] leurs biens & perfonnes, ou au meilleur marché, exilez. Certes les bons efprits prenent envie de voir la verité quand on luy deffend le jour, ayant trouvé par l'Antiquité que fes deffenfes & perfecutions n'ont jamais efté du cofté de la vraye Eglife, & que le Prince du monde deffend fon empire par les injuftes rigueurs. C'eft de quoy animer les bons courages, & qui me faict contre le *decorum* reprendre ce que j'avois retranché.

C'eft que l'Evefque à tout propos changeant la difpute en harangues latines qu'il tournoit à la compagnee, il me contraignit d'effayer ce qui me reftoit de lattinité : & pour ce qu'il avoit voulu efchaper à l'autorité de l'Eglife vifible, felon leur bonne couftume, il me traifna à dedire cette vifibilité & luy donner un fyllogifme, la force duquel eft fur les termes [d'] Ariftote, & fans traduire pour abreger :

Πᾶν τὸ καθ'ὅλου ἐστὶν ἀόρατον,
Ἐκκλησία καθολίκη εστι τι καθ'ὅλου
Ἐκκλησία καθολίκη ἐστὶ οὖν ἀοράτη.

Cela le mit en quelque peine, mais une heureufe cautele l'acheva de troubler : car j'efpiay fi bien fon long difcours, que j'y trouvay deux premiffes fans changer fes termes, fur lefquelles je fis un fyllogifme que je maintenois œquipoller à demonftration, puifqu'il eftoit formé *ex conceſſis ab adverſario*. C'eftoit fur la neceffité que les notes de quelque fubject fuffent homogenees à leur fubject; & puis eftant tombé fur les notes de l'Eglife, il les fit toutes de chofes invifibles. Là deffus je formay ma preuve pour l'invifibilité de l'Eglife où il m'avoit emporté fur le *pronunciatum* qui eftoit forty de fa bouche. Cet efprit violent fe trouva tellement entravé qu'il luy fortit du front autant d'eau qu'en contiendroit une quoque d'œuf, & cette rofee tombant fur le Chrifoftome que j'ay dict, je mis les mains au devant pour la deftourner ; il fe prit à moy, difant que je me moquois, & que c'eftoit fon naturel. J'attefte le Dieu vivant que je penfois que ce fuft eau tombant du plancher. Là deffus un homme luy aporta deux grands verres de vin trez fort, comme nous l'avions trouvé à difner, defquels il en engoufra un, & advancea la main pour l'autre, que par honte il retira, & cela n'a efté ny ne fera crié au Palais.

Je feray courte voftre feconde demande : c'eft qu'alant à Paris à mes journees, un courrier m'a prinT à Blois que le Cardinal du Perron eftoit à la fin. Je pris la pofte & allay de ce jour coucher aux faux bourg Sainct Jaques pour me trouver le landemain à fon chevet, & le voyant hors d'efpoir de vie, le fommer fur fa damnation, n'y ayant plus rien ny à efperer ny à craindre, d'avoüer ou defavoüer les chofes qu'il avoit confeffees en fecret fur la primauté de l'Eglife & la Tranfubftantiation.

Je ne faurois vous exprimer l'aprehenfion qui changea le cœur de cet homme en foy : car il avoit confeffé que la *Metoufie* eftoit une creance de beftes brutes, & là deffus M. Conftant luy ayant remontré en ces termes : *Ouy, mais vous avez demain à deffendre ce poinct contre M. du Moulin.* — *O de quelle façon,* dit-il, *je fuis payé pour cela!* — Depuis ce temps là, j'ay eu opinion que les extremes careffes qu'il me faifoit, & le bien qu'il difoit au Roy & à tous de moy, eftoit bien autant de crainte que d'amitié. Il n'avoit rien de vulgaire ny en vices, ny en perfections. C'eſt trop vous entretenir : Dieu veille favoriſer voſtre heureuſe famille de ſes perpetuelles benedictions. Voſtre...

VI.

[SANS SUSCRIPTION.]

Monſieur, à mon dernier voyage de Paris, eſtant deſſendu au faux bourg de Sainct-Germain, cependant que mes gens eſtabloyent mes chevaus, je me deſrobay pour aller voir du Moulin que je trouvay accompagné de Meſſieurs Chamier, Durant, Chambaran, du Miniſtre de Baujenci, & deux autres. Entre ceux de cette compagnee qui me reçeut fort amiablement, M. Durant m'embraſſa en diſant : *Vous eſtes venu treʒ à propos pour avoir bien de l'exercice : car depuis trois ſemaines, ſur quelque eſperance de nos collegues corrompus, auſſy gens de bien que les ſix que vous ſaveʒ & nous aveʒ fait cognoiſtre, les cabinets, les chambres, les ruës & tous les cantons juſques à la Samaritaine reſonnent d'accomodement pour l'accord des religions. Nos courtiſans s'abreuvent de cette eſperance, le Roy les en conjure tous : vous pouveʒ penſer ſi vous ſereʒ attaqué.* — Là deſſus je devins ſonge-creux, & puis je dis en me reveillant : *Meſſieurs, vous eſtes icy ſept Miniſtres & aultres perſonnes conſiſtoriales, me vouleʒ-vous permettre avec promeſſe de me ſoutenir, d'ofrir à ces gens le reglement de l'Egliſe à tous les poincts eſta-*

blis en la primitive, jusques à l'entree du siecle cinquiesme, & puis je me demesleray bien. — Je rendis la compagnee auſſy penſive que je l'avois eſté. L'affaire agité entre nous deux bonnes heures, je m'en allay inſtruit. Le landemain je fis la reverance au Roy en ſon cabinet, à une heure aprez midy, en preſence de cinq ou ſix Princes, deux Cardinaux & autant de Jeſuittes. Le Roy m'ayant faict bon accueil, me demanda avec ſon impatience accouſtumee ſi j'avois veu mon grand amy, entendant le Cardinal du Perron. Ayant dit que non, que je reſervois cette viſite au retour de l'Arcenal, il me commanda d'y aller à l'heure meſme, ce que faiſant ſans delay, je trouvay ce Prelat adverty de ma venuë, ce que je cogneu pour ce que je le trouvay, ſelon ſes courtoiſies exceſſives, s'eſtant desjà fait porter aſſez loin au devant de moy. Aprez ces careſſes, baiſement de jouë & ſerrement de mains, comme les ſiennes gouteuſes pouvoyent, aprez un diſcours de ſa façon ſur la miſere des diviſions, il me demanda comme gemiſſant ſi nous ne ſaurions faire quelque choſe de bon. Je reſpondis que non, parce que nous n'eſtions pas bons. Je ne puis exprimer avec combien d'affections il me demanda une ouverture. Rien ne me ſervit de reſpondre que c'eſtoit le meſtier des plus jeunes; il falut enfin que je lui tinſſe ce propos : *Ouy, Monſieur, je la feray & vous ne l'accepterez pas. Reglons-nous, vous & nous, aux doctrines, lithurgies & ceremonies obſervees par Chriſt & par ces Apoſtres & par toutes les conſtitutions eſtablies en l'Egliſe juſques à l'entree du cinquiesme ſiecle.* — Il s'eſcria fort : *Vos gens ne le feront pas & s'en engarderont bien.* — *Ils le feront*, dis-je, *& me ſouvenant de vous avoir autrefois dit, quand vous me preſſiez à la* *dispute qui se passa entre nous, que si vous gangniez quelque avantage, qu'il seroit peu utile contre un Carrabin. Mais maintenant je parle avec ceste asurance, que si je ne me fais advoüer à nos Eglises, je consens que le Roy m'oste la vie & l'honneur. Voila mon ouverture, advisez à vostre refus.* — *Mais quel ordre voudriez-vous tenir*, dict le Cardinal, *à faire reussir l'offre que vous faites?* — La responfe fut : *Vous vous dictes les aisnez : octroyez-nous l'article de restablissement que nous demanderons le premier, & nous ferons le semblable à celuy que vous choisirez aussy.* — *Comment*, dict le Cardinal, *nous accorderez-vous (sans crainte d'estre idolastres selon vos preceptes) de porter l'honneur aux croix, que nous vous prouverons avoir esté rendu dedans le terme que vous avez limité?* — *Si ferons*, dis-je, *selon ce qui s'en trouvera establi, quand vous nous aurez au prealable accordé l'autorité de l'Evesque de Romme toute telle qu'elle estoit dans la fin du quatriesme siecle.* — Là dessus mon homme ayant pensé, demanda d'alonger le terme de 40 annees. Je repartis qu'il luy en faloit un peu plus de 50 pour le Concile de Calcidoine que je voyois bien qu'il demandoit. Ce Prelat fut esmeu, & me dict en changeant de couleur : *Si cela ne se fait à Romme, il le fault faire à Paris.* — Sachez qu'il y avoit esté empoisonné de ce voyage, duquel arrivant freschement il avoit laissé aller à M. Constant quelques propos bien hardis sur la Transubstantiation & sur l'election d'un Primat en France. Aprez plusieurs aultres discours, nostre separation fut en railleries familieres selon nostre coustume, luy disant sur l'adieu que j'escrirois au Pape ce que j'avois en ce jour-là oüy dire sous un bonnet d'escarlatte. Retournant au Louvre, je ne me deftournay que pour entrer & fortir chez le Prefident Langlois, & trouvay dans le cabinet prefque la mefme compagnee que j'y avois laiffee. Le Roy me demanda les propos du Cardinal & de moy. Je les laiffay aller comme à regret en me les faifant commander plus d'une fois. Le plaifir fut que le Roy s'efchaufant fur cette mattiere, m'enquit pourqoy fur la demande des 40 ans, j'avois refpondu : *Je ne vous les puis donner icy; mais fi vous les demandez fur le tapis d'une conference, on vous les donneroit avec 200 ans pour le vin du valet fur la controverfe de la Primauté.* — Le Roy me preffant pourquoy j'avois ainfy refpondu : *Sire, dis-je, c'eft un petit ftratageme du meftier; mais puifque voftre Magefté me le fait dire par autorité, c'eft que fur le terme de 400, en demander 50 d'alongement, eftoit confeffer que les quatre premiers fiecles eftoyent pour nous, & par la naiffance, pureté & vraye antiquité, l'Eglife eftre de noftre party.* A ces mots, le Jefuitte Cotton prit par la main le Conte de Soiffons pour le divertir, & les Cardinaux dirent au Roy que ce difcours eftoit trez pernitieus. Le Marechal de Fervaques dit qu'il les faloit mettre au rang de la gajufre du Courtault, entre Canizi & Courtaumer, fur l'intention à confacrer. Je puis vous dire avec verité que ce coup rompit entierement, & fit taire dans la cour les difcours d'accomodement. Si j'ay efté trop exprez à vous faire mon conte, fouvenez-vous que vous l'avez requis ainfy, & que vous n'avez peu eftre refufé par celuy qui eft [Voftre]...

VII.

[SANS SUSCRIPTION.]

Monſieur, ſur ce que j'ay d'honneur & de crainte de Dieu, je vous promets de vous rendre fidelle conte de l'action qu'on vous a raportee, & de laquelle j'ay ſept ou huict Princes & plus de 200 Gentils hommes pour teſmoins. Il y a trois ou quatre ans qu'à toutes les fois que le Roy me voyoit en lieu où fuſt le Jeſuitte Cotton, il nous appeloit tous deux & ne nous laiſſoit qu'il ne nous euſt mis en propos de familiarité & peu ou poinct de Theologie. Un matin que le Roy entretenoit le Prince d'Anhalt au bout de la premiere gallerie, le Mareſchal de Fervaques me prit par la main, comme je deviſois avec le baron d'Ervos, il [me] mena à une grande feneſtre de l'autre bout, où eſtoyent Meſſieurs de Soiſſons, de Longueville, le Chevalier de Guiſe, le Mareſchal de Bois Dauphin, & avec eux le dict Cotton. Tout impudemment il le prit de l'autre main avec ce langage bien farſi de jurements : *On ne voit autre choſe que vous deux aſſis ſur un bahu deviſants familierement, & jamais de religion : ce n'eſt pas par diſcretion, mais c'eſt que vous vous craignez l'un l'autre. Pere Cotton, cette compagnee vous prie d'en dire trois mots à M. d'Aubigné.*

Luy à qui on avoit desjà reproché cette crainte m'attaqua ainſy : *Quand ſera, Monſieur, cette heureuſe journee* albis ſignata lapillis, *que le ciel accomplira tant de graces deſquelles il vous a comblé, par celle sans laquelle toutes les autres sont ruineuses, à savoir par vostre reconciliation à l'Eglise catholique, apostolique & romaine. Quand nous esjouirons-nous avec vous de ce que chassant les prejugez qui vous retiennent en vostre creance, vous viendrez en la voye de salut?* »

Cette entree m'ayant piqué, il me prit envie d'accoursir & de venir aux prises, & aprez avoir en peu de paroles montré contre les prejugez, d'un costé les services non communs rendus au Roy que je designois, & de l'autre l'abaissement de ma condition & le reculement des miens, j'achevay en disant que j'entrerois en la creance de l'Eglise Romaine, quand luy & ses compagnons m'y pourroient faire voir une miette de salut.

« *Voila, Monsieur,* dict Cotton, *la tromperie qu'ont exercé sur vous les traducteurs d'Almagne. Que pouvez-vous montrer en nostre Eglise discordant avec le salut?* — *C'est,* dis-je, *que vostre Eglise n'est point Eglise chrestienne, pour ce que sa doctrine est fausse, qu'elle est sans succession & sans antiquité.* »

A ces mots, les auditeurs qui estoyent presents s'escrierent, & ces Princes tesmongnerent un grand desir de voir enfiler cette controverse par un bout non accoustumé & par eux estimé si desavantageus pour moy; mais Cotton le prenant aultrement pour un piege où je l'attendois preparé (& peut-estre ne se trompoit-il pas), rompit les chiens de ce costé-là d'une façon que je [ne] me peu tenir d'apeller grandement impudente : *Voila,* dict-il, *ce que je vous ay dict des traducteurs d'Almagne qui ont corrompu les principaux passages des Peres, & entre ceux-là un de Theodoret par lequel ils ont detorqué contre la sacree Transustantiation un passage qu'il establist entierement.*

— *Monsieur Cotton,* dis-je, *je cognois à la contenance de ces Princes & de cette Noblesse qu'ils ont envie de nous oüyr sur la responses que je vous ay faitte, & sur ce que je dis qu'il n'y a antiquité ny succession.*

L'acclamation de toute ceste Noblesse confirma mon dire, & le prierent tres-exprez d'enfonser ce passage tant advantageux contre les devoyez. Luy, le visage tout en feu, dict qu'il y reviendroit bien aprez, mais qu'il vouloit vider le passage de Theodoret.

Vous avez seu comment la dispute que j'avois euë avec le Cardinal du Perron m'avoit laissé à prouver les dissensions des Peres, sur quoy j'avois manié Theodoret. Je me doutay du passage mignon duquel mon homme vouloit triompher, si bien que je luy ayday à faire la paix avec la compagnee pour depescher Theodoret le premier aux deux promesses que je luy fis faire : l'une que nous retournerions à la preuve susdicte, & l'autre qu'il me rendroit le mesme silence que je lui alois prester. Voicy son propos :

Nous avons un passage du Pere que j'ay allegué, lequel parlant de la sacrosainte Eucharistie, dict ces mesmes mots : Manent autem sacra symbola in prioris substantiæ forma & figura. *Les traducteurs d'Almagne ont mis aultrement, à savoir :* In priori substantiæ forma & figura. *S'il y avoit* in prima substantia *à la verité ce positif* prima *prononceroit pour vous autres, mais le mot de* prioris *coupe la gorge à toutes vos raisons, pour ce que vous ne sauriez interpreter* prioris *aultrement que la substance qui estoit auparavant, & par consequent qui n'est plus. Vous m'avez dict ces jours que vous saviez fort peu de græc : mais*

*vous n'en pouvez savoir si peu que vous ne sachiez
comment ils n'ont point d'ablatifs : tellement qu'il
fault interpreter les genitifs ou bien en genitifs mesmes
ou bien en l'ablatif des Latins : & c'est pourquoy l'interpretation convient bien à dire* in prioris substantiæ
forma & figura, *& ne sauriez aller au contraire sans
estre vef de jugement.*

Estant à moy à rendre la foule [attentive] aprez avoir
redemandé la promesse d'audience paisible, & mesmes
pour ce que voyois derriere moy dire avec acclamation : « *Il n'y a que respondre à cela.* — *Monsieur*
« Cotton, *vous me laissez à respondre à trois choses :*
« *Premierement, en ce qui est des traducteurs d'Al-*
« *magne ; secondement, à la force que vous faites sur*
« *le terme de* prioris *& de* primus *que vous avez mis*
« *au positif, quoy qu'il soit superlatif ; pour le tiers,*
« *à la construction græcque desquels les genitifs s'in-*
« *terpretent quelquefois en genitifs mesmes, quelque*
« *fois en ablatifs. Je dis au premier que si Jancian*
« *Hervet avec ses compagnons de la Sorbonne, si les*
« *Jesuittes Maldonat, Sanderus, Herdingus, & enfin*
« *vostre grand maistre Bellarmin sont traducteurs d'Al-*
« *magne, vous avez bien parlé, car il a interpreté la*
« *clause syllabe pour syllabe, comme vous l'attribuez*
« *aux traducteurs d'Almagne, si bien, qu'aprez avoir*
« *allegué Theodoret pour un de nos passages, il respond :*
« Nescio quid hic verum sibi voluerit Theodoretus,
« nisi forte intellexerit de substantia externa, non interna. *Je say si bien ce passage que j'ay escrit à la*
« *marge :* Provoco ad metaphisicos distinctione. *La*
« *preuve de ce que je dis sera à la veuë, & cela soit*
« *pour les traducteurs.*

« *Mais bien injustement sur la pauvre interpreta-*
« *tion françoise du terme* prioris *qui ne peut destruire*

« τὸ prius per posterius *quand vous faites en Christ*
« duo tempora, prius in statu glorificationis, poste-
« rius humiliationis. *Le second estat ne ruine point,*
« *bien qu'il distingue ce qui estoit du premier ; pour*
« *mettre donc au jour la verité & querir nostre passage,*
« *il le fault à sa langue originele : & afin qu'on*
« *ne me soupsonne pas d'adjouster quelque chose au*
« *texte, je vous prie de nous le donner en la langue*
« *qu'a escrit Theodoret.*

« *On m'a accusé de malice & de m'estre montré*
« *fort joyeux quand ma partie n'ayant pas le passage*
« *en main, me pria de le dire si je l'avois prest. Je*
« *poursuivis donc en prononceant le texte.* Μενεῖ γὰρ
« τὰ ἅγια σύμβολα ἐπὶ τῆς προτέρας οὐσίας καὶ σχήματος καὶ
« εἴδους. *Or, pour montrer clairement qui interprete le*
« *mieux, ou ceux qui ont traduit des trois genitifs*
« *l'un en genitif, les aultres deux en ablatifs,*
« *disants :* In prioris substantiæ forma & figura, *en*
« *desrobant l'et & le* καὶ *qui est aprés* οὐσίας, *ou ceux*
« *qui ont traduits les trois genitifs en trois ablatifs*
« *& ont tourné* ἐπὶ τῆς προτέρας οὐσίας καὶ σχήματος καὶ
« εἴδους in priori substantia forma & figura. *Pour,*
« *dis-je, tirer le vray de la traduction, je vous de-*
« *mande à vous & à vostre societé, qui fait des textes*
« *nouveaux, des logiques nouvelles, quelle nouvelle*
« *grammaire vous pourra souffrir que la copule* καὶ *en*
« *græc & l'et en latin* possit conjungere diversos casus ? »

Sur la contenance effrayée du Sieur Cotton, une grand' barbe s'escria d'un peu en arriere : *Monsieur, on vous attend où vous savez : il y va de vostre promesse.* Quelques Gentilshommes le voulurent faire taire; mais ce fascheus redoubla : *Monsieur, il y va de vostre promesse.* — Et Cotton pria de remettre la partie, pour ce qu'il estoit engagé de parole : & là deſſus quitta la compagnee ſans dire à Dieu à perſonne. On m'accuſe d'indiſcretion pour un mot qui m'eſchappa qui fut, *à Dieu paniers, vendanges ſont faictes.* Certes je voudrois ne l'avoir poinct dict : mais il fut pourtant bien reçeu de la compagnee. La deſſus, le Mareſchal de Fervaques me vint mettre ſa main ſur la mienne en diſant : *Quoy que ce ſoit-il, il fault advoüer que Pere Cotton eſt un rude homme.* — *Ouy,* dis-je, *Monſieur, il eſtoit aux rudiments.* Voila la bataille. Le baron d'Ervos & le jeune Rouët & les nepveus de la Valiere ſont vos voiſins. Je vous prie ſavoir d'eux ſi j'ay obei à voſtre curioſité ſincerement. Voſtre...

VIII.

A MADAME DE ROHAN.

Madame, vous n'eſtes point à Paris ſans entendre mes perſecutions, comme ceux qui ſont infectez des ſauterelles travaillants contre ma vie, m'empeſchent, s'ils peuvent, l'uſage de la terre, & me mettroyent en grand'peine, s'il n'y avoit point de ciel. Je ne ſaurois mieux vous montrer comme Dieu me donne de meſpriſer ce que les hommes peuvent, qu'en vous faiſant part de mes eſbattemens. Voicy ce que je dis & à quoy je paſſe mon temps rigoureux, le meſurant à mes folies du temps paſſé :

Mes volages. . . . .

Ainſy, diſois-je, me voyant menacé d'une fuite à trois hyvers, ne daignant regarder ny ſentir les espines qui servent de jonchee en mon chemin estroit, parce que je voy au bout de la quarriere & du bon combat le repos, le triomphe & la couronne qui ne flestrist jamais. Vostre...

IX.

A MADAME DE ROHAN.

Madame, puisque vous prenez plaisir à savoir des nouvelles des affligez, & que ce qui aporte aux autres du fiel à la bouche est du miel à vostre cœur, je vous feray part des douceurs de ma persecution, de laquelle la consolation principale est en la cause de la verité tant aymable en ses rigueurs, que quand elle porte le poignard à la gorge de ceux qui la portent, encores luy fault-il baiser ses sanglantes & favorables mains. Et là dessus, elle me faict souvenir des tiltres de *douces rigueurs, de belle meurtriere & de favorable mort* que nous apliquions autrefois à nos maistresses du siecle, particulierement lorsqu'elles nous faisoyent rendre les faveurs receuës d'ailleurs par la jalousie de leur rivales, & pour triompher sur elles de leurs presants : & ainsy cette derniere & victorieuse maistresse nous despoüilloit de ces locutions, & fault enfin que nous dressions à la Verité un trophee des despoüilles de la Vanité. Voila, Madame, comment autant que portent la teste basse les criminels de leur pechez, autant portent l'œil gay, & la cheire hardie les accusés de vertu. Quelqu'un m'escrivoit ces jours, qu'il fault esperer de devenir juges des enfans de Moab & d'Edon, quand la journee efpouvantable nous logera à la dextre dans le trofne de l'Agneau, & eux à la feneftre fur les fellettes des condamnez. Certes cela eft hors de doute, & cependant comme :

> Il eft un Dieu qui juge icy
> Les bons & les malins auffy,

Et encore dés ce monde reçoivent-ils leur jugements, ce que je ne dis pas feulement pour le precipice de ruine & de deshonneur où Dieu a pouffé depuis un mois ceux qui perfecutoyent ma vie : mais encore pour les bourreaux internes qui exfecutent dans leur penfees les fentences de nos veritez. Je finiray ce qui me touche par une gaye penfee : c'eft que j'attribuë à mefchanceté le deffein que ces laches ont faict fur mes biens & fur mon fang, mais je conte à folies & à brutalité qu'ils m'ayent attaqué en la reputation, ne fe fouvenant pas que la verité a attaché à ma ceinture la clef du temple de l'honneur. Je vous diray plus generalement pour bonnes nouvelles, que aux derniers martyrs de Milan & de Turin il a paru que Dieu n'a pas le bras racourfi aux miracles, premierement en la fentence de mort que le mourant prononcea à fon juge, exfecutee dans la femaine immediatement & fans caufes naturelles par un veritable coup du ciel, & puis les conftances par delà toutes forces humaines nous font gages certains que l'heritage de Dieu n'eft pas abandonné, puifqu'il y a encores une telle portion, & que l'Eglife en fa vieilleffe verdoye & produict de fes fruicts nouveaux, & enfin que :

> Luy mefme fe trouve en perfonne
> En la bande qui le fouftient.

Et pour ce, Madame, que vous me repriftes dernierement de vous avoir laiffé une page blanche, je remplis la fuivante de ma priere ordinaire, de laquelle vous pourriez autrefois avoir leu quelque petite partie. Voftre...

X.

[A MADAME DE ROHAN.]

Madame, on dict que pour bien juger & pour bien confeiller, il fault eftre fans paffion. Je n'eftime pas ainfy en l'un ny en l'autre, Madame, & croy que ce qui fait le bon juge eft la pitié vers l'offenfé & la hayne contre l'opreffion qui paffe jufques à l'opreffeur. Ainfy aux confeils, & mefme aux confolations, fi vous n'avez goufté les ftorges & amertumes aufquelles vous mettez la main, vous ne penfez la playe que par aquit. Vous m'efcrivez que voftre fils vous eft fouftrait par les Jefuittes, que desjà ils triomphent de fa revolte, & que ceux qu'ils apellent Peres vous oftent la puiffance de mere de deffus luy. Vous avez trop d'honneur pour eftre fa mere quand ils feront fes peres à bon effiant. Il n'y a pas long temps que je fis une honte à quelqu'un de nos jeunes gens qui degoifoit à tous coups : *les Peres Capucins, les Peres Bernabites,* &c. Je luy dis qu'il mentoit aux defpens de l'honneur de fa mere. Or, Madame, je confeffe que voftre fils eft en grand danger d'eftre en fi mauvaifes mains. Je fentis le commancement de la revolte du mien par l'affiduelle frequentation avec le Jefuitte Arnou, & le Feuillant du May, & luy efcrivis que Arnou & du May faifoyent ἀρνοῦμαι; voftre Pafteur vous interpretera ce mot en ce qu'il fignifie *renier,* que pour ce que c'eft un des attribuez à l'Antechrift. Je vous convie à prendre la mefme refolution que je fis, & la quelle, Dieu mercy, m'a fuccedé; car ce perdu s'eft retrouvé, & mon mort eft reffufité. Il y a un peuple en Afrique qui s'appelle les Pfylles : c'eft en la contree de tout le monde la plus fourmillante des plus venimeux ferpents qui foyent. On raconte d'eux que la nature les a douez d'un avantage merveilleus, à favoir que tous ceux de la nation non feulement font à l'epreuve de toutes morfures de ferpents, mais encor qu'ils en garantiffent ceux qu'ils tiennent par la main. Les peres qui ont peur que leurs femmes ne leur fuppofent lignee, prenent les enfants naiffants, & les plongent dans un monceau de viperes & bafilics : & s'ils en font retirez fans playe, les advoüent pour eux, & non autrement. Nous n'attribuerons pas à Dieu ce foupçon, car il cognoift toutes chofes, mais ce que ceux-là font par doute, luy le fait au tefmougnage de fa gloire, mefle fes enfans avec les betes venimeufes du fiecle & les expofe à la tentation, comme il fit fon Chrift bien aymé, afin qu'ils fortent victorieus de la fainéte milice & du bon combat.

Madame, je vous dis encore : prenez la refolution pour voftre fils que j'avois prife pour le mien. S'il reçoit le venin mortel, dites qu'il n'eftoit enfant de Dieu, & ne merite point d'eftre le voftre. Faites luy goufter cette determination, changez vos pleintes en prieres ardentes à Dieu, & il le vous rendra fans playe, fans cicatrice, bien fain & bien efprouvé.

XI.

A MADAME DE ROHAN.

Madame, Thyamis enfin a reçeu une recommandation verbale du fils aifné de Niobé avec tefmougnages d'une affection qui n'a pas efté morte pour avoir efté muette, y joignant promeffes de contentement fur les chofes deuës & de participation à un meilleur eftat qu'il efpere. Thyamis m'a juré avec le cœur en feu & l'œuil en eau, que cette participation qu'il avoit defiree n'eftoit point aux biens, mais aux maus, aux perils & enfin à la mort. Je change de propos pour dire que, puifque voftre courtoifie a daigné prefter vos yeux, & voftre bouche quelque louange à la meditation que je vous ai envoyee, j'ai creu pour la rendre encor moins imparfaicte vous devoir envoyer quelques additions que vous verrez en l'autre page. Un fecretaire de Thyamis m'a fait voir l'efpitre liminaire du quatriefme tome auquel il fert les enfans du Gouverneur de Lufignan d'auffy [bonne] ancre qu'il a fait le pere. Et pour ce que la piece m'a femblé eftre deuë à Niobé qui luy paffera la main fur la tefte, je demande une voye bien affuree pour faire tenir de Paris en hors : c'eft parce que la maladie de noftre amy eftant douteufe femble ofter la feureté des commoditez. Madame, fi j'avois des vaiffeaus d'or, je les porterois en voftre cabinet : à faulte de cela, je fay bien que plus par amitié que par eftime, vous y logerez ces vafes de Fayance que vous prefente d'une main fidelle Voftre...

XII.

A MADAME DE ROHAN.

Madame, je vous euffes envoyé les juftes pleintes de Thyamis contre les enfans de Niobé, pour fe voir abandonné d'eux en une faifon où tant de gens les ont abandonnez, pour fe voir refufé d'avoir part en leurs perils & labeurs, & de fe voir le filence impofé par le filence à douze de ses recerches ; mais ce difcours eft fafcheux & l'injuftice en bleffe les oreilles. J'ay donc mieux aymé vous faire part du mefme Thyamis, propre pour ceux qui veulent cuillir de l'efperance dans la moiffon des varietez. Je voudrois que le fervice des Macles m'euft peu tirer de l'oifiveté de cette ville, & des inquietudes où j'y paffe les nuicts fans fommeil, en attandant de Dieu, non fans efperance, l'occafion de me prouver encor une fois avant la mort Voftre...

XIII.

[A M. DE ROHAN.]

Monſeigneur, le baing auquel je me ſuis engagé, & quelque accident qui l'a ſuivy ayant empeſché ma condoleance de vive voix, j'ay eu recours à la plume, attendant que je puiſſe rendre à Voſtre Alteſſe toutes les parties de mon devoir. J'ay dict condoleance, n'oſant entreprendre la conſolation envers Voſtre Magnanimité qui a porté d'une conſtance à ſa meſure ce dernier coup ſenſible & douloureux, ainſy que me l'ont raporté ceux qui ont receu de Voſtre Alteſſe la conſolation qu'ils lui preſentoyent. Je la convieray ſeulement à regarder ce qui vous a eſté oſté, qui l'a faict, comment & en quel temps. Au premier poinct, c'eſt un fils, Prince genereus, de grande eſperance. La premiere qualité vous ordonnoit de le tenir tous les jours preſt à mourir, en accordant ſon courage aux occaſions qui ſe preſentent : & pour l'eſperance, oppoſez luy la crainte à ſon pois : encor diray-je qu'il y a plus à craindre qu'à eſperer. Dieu m'a viſité de la perte de deux enfans : la vie du troiſieſme m'a faict jetter plus de ſanglots que la mort des autres deux. Ce n'eſt point pour eſtimer les choſes pareilles : mais Dieu deſploye ſes coups pareils à ſoy en noſtre imparité, & n'y a perſonne qui ſache mieux que Voſtre Alteſſe ce qu'elle a perdu, & ſes louanges rafreſchiroyent voſtre playe au lieu de la guerir : mais elle ſait bien auſſy qui a pris ce depoſt, c'eſt Dieu auquel il eſtoit encor mieux qu'à vous, qui ne l'a point pris pour le perdre, mais pour l'empefcher d'eftre perdu, & le mettre où feulement il pouvoit eftre heureus. C'eft luy qui nous accorde nos requeftes en les refufant, nous donne en nous oftant, & nous ottroye le defirable au lieu du defiré. L'action donc eft bonne & parfaicte, puifqu'il eft bon parfaitement. Voila le fecond poinct fur lequel je laiffe tant de chofes à dire pour montrer comment Dieu l'a apellé à foy : c'eft par la mort des juftes, en laquelle il a eu un champ propre pour fe reconfilier à Dieu, & lever la main vers celle qui le venoit querir. Ce jeune Prince avoit cerché la mort dans les combats, dans la pouffiere, dans la fumee, & dans le bruit & l'horreur; elle s'en eft fuye de luy pour remettre la partie à une plus doulce commodité. Mais le quatriefme poinct qui eft le tableau du temps nous doit faire defirer pour nous ce que nous lamantons en luy; toutefois felon Dieu & la claufe : *Ta volonté foit faicte*.

Vous voyez, Monfeigneur, quel eft le vifage de l'Europe entiere, efpouventable de 34 grandes armees, fur lefquelles le ciel grefle, & faict plus de meurtres juftes que d'injuftes : le couteau, la faim & la pefte marchent au fon des tambours, & font leurs charges plus fouvent que les trompettes ne la fonnent. L'Italie, l'Almagne, la France & les Pays-Bas font puants de morts, & plus que les charougnes y puent les defections, les infidelitez & le mefpris de toute vertu, en un temps où elle feroit tant de befoin. Les chefs des armees enfeignent leurs foldats au mefpris de la foy, & font trafic avec la mort de ces ames miferables pour emplir leurs coffres d'or & de fang. Ceux qui font cogneus pour y aporter plus de probité font rejettez, la faveur partage les honneurs, & la vertu repouffee enfonce le chappeau : fi bien qu'un mourant courageus, à qui la vie montreroit d'un des coftez du lict ce tableau pour y venir vivre, tendroit la main gauche vers la ruelle à la mort qui luy en promettroit l'exemption. Nous favons bien quelles doivent, peuvent eftre, & avoir efté en cela les juftes & vives penfees de Voftre Alteffe, celles de Meffieurs les Princes, vos enfans, & de vos plus fidelles ferviteurs.

Je veus finir, & fi je n'eftends mes confolations affez au long pour la mefure de leur fubject, deux efgards me les font abreger : l'un de Voftre Alteffe puiffante à confoler & inftruire autruy, & par jufte raifon pour foy-mefme, l'autre eft de moy qui ayant efté vifité en ma famille de la perte, & toutefois du retour, par la grace de Dieu, d'un fils unique, j'ay apris cette rude fentence que miferables & trez miferables font les peres qui pleurent leurs enfans en vie, au prix de ceux qui lamantent pour leur mort. Il fe fault divertir des affaires privees à celles du public comme plus pretieufes, & pour lefquelles il fault mettre les domeftiques fous les pieds. J'avois ces jours ma table couverte de lettres prefque de toutes les parts où fe jouent les tragedies funeftes. J'ay fupprimé à mes Seigneurs & amis ces fafcheux paquets, & de nouveau la paix mal fcelee de France, & celle qui fe prattique malheureufement à Venife : il fault tirer le rideau au devant de ces hideufes peintures & lever les yeux en hault, où feulement nous verrons grace, vie, vray honneur, joye veritable, & triomphe qui prend les mefures à celles de l'eternité.

XIV.

A M. L'EVESQUE DE MAILLEZAIS.

Monſeigneur, j'ay receu le livre qu'il vous a pleu m'envoyer, & quant ſelon l'exhortation de voſtre lettre, j'ay faiɛt mon devoir d'en faire mon profit. Je vous prie de prendre en bonne part que je vous rende conte comme il eſt raiſonnable de voſtre preſant, lequel m'a eſté premierement recommandable pour le teſmongnage qu'il me rend de voſtre ſouvenance : & puis par la gentileſſe du ſtile & ſuptilité de l'invention, ce qui rend le Sʳ Richaume admirable en tout ce qu'il eſcrit. L'auteur ſe montre encor ſemblable à ſoy-meſmes par ſes gentiles comparaiſons de guerre bien à propos, comme eſcrivant à un Prince belliqueus ; tout y eſt fleury. Trouvez bon, qu'à l'age où nous ſommes, que nous y cerchions les fruiɛts, & ſi l'auteur meſle *utile dulci*. Il diɛt au Roy que cependant qu'il achevera de diſner, qu'ayant amené une belle milice pour la defenſe de l'Egliſe romaine, il va mettre ſes gens en trois bataillons pour les preſenter en bon ordre à S. M. Nous avons pris le loiſir de les aller recognoiſtre : nous leur trouvaſmes de loin aſſez bonne mine ; il faudra voir quel en ſera le jeu. On nous a permis d'entrer dans les rangs, & là nous avons trouvé que ſous ces morions dorez, il n'y avoit que des crocans *hoſtibus ludibrio, hoſpitibus terrori*. Comme auſſy cette cavalerie legere qu'il pouſſe devant & aux coſtez n'ont eſté trouvez qu'Arquebuſiers à cheval pour tout potage, propres à courir la poule, & faire ce que les Argolets de ce fiecle ont nommé la petite guerre, car aprez m'eftre joüé dedans ces gaillardes comparaifons & quitté les allegories, tous ces arguments font armez à la legere, & ces *Eftradiotes* ne prendront prifonniers que les efgarez & ceux qui font hors de leur devoir : ce qu'il appele courir fur les ailes. En trois mots je vous donneray l'annalife de tout le livre : fon but eft, fous couleur de la reverance deüe aux morts, d'attribuer aux obfeques des lyturgies & des facrifices expiatoires : & par là, faire couler, fous le manteau de l'honorable, la terreur du Purgatoire peftifere à l'Eglife & utile aux impofteurs.

Voicy la fumee qui fort du fang de ces bataillons : le premier nous met en rang la curiofité des Hebrieus en leurs fepultures, le fecond celle des Payens qui par leur defpenfes admirables l'ont renvié fur les premiers, le tiers eft des Turcs, jufques à la ftructure du tombeau de Mahommet enlevé dans un cofre de fer par la vertu d'une goutte d'aimant. Vous plaift-il, Monfeigneur, que d'un coup de canon je vous mette en fuitte toute cette canaille de culs blancs?

A quoy tant de peines pour ce malheureux fyllogifme : « Il faut faire tout ce que les Juifs, les Payens, les Turcs font : les Juifs, les Payens & les Turcs ont aporté de grandes ceremonies à leurs enterrements : donc il faut aporter, & cœt. »

Je ne faurois lacher fans rire & dire à la majeure que nous ne voulons eftre ny Juifs, ny Payens, ni Turcs.

Monfeigneur, je vous prie ne vous fafcher point, fi je traitte l'affaire joyeufement, & fi à ce propos je vous advertis que le Cordelier frere Jean Bonhomme, preschant ce caresme à Sainct-Maixant, prit à bon essiant la querelle de ces bataillons jusques à dire maudicts heretiques qui ne se soucient pas des sepultures. N'ont-ils point leu en leur Bible la peine que prit nostre bon pere Adam pour estre ensevely au sepulchre de ses ancestres?

XV.

AU MESME.

Monseigneur, vous ne vous lassez point de m'obliger à vous ; c'est signe que vous n'avez pas trouvé la franchise de mes responses desagreable. Le second livre qu'il vous a pleu m'envoyer m'a esmeu par son tiltre comme à la veuë d'une chose non esperee, ce que je n'entens pas pour les faultes communes, car tout ce qui sort de la main de l'homme est subject à cela : mais il m'estoit dur de voir au livre de M. Duplecis des allegations fausses, & qui pis est, des contradictions. L'un est d'un impudent, l'autre est d'un imprudent. Or ne veux-je pas que la dignité de la personne m'empesche de venir à celle du faict. J'ay leu son traitté par trois fois, & n'y ay peu marquer fausseté, ny contradiction. Vous direz, Monseigneur, qu'un soldat comme moy n'est pas capable d'en juger : mais il ne fault pas grande capacité pour mettre le doigt fur des fauffetez & contradictions, l'un ne demandant que la peine de l'œuil, & l'autre de la memoire. J'ay veu affez clair aux allegations qu'on a voulu faire entrechoquer, pour cognoiftre que les differences & oppofitions font diffemblables par leurs circonftances, & par ainfy ne violent point le principe qui dict que *deux contraires ne peuvent fubfifter en un mefme fubject en mefme temps.* Principe veritable, & qui ne l'euft pas efté fans la note de la circonftance, comme quand j'auray dict d'un Roy qu'il eftoit pacifique, & ailleurs qu'il eftoit guerrier, la difference des temps permet à l'un & à l'autre d'eftre vray. J'ay vuidé la feconde piece la premiere, à caufe qu'elle demandoit moins de difcours. Je n'ay point veu en tout le livre maintenir aucun texte allegué faux, que celuy de Sedrenus, de qui M. Duplecis prend le texte, & non de fon origine, pour ce qu'il avoit à faire à Sedrenus directement, & que c'eft à luy à maintenir fon texte, & à fes partifans à rougir, s'il a mal allegué. Luy que nous ne fommes pas marris de voir convincre de fauffeté, pour eftre un auteur trez fale de bigotries, de mentries & d'abus, & qui feroit revivre tout ce qu'il y a de ridicule en la Chreftianté, s'il eftoit efteint ailleurs, il fe rend tefmoin de tous les contes de vieille, & de toutes les impoftures qui faifoient honte aux auftres efcrivins : & c'eft pourquoy nous prenons contre vos gens pour leur faire honte les deux premieres lignes de fon livre, difants :

Τότε λαμπρὰ ἐστὶ νίκη, [ὅταν τοὺς] τῶν ἐναντίων μάρτυρας προσφερομεν.

Je n'ay point veu en tout voftre livre maintenir faux un texte allegué, mais bien forces difcours fur les interpretations, quelques curiofitez en Cronologie, Geographie, où j'ay efté bien [aife] d'aprendre quelque chofe en ces delectables fciences, mais je n'ay rien trouvé en Theologie.

J'ay veu auffy quelque gentile difpute fur les idyomes des trois langues, & là remarqué combien le menfonge donne de peine à la fuptilité. Pour exemple, Monfeigneur, je vous prie de lire curieufement, je ne dis pas mefme fans preoccupation (car la faulte eft fi lourde qu'elle vous mettra en colere contre vos gens) ce lieu du dixiefme chapitre où l'on reproche à M. Duplecis un follecifme avec une fotte piaffe d'infultations, longs & niais difcours du fouet de grimaus & d'efcole, que ces galands hommes devoyent laiffer aux efcoles. J'ay cerché le follecifme au françois, il ne s'y eft trouvé : car « faire des congregations *qui* font interdictes, » fi je fais le françois, c'eft bien parlé : mais ils vouloyent qu'il dift « faire des congregations *lefquelles chofes* font interdictes. » Je trouve le premier meilleur françois : mais difent-ils, συνάξεις & ἅπερ ne s'accordent pas ; fi feront bien s'il comprend aux chofes deffendues autres chofes que τὰ συνάξεις, lefquelles peuvent eftre comprifes par le neutre collectif. J'ay apris encor qu'en françois & aultres, de plufieurs fubftantifs qui n'ont qu'un adjectif, le dernier des fubftantifs en ordre oblige l'adjectif à fon genre : & s'il y euft follecifme, il eftoit au grec, & non au françois. J'ay bien veu en quelque lieu que pour accorder συνάξεις & ἅπερ, ils ont mis dans le canon ἅσπερ. Là ils font tombez de fiebvre en chaud mal, car ἅσπερ fait un gros follecifme avec ἀπηγόρευται : c'eft là où ils devoyent crier au fouet, ou pour s'en fauver le donner à l'imprimeur, à qui nous en donnons la faulte charitablement : & pour cela avons couru à l'*errata* de la fin du livre, & n'en avons trouvé nouvelle quelconque. Nous n'avons pas fait ces infultations fur ἀπιέκαι pour ἀπιέναι, & autres fautes qui font moins pardonnables à ces rudes grammeriens, mais l'accord de συνάξεις & de ἅπερ dont ils fe montrent fi curieux les devoit faire regarder à leur affaire eux qui difent fi franchement ces mots. Et pourtant il fault qu'ils corrigent cecy en la feconde edition.

 Je trouve aux auteurs de ce livre une aiguë fuptilité, un langage bien poly, & de tout cela plus qu'il ne m'en femble feant aux Theologiens : ils n'ont point manqué de toutes fortes de livres, & quelqu'un m'efcrit que plufieurs y ont aporté leur fymbole. Quelques hommes de favoir auxquels j'ay communiqué le livre ne trouvent pas que l'art ait eté affez celee : mais je les excufe pour la force qu'a la verité, contre laquelle il faut des artifices fi eflevez qu'ils ne peuvent fe cacher. Le ftile, fi je ne me trompe, eft de mefme main que la preface de Richaume au *Livre des Mirafcles*. Cela paroift principalement en l'avant propos, où vous voyez dés l'entree une elegante fimilitude de ceux qui courent au feu, laquelle s'eftend en allegorie en la multiplicité des fecourans. En cela, je loue la comparaifon pour ce que, parlant du feu qui s'embrafe dans la maifon de Dieu, ils font courir à l'ayde non ceux de la maifon divine, mais ceux du dehors : ils les font hafter fans avoir loifir de s'habiller. Excufe propre pour ce livre qui en plufieurs lieus montre fa vergongne par fa nudité : & cette excufe eft encor bien propre pour les prefcheurs & efcrivins de l'Eglife romaine qui courent à ce fecours comme font les Anges de Greve, en efpoir d'y piller, & non d'efteindre le feu.

 Et quant à l'inventaire duquel le livre porte le

tiltre, ces chicaneurs en entreprenent la façon pour mettre en leur poches, mais ils y feront trompez, car le Pere eft vivant & faudra tout verifier : là on leur fera dire : *hoc opus, hic labor eft.* Voila.
Voftre...

XVI.

A L'EVESQUE DE MAILLEZAIS[1].

Sur la premiere impreffion d'un livre du Sieur Dupleffis apellé le *Miftere d'iniquité*, l'Evefque de Maillezais envoya à l'auteur une attaque de Richaume, la prefentant comme fienne, & par là obligea à cette refponfe.

Monfeigneur, j'ay veu le prefent qu'il vous a pleu m'envoyer. Je ne puis mieux recognoiftre voftre courtoifie qu'en vous rendant conte du profit que j'ay faict en la lecture de cet inventaire, s'il vous plaift d'en recevoir fans prejugé mon opinion.

Le tiltre du livre m'a efmeu comme à la veuë d'une chofe non efperee, ce que je n'entens pas pour faultes, car tout ce qui fort de la main de l'homme y eft fubject : mais il m'a efté nouveau de trouver le livre de M. Dupleffis accufé de fauffes allegations & de contradictions. L'une de fes faultes, digne d'un impudent, l'autre d'un imprudent : la premiere defquelles s'examine à l'ouverture des bons

---

[1]. Cette lettre eft une autre rédaction de la précédente, mais elle en diffère tellement par la forme que nous avons cru devoir les donner toutes deux.

livres, l'autre par le livre mesme qui est à l'examen.

Or afin que la dignité de la personne n'empeschast de cognoistre celle du faict, j'ay conferé les traictez du Sieur Duplessis & de Richaume, & maintiens n'y avoir trouvé ny fausseté aucune, ny contradiction.

Vous pouvez dire, Monseigneur, qu'un soldat comme moy n'est pas capable d'en juger, & ma pensee est bien telle, & vous m'avez dispensé de cette crainte par vostre envoy. Mais aussy si les suptilitez de vostre livre n'ont peu esblouir un homme de ma grossiere condition, que pourront elles persuader aux Theologiens?

Premierement pour les faussetez, je n'ay point veu en tout l'inventaire que les Jesuittes maintiennent un texte allegué faux, mais forces discours sur leur interpretations au 10e ch. On luy reproche un sollecisme avec forces termes niais de fouet de grimaux & telles pedantries que ces honnestes gens devroyent avoir laissé aux escoles. J'ay cerché ce sollecisme où il est cotté & ne l'ay point trouvé : car « faire des congregations *qui* sont interdictes, » c'est bon françois, si j'entens cette langue. Ils vouloyent qu'il dist « faire des congregations, *lesquelles choses* sont interdictes. » Je trouve le premier de meilleure plume : mais (disent-ils) συνάξεις & ἅπερ ne s'accordent pas : ce seroit donc mauvaise traduction & non pas sollecisme, de quoy le stile grec se deffendra bien. J'ay appris en diverses langues que quand plusieurs substantifs n'ont qu'un adjectif, le dernier en ordre oblige à son ordre l'adjectif.

Mais ces Messieurs qui renvoyent chez les grammeriens les appellations de Theologie sont chastiez de leur aveuglement, car au mesme lieu voulants accommoder συνάξεις avec ἅπερ, ils ont mis dans le canon ἅσπερ avec ἀπιγόρευται. Là dessus j'ay couru charitablement à la fin du livre aux erreurs de l'imprimeur, où je n'ay rien trouvé pour les sauver de cette faulte, de laquelle pourtant je ne voudrois soupçonner ces savants hommes, non plus que de ἀπιίκαι pour ἀπιέναι, n'estoit la peine que je leur voy prendre à rendre congru ἅπερ avec συνάξεις, & que faisants en ce lieu le mestier de correcteurs, ils advertissent leur partie adverse en termes si exprez qu'ils sont affectez d'aviser bien aux correcteurs, & d'y mettre la main plus soigneusement en la seconde edition.

Il y a un autre endroit duquel les grammeriens seront juges, puisqu'ainsy leur plaist, à la page 427 où est la prose rimee du breviaire de Premontré. M. Du Plessis veust que *quos* se raportast à *eorum*, les Jesuittes veulent que le raport soit à *nos*. Vous pouvez considerer cinq choses pour demesler ce different : premierement l'analogie de *adjuvent* à *impediun* , de *excuset* à *accusat;* secondement, la proximité de *eorum* à *quos;* pour le tiers, le mot de *propria* qui donne force à la figure ; pour le quart, la particule *at* montre que c'est à Dieu seul à pardonner mesmes à ceux qu'on invoque. Mais je leur demande pour le dernier où est le *nos* qui se puisse raporter au *quos* du 4me vers?

Ils ont destourné presque toute la question theologale en telles recerches, & comme vous voyez, peu heureusement & à leur honte : comme ils disputent si Febvrier est apellé de son nom à cause de la feste purificative ou la feste à cause de Febvrier, tant pour ce mot que celle qu'ils appellent *feraria*.

J'ay gardé pour la fin l'accusation des contradictions, comme estant chose plus enorme de falsifier foy mefme qu'autruy. J'ay efpluché les allegations qu'on a voulu faire entrechoquer; je remarque que leur differences ne font aux mattieres, mais aux circonftances feulement, & par ainfy ne choquent point le principe, lequel ne foufrant que deux contraires puiffent fubfifter en un fubject, aporte quand & quand la note de la circonftance, *Judicis officium eft ut res & tempora rerum*. Ces deux cautions confrontees à leur reprehenfions, les rendront vaines prefques partout.

La premiere objection de contradiction eft en la page 12 où M. Du Pleffis eft accufé d'avoir efcrit : *S'ils euffent eu en mains cette lithurgie où elle eft appelee* Θιότοκος : voulant de ces paroles inferer qu'on leur avouë la verité de cette lithurgie. Il paroift par là que cet inventaire eft faict à la mode des inventaires de chicaneurs, & qu'il y faut dire *bon pour l'inventaire,* affez pour tromper les trez ignorants ou trez pareffeux; car qui fera le nonchalant qui ne voudra voir comment il eft parlé de cette liturgie par un auteur qui la maintient fauffe tant expreffement, & que les paroles qu'on luy allegue font dictes par conceffion : & cependant ces hommes s'efgayent là-deffus auffy mal à propos qu'en un autre reproche faict au mefme auteur ez pages 30. 31. 32. 33, où vous voyez une grande & lafche efcarmouche pour trouver contradiction entre ces termes : *Les Grecs n'eftiment point leur Confecrations accomplies qu'apreʒ la priere qui fuit l'inftitution de la Sainte Cene felon leur interpretes.* Cela, dis-je, eft reproché & oppofé à ce que dict le meme auteur à la page de fon livre 794, & plus loing en la page 817, que les Docteurs grecs montrent par leur termes, que mefmes aprez la Confecration, ils n'ont pas tenu les figures du facrement pour Tranfubftantiers, mais les nomment encore ἀτίτυπα. Voicy la contradiction pour ce que M. Du Pleffis a dict que les Grecs ne tiennent la Confecration accomplie qu'aprez la priere, que les anciens Docteurs devoyent tenir la Tranfubftantiation pour accomplie aprez elle. Voyent les bons logiciens, s'il y a en cecy oppofition de termes. Au premier, il parle de ce que les Grecs eftiment aujourd'huy : aux autres paffages de ce que enfeignoit St Bazile & de la lithurgie attribuee à St Clement ; en l'un il traicte de la diffimilitude de creance entre les Grecs & les Latins : en l'autre il montre par la contradiction de St Bazile à la creance romaine, la fauffeté de la Tranfubftantiation, & ce qu'il y a de diffemblable en l'un & en l'autre fert à M. Du Pleffis à les convincre. Tant s'en fault qu'il doive eftre ny le confiliateur ny le garand : c'eft au lecteur qui veuft profiter de fa peine, de juftifier ce que je dis par la lecture fidelle de ceux qui fe condamnent eux mefmes, qui ont befoin d'apologie & non pas nous. Que fi nous alleguons les Peres, c'eft pour nous en fervir de tefmoins, encore que nous les ayons objectez, veu que nous nous en fervons, comme eux mefmes ont demandé en ce qui confent aux Efcritures : mais ceux qui s'en fervent fans cette correction font obligez à les advoüer fans reftriction τότε λαμπρὰ γίνεται νίκη, ὅταν τὸ ἐξ ἐναντίας μέρος τῇ τῶν οἰκείων διδασκαλιῶν αὐθεντίᾳ ἡττηθῇ ; les autres difent ὅταν τοὺς τῶν ἐναντίων μάρτυρας προςφέρομεν [1].

Je crains, Monfeigneur, de paffer la mefure d'une jufte lettre & celle de mon deffein, qui n'eft pas de

---

1. En note marginale : Georgius Cedrenus in hiftoriarum compendio.

faire refponfe à l'inventaire : joinct auffy que le livre de M. Du Pleffis n'eft pas orphelin, & que fon pere ne foufrira pas que de mauvais juges y commettent les faultes qu'on faict fouvent aux inventaires des pupilles; mais encore je vous demande permiffion de vous montrer à la page 157 comment M. Du Pleffis eft indignement repris d'avoir tronqué le canon du Concile de Gangres, ne l'ayant pas voulu tranflater, mais feulement en dire le fens en un mot felon la confeffion des repreneurs en la page 159, 11me & 12me lignes. Il paroift à leur difcours mefmes que ce que dict M. Du Pleffis ne defroge point à la particularité. Certes en tout & par tout, je trouve que fon livre fe deffend foy-mefmes & ne fe lairra pas defbaucher de fon pere à ces Meffieurs, pour ne les point faire anathemes par le canon 16me de ce mefme Synode de Gangres ἔς τινα τέκνα γονέων.

Je louë franchement aux auteurs de cette piece le grand labeur d'une curieufe recerche, une aiguë fubtilité & un langage (comme on dict en ce temps) joly & poly. Le premier point a efté foulagé par la commodité des livres & la multiplicité des efprits qui y ont porté leur fymbole : & pourtant il y a telles pieces à ce que j'ay apris par un docteur de Sorbonne qui eft à vos gages, lefquelles ont efté mifes dans les rangs, au refus & au regret du Sergent de bataille.

Quant à la fuptilité, il la falloit plus forte & moins deliee, encor euft-elle efté plus grande fi elle euft moins paru : dequoy ils fe peuvent excufer fur les forces de l'invincible verité & que les toiles d'Anacharfis arreftent bien les mouches.

J'eftime le ftile de mefme main que la preface du *livre des Miracles.* L'allegorie de l'avant propos eft bien suivie : mais pour la rendre encor plus exacte, je remarque qu'il faict courir à l'embrasement de la maison comparee à l'Eglise, non les enfans & domestiques, mais ceux de dehors. Ils ont pris l'alarme si chaude, qu'ils n'ont pas eu le loisir de s'habiller ; comme il est dict aussy en plusieurs endroits, paroist la vergongne de cet inventaire par sa nudité. Tel court au feu de cette façon, pour butiner & non pour esteindre, meu d'avarice & non de charité.

L'auteur du stile se trouve encor semblable à soy-mesmes par ses comparaisons qui sentent la meche & le soldat ; car comme au devant du *Livre des Miracles* il faisoit marcher trois bataillons bien couverts de morions dorez pour remettre les Jesuittes en France, ainsy il pousse maintenant ses *Estradiotes* armez fort à la legere, & comme ces premiers bataillons ont esté sans effect, & recognus à la montre par de bons commissaires se sont trouvez pagnotes & croquants, *hospitibus tantum metuendi, hostium ludibrio,* ainsy ces Chevaux legers ne feront peur qu'aux goujats & manants, ne leveront aucun logis, & se trouvera que ce sont Argolets pour tout potage qui courent la poule & vont à la petite guerre.

Monsieur, encor que je me sois excusé sur la mesure d'une lettre, si vostre messager m'eust donné plus d'une matinee, je me fusse estendu davantage sur la liberté que vous avez donnee à Vostre...

VI

LETTRES

TOUCHANT

QUELQUES POINCTS DE DIVERSES SCIENCES

Et touchant les perſonnes qui par elles ont aquis reputation.

[Collection Tronchin. Mss. d'Aubigné. T. 11, f° 178.]

I.

[A MES ENFANS.]

Mes enfans, en mon chemin il m'eſt ſouvenu de voſtre derniere diſpute devant moy, & qu'à tous coups je vous ay veu broncher ſur l'ordre que doit tenir le terme moyen, que les autres apellent l'argument, aux deux premiſſes du ſyllogiſme. En reſvant à cheval j'ay faict un vers latin, duquel je vous fais preſant, afin d'avoir tousjours la memoire preſte pour le logis de ce terme. Si mon vers ſent la barbarie de Deſpautere qui a deſpleu à beaucoup de grammeriens modernes & mal advifez, comme auffy à ceux de mefme eftoffe qu'on a faict fur les modeles æquivalans, & autres poincts qui ont befoin de ces petites clefs pour ouvrir promptement, ne le rejettez pas pourtant : car il eft faict à l'utile plus qu'au delectable, & encor qu'il ne foit faict que pour vous autres petits apprentifs, quelque meilleur logicien le gardera en fa pochette, non pour enfeignement, mais pour foulagement de memoire. Le vers eft :

Hic præit & fequitur, fequitur poft, at præit ultra.

Vous entendrez bien que par *hic* je veus dire la figure *quæ prima occurrit*, en laquelle le terme moyen va devant en la majeure & fuit en la feconde, & ainfy des aultres. Cela vous fervira encores quand on vous forcera à la reduction des aultres figures à la premiere, à quoy je vous confeille de vous exercer tant pour donner tousjours peine à voftre adverfaire, que pour voir plus clair dans les nids des fophiftes qui fe font en la conftruction. Bonjour, mes enfans, que je vous trouve à mon retour fi mauvais garçons que vous me logiez chez Guillot le Songeur.

II.

A M. TOMPSON, PRECEPTEUR DE MES ENFANS.

M. Tompfon, parmy les affaires pefantes qui me tienoyent en ce lieu, j'ay vifité l'Academie, pris garde à leurs exercices defquels j'ay envie de vous dire un mot. On faict icy de bons grammeriens & qui ne font pas fondez à la piaphe, comme ceux des Jefuittes, mais avec toute folidité. Les Morales, la Phyfique & la Theologie y font bien fervies, & ne manque rien de ce qu'il fault à faire de bons Pafteurs, tant pour interpreter & deftailler l'Efcriture fidelement que pour travailler de mefmes contre les mauvaifes mœurs. Je requiers feulement un poinct que j'y voy manquer : c'eft qu'on adjoufte à nos bergers, outre la houlette pour les brebis, une fonde contre les loups. Quelques Docteurs de ce lieu laffez des intrigues de logique, fe defendent du labeur par la confcience, & penfent avoir affez dict contre un fophifme aigu de l'avoir nommé fophifme, fans prendre la peine de le demefler & perfer, tant en la malice des vocables & omonimies, qu'en celle des conftructions. Et là deffus j'ay oüy demefler toutes les difputes par celuy qui y prefide en ces termes : *Aliquomodo, aliquatenus, habita ratione, aliquantulum, quafi.* On ne purge point les enonciations des metaphores : j'ay à tous coups des arguments de pures particulieres & de negatives, mais fur tout des diftinctions qui ne fervent que d'extinctions. Il m'eft efchappé d'en dire mon advis aux Maiftres qui m'ont refpondu par acquit, comme à un homme qui avoit une efpee au cofté : & quand j'ay ofé leur parler des Metaphyfiques, fans la pointe defquelles on ne peut defnoüer les ambages des diftinctions, ny dicerner les baftardes d'avec les legitimes, & mefmes que j'ay ofé defirer qu'un efcolier fuft inftruit à devider les rufes de Thomas d'Aquin, Scotus & leur compagnons, à tout cela on m'a refpondu par eflevations, la pureté de l'Efcriture, & la fimplicité de ceux qui en font profeſſion : ſi bien que ces bonnes gens ſe tiennent à la ſimplicité de la colombe & ne veulent pas la prudence du ſerpent. Je vous prie que noſtre jeuneſſe ſoit inſtruitte à ſe deffendre plus qu'à enſeigner les autres en un ſiecle où nos adverſaires ne pechent point faulte de cognoiſſances, mais deffendent leur gloire & leur richeſſes par l'acier de la ſuptilité. Vos compagnons d'eſcole prattiquent ce que je deſire mieux que les autres, & je vous ay veu trez bien vous en deſempeſtrer en la diſpute contre l'Arrianiſme de Chandenier, où nous fuſmes Commiſſaires, M. de la Valette, vous & moy. Rendons nous pareils à nos adverſaires en l'art de la diſpute, & le ſubject de nos controverſes eſt ſi avantageus pour nous qu'il nous donnera la palme infailliblement. Mais ſi nous montrons aux auditeurs de nos diſputes de l'imparité à la ſcience, il n'y en a plus guere qui eſcoutent avec conſcience, & ne cerchent que des couvertures à leur defections : la plus part, dis-je, feront bien aiſes de donner la honte à la verité ſimple & le prix à la vaine ſuptilité.

III.

A M. DE LA RIVIERE, PREMIER MEDECIN DU ROY.

Monſieur, nous avons autrefois oüy dire à la Royne de Navarre, qui eſtoit Jeane d'Albret, que les medecins eſtoyent communement du tout bon religieux ou du tout atheiftes. Quelqu'un de vos amis induiét à foupçon par la fentence de cette Reyne, ne fachant pas bien ufer de vos libertez & gayetez ordinaires, & vous ayant oüy dire plufieurs fois que vous n'aviez jamais rien veu de furnaturel, m'a prié de vous remettre en memoire la demoniaque de Cartigny, au pays de voftre naiffance & de vos etudes de vous & de moy. Cette femme vilageoife, ne fachant ny lire ny efcrire, refpondoit en toutes langues difertement au ton de celuy qui parloit, la bouche fort ouverte, fans ufer aucunement ny de la langue ny des levres. Il me fouvient qu'ayant entrepris avec d'autres efcoliers de l'aller voir à Cartigny, nous la trouvafmes (allans à la leçon de deux heures) devant l'hofpital, qu'elle fe faifoit lier, pour ce qu'elle fentoit un paroxifme de fes Demons à l'aproche de quelque perfonne de doétrine & de pieté. M. Chevalier, Leéteur en hebrieu, l'entretint fort longtemps en cette langue, & elle (s'il lui fault attribuer l'aétion des Demons) le corrigea en fe moquant fur la mauvaife prononciation de l' א & du ע [aleph & aïn].

Il eftoit arrivé le jour auparavant dans la ville trois Orientauls, defquels l'un portoit le turban blanc, l'autre le bleuf, & l'autre n'en avoit point, eftant Chreftien. Ils eftoyent Perfes, Arabes & Armeniens, tous trois hommes de favoir & qui avoyent paffeports & lettres de recommandations du grand Seigneur, du Sophi & autres Princes, pour eftre favorifés au voyage par eux entrepris en l'Occident. Ces trois furent priez par la Seigneurie d'interroguer cefte femme en toutes les langues defquelles ils avoyent cognoiffance, qui fe trouverent en nombre 18 orientales; elle refpondit en toutes, obfervant particulierement l'idiome auquel ils parloyent. En paſſant, pour me vanter d'avoir parlé au diable, je luy fis deux petites queſtions greques, & remarquay ſur tout qu'en me reſpondant ἰπτὰ elle n'aprocha nullement les levres.

Je m'en allay de là, reſolu que la marque des vrays & faux demoniaques eſt l'uſage de toutes langues, hors mis en ce qui eſt des Demons muets. Vous eſtiez lors à Geneve & ſay bien que vous la viſtes, & meſme en ce qui ſe paſſa à S^{ct} Pierre le landemain, quand on la fit communier à la Cœne. Je vous ſomme de vous en ſouvenir, ne le voulant pas deſdire de peur de faire crier au bigot. Voila ce que voſtre ancien compagnon de lettres a creu eſtre obligé de vous eſcrire, pour antidote contre la vanité de la Cour où vous habitez & en laquelle vous avez trop bonne part, pour n'eſtre en danger de luy faire part de vous.

Mais je parleray maintenant à vous comme au plus grand medecin que l'Europe connoiſſe, pour vous conter quelque choſe de ſurnaturel, & par dela l'effect des melancolies auxquelles il ne fault attribuer trop, ny trop peu. Il a paſſé par noſtre Poictou, & ſejourné trois ans, meſmes dix huict mois en ma maiſon, un jeune homme (ſi homme ſe peut dire) agé de vingt ans ou environ, muet, & qui n'avoit en la place de la langue qu'une petite tuberoſité. Aprez avoir oüy force contes de cet homme là, de ſes divinations de choſes preſentes, eſlougnees, paſſees & futures, & n'en avoir rien creu, je le trouvay chez une niepce du Mareſchal de Fervaques, ma couſine, laquelle nous feſtinant, j'aperçus ce garçon baiſant les bords de ma jupe; ſon viſage, & ſurtout l'œil effroyable me fit demander qu'il eſtoit : on me reſpondit que c'eſtoit le muet de la Chevreliere, car il portoit le nom du lieu où il ſejournoit, comme il porta longtemps le nom de ma maiſon, ce qui ne me fut pas agreable. Au ſortir du diſner, il vint une chambriere de la maiſon de Monts toute eſploree pour avoir perdu une clef ; ce muet en prit une à ſon clavier & luy montra par ſignes qu'elle l'avoit cachee dans un paquet de ſerviettes au cofre de cette clef, luy montrant la neufieſme ſerviette de la douzaine : mais il la preſſa de s'en retourner, & dict par ſigne à la compagnee qu'elle trouveroit les deux freres l'eſpee à la main à le couper la gorge. Sur cela on nous fit monter à cheval, & trouvaſmes la choſe ainſy. Peu de jours aprez je vis arriver le galant à Maillezais. Il faudroit un livre & non une lettre des choſes qu'il fit. Je deffendis à ma famille de ne luy faire aucunes interrogations des choſes à venir, & c'eſtoit de cela ſeul qu'ils l'entretenoyent. On luy demandoit à tous coups : *Que fait le Roy ? — Il eſt*, reſpond-il par ſes geſtes, *en telle chambre, gallerie ou cabinet. — Qui parle à lui ? de qoy ? —* Il reſpondoit : *De tout.* Je vous voy en peine de l'intelligence des ſignes ; il dreſſoit ſes auditeurs, & quelque un choiſy parmy eux, à ſes dialogues avec telle dexterité qu'on parloit de toutes queſtions reelles & perſonnelles ; & la maniere d'inſtruire à ſes ſingeries : c'eſt que cognoiſſant ce que vous aviez peine à reſpondre, il faiſoit la reſponſe pour vous, & vous montroit à la faire une autrefois, ſi bien qu'ayant paſſé le ſouper à diſcourir avec mon couſin Du Fay que vous connoiſſez, & un Polonnois qui eſtoit chez moy, ſur ce que l'on peut dire des qualitez des huict ſphœres qui ſont ſous le ciel empiree, les deux que j'ay alleguez m'ayant aprez souper prié de continuer dans un cabinet au bout d'une alee, le muet aprez m'avoir entendu patiemment comme il pouvoit entendre, nous pria tous trois de luy donner audience sur la question. Il fit de son poulce gauche comme un centre, de ses huict doits les huict spheres, & mit le poulce droit comme en eslevation par dessus, & sur chascune des spheres fit une leçon non assez entendue par nous pour la juger, mais assez pour l'admirer grandement. Je rabrouay longtemps ceux qui adjoustoyent foy à ces prestiges; luy irrité de cela se mit à me signifier mes pensees les plus obscures, & un jour me fit signe que mon grand amy, qui estoit M. de Chaliers, passeroit en carroce à l'endroit où le chemin de Marans à Niort croise celuy de la Rochelle à Maillezais, & qu'il y seroit precisement à deux heures aprez midi, qu'il partoit de Marans sur la nouvelle d'une grande maladie de sa femme, laquelle il trouverroit se promenant au devant de son chemin. J'obeis à regret à quelques Gentils hommes, qui aux despens de deux lieuës & demie me presserent d'aller guetter mon amy au chemin dict. Je n'y fus pas plustot que je vis son carroce : & pour ce qu'il estoit fort ennemy aussy bien que moy de la foy qu'on adjoustoit à ce monstre, je fus bien aise de luy dire qu'il trouveroit sa femme dans son chemin se portant bien. Il y a cinq cents contes à faire comme cettuy-là, comme de faire venir devant une vintaine de toutes sortes de gens, faire dire de toutes les conditions, de toute leur race, & quel argent ils avoient au coffre & en la bourse. Je finiray ces contes par deux : l'un que la folie de mes gens les poussa à l'enquerir sur la prosperité du Roy : il designa que dans trois ans & demy estant en un carroce à l'endroit du plus grand cimetiere, il recevroit trois coups de poignards, eſpancheroit ſon ſang par la grande ruë & ſeroit aporté ſur un lit au Louvre, mort ſans avoir parlé, ſpecifiant meſmes ceux qui eſtoyent avec lui. Je commanday en tant que je peus le ſecret à ceux qui me raporterent cela. Voila une des cauſes qui me les fit enmener à Murſay pour le chaſſer ; là eſtant ſeul dans une chayre, je me mis à penſer ſur ce que l'on m'avoit eſcrit de la Cour que le Mareſchal de Laverdin y avoit mené un homme cornu, dont il eſtoit moqué des Courtiſans comme un meneur d'ours. J'eus crainte que les nouvelles du muet me fiſſent avoir un commandement de luy mener & d'entrer en ce predicament. Comme j'eſtois ſur [ces] penſees le muet entre, me les deduict toutes ſans y faillir, adjouſtant comme il eſtoit vray, que j'avois mis huicts carts d'eſcus en ma pochette, pour le conduire. Voila qui le ſepara d'avec moy, & ce que j'ai voulu vous eſcrire pour vous faire employer voſtre *de abditis rerum cauſis*, vos enthouſiaſmes, viſions melancoliques, & tous les traittez de la reminiſſence, pour faire Madame Nature puiſſante de tout cela, & moy juſque à ce que j'aye eſté mieux inſtruict, ay eſtimé que c'eſt un Demon muet incarné, à qui Dieu eſtend les reines de ſa bride juſques aux choſes ſuſdictes, pour convincre ceux qui luy oſtent la gloire de ce qui eſt ſurnaturel : & pour ce que je ſuis homme qui ſait maintenir tout ce que je dis pour vray en toutes ſes parties, je ne vous en mets point la clef ſur la bouche, vous prie de m'en eſcrire voſtre opinion & regarder en quoy vous peut faire ſervice Voſtre...

IV.

[AU MESME.]

Monsieur, quand je voy la grande difference des jugements qui s'exercent à Paris en toute faveur pour les Sorciers, & presque partout ailleurs en toute rigueur, je dis souvent que le jugement de ces choses est un grand fardeau à une ame qui ayme son salut, estant d'un costé une grande brutalité de prononcer arrest de mort contre ceux qui sont affligez en leur esprit, & qui s'estant persuadez des crimes non commis, les persuadent à leurs Juges aisement. C'est d'autre costé une grande impieté de croire que l'Escriture, en laquelle il n'y a rien de vain, ait vainement prononcé contre les sorciers & enchanteurs : ce dernier erreur mortel & pernitieus.

Pour ces divers egards je desirerois que la cognoissance d'une cause si pleine de neuds & difficultez ne fust point attribuee à des Juges de village, pour obliger leurs Seigneurs par la confiscation en apellant des Licentiez faits sous la cheminee : ny aussy aux Prevots qui font communement de leur justice une picoree, comme en mon absence a esté condamné & bruslé un de mes tenanciers, au procez duquel les Juges me dirent qu'il avoit [fait] tourner devant eux un plat sur une table avec le bout du doigt, comme font les oublieurs quand ils chantent la chanson. Oseray-je aussy dire que dans les Cours souveraines il y a bonne quantité de Adiaphoristes & Saduceens qui ne croyent ny Anges, ny Demons? Or je vous veus donner deux exemples, de la verité desquels je puis refpondre, & force perfonnes notables mieux que moy. Vous avez oüy dire comment, un an aprez la paix des dernieres guerres civiles, Dieu frappa la plus part de la France d'un fleau que les Prophetes apellent *la mafle befte*. Cette playe fut telle qu'elle fit perir plus de cent mille perfonnes en commençeant entre Nantes & Angers, & s'eftendant le long de Loyre jufques dans le Gaftinois. Les loups venoyent ravir les enfans & les filles jufques dans les chambres baffes des maifons, & me fouvient qu'eftant allé en ce temps-là à Mer pour recevoir le revenu d'une petite terre qui s'apelle les Landes, la niece de mon Receveur, nommé le Sieur Loüat, agee de treize à quatorze ans, alant querir une falade, le corps demoura au jardin, & un loup en emporta la tefte. Rien ne fe deffendoit contre eux que les vaches. Je trouvay dans la foreft d'Orleans quelques bergers qui gardoyent environ trois cents oüailles & tenoient les vaches aux advenuës pour garder (comme ils me dirent) les brebis & eux-mêmes, & ne prenoient nul beftail à garder, fi par le marché ils n'avoient trente ou quarante vaches pour cors de garde. Les officiers du Vendommois, qui n'eft qu'un angle du pays, tindrent conte de fix mille perfonnes mangees en huit mois : ce que je dis sur l'affurance de leur raport.

 Or le peuple courut quant & quant à l'opinion des loups garous, & arriva auprez de Chemilly que l'on trouva affis dans un foffé un grand homme effroyable, les yeux haves & furieus, & tel que l'Acceffeur de Poitiers, qui condamnait les hommes aux mines, ne l'euft pas efpargné. On lui trouva une main & la bouche fanglantes. Il avoit auprez de luy un petit enfant duquel le ventre eftoit mangé : on luy demande en le faisissant qui avoit mangé cet enfant? Il respond que c'estoit luy. Mené à Angers entre les mains de la justice, & d'un Presidial auquel la cour de Parlement envoyoit plus de causes qu'à aucun aultre pour la bonne reputation des Juges du lieu, on l'enquit quelles autres personnes il avoit mangees; il en laissa fort peu de celles qui avoyent esté devorees en tout le voisinage qu'il n'avouast estre passees par ses dents, lorsqu'il estoit changé en loup, comme il luy arrivoit fort souvent. On observa la loy *perire volens & cæt;* on depesche Commissaires par tous les quartiers, pour informer de toutes les circonstances marquees en sa confession; on ne trouva rien à contredire aux, jours, ny aux heures, ny aux parties des personnes mangees ou restees. Il fut encor enquis de celles qu'il n'avoit pas confessees, & desquelles il advoüa la plus part. Voila les Juges n'avoir plus à faire autre chose qu'à donner à ce malheureus une peine de laquelle l'exemple fust horrible à ses compagnons, & comme on ne cerchoit plus qu'*exquisita supplicia,* le Lieutenant civil, nommé Giles Matras, plus digne des Seaux que d'une charge subalterne, demanda à ses collegues qu'ils fissent une pose durant quelque interrogatoire qu'il vouloit faire avec droit. Il interrogue ainsi ce brutal. — *Vien ça,* dit-il, *qui a mangé Pierre Herault?* — *C'est moy,* dict ce monstre. *Et Giles Matras?* — *Moy aussy,* dit-il. — Le premier estoit le Lieutenant criminel qui presidoit en la Compagnee, laquelle ayant reçeu comme un coup de marteau d'estonnement, refit le procez & toutes les enquestes faictes par Commissaires mieux advisez. On trouva ce pauvre homme innocent de tout, & qui n'avoit eu sang à sa bouche que celuy que sa main y avoit porté aprez avoir touché à l'enfant. Ce sont les Juges de cette Compagnee qui m'ont apris cela, estans mes Commissaires en quelque procez.

Quoy donc? Les Sorciers n'auront ils autre vice qu'une licantropie imprimee en la fantaisie? & doit on laisser perir tant d'ames qu'ils voudront par leurs prestiges & venins? Nenny vrayment; Dieu en redemandroit le sang aux Juges : mais ne voulant parler de cecy en Jurisconsulte, & moins en Legislateur, je me contente d'une simple narration, pour vous faire voir que les Sorciers bien examinez doivent estre severement punis, non pour leur fantasie, mais pour leurs actions effectueles qui ne paraissent que trop.

Comme nous etions à Pau, une fille de vingt-deux ans se trouvant au Presche du soir entendit avec telle affection un Pasteur nommé Martel traittant par occasion des sortileges, qu'au partir de là toute esmeuë d'une estrange repentance, elle vint à la porte du second President Sponde, pere de ce Sponde qui s'est fait cognoistre, elle luy demande la prison comme criminelle de sorcellerie. Ce vieillard lassé des miserables procez qu'il avoit entre les mains refuse de l'y envoyer, luy conseille de se retirer & demander pardon en secret. Elle s'en va au Chasteau : le Geolier sans autre consideration luy ouvre la porte, & la serre au dedans. Les auditions de cette fille furent trouvees si admirables par le Parlement que le Roy fut prié de vouloir assister à la confrontation de plus de quarante personnes prisonnieres sur le raport de la fille, & la plus part de sa parenté. Le Roy accepta & mena avec S. M. pour luy tenir compagnee le Baron de Salignac, les Sieurs Duplexis Mornay, Constans & moy.

Là nous vifmes une fille trez belle, d'une grande blancheur, un œuil qui ne fentoit point le crime, un vifage franc qui ne montroit point d'emotion aux injures atroces que vomiffoyent contre elle fes tantes, fes coufines & autres parents pour la recufer, mais elle leur difoit tout doucement : *Non, ma tante, ce n'eft point hayne que je vous porte, vous ne m'en avez jamais donné l'occafion : mais il fault d'un cofté donner gloire à Dieu, & d'autre cofté cercher fa mifericorde dans noftre mort.*

Le premier Prefident, nommé Ravignac, avoit refeuilleté fa *Demonomanie* de Bodin, fon Wyerus & autres de cette eftofe, pour faire les plus exquifes demandes que l'on peuft recercher, fe voyant entre les mains un criminel, à qui la crainte de la mort ne pouvoit donner occafion de fubterfuge ; & vous puis affurer que toutes les queftions qui peuvent faire douter de la verité en cette matiere furent recerchees par fix apres-difnees que nous y employafmes continuellement. Sur la fin quelqu'un de nous demanda congé aux Juges de s'enquerir fur quelques poinêts. Cela ottroyé, il demande : *En quel eftat croyez-vous aller au Sabat, ou en corps ou en efprit?* — Elle refpond : *Aux grands Sabats qui font eflongnez, nous n'y allons qu'en efprit, aux petits qui font proches nous y allons en corps.* — D. *Vous le croyez ainfy, mais ce pourroit n'eftre qu'une imagination.* — R. *Je vous feray bien voir que ce n'eft point en imagination. Il y a dix jours que nous tinfmes le Sabat en un tel vilage, en la grange d'un tel : là le Meftre commanda à tels & à telles, & à moy avec eus d'aller querir le fils de la Jeane d'un tel lieu, enterré ce jour-là : il fut donc aporté fur la table, partagé à quatre-vingts perſonnes : je me ſouviendray d'une trantaine de parts qu'en envoyant fouiller dans les maiſons aux lieus que je diray, on trouvera preſque tout.*

Commiſſaires furent depeſchez, & furent aportez en juſtice le talon, le poulce, une piece du crane, palettes, menton & autres pieces que les Medecins apelez jurerent tous de meſme corps. Je vous diray que ce procez changea l'opinion de quelqu'un de ces Juges & de ces Medecins, entre aultres du ſecond Preſident, qui avoyent apris à Paris à changer le crime des Sorciers en maladies. Ce procez fit mourir trente-quatre perſonnes, à la mort deſquelles aſſiſta la fille, une corde dans le col, à ſon grand regret de ne mourir point, ayant eſté, comme elle diſoit, dés l'age de neuf ans menee au ſabat & marquee du Diable. J'apris là que les marques inſenſibles ſur le corps ſont principales pieces ſur leſquelles les Juges doivent prononcer. Voila ce que j'avois à vous conter ſur la diſpute que nous euſmes dernierement.

V.

[AU MESME.]

Monſieur, vous me rengagez encore aux propos des enchantements & ſortileges : mes curioſitez paſſees m'ont ſans mentir donné de quoy payer la voſtre, n'ayant la folle vivacité de ma jeuneſſe rien trouvé de difficile de qoy elle n'ait voulu pouvoir parler. A l'age de quatorze ans m'en revenant en France, eſtant arreſté à Lyon pour y recevoir quelque argent, je m'accoſtay d'un Loys d'Arza ſe diſant baſtard d'un Duc de Milan, & paſſay neuf mois avec luy me faiſant leçon d'Aſtronomie : & meſmes aprez avoir paſſé les theories nous donnaſmes dans le Judiciaire. Il me fit croire qu'il eſtoit Magicien, de quoy voulant ſavoir des nouvelles, il me dict qu'outre ce qu'il cognoiſſoit en moy de la crainte, ma phyſionomie & cognoiſſance de mon naturel ne permettroyent jamais de venir à aucun effect de cette ſcience. Ces paroles d'accord avec mon deſir me donnerent courage d'en ſavoir davantage : ſi bien qu'il me lut & interpreta le quatrieſme livre d'Agrippa, la clavicule de Salomon, & les facinations de Zoroaſte avec force autres petits livrets pleins de cette marchandiſe. Quand il ne reſta plus qu'à faire le cercle magiſtral, l'horreur des ceremonies, & les termes des invocations, comme *Adeſte ſpiritus benevoli,* & puis *Ecce ego totus veſter* me firent rememorer à mon Precepteur ce qu'il avoit jugé de moy au commancement. Sur cette theorie je ne laiſſay pas de me faire voir dans la vanité de la Cour, où en ce temps les Magiciens eſtoyent merveilleuſement recerchez. J'eſtois bien aiſe de faire le devineur des choſes que je ſavois par moyens, & quand les filles de la Royne prenoyent leur maſque en parlant à moy de peur que je leur diſe leur penſees, comme je fis à la petite La Motte ſans en dire le ſurnom : cette-cy eſtant groſſe d'un violon nommé Rochepot qui montroit à danſer aux filles, fut bien eſtonnee qu'en la voyant penſive, je luy diſois la teneur de ſes penſees qui n'eſtoyent jamais eſlongnees de ſon fardeau.

A une autre je fis voir dans un jardin en fon miroir ordinaire le plus accomply de trois amants qu'elle avoit, par la reflexion d'un autre qui prenoit l'effigie vivante dedans un autre jardin. Je vous pourrois conter une douzaine de tels traits, qui m'aquirent enfin plus de cette vaine reputation que je n'euffe voulu, fi bien que j'eu peine à me deffaire du Roy Charle & d'un autre Grand qui me cuydoient employer à bon effiant. Un jour le Roy de Navarre mon Maiftre, m'ayant mené au cabinet du Roy Henry III, ils regardoyent une bague prife au Curé de Sainct Saturnin de Tours, prifonnier au Four l'Evefque par commandement du Roy laffé de voir affronter la Royne fa mere par les faux Magiciens, qui en tiroyent de grands biens & n'excecutoyent rien. Ce Curé promettoit de faire par des divifions qu'il feroit naiftre fur la Rochelle, que la moitié du peuple couperoit la gorge à l'autre. Eftant preffé de l'aller interroguer, je ne le refufay pas, pour ce que le Roy avoit fait aporter d'Hefpagne curieufement les plus excellents livres de Magie que la faveur du Roy Philippes peuft luy mettre entre mains, & ayant un merveilleus defir d'y mettre mon nez, je les demanday à voir pour me rafrefchir la memoire de chofes oubliees, & le pouvoir interroguer plus fuffifamment. Aprez beaucoup de difficultez, un ferment folemnel de ne les copier point, & le plegement de mon Maiftre, j'eu ces livres, & entre autres les commantaires de Dom Joüan Picatrix de Tollede, & le landemain m'en allay à la prifon, où le Curé ne me vouloit rien refpondre, pour me voir veftu de verd & d'orange, & me prenoit pour quelque noble Prevoft : mais la bague m'ayant fervi de commiffion, la promeffe de recompenfe & la menace du gibet l'ayant tenu, il fit le Magicien, continuant les promesses qu'il avoit faict à la Royne. Pour preuve de cela, je luy demande qu'il fist parler la bague : il s'excuse sur la pollution de la prison. Je luy offre pour l'expier un sacrifice de pigeonneaus le Vendredy, & un parfun de canfre & autres choses aus quelles on donne telle vertu ; comme il resvoit pour me respondre, je luy demande le nom de son Demon : l'ayant nommé Daraynel, je luy remontre que cettuy-là n'entroit jamais dans l'onix telle qu'estoit sa pierre, mais dans le pur cristal. Luy ayant demandé s'il ne vouloit point dire Daraizel, il se mit à pleurer comme un veau, & me confessa que le desir de parvenir luy faisoit joüer ce personnage. Je laisse là le Curé, qui estoit encor prisonnier quand nous sauvasmes le Roy de Navarre, & reviens aux commentaires de Joüan Picatrix de Tollede que je leus curieusement, principalement sur les poincts des images d'or & de cire, car ils avoyent esté cerchez sur les accusations de la Mole & de Cauconnas. J'y espluchay encore tout ce qui est des caracteres soit offensifs, soit deffensifs. Je trouvay veritablement que tous ces instruments sont de nulle operation, horsmis aux lieus où selon les grands Physiciens *fiunt veneficorum vehicula*, ou selon les Theologiens offensent ou deffendent autant que Dieu leur donne efficace d'erreur. J'ay depuis conferé de ces choses avec feut M. Hortoman, Chancelier de Monspelier & premier Medecin du Roy de Navarre, que nous apellions le thresaurier de nature. Ce grand personnage, apellé autrefois à de grands procez touchant ces mattieres avec des recerches fort curieuses, prit la mesme opinion en laquelle je persiste : c'est qu'il n'y a point de Magiciens tels qu'on les eftime, & qu'Emmanuel de Savoye a recerché avec 100,000 efcus de defpenfe, mais feulement des Sorciers qui trompez par le Diable d'un plus honnefte nom, en trompent les autres. J'aurois un mot à vous dire des philtres, mais c'eft trop vous importuner.

VI.

[AU MESME.]

Monfieur, quiconque vous promettra doit avoir quand la main à la bourfe, car fur la fin de ma derniere lettre, comme elle vous fervant de fcedule, vous me preffez pour les philtres, & fault que je m'en aquitte. Un matin que nous attendions le Roy de Navarre à efveiller, M. Hortoman & moy feuls en la chambre tinfmes ce propos, que j'entamay le premier difant : *Il ne fault pas perdre une demie heure de patience que nous devons icy : & pourtant fur la privaulté que vous m'avez donnée de vous importuner tousjours, j'ay à vous propofer cinq queftions contiguës & enfilees l'une dans l'autre fur le fait des philtres. Ce qui me meut à cela eft un Gentil homme de nos parents, homme de grands moyens & auctoritez, lequel depuis quelque temps s'eft accazé & fervilement attaché à une Damoifelle de beaucoup moindre condition que luy. Ce qui nous a fait foupçonner qu'il y euft du philtre, eft qu'un jour paffant au moulin de la Puyjade, je trouvay les fol-*

dats faisants la guerre en ce lieu bien, empeschez
à partager sept ou huict mulets qui portoyent les
meilleurs meubles de cette Damoiselle & de sa mere :
entre aultres il y avoit un cabinet de Flandres, dans
lequel avec quelques pierreries de moyenne valeur y
avoit force livres de Magie, des parchemins vierges,
& d'autres drogues qui faisoyent horreur. Je me
meslay de cet inventaire, & fis ce que je peus pour
desrober des papiers seulement, mais j'avois affaire
avec des coupeurs de bourse qui se seurent bien garantir. Tant y a que le memoire de ce que j'avois veu
aux hardes de la Damoiselle me fit condescendre au
soupçon de plusieurs : c'est que l'amour desreglé du
Gentil homme envers une Damoiselle impareille de
condition, enormement laide, comme tannee & cou-
perosee, contraire de religion, & cet amour poussé
jusques aux promesses de mariage, ne fust artificiel.
C'est pourqoy je suis prié d'eux de vous faire les
cinq demandes qui sont : S'il y a des philtres? Si en
eschaufant par amour ils peuvent s'apliquer à l'a-
mour d'un particulier? Comment cela se peut faire?
S'il y a des remedes, & quels? Voicy de gros en
gros la response de M. Hortoman : *Vous me taillez
bien des besongnes à la fois, & je vous respondray
promptement aux poincts generauls. Ouy, il y a des
philtres : ils s'apliquent à l'amour d'une personne
particuliere. Je vous diray en partie comment ils se
donnent. Ils se peuvent guerir, comme je vous diray
aussy, mais premierement j'ay à vous demander si le
Gentilhomme a une continuelle frequentation, comme
de boire & de manger avec la Damoiselle :* & puis
ayant entendu de moy qu'ouy, & que mesme le
Gentilhomme qui avoit un train de Seigneur se des-
roboit de ses gens, pour en une chambre à part

faire bouillir leur pot enfemble & repaiftre de mefme, n'eftans fervis que d'une femme, le Medecin dict bien au long ce que je vous donneray racourcy : *Sur la queftion ὅτι, il fault eftre fans lecture & fans experience pour n'avoir point feu les monftrueus accidents que les philtres ont aporté, foit les groffiers & violents, defquels les Sorciers & Sorcieres fe fervent en employant des cauftiques, comme vous pourriez dire les cantarides, ou foit l'horrible invention de laquelle Charon a fait l'abominable comparaifon pour la methoufie de la Cœne, foit d'un autre part les drogues plus benignes qui à la longue infectent le cerveau par les fumees d'un xile venimeux. — Il n'y a point de Medecins qui refufent de dire qu'ouy à voftre premiere propofition : mais il faudroit un plus long difcours pour refpondre aux deux autres queftions aux quelles je fatisferay enfemble en vous difant pourqoy j'ay demandé s'il y avoit privee frequentation. C'eft pour ce que les potages, patez & cloches où l'on fait cuire quelque chofe, en retenant la fumee fe peuvent compofer de drogues, defquelles les vapeurs ammolliffent & debilitent la fuftance du cerveau, la deftrempent de façon que tendre qu'elle eft, elle fe trouve propre & fufceptible de prendre les impreffions que luy fuggerent les fens externes & les efprits internes efmeus par les fens. Et pour le fecret de l'aplication particuliere, c'eft qu'elle fe fait avant la perfection de la digeftion, en prefence de la perfonne qui ufe du philtre bien preparé de tous artifices avantageux, quand les attouchements, les doulces haleines & propos, & fur tout la veuë attrayante ayant ufé du gouft tanquam vehiculo, quand toutes ces chofes font conduites en la partie du cerveau où eft l'imagination.*

Il y a plus, c'eſt que quand le doɕte Magicien naturel voit à certaines marques l'impreſſion de ſes caraɕteres eſtre faiɕte, & les images attachees à la cire tendre & eſchaufees par les premiers philtres, il uſe d'autres drogues pour rafermir le cerveau gravé une fois : en cela ſont puiſſants pharmaques des herbes & racines que nous apelons cephaliques pour rafermir le cerveau tousjours en preſence, & uſage commun des premiers objeɕts.

Je couple les deux dernieres queſtions enſemble en diſant que la gueriſon de ces choſes ſe fait par le contraire de tout cela, mais il fault avoir le malade en voſtre puiſſance, ce que je tiens difficile me doutant qui il eſt : il le faut non ſeulement priver de la mauvaiſe nourriture, mais de la frequentation, & pour luy donner des exemplaires nouveaux & nouvelles idees, ſuggereʒ en la place quelque choſe qui vinque le premier objeɕt par lequel Nature combatte pour vous, & accompagneʒ cette mutation d'une nourriture excellente, de puiſſantes odeurs, de tableaus choiſis, de muſiques raviſſantes & d'amulettes, s'il eſt beſoin : les fruits exquis y entrent bien à propos, les marmelades ſur tout compoſees de pommes de Capendu. Nous vous donnerons le reſte quand il en ſera temps.

Sur le mot d'amulettes je repars pour demander s'il eſtimoit que les Demons fuſſent cooperateurs en telles choſes. — *Certes,* dit-il, *à quelque ſaulce que nous mettions les philtres, ils ſont vrays empoiſonnements, & comme le Diable les conſeille, il les accompagne auſſy, quelque fois aydant au pharmaque & quelque fois ne ſe ſervant des drogues que pour couverture de ſon immediate aɕtion : car j'ay montré à des proceʒ de Sorciers où j'ay eſté appelé, que les drogues eſtimees meurtrieres n'avoyent aucune veneſique faculté, comme il paroiſſoit par la diſſolution que nous en faiſions en l'alambic & autrement*, mais le Diable uſoit de ces choſes in ſpeciem & pro vehiculo.

Je penſe vous avoir payé de bonne monnoye en ſatisfaiſant à voſtre queſtion par les paroles de ce grand homme, comme il l'eſtoit de ſience & de taille. Le Roy, mon Maiſtre, avoit dreſſé une petite Academie à l'imitation de celle de la Cour. Meſſieurs Duplecis, Dubartas, Conſtant, le Preſident Ravignan, La Nagerie, Ville Roche & Peliſſon en eſtoyent : mais quand il faloit faire party, Hortoman & Peliſſon ne pouvoyent demeurer d'un coſté, pour ce que nul de nous ne pouvoit reſiſter à ces deux Docteurs. Je ne m'excuſe point de la longueur de ma lettre : l'argument me porteroit plus loing, ſi la diſcretion ne me faiſoit finir.

VII.

[AU MESME.]

Monſieur, c'eſt de l'Eſcot que vous m'enquerez, (me voulant faire deſdire par les choſes eſtranges qu'il a faites de ce que j'ay mis tous les enchanteurs au rang des Sorciers) : or je vous diray de ſes nouvelles, comme ayant eu avec luy longue & privee frequentation.

Il eſtoit à la Cour de mon temps, faiſant tousjours faire de luy quelque conte admirable, comme d'avoir changé à l'Hercules tous les velours en futaines, les ſatins en bouccaſins & les tafetas en toilettes, prez du petit pont, en preſence des filles de la Royne : & puis on diſoit du vieux temps, qu'ayant eſté convié à diſner par le Pape & par le Cardinal Bourromée en meſme temps & en divers logis, & ayant diſné avec les deux, le Cardinal le trouvant par la ruë luy en voulut faire reprehenſion : *C'eſt bien à vous,* dit l'Eſcot, *qui portez ſous voſtre eſſaile au lieu de breviaire des taraus :* & puis le Cardinal voulant juſtifier que c'eſtoit un breviaire, fit une belle jonchee par la ruë. On faiſoit force contes des Reitres qu'il faiſoit paroiſtre ſur ſon chemin pour l'accompagner, & puis des mutations de cartes en toutes façons. Or je laiſſe les oüy-dire pour vous confeſſer ce que j'ay veu.

Le Cardinal d'Eſt venant de donner à diſner à force Seigneurs, comme il eſtoit trez magnifique Prince, un Gentilhomme qui en venoit me conta qu'on avoit demandé à l'Eſcot comment il pouvoit tous les jours changer d'habits neufs, n'ayant point de bagage : luy allega ſa valiſe, & tira de ſa pochette comme une andouille de cuir, de laquelle il avoit arraché pour la premiere piece une robe de chambre de damas bleuf, fourree de panne de ſoye orangee, & en ſuitte fait un amas d'habillements de ſa hauteur. J'entray dedans la chambre comme il reployoit ſon bagage & en ayant veu quelque choſe de la fin, il me prit un grand deſir de cognoiſtre ce perſonnage de plus prez.

En ce temps là, je fus employé à une querelle du Sieur de Ravel contre le Sieur d'Allegre pour un courfier que Allaigre eftoit allé prendre dans le chafteau de Ravel en abfence du Seigneur, & depuis, le raviffeur l'ayant amené à Paris, Ravel prit confeil de quelques gens à peu de barbe, qui fut de l'aller querir par force au logis de l'autre en la ruë de Betizi. Cela aprez quelque coup de piftolet fut exfecuté, & nous conviez à une colation chez Mme de Lœuville avec quelques dames de la maifon de la Rochefoucault. Là vint auffy l'Efcot qui avoit efté de la troupe. Le tapis eftant mis, on le convia à faire quelques traicts de carte, & pour ce que fur les premieres quelqu'un dict que c'eftoyent cartes accommodees par luy, quelqu'un jetta un efcu qui fut employé en cette marchandife. L'Efcot fe prit à rire, difant : *Ce jeu de carte eft tout Roys de trefle, cettuyla de valets de pique & cettuyla d'as, cettuyla de carreaus & cettuyla de portraits.* Tout eftant trouvé comme il l'avoit dit, il prit un jeu à la main, nous fit tenir au tour de la table vingt fept en nombre, tant hommes que dames. *Je vous vais,* dit-il, *tous contreindre de penfer une mefme carte, hors mis la plus belle de la compagnee qui en aura une à part,* ce qui s'obferva en la feconde de Chaumont, belle par excellence, qui avoit penfé un Roy de trefle. *Tirez,* luy dit-il, *celle qu'elle a penfé, c'eft un Roy de trefle;* elle ayant tiré & advoüé, « *Je veus,* dit l'Efcot, *que cette carte foit celle que tous penferont; elifez donc tous fans communiquer l'un avec l'autre.* » Ma penfee fut d'un valet de pique ; mais en confiderant depuis que je l'avois veu entre les cartes que cet homme avoit renverfees fur la table, je me mis à en choifir une aultre. Cet homme me prit par le bras affez rudement. « *Vous avez penfé,* dit-il, *un valet de pique, & maintenant vous changez* à un autre; n'abuſez pas de ce que vous ſavez beaucoup. *Penſate e fermatevi.* » J'advoüe que cette parole me gela le ſang. Enfin je m'arreſtay à un deux de piques, auquel deux toutes les cartes qu'il fit tirer ſur la compagnee furent changees & advoüees pour leur penſees.

Voila l'entree de noſtre cognoiſſance qui fut aprez tres familiere chez le Roy de Navarre, où l'Eſcot frequentoit pour l'amitié violente qu'il portoit à ce Prince.

Un ſoir, il demeura au coucher du Roy mon Maiſtre, & me tirant à part me dit que nous n'avions plus que trois jours pour enmener ce Prince qui ſe ſauveroit heureuſement, qu'il feroit la paix à Paſques prochaines, & toutes ſa vie auroit guerre juſques à ce qu'il fuſt Roy, qu'il triompheroit à force de vertu de tous ſes ennemis. Cette divination m'ayant aporté de l'eſtonnement, il m'aſſura en diſant que ſon Maiſtre l'eſtrangleroit s'il avoit ſervi d'eſpion à aucun Prince, & qu'il eſtoit leur compagnon & bon amy. Durant ce diſcours, les Gardes crioyent dehors : & pour ce je devois coucher cette nuit en la ville, il me voulut empeſcher de me haſter, me promettant que nous nous en irions par deſſus le Louvre. Je ne ſay s'il l'euſt peu faire, mais je ne le voulus pas eſſayer. Il ſe ventoit à moy qu'il avoit deſpendu 80000 ducats en parfuns pour affriander les plus ſubtils Demons à ſes offices. Cela eſt beau à dire, mais il eſt certain que toutes les nuiéts du Jeudy au Vendredy il eſtoit vilainement battu, & nous luy voiyons ſouvent les cheveus arrachez; & c'eſt ce qui me confirme en ma premiere opinion que tels galands ne ſont differents des Sorciers que de noms, & ſe damnent avec plus de luftre. Je luy ay plufieurs fois parlé de fon falut, à quoy il refpondoit tousjours : *Che fi puo falvar fi falva.* Sa mort a efté incertaine, & n'en avois rien oüy dire qu'en ce pays où l'on tient qu'en Tufcane, comme il difnoit, vint un cocher More, qui avoit quatre chevaus noirs, l'apeller, & fur le delai de l'Efcot il luy manda qu'il le feroit bien hafter s'il ne s'advançoit : eftant dedans, le coche s'en alla au galop en l'air.

J'euffe bien voulu vous entretenir de quelque chofe de meilleur, mais vous ne pouvez eftre refufé par Voftre...

VIII.

A MES FILLES TOUCHANT LES FEMMES DOCTES DE NOSTRE SIECLE.

Mes filles, voftre frere vous a porté mon abregé de Logique en François que M. de Boüillon a nommé la Logique des filles, & laquelle je vous donne à cefte charge que vous n'en uferez qu'en vous mefmes, & non envers les perfonnes qui vous font compagnes & fuperieures ; car l'ufage des elenches des femmes envers leur maris eft trop dangereus, & puis je vous recommande la bien feance d'en celer l'art & les termes, comme je l'ay prattiqué à cette fin où il s'eft peu, comme en la diftinction des quatre caufes principales. Je les ay nommeez par ces quatre termes familiers, d'*où*, de *quoy*, *comment* & *pourquoi*, au lieu de dire *originaile*, *materielle*, *formaile* & *finale* : & encore pour mattiere & forme nous avons quelquefois dict *eſtoffe* & *façon*, pour prœdiguer, *aproprier*, pour enonciation *propos*, & au lieu d'immediate sens *entredeus*, & autres termes bien feans. Je ne blafme pas voſtre defir d'apprendre avec vos freres; je ne le voudrois deſtourner, ny efchaufer, & encor pluſtoſt le premier que le dernier, ce que j'ay apris en la cognoiſſance de pluſieurs femmes favantes, & de leur fuccez, comme j'en diray mon advis à la fin : & pour ce que vous defirez favoir celles de cette forte qui font venuës à ma cognoiſſance, j'en diray un mot brievement.

Dés le temps du Roy François nous avons eu la Royne Margueritte, mariee en Navarre, fille, femme & mere de Roy, qui nous a laiſſé de fa compofition la *Marguerite des Marguerites*, & autres tefmougnages de fon favoir. Bien toſt aprés elle, a efcrit Loyfe Labbé, Lyonnoife, la Sapho de fon temps. L'Italie nous a produict la Marquife de Pefquiere de la maifon de Colone, & Ifabel Manriguez quoy que venuë d'Hefpagne. La Marquife nous a laiſſé d'excellents poëmes aufquels il eſt mal aifé de choifir à admirer la doctrine ou la pieté; Padouë, Izabella Andrei & Cornelia Miani. Nous avons ce flambeau d'eternelle memoire qui a reluy en Angleterre, la Royne Elizabet, de laquelle un acte feul prouvera àquel poinct de fcience Dieu avoit eſlevé cet efprit : c'eſt qu'elle refpondit en un jour à huict Ambaſſadeurs aux langues qui leur eſtoyent les plus propres; mais le plus louable de cette ame benitte de Dieu a eſté la prattique de fa theorie, ayant si bien employé ses Ethiques & Politiques, qu'elle a tenu la nef de son royaume en calme quarante ans en une mer fort troublee & en un siecle tempestueux : le nom & la memoire se beniront à jamais.

Nous avons veu depuis reluire en France cet excellent miroir de vertu, la Duchesse de Rohan de la maison de Soubize, & dans son sein Anne de Rohan sa fille : les escrits des deus nous ont fait cacher nos plumes plusieurs fois ; en elles deus les vertus intellectuelles & morales ont eu un doux combat à qui surmontroit. J'ay cogneu puis aprez en Angommois & en Xaintonge Mme de Sainct-Surin & Mlle de Belle-Ville, seur du Lieutenant de Roy au pays ; cette derniere me voulut servir d'*amanuense* à escrire sous moy deus livres qui ont esté perdus. Le premier estoit des moyens de reunir les esprits à une religion, duquel je pourray dire un mot ailleurs, l'autre des commettes, qu'elle me contraignit d'escrire sur l'explication d'un distique qui est aux *Tragiques* :

Ce comette menace, & promet à la terre
Lousche ou pasle, flambant, peste, famine ou guerre.

Elle donc me pressa d'escrire de ces trois differences par les causes & non par les effects ou exemples desquels presque tous sont contentez. Je choisis aussy dans la Cour pour mettre en ce rang la Mareschale de Rez & Mme de Ligneroles. La premiere desquelles, qui est l'honneur de vostre parenté, m'a communiqué un grand œuvre de sa façon que je voudrois bien arracher du secret au public. Ces deux ont fait preuve de ce qu'elles savoyent plus aux choses qu'aux paroles, dans l'Academie qu'avoit dreſſee le Roy Henry troiſieſme, & me ſouvient qu'un jour entre autres, le probleme eſtoit ſur l'excellence des vertus morales & intellectuelles ; elles furent antagoniſtes, & ſe firent admirer. Nous avons eu de meſme temps à Paris la Dame de Gournay celebree par Michel Montagne.

J'ay entre les mains les œuvres d'Olympia Fulvia Morata, fugitive d'Italie en Almagne pour ſa religion : elle a eſcrit en Grœc, Latin & Italien, en proſe & vers excellents, & de divers ſubjects, deſquels tous elle s'eſt heureuſement aquittee.

Je ne puis oublier en ce rang les deux ſeurs Morelles de Paris, & les Dames des Roches, mere & fille, de Poictiers, deſquelles je ne puis loüer que l'elegance. Mais je garde pour la fin deux perſonnes qui m'ont eſté plus cheres : l'une eſt Loyſe Sarraſin, Genevoiſe, honoree de pluſieurs doctes, & qui ayant paſſé par tous les degrez de ſcience, s'eſt veuë capable, ſi le ſexe luy euſt permis, de faire des leçons publiques principalement aux langues, ayant la Grecque & l'Hebrayque en main comme la Françoiſe. J'eſtois entierement deſtourné de la Grecque ſans elle ; mais elle ayant recogneu en moy quelque aiguillon d'amour en ſon endroit, ſe ſervit de ceſte puiſſance pour me forcer par reproches, par doctes injures auſquelles je prenois plaiſir, par la priſon qu'elle me donnoit dans ſon cabinet comme à un enfant de douze à treize ans, à faire les themes & les vers grecs qu'elle me donnoit. J'eſtois nourry & logé en cette maiſon qui foiſonnoit d'un pere & de quatre enfans & d'une ſeur, qui tous ont eſté excellents en diverſes profeſſions, & ont produict une race pleine d'honneur; mais la fille à cauſe de ſon ſexe eſtoit la merveille de ſa maiſon. Je ne puis que je ne vous donne en tefmougnage un epigramme du docte Meliſſus qui m'eſt tombé en main heureuſement :

AD LODOYCAN SARRACENAM.

Si noſtrum, Sarracena, vis videre
Muſeum, venias licebit ad me
Quandocunque licebit otioſa ;
Eſt vernantibus hinc & inde cinctum
Pulchre frondibus arborum virentum :
Hac ſed lege, tuum mihi viciſſim
Ut monſtres, ſimul & tuos libellos
Oſtendas, Latioſque, Græculoſque,
Quos nocteſque dieſque perlegendo
Triviſti, teneris ſtudens ab annis
Doctis artibus imbuiſſe pectus.
    Ergo cara veni, & tui coloris
Flores purpureoſque candidoſque
Fer tecum, quibus hoc meum venuſtes
Muſeum : tibi tot probabo verſus
Quot flores dabis herbulaſque ſuaves :
Quamvis mille dares, tamen receptum
Explebo numerum, licet trecentas
Horas terque quaterque duplicatas
His inſumere cogar exarandis.

J'acheveray en Catherine de l'Eſtang voſtre grand'mere, laquelle ſon fils qui en eſcrit n'a jamais veuë, (& c'eſt ce qui m'a donné le nom d'Agrippa), mais ouy bien ſes livres dans leſquels j'ay eſtudié, ayant gardé pretieuſement un Sainct Bazile grec commenté de ſa main.

Je viens à vous dire mon advis de l'utilité que peuvent recevoir les femmes par l'excellence d'un tel ſavoir : c'eſt que je l'ay veu preſque toujours inutile aux Damoiſelles de moyenne condition, comme vous, car les moins heureufes en ont plus toft abufé qu'ufé : les autres ont trouvé ce labeur inutile, effayants ce que l'on dit communement, que quand le roffignol a des petits qu'il ne chante plus. Je dirai encor qu'une eflevation d'efprit defmefuree hauffe le cœur auffy, dequoy j'ay veu arriver deux maux, le mefpris du menage & de la pauvreté, celuy d'un mary qui n'en fait pas tant, & de la diffenfion. Je conclus ainfy, que je ne voudrois aucunement inciter au labeur des lettres autres que les Princeffes qui font par leur condition obligees au foin, à la cognoiffance, à la fuffifance, aux geftions & auctoritez des hommes, & c'eft là où le favoir peut reuffir comme à la Royne Elizabet. Voila ce que voftre curiofité a voulu exiger de voftre pere.

IX.

[SANS SUSCRIPTION.]

Monfieur, au lieu du defiré je vous donne le defirable : vous me demandez une enumeration des Efprits par ordre & par diftinctions, ce que je refufe pour n'eftre pas mon deffein d'eftre Profeffeur en vanité, mais bien d'ofter la fauffe eftime du nom de Magie, duquel le Diable a impofé aux efprits efgarez. Vous ne trouverez que trop ces avantages au quatriefme d'Agrippa, & en la clavicule de Salomon. Là & ailleurs vous trouvèrez les Demons diftinguez en divers partages, comme en celuy de l'air vous aurez fous Vacan, Roy d'Orient, tous les Efprits Orientaus, & ainfy des autres. Ailleurs on les a feparez en meftiers & profeffions, ailleurs en Duchez, Marquifats, & toutes fortes de Seigneuries, ailleurs en ceux de la premiere, feconde & troifieme region de l'air, aux ignés, aquatiques, terreftres & fouterreftres. Toutes ces vanitez font alienes de mon deffein. J'ayme mieux vous dire quelque chofe des differences qu'on a trouvees entre ceux qu'on nomme Magiciens, les partager en deus, à favoir en ceux qui veritablement fervent le Diable, vouez à luy par ferments, par marque ou prefant de fang & d'excremens, & qui le fervent par leur preftiges & forceleries : car, il fault tousjours venir à ce terme, & mettre d'une autre bande ceux qui fe fervent des fecrets de Nature, des Sciences abftrufes de la Farmaceuptrie, des fuptilitez des ombres & miroirs, & qui par là, trompeurs & charlatans, trompent & contrefont quelque chofe de furnaturel.

Le mot de Mages, interpreté Sages, vient de מְנוּשִׁים que le Siriaque a pris du Perfique & pris en bonne part, depuis attribué aux deux efpeces que j'ay propofees, mais improprement. Or il fault mettre au premier rang ceux que les Hebrieus appellent חַרְטֻמִים que l'on trouve en Genefe ch. 41. Exo. ch. 7. Dan 2 & 5, que tous les interpretes Chaldeens ont rendu d'un commun accord par le mot חַרְשִׁין qui refpond au grec τὰ περίεργα πράξαντες. (Actes ch. 19, v. 19.) Ceux que les Egyptiens ont nommé Chartumim, bien que contez par quelques uns pour faifeurs d'horofcopes & de nativitez, font pourtant par les meilleurs aucteurs pris pour Necromantiens qui interroguent les corps morts & les Demons dans les arbres creux. Je vous diray en paſſant que la ſotte diſtinction de Magie noire & blanche qui court en la bouche du vulguaire eſt venuë avec d'autres grands abus de l'ignorance de la Langue Grecque, pour laquelle nos bonnes gens ont dit *Nigromantie* pour *Necromantie*. En ce rang ſe mettent les nommez Chaubherim qui ſe ventent de faire venir les Diables en un lieu comme on nous a conté, à mon advis fauſſement, des Docteurs de Tollede. Vous avez auſſy : בַּעֲלֵי אוֹב que les Chaldeens ont rendu בְּיָדִין & quelques uns eſtiment que ce ſoit les meſmes qui en Hebrieu ſont apellez בַּדִּים & vers les Grecs ceux qu'ils ont appelez Ἐγγαστριμύθους ou *Pythonicos* qui font interroguer les Demons dans les ventres. Tous ceux là ſont reputez par l'ayde des Diables ſavoir & faire oultre nature : pour à quoy parvenir, il fault qu'avec ceremonies notables ils ayent renoncé à ſalut. Nous fermons cette danſe par les Sorciers tels qu'ils ſont cogneus par tout : toute cette premiere eſpece ſervant au Diable en meſme condition, ſous divers noms, ſont tous compris ſous le mot hebrieu מְכַשְּׁפִים ou pour les femelles מְכַשֵּׁפָה

La ſeconde bande eſt de ceux qui operent par moyens, ſans ayde aparente de Demons, comme ceux qui ſont apelez en Daniel אַשָּׁפִים. Ce mot comprend les Aſtrologues & meſmes les Medecins que les Grecs, aprez les Chaldeens, ont nommez Ταζηγένους (*ſic*), ceux qui pour deviner font des temples en l'air où ils guettent les oiſeaus, ou en nourriſſent en cage pour cet office, ou eſpient les entrailles des victimes. Mettez de ce rang tous les Aruſpices & Augures de l'antiquité : & puis les כַּשְׂדִּים, nom qui en changeant שׁ & לֹ noteroit les Chaldeens inventeurs de l'Aftrologie judiciaire : auffy ceux là ont efté apelez Planetaires. Il y a encores le terme מְלַחֲשִׁים pour toute fortes de divinations depuis la *Metofcopie, Bromantïe, Kiromantïe* & *Podomantïe* jufques à la plus fotte de toutes qui eft la *Geomantïe :* encor ont-ils compris là deffous toutes les niaiferies que l'on prend des nombres à table, du fel refpendu, des pailles croifees, & les fcrupules des voyageurs fur la traverfe d'un ferpent, d'un lievre, d'un loup ou d'un renard : les interrogatoires qu'on fait à un tamis, à un bafton, & pour les derniers ceux qui confultent les formes de nuës, apelez particulierement Meonenim.

Eftant devoyé de mon Hebrieu, j'ay confulté M. le Clerc, Profeffeur en cette langue en cette ville, & [qui] auparavant la barbe au menton a poffedé cette chaire dignement. J'en ay de luy une beaucoup plus ample defcription que je vous envoyeray, fi vous la demandez.

X.

A M. CERTON.

Monfieur, premier que vous dire mon advis des vers mefurez François, je veus vous ofter de l'opinion qu'ils ayent efté mis en avant par ceux que vous me nommez : car dés le temps du Roy Charle,

Baïf s'attribuoit cet honneur, mais Jodelle en avoit fait avant luy, & meilleurs que luy, tefmoins ceux que vous trouvez en fes œuvres, & notamment ceux qui commencent ainfy :

L'on demande en vain que la ferve raifon
Brife pour fortir l'amoureufe prifon,

& ce qui s'en fuit.

Baïf en a fait grande quantité, & lefquels à la faulfe de la mufique que leur donna Claudin Le Jeune furent agreables, mais prononcez fans cette ayde furent trouvez fades & fafcheus, furtout pour ce qu'il donnoit au François une dure conftruction latine. Auparavant ces deux, un vieil homme, precepteur du Conte de Courtalin, avoit traduit en exametres [l'*Iliade*] d'Homere qui commençoit :

Chante, Deeffe, le cœur hautain & l'ire d'Achilles
Pernitieufe qui fut. . . . .

& ce qui s'en fuit.

M. de la Nouë & Rafpin les ont remis fus, prenants au commencement la mauvaife conftruction du Baïf, & depuis nous en fifmes par emulation : fur quoy je vous prie prendre garde la difference qu'il y a en mieux entre les derniers & les premiers. Nous eufmes de grandes difputes là deffus, & pour leur eftime, & pour les loix qui leur apartenoyent. Je remontrois plufieurs impropretez, defquelles la derniere mit ces gens en colere : c'eftoit que nul vers mefuré ne peut avoir grace eftant prononcé fans accent, & que le Langage François n'en pouvoit fouffrir aucun, pour le moins de production : car l'eflevation eftoit permife à tout. Il efchappa à Rafpin que cette raiſon eſtoit bonne pour ceux qui n'en pouvoïent faire. Le landemain eſtant à un Preſche, où l'on avoit chanté le Pſeaume 88, il m'arriva de mettre le premier couplet en Saphiques, & quelques remontrances que je fiſſe à moy meſme pour me rendre attentif à choſes meilleures, je ne peu eſtre maiſtre ſur moy que je n'avanceaſſe cette beſougne autant qu'on pouvoit ſans eſcrire. Je commençay par :

Dieu benin, j'eſpars nuiɛt & jour devant toi, &c.

Comme vous le pouvez voir à la fin du *Traitté des doulces afflictions à Madame*, ou dans les vers meſurez de Claudin, & meſmes en ceux de du Corroy. Depuis j'en ay fait un petit livre que vous pourrez voir quelque jour. Il eſt certain que ces vers ſe marient mieux que les autres avec le chant : & c'eſt pour quoy j'ay eſcrit au commencement de la muſique meſuree du Jeune un epigramme qui finiſt :

L'un ſe joinɛt par violence,
L'autre s'uniſt par amour.

Le Sieur Pajot pour me faire bonne chair convia tous les muſiciens des Princes, ſoit de chambre, ſoit de ſalette, & ce qu'il y avoit de plus excellent dans Paris. Il me ſouvient qu'eſtant ouillez de la grande quantité de pieces & de la longueur du conſert, nous nous retiraſmes auprez du feu. Le Preſident Leſcalopier, & quelques Conſeillers qui eſtoient venus paſſer l'aprez-ſoupee, penſants à leur retraitte oüyrent commencer une piece de nos Saphiques, ils recoururent à la table comme à une nouvelle douceur. Certes cela vient des mouvements qui deviennent plus puiſſants quand l'eſtoffe ne contredict point à la façon, que ce qui eſt long ou bref à la muſique l'eſt auſſy au ſubject.

Soit pourtant dict en paſſant qu'en faiſant nos vers meſurez, nous avons trouvé la Langue Françoiſe trez commode aux choſes gaillardes, & ſi vous n'y aportez un grand labeur, trez impropre aux choſes peſantes & majeſtueuſes. Vous y trouverez tousjours trois pyrriques pour un ſpondee : voyez pour teſmoin de cela mon ingrat labeur ſur ce qu'on apelle le *Te Deum laudamus*.

Ces meſmes nouvelles ont voulu eſtre favoriſees de l'orthografe nouveau auquel ils ſont eſcrits & imprimez preſque par tout : ortographe premierement mis ſus par Jaques Peletier du Mans, & qui eſt encores au jourd'huy affecté par pluſieurs Doctes, & non ſans raiſon, car ſi la Langue Françoiſe s'eſcrivoit comme elle ſe prononce, les eſtrangers qui la veulent aprendre auroyent eſpargné le tiers de leur labeur. Je dis là deſſus que les raiſons n'ont point manqué à ceux qui ont voulu, & qui veulent encor eſtablir ce changement en leur langue naturelle. Le ſeul default qu'il y a, c'eſt d'autorité : il y faloit celle d'un Roy ſavant, ou au moins d'un eccellent Chancelier ſecondé des meilleurs des Parlements, pour faire eſcrire les actes publics en cette forme, & aprez quelque temps, deffendre toute impreſſion qui ne fuſt reglee à cela. Les meſures & l'orthographe demourront en leur ancieneté, comme ſe fait l'un & l'autre envers les Hebrieus.

XI.

[SANS SUSCRIPTION.]

Monsieur, vous desirez de moy deux choses, un rolle des Poëtes de mon temps, & mon jugement de leur merites. Je feray le premier curieusement & selon ma cognoissance, l'autre avec crainte & sobrement. Vous ne devez pas avoir regret que je laisse en arriere tout ce qui a escript en France auparavant le Roy François, à cause de leur barbare grosserie : encore qu'ils ayent esté estimez pour la rareté plus que les plus excellents de ce siecle, tesmoin Aslin Chartier dormant sur un bahu à la garde robe, qu'une Reyne de France, Princesse de bonne estime, alla baiser, *pour honorer*, disoit-elle, *la bouche qui a proferé tant de belles choses*. J'ay cogneu plusieurs esprits assez cognoissants qui faisoyent profession de tirer de belles & doctes inventions du *Rouman de la Rose* & de livres pareils. Je me mis à leur exemple à essayer d'en faire mon profit. Certes je trouvay à la fin que c'estoit *aurum legere ex stercore Ennii* au prix des escrits des derniers siecles, lesquels je partageray par volees.

La premiere bande sera de la fin du Roy François & du regne de Henry second, & luy donnerons pour chef M. de Ronsard que j'ay cogneu privement, ayant osé à l'age de vingt ans luy donner quelques pieces, & luy daigné me respondre. Nostre cognoissance redoubla sur ce que mes premiers amours s'attacherent à Diane de Talsi, niece de Mlle de Pré qui estoit sa Cassandre. Je vous convie

& ceux qui me croiront, à lire & relire ce Poëte fur tous. C'eſt luy qui a coupé le filet que la France avoit foubs la langue, peut eſtre d'un ſtile moins delicat que celuy d'aujourd'hui, mais avec des avantages aufquels je voy ceder tout ce qui efcrit de ce temps, où je trouve plus de fluidité : mais je n'y voy poinct la fureur poëtique, fans laquelle nous ne lifons que des profes bien rimees. L'autre avantage eſt πρὸς τὸ ποιεῖν, fans lequel nous fommes rimeurs & non pas poëtes. Voyez ce que je dis dans ses hymnes principalement. Voicy la fuitte de ce chef : du Belay, Salel, Le Chevalier, Lopital, Jodelle, Belleau, Pontus de Thyar, Filieul, Peletier du Mans, Bayf, Seve Lyonnois, Marot, Beze, Florant Chreſtien, Denizot, Saincte Marthe, Aurat, La Roche Chandieu, Marc Antoine de Muret, Guy, Le Faivre.

Voila cette premiere volee en laquelle je n'ay point refufé quelques uns de qui on n'a rien veu qu'en Latin, comme Lopital & Aurat. Bayf fe doit ranger à eux, pour avoir eſté plus heureus en Latin qu'en François. La plus part des aultres ont bien faict aux deux langues. Voicy la feconde bande qui a trouvé le chemin battu par les premiers. Je feray mener la danfe par le Cardinal du Perron fuivy par Defportes, Laval, Byard, Billard, Amadis Jamin, Benjamin Jamin fon frere, Dubartas, Trelon, Bonnefon, Prefident de Thou, du Brach, Rafpin, Bely, Vatel, la Geffee, & du Monin. La primauté que je donne au Cardinal du Perron n'eſt point tant fondee fur l'ordre de fes efcrits que fur leur excellence. Defportes efcrivit heureufement fur les inventions d'autruy, & la faveur de Henry III paſſa de la perfonne aux efcrits. Ce Roy en reputation d'en bien juger, & que j'euſſe mis en ce nombre s'il euſt faict œuvre, comme de petites pieces que peu des eſcrivains de ce temps euſſent voulu deſavoüer comme l'ode qui commence :

> *Qui veuſt voir un bocage eſpais*
> *Ou bien une foreſt de traicts*
> *Vienne voir le monceau de fleches*
> *Dont l'Amour à mon cœur fait breches,*

& ce qui s'en ſuit.

Ce Prince ſavoit bien dire quand on blaſmoit les eſcrits qui venoyent de la Cour de Navarre de n'eſtre pas aſſez coulants : *Et moy, diſoit-il, je ſuis las de tant de vers qui ne diſent rien, en belles & beaucoup de paroles; ils ſont ſi coulants que le gouſt en eſt auſſy toſt eſcoulé : les autres me laiſſent la teſte pleine de penſees excellentes, d'images & d'amblemes deſquels ont prevalu les anciens. J'ayme bien ces vins qui ont corps, & condamne ceux qui ne cerchent que le coulant à boire de l'eau.*

Les trois qui viennent aprez ont eſté d'eſtime mediocre, & les deux freres Jamin ont eu cela d'eſtrange que Amadis trez ſavant, & notamment à la Langue Grecque comme ayant traduit Homere, n'a rien fait heureuſement en François; ſon frere Benjamin ne ſachant que ſa langue maternelle a emporté le prix des Stances de ſon ſiecle. J'ay eu cognoiſſance privee du baron Dubartas. Un jour, du Brach m'aporta ſa *Judit* & un gros livre de poëſie imprimee, où je ne trouvay pas grand gouſt : & puis il me montra un jeune Gentilhomme qui l'avoit ſuivy, & à peine luy donna le courage de me montrer quelques cayers en vers. Je mis le nez dedans, & comme je fis quelque cry d'admiration : *Il eſcrit gentiment*, dict le Brach; lors en colere je pouſſe du coude ſon livre

& vay accoler ce jeune homme tout honteus qui eſtoit M. Dubartas, qui me fiſt voir les commancemens de ſa premiere *Semaine,* de laquelle je n'ay beſoin de rien dire. J'eu peine à lui donner bonne opinion de ſa beſougne, & de l'oſter à celuy qui l'avoit amené. C'eſtoit une excellente abeille pour diſpoſer les fleurs qu'il cuilloit, n'eſtant pas ſi heureus en inventions. Quand nous l'euſmes fait courtiſan, il voulut s'eſgarer de ſon gibier & ſe meſler d'eſcrire d'amourettes, ce qui ne luy reuſſit pas. Un jour il nous vint trouver Conſtant & moy : à l'entree de la chambre il nous diſt qu'il s'eſtoit vincu ſoy meſme, s'eſtant ſoy meſme ravi en admiration, à ſavoir pour [un] ſonnet hyeroglifique à la louange de la Reine de Navarre. Certes nous trouvaſmes que c'eſtoit un Rebus de Picardie : entre autres au cinquieſme vers il y avoit une grenouille bien repreſentee (car il eſtoit bon peintre) & puis un *la* & un *mi* en muſique, & une *fauls.* Nous leuſmes : *grenouille la mi fauls.* Il nous corrigea diſant que c'eſtoit une Rene qui eſtoit grande, & faloit dire grand' Rene. Nous eſtant eſchappé de rire, & de le prier à jointes mains que cette Princeſſe, bonne critique en cette mattiere, ne viſt point cette piece, il s'eſcria qu'il y avoit de l'envie partout, & ſe haſta de l'aller faire rire à ſes deſpens. Je vous fais ce conte pour vous prier d'aprendre d'autruy à quoy vous eſtes bon, & non de vous meſmes.

 Trelon & Bonnefon ont heureuſement rencontré, l'un en Epigrammes, l'autre en Elegies. Je mets le Preſident de Thou pour une merveille que cet eſprit portant le faix ſoit de ſa charge, ſoit de ſes œuvres, aye peu *sfogarſi* à deſcrire les choux, les violettes, & les petites fleurs. Raſpin plus heureux en Latin qu'en François, efgalement aux lettres & aux armes, a mis aux champs une troupe de jeuneffe de Fontenay qui continuent la poffeffion de cette ville de produire d'excellents efprits, tefmoin Bely : auffy apellent-ils Fontenay *Fontem Nayadum*. Vatel fut bon Satyrique, & les deux derniers ont obtenu place, plus pour la facilité d'efcrire que pour la foelicité.

Je mets Bertaud à la tefte de la bande delicate qui fuit, à favoir Malerbe, Defiveteaus, Lynjande, Motin, Sponde, le Marquis d'Urfé, Nerveze, Foncheran, Gombault, Expilly, Gamon & la Damoifelle [1] qui s'eft oppofee à la gloire que ce jeune homme vouloit picourer fur le tombeau de Dubartas. On a dit qu'il eftoit facile d'ayder aux chofes inventeez : ainfy l'eft-il de donner quelque couleur plus vive à un excellent tableau, mais le deffein de ce jeune homme a efté fi defplaifant à tous les hommes d'honneur qu'il a falu qu'il fuft fans miroüer, & fans amis, ou bien qu'il ait refufé à l'un de ces confeils les yeux, & à l'autre les oreilles.

La premiere de ces volees qui dura jufques au commencement de Henry III guerit le François de toute barbarie, luy aprit à piller la Grece, & changea la liberté des difcours en vers communs & alexandrins en cet article, qu'il faloit difpofer les couples des vers en rimes mafculines & fœminines alternativement. La feconde qui a duré de la fin de Henry III jufques à celle de Henry IIII : cette là a profité abondamment dans les Poëtes Italiens, & accourfy la liberté de la Poëfie, en ne foufrant plus les rimes foibles & celles des fimples aux compofez. Et la derniere, qui eft du regne prefent, obferve

---

1. Les noms omis font reftés en blanc dans le manufcrit.

plus exprez que les autres que la conftruction françoife n'ait rien de different au langage commun : ce que je n'aprouve pas en toutes locutions, donnant un peu plus de privilege aux amphatiques & majeftueufes. Pibrac m'aydera à deffendre, pour avoir dict de bonne grace : *Blanc eft le lis, & Blanche eft la peau,* pour dire *le lis eft blanc,* & cœt., & Beze ne fera point repris d'avoir dict : *Grand eft le Seigneur.*

Il eft certain que toutes ces obfervations ont quelque juftice & y a plaifir à les fuivre, mais avec jugement. Je demande feulement à ces Legiflateurs, que pour avoir l'autorité fur le fiecle que les grands Maiftres de ce temps là ont prife, & qu'ils puiffent eftre alleguez comme ceux-là *exemplo,* que nous voyons de leurs mains des Poëmes epiques, heroïques ou quelque chofe qui fe puiffe apeller œuvre.

Voila ce que vous aurez de moy, avec priere à ceux que j'auray oubliez qu'ils ne s'attachent pas à ma faute de memoire, comme à un manquement de bonne volonté. Voftre...

XII.

A M. DE BOÜILLON.

Monfieur, je ne pourroi vous faire don ce qui est né fous vous & les voftres, feulement veus-je l'honneur d'eftre prefentateur, pour recognoiftre celuy que j'ay d'eſtre voſtre domeſtique. J'ay penſé eſtre à propos en un temps où tant de diſcords ſont accordez, donner aux François de quoy unir les tons comme les penſees, & les voix auſſy bien que les cœurs. Si cette muſique eſt peſante & grave, j'ay eſtimé que nous devons eſtre laſſez de nos modulations legeres, & de nos legeres mutations. Pleuſt à Dieu pouvoir par le mode Dorien eſteindre les fureurs que le Phrigien peut avoir eſmeuës, & eſtre auſſy puiſſant aux effets de mon harmonie, comme Poſſidonius teſmougne avoir eſté Damon Milezien. Auſſy faut il d'autres mouvements plus energiques pour eſteindre les Phrygiennes fureurs des François : à tels effets ont eu plus de puiſſance l'heur & la vertu du Roy que tous les tons du monde. Sa magnanimité n'a point eu beſoin des modes, deſquels Timothee reveilloit le cœur d'Alexandre ; ſa patience & probité ont eſté naturelles, ſans que les meſures Doriennes ayent fomenté ſes eſprits : & pour l'advenir je ne voudrois pas tant de force à la muſique, comme luy en ont attribué les Anciens : meſmement je n'oſeroy dire d'elle ce qu'on dict des aſtres, à ſavoir que ſi elle ne violente, pour le moins elle incline. Je me contenteray de remarquer que les apetits des peuples en l'election des modes & meſures, ſont eſchantillons certains de l'affection dominante en eux : & pour ce que l'affection engendre les effects, ces meſmes marques en ſont les preſages. J'oſeray donc convier mes compagnons à honorer noſtre muſique d'arguments, de tons & de meſures ſerieuſes, pour donner opinion aux plus adviſez des nations voiſines que nos legeretez & mutations ont achevé leurs cours, qu'une conſtante harmonie eſt eſtablie en nos cœurs, & que la paix qui est appuyee sur nos constances est une tranquilité de duree, & non un nid d'Alcions. Pour toucher un mot du particulier de mon ouvrage, deux raisons m'ont empesché de cotter tous les modes par leurs noms, m'estant contenté de distinguer l'autentique du plagal. Premierement j'ay voulu fuir l'ostentation des vocables recerchez : puis aprez, la dissension des Anciens, & leur diversitez d'opinion sur tels noms requierent un plus curieux esprit que moy, qui ay mieux aymé estre leur disciple que leur juge. Je diray en passant que les diversitez d'opinion sur l'Ionien, s'apointent par la difference du premier Ionien & du dernier, estant le premier louable, avant le passage des Ioniens en l'Asie, lesquels depuis ont chanté comme vescu avec mollesse & lasciveté de mœurs. Quant au Lydien, on l'a departy en Mixolidien pour appaiser le different d'Olympe & de Pindare : le premier & le plus ancien desquels s'en est servy aux Chants funebres, & aux Epicedies, le second plus nouveau aux Epithalames. Et pour ce que cette mattiere meriteroit un traitté à part, je prendray courage de le faire, selon le traittement que recevra des François ce mien premier part, lequel s'en va se jetter à vos pieds, avec assurance que pour l'amour de son pere, vous l'honorerez tant que luy mettre la main sur la teste & me tenir, autant que ma vie durera, Vostre...

XIII.

A M. DE LA NOUE.

Monſieur, je ne puis oublier qu'eſtant à Paris, & retournant avec vous d'un excellent conſert de guitare, de douze violes, quatre eſpinettes, quatre luts, deux pandores, & deux tuorbes, comme je m'en allois ravi, vous me conviaſtes à me faire bien oüyr autre choſe, ſi j'avois à entrer en voſtre logis, que vous prendriez le bonhomme la Planche, voſtre homme de chambre, & voſtre laquais, & que ce ſeroit merveille au prix de ce que nous avions oüy. Vous & M. de Conſtans me reprochez touſjours que j'ayme le gros bruit, & que je n'entends pas aſſez la compoſition de la muſique pour ſavourer un trio ou un duo aprez une piece à ſix ou à ſept : j'ay beau vous reſpondre que je me laiſſe delecter d'un trio à voix ſimples, pour y admirer l'artifice de l'auteur, & cela eſt un plaiſir de l'eſprit : je vous advouë que j'ayme fort à paiſtre la partie ſenſuelle, quand la meſme delectation d'eſprit y eſt. Revenant hyer de vous viſiter à Montreuil, je fis rencontre de l'hiſtoire que je vous envoye à ce propos.

Je trouvay le *Cheval blanc* de Luſignan eſtimé la meilleure hoſtelerie de France, ſi pleine qu'il me falut loger au *Daufin,* où nous fumes mal traittez. Sur le milieu du diſner voicy entrer vers nous un petit homme qui n'avoit qu'un poulce de front, un œuil bas, l'autre hault, turquet du nez : c'eſtoit le cuiſinier, qui ayant fait autour du bras le trait du ſaupiquet avec ſa ſerviette, nous vint faire des excuſes fur noftre traittement, à quoy repartit le Daffe contre Mulot que je vous avois faict voir bien beuvant & mangeant à proportion. *Par là, Monfieur,* dict-il, *il faloit dire en un mot que tu ne nous as donné rien qui vaille.* — A quoy le cuifinier Camus fe tournant vers nous repliqua : *Que c'eft que l'ignorance!* Sur le mot d'ignorance, voila les deux antagoniftes defireus de fe battre, fi ce n'euft efté noftre refpect; il falut interpreter cette ignorance. Enfin le queux nous jura, que fachant que nous eftions honneftes & habiles gens il n'avoit rien accouftré que felon les loix de phyfique, & qu'il voyoit bien que les plus favants d'entre nous en feroyent contents. Mulot difoit qu'il n'y avoit point de juge des fenteurs que le nez, des couleurs que la veuë, du gouft que le palais. *Adjouftez,* dis-je, *M. Mulot, ny des tons & confonances que l'oüye.* Je vous ay voulu faire part de mon bon ris pour apologie de noftre different.

XIV.

A M. DE LOMENIE, 1618.

Monfieur, cette lettre ne vous importunera ny de mes trois penfions oftees, la premiere defquelles eftoit fignee de M. de la Marciliere, ny d'apologies contre les calomnies, defquelles quelques uns fe penfent faire eftimer en me defchirant. Pour remede à ces deux afflictions je m'aprivoife à la pauvreté

& me mets à l'ombre du jugement de Dieu, & de celuy que mon Roy fera un jour de moy, pour le moins aprez ma mort. Au lieu de tels bienfaicts j'en requiers un que vous m'octroyerez gayement : c'eſt qu'ayant achevé l'*Hiſtoire* du grand Henri par ſon commandement, j'ay arreſté l'impreſſion pour la moitié, n'eſtant pas content de ce que j'ay couché de l'Orient depuis l'an 1575 juſque en 90. Je vous ſuplie de vous employer vers celuy de Meſſieurs vos collegues, qui auroit de quoy me ſecourir aux dernieres actions de Selim & de ſes ſucceſſeurs, comme auſſy de ce que a ſuyvi Tekmazes de Perſe. Je m'adreſſe à vous, croyant que vous ne me pouvez hayr, mais plus expreſſement pour votre amour envers les reſtes de noſtre incomparable Maiſtre, qui ne ſont pas ſeulement en ſon heureuſe Poſterité, mais en ſon veritable renom, auquel j'ay ſacré le petit reſte de ma vie, quelque defaveur que ſente mon ouvrage en la hayne de l'ouvrier : je le dis pour ce que on me reffuſe un privilege, & ma modeſtie mettra cette injuſtice au vent, quand il n'y auroit aucune preuve que de me voir raconter tant de choſes eſtranges, & meſmes la Sainct Barthelemi ſans que de ma plume eſchappe le vocable de cruauté, ny encores celuy de la rigueur. On a voulu penſer que j'ignoraſſe le devoir de l'Hiſtoire, & que je ne me peuſſe chaſtier des violences & libertez où les jeunes ans & la fureur des vers m'ont emporté autrefois. Ce n'eſt pas que j'aye rien à excuſer en mes premiers eſcripts, mais un autre temps demandant d'autres meurs, & autre deſſein autre ſtile, je me dois montrer pareil à cela. Je feray paroiſtre ce changement par un bon juge, pourveu que ſeparé des Jeſuittes & de leur juridiction, je ne prononce rien contre eux, laiffant toutes fentences & conclufions de mes premiffes à mon lecteur : mais ces gens-là voudroyent tordre les chofes mefmes indifferentes à leur but. Pour moy je n'ay que celuy de la verité, & faire que le Roy (fi mon livre eft fi heureux que d'aller un jour à fon chevet) en y marquant comme je fers de bonne ancre la Royauté, aprez l'avoir fervie de mon fang, reproche un jour à ceux qui me reffufent, leur injufte rigueur. Contribuez donc, Monfieur, à un grand labeur auquel le nom des voftres & de vous ne peut eftre oublié, & prenez mon adreffe vers vous pour un rejetton d'une ancienne amitié femee en bonne terre : car quelques orages qui l'ayent foudroyee jufques dans les racines, elle me rend encore en mon extreme vieilleffe Voftre...,

XV.

A M. BOULLET.

Monfieur, l'envoy de voftre fils vers moy m'avoit aporté quelque petite gloire que fa cognoiffance a bientoft guerie, quand en me defployant fa richeffe il m'a fait fentir ma pauvreté. Je vous diray fans flatries qu'il ne fe peut dire de la mattiere de fon efcript que des admirations. Pour le projeçt & la difpofition, je luy en dis promptement & à ma mode ce que je coucheray en voftre lettre, pour ce que c'eft à vous à qui j'obeis en hazardant mon jugement. Son panegirique s'adreſſe à un enfant, lequel bien que doué de belles eſperances, & que l'on doibt luy attribuer force louanges prophetiques, ſi eſt ce que les critiques ont prononcé de ce genre d'eſcrire que ils n'y veulent rien que ſemblable : & partant aux louanges des jeunes ils touchoyent les dons de nature, partageans les choſes qui paroiſſent veritables d'avec celles qui ſont *ſupra fidem; hæc poſtrema cuipiam Deo, ſomnio, vel Magicis tribuebant;* & puis d'un enfant ils ne ſe mettoyent point à deſcrire τὰ ἔθη, ἀλλὰ ἕξεις, *affectus nempe qui actiones antecedunt,* qui ſont diſpoſitions & non pas habitude : ſi bien qu'il ſe fault contenter icy de ce qui s'apelle ἔπαινος, n'y pouvant aporter τὸ ἐγκώμιον : le premier propre pour les vertus & avantages naturels, mais le ſecond n'eſtant que pour les geſtes. Ainſy il me ſemble que les plus belles pieces de nos louanges, leſquelles ſont trop belles pour retrancher, nous aporteront quelque blaſme au lieu d'eſtime. Je voulois donc que ſans changer l'eſtoffe, nous changeaſſions le deſſein à la deſcription d'un vray Roy prenant pour organe un portique de Saullon autrefois ruiné dans un tramblement de terre, & depuis deſcouvert par un ſecond : pour ce faict, cercher en Grece quelque accident pareil, & trouver ces choſes eſcriptes au dedans, ou publier un livre de Charlemagne, car il a eſcript ce livre recouvré par quelque eſtrange façon. Ainſy ſans rien perdre de noſtre premier labeur, nous gangnerons beaucoup d'admirations. J'oſe adjouſter que ceſt eſprit excellent doibt laiſſer plus d'haleine à ſon lecteur, meſlant plus du ſien qu'il ne faict, *ut inſurgat ſtilus naturali pulchritudine* avec des intervalles dilucides : comme les aurfaivres logent les pierreries par compartiments,

& les jardiniers n'empliſſent pas leurs allees, quelques plantes excellentes qu'ils ayent de reſte en leurs mains. Auſſy nous pourrions faire l'ouvrage triparty : au premier poinct, à la deſcription d'un Roy vertueux, & cela diſtingué par les quatre vertus cardinales, le ſecond, de l'utilité que reçoit le peuple de ces vertus, & pour le tiers, la felicité qui en redonde à luy-meſme. Excuſez ſi en vous obeiſſant je remplace en franchiſe & ſidelité ce qui me deffault en ſuffiſance : c'eſt en me deffendant d'un honneur non merité, & qui m'oblige à demourer toute ma vie Voſtre...

XVI.

A M. DE SEAUX, SECRETAIRE D'ESTAT.

Monſieur, quand le Roy Henry le Grand me commanda par l'advis de M. le Cardinal du Perron de mettre la main à ſon *Hiſtoire,* il me fit promettre en meſme temps les memoires de feu M. de Villeroy par luy meſme, mais quelques aigreurs qui ſe ſont paſſez m'ayant eſlongné de la familiarité de ce grand homme, j'ay eſté privé d'un avantage que j'euſſe beaucoup eſtimé. J'ay recours à vous pour un bienfaict general, & duquel vous tirerez plus de contentement que moy-meſmes, s'il vous plaiſt de donner quelque heure deſrobee à vos grands affaires pour impetrer de quelqu'un de Meſſieurs vos Collegues (ſi vous meſmes n'en avez) des memoires d'Orient depuis l'an 1575 jufques à 90. Ce n'eft pas que mon *Hiftoire* ne foit achevee il y à fix ans, & desja à demi imprimee, mais ce que je dis de la fin de Selim & de fes deux fucceffeurs ne me contente pas, & encores moins ce que j'ay de Perfe depuis le voyage de M. Daramont. Je vous prie ne craindre point de moy que je me fente de la violence des vers, ny de la liberté de la jeuneffe. Il n'y a maffacres perfides, ny defaveurs, ny mefmes la Sainct Barthelemy, qui puiffe arracher de ma plume les mots de cruauté, ny feulement de rigueur, tant j'obferve l'equanimité de l'Hiftorien qui perd fon nom, quand il veuft prevenir le jugement du lecteur. J'efpere que cette modeftie fera repentir ceux qui m'ont refufé le privilege : & comme ceux de voftre condition ne peuvent n'avoir point de part en tel labeur que le mien, fi vous avez entre les mains quelques particularitez dignes de la lumiere, je les vous demande pour la Pofterité. Deux chofes m'ont fait adreffer à vous, l'une le raport qu'un de mes proches m'a faict d'un jugement que vous avez daigné faire de moy, & l'autre les fciences que vous poffedez par delà le befoin de voftre charge : l'une & l'autre de ces occafions me faifant defirer un juge de voftre equanimité pour le privilege qu'on m'a refufé. Excufez un vieillard amoureux de fa patrie, de l'honneur de fes Roys, fans desfavorifer le fien, & qui vous rendra graces publiques fi vous octroyez fa demande, demeurant en oultre fon refte de vie Voftre...

XVII.

A M. GOULARD, MINISTRE A GENEVE L'AN 1616.

Monsieur, comme il n'y a hauteur qui ne soit le marchepied d'une autre, horsmis celle de la Divinité, je m'egayois en une victoire enviee de peu, estofee de plusieurs, assuré de faire beaucoup d'ingrats & ne l'estre de personne. Vous avez effacé & corrigé ma petite gloire, en me faisant vostre ingrat, lorsque de si loing parmy les tempestes de tant d'affaires, vous avez daigné savoir qui j'estois, que je faisois, & parmy mes labeurs d'enfant (au prix des vostres) mettre de l'huyle en ma lampe par vos presents. Lorsque la publique dispute que j'eus avec le Cardinal du Perron me laissa à prouver les discords des Peres en mattiere de la foy, vous m'envoyastes un Alman, & vostre *papa non papa,* par l'ayde desquels principalement je fournis à ma promesse, de laquelle Henri IIII estoit en quelque façon fidejusseur, & en l'autre exacteur. Vostre soin m'estonna en bienfaisant : si je ne puis soufrir que la pose faicte pour respirer (sur l'obligation que je me sens à vous) me rende criminel de l'oubly. J'avois pris par M. Bourgade, Ministre de Lyon, le chemin pour vous communiquer mes remerciements, mais Dieu luy fait prendre celuy des Cieux. J'avois depuis cerché aux foires de Niort quelque marchand de la Religion, mais mes gens ne trouverent qu'un Papiste fastueux, à qui le nom de Geneve faisoit joindre les sourcils. Ce jour d'huy seulement, en un Colloque qui s'eſt tenu à Maillezais, & où l'Egliſe du lieu m'a deputté, j'ay fait l'heureuſe rencontre de M. Foſſac qui m'a fait rougir & paſlir d'une honteuſe colere, quand il m'a dict avoir charge de vous, à quoy j'eſtois de mes petits labeurs, où vous avez eſté trop bon par le paſſé pour me refuſer audience, aprez voſtre commandement que je veux eſtre faict à moy directement, & non pas à autruy pour moy : tel eſt le plaiſir que je trouve à eſtre vaincu des meilleurs. Je vous diray, Monſieur, en la franchiſe que vous m'avez donné, que depuis ma nourriture aux lettres à Geneve, en trompant mes debauches & ſoulageant le labeur des armes, j'ay voulu perdre mon temps un peu moins mal, que ſi je l'euſſe du tout perdu en commençant par les folies auſquelles il ſembloit que les jeuneſſes de noſtre temps deuſſent hommage, pour de là mettre le nez dans les affaires d'Eſtat. De ces deux ſubjects la vanité du premier, la deſloyauté du ſecond m'ont fait ſage à mes deſpens : ſi bien qu'une vieilleſſe [finiſſant] aſſez toſt, ſi aſſez bien, je me ſuis donné au ſervice de la verité : & ainſy aprez avoir mugueté les ſciences chambrieres, j'ay trouvé qu'elles eſtoyent menterreſſes ou impuiſſantes de me contenter, mais que le repos, vray ſalaire des labeurs, eſtoit dans le gyron de Sarra, quand meſmes il n'y auroit en la Theologie autre fruict que de s'apriviſer à la mort. De telle eſtude ſont eſchappez quelques livrets anonimes ou imprimez ſoubs d'autres noms, & dernierement les *Tragiques* que je vous envoyerois, ſi je ne ſavois bien qu'ils ont paſſé juſqu'à vous, & par là eu moyen de vous ennuyer, ſi ce n'eſt qu'en la bonté que vous m'avez fait paroiſtre, & en l'amour d'un bon deſſein mal exſecuté, vous n'ayez pas voulu *urere, ſecare* :

mais au lieu d'une litture generale prendre la peine de mille corrections, où presumant quelque chose de vostre bonté & de mon bon [vouloir], vous ayez voulu payer le corbeau qui tout enroüé disoit les louanges de Cœsar, ou comme le Dieu que vous servez, avoir esgard à ma bonne volonté. Depuis il pleut au Synode de Gap de me changer mon delectable à l'utile, & des courbettes & voltes de ma jeunesse, me reduire à l'Histoire & au char triomphant de la verité. Il est bien besoin que la posterité sache de vos nouvelles par nous mesmes, & qu'elle ne sente pas les deffauls, desquels nous pouvons accuser en cette partie l'Eglise primitive : mais j'eusse desiré cette commission à quelqu'un plus laborieus & qui eust meilleures espaules pour les fardeaux de l'Histoire. J'ay pourtant obei, n'ayant que l'article du Synode pour garant d'avoir osé. Toute droiture se deffend ou s'impugne par deux questions, à sçavoir du droit & du faict. Pour ces deux voyes le Pape a choisi Bellarmin & Borromee. La terre est couverte de livres qui touchent le premier poinct pour nous : mais nous n'avions rien qui sentist d'universel que l'ouvrage de Thou, puissant bastion de nostre justice en ce qui est du faict, & principalement comme dict Sedrenne à son commancement. De cet auteur excellent, bien que j'eusse achevé avant luy, j'ay tiré beaucoup de choses, comme estant plus tardif à l'impression. Je luy ay fourni quatre-vingt articles de choses qui n'avoyent besoin de plus d'un tesmoin, & les quelles il m'avoit promis de loger en sa derniere edition. J'entends que tous ces memoires ont esté ravis par menaces : enfin on saura de nos nouvelles par un enfant de la maison, tesmoin par les yeux de toutes les choses plus notables,

& admis au Conseil des plus secrettes. Le poil blanc m'advertist de me haster, craignant de dire en vain à l'ouverture de ma priere & de mon labeur les versets 17 & 18mes du Psalme 71. Or comme tout ce discours tend à vous remercier & rendre conte du passé, aussy est-il petitoire à la mode des escoliers. J'ay donc deux choses à vous requerir sans aultres conjurations que vostre bonté esprouvee : la premiere est d'un memoire exprez des merveilleux succez que Dieu a donné à vostre ville & ez environs, entre mes pieces les plus rares ; à l'autre demande y a plus de difficulté : c'est qu'ayant esté refusé d'un privilege par la hayne seule de ma personne, quoyque je sois moins violent à descrire les iniquitez de nos ennemis que n'ont esté les Papistes historiens, quoyque je ne me presente point juge en aucun endroit, & que pour eschantillon de ma modestie j'ay descrit la Sainct Barthelemi sans avoir usé du mot de cruauté, ils disent que je fais parler les choses, & que je me sers des livrets qu'ils ont escripts (les uns contre les autres) pour descouvrir leur honte par eux mesmes : & là dessus me vouloyent asservir à prendre les corrections de M. du Vair. Je ne l'ay pas recusé pour sa doctrine, mais pour avoir estimé que la teste qui peut attendre un chappeau ne peut entendre au bonnet de ma liberté. En un mot ils n'ont pas trouvé en moy un homme à menacer, mais qui aymeroit mieux se mettre au feu que son livre. Je vous requiers recours & conseil, au cas qu'il me falust envoyer mon imprimeur & son correcteur achever hors de France, que vous veilliez me marquer un logis, où à la requeste des Jesuittes on ne puisse envoyer querir mon equippage. Je ne mets point mon coussinet fur voftre ville trop neceffiteufe & trop liee d'affaires pour porter cette envie, feulement je vous prie jetter vos yeux fur vos voifins, & voir quelle caution vous m'y pourriez donner. Le Prince d'Anhalt m'a faict l'honneur de m'offrir fes portes, mais je voudrois bien n'envoyer point mon threfor fi loin. Voila la fin de mon importunité. J'attendray de vous une loy pour mes penfees, de Dieu & du temps une occafion defiree, pour montrer à voftre Sion, de qui j'ay fuccé le laict des voftres, & à vous mon bienfaicteur, que je fuis, pour le moins en defirs & en vœux, Voftre...

VII

LETTRES DIVERSES

[Collection Tronchin, Mss. d'Aubigné, T. III, VI, VII & IX, paſſim.]

I.

A MON FRERE.

Monſieur mon tres cher frere, je ne perdray point de temps ny aus vains regrets du paſſé, ny aus blaſmes qui ſont bien ſouvent injuſtes, ny aus excuſes ou louanges des actions mal connuës. Je tourne le viſage en avant pour vous dire le meſme que j'ay eſcrit ci-devant.

Il y a un mois que nous ſommes aſſiegés ſans le ſentir, pour ce que ſouz couleurs de la peſte, nous ne recevons [rien] de dehors non plus que ſi nous eſtions bien bloqués, & ainſi nous ſouffrons la guerre ſans la faire. A ces raiſons jugeant nos affaires de dehors

& cognoiſſant bien celles de dedans, je ſouhaite avec viollante paſſion ma bonne & pretieuſe moitié auprés de ſon frere : nos ruineuſes incertitudes empeſchent le fruit de mes ſuazions en ſi dure nouveauté, laquelle je voudrois colorer par les affaires que vous avez à deſmeſler. Aydés moy ; pour moy je continuë [de penſer] que la loy d'honneur & de charité ne me permet pas ce que je conſeille. S'il plaiſoit à Dieu que les accidans qui menacent noſtre voiſin tournaſſent ſes armes ailleurs, je reprendrois le deſir que vous ay teſmongné avec une petite caution : c'eſt que la pais n'eſtant point, je ne chercherois que ma commodité & ſeureté ſans demander d'eſtre appelé ; mais la pais eſtant, je ne dois pas cercher & uſer de la protection ſans un convy qui me ſeroit un commandement : le fardeau que j'ay ſur ma teſte me ordonne cette diſcretion. J'eſpere que Monſieur l'Ambaſſadeur dans le ſein duquel j'ay confié mes penſees prendra la peine d'en diſcourir avec vous, & peut eſtre plus clerement Monſieur le Comte au paſſage duquel nous ſerons plus eſclerci. Je n'ajouſteray que la priere que faict pour vous voſtre heureuſe fammille.

II.

A M. C.

Mon frere, ayant bien conſideré chez toy l'eſtat de ta maiſon, & t'en ayant dit mon avis en la rude franchize que tu as non-ſeulement deſiree, mais extorquee de moy, tout mon chemin ayant efté plein de penfees pareilles à mon difcours, il m'a efté auffi difficile de retenir ma plume que ma langue : reçois donc par cette letre les veritez defquelles je ne voudroys uzer envers autre que toy, tant pour n'eftre tenu à aucun autre qu'à toy de le facher pour fon proffit, & auffi me confiant en la force de ton efprit que je cognois feul capable d'une reprehenfion d'amy. Ta mayfon ne fent rien de petit, ni en fa ftructure, ni en fon ameublement, ny en fon fervice, ni en fes ferviteurs. Quatre pavilons liez de quatre grands corps de logis, le tout bien ardoifé, tes baffes courz, ton parq, tes jardinages & viviers vont par de là le Gentilhomme & fentent le Seigneur. Tes chambres pleines de tapifferies, ta galerie de tableaux, tes lits & linges, ton ample vaifelle d'argent contenteroient un Prince ; tes vivres exquis & abondans & ceux qui les portent font de mefme condition. Ton eftable avec plufieurs pieces de grand chevaux, le brun charoffe & charron meritent le nom d'efquurie aujourd'huy trés comung. Tout ce que j'ay allegué ufqu'icy ha le nom d'utilles commoditez, & encores qu'elles caufent de grandes envies à nos voifins & vifiteurs, je ne fuis pas d'avis que nous les reglions aux penfees d'autruy, pour ce qu'elles nous font du bien en leur faifant mal : feulement avons nous à nous abftenir des inutiles vanitez. Les premieres chofes envoyent vos hoftes murmurans en vous eftimant, mais les fecondes leur donnent de quoy enrager avec raifon : celles ci leur donnent à rire, les autres à grincer les dens. C'eft trop me retenir à te dire deux chofes que j'ay veuës & ouyës de toy fans les aprouver, & qui exigent de mon amitié quelque doulce rigueur : c'eft en premier lieu ton equipage de chaffe & de fauconerie qui m'a fait defirer la prefence de noftre amy & docteur aux ethiques, M. de Fauleto, pour l'oüir crier : *Mes ozoz, mes ozoz!* Souvien toy de fes cenfures fur les niayferies du pays & qui te diront bien : *Mon amy, patience pour les chiens.* Mais que tu foys devenu fauconnier, tu es propre à cela comme un crucifis à jouer du fublet. *Ouy, mays j'auray un faulconnier,* dirois tu, & tu fera l'argentier pour donner du plaifir à ton homme. Mais pour toy, ta veuë courte te deffend d'en ufer. Ta taille ne te permet de monter que des chevaulx fortz, defquelz tu tueras quantité; fi tu veux arriver à la remize. Si on te dit que cela fera du bien à la cuifine & que tu en efperes de l'utilité, ferme les yeulx à tous les voifins de qui la volerie ha vollé les maifons, mais ouvre les fur Surimeau & Murfay. Souvien toy en quel eftat je les [eus] & comm'il m'a fallu acheter ce qui venoit de fucceffion. Hors cette vanité d'oifeaux, les Seigneurs de là eftoient eftimez & braves apointeurs de querelles, mays enfin ils fe font trovez oyfeaux nyays, & leur maifons de paffage. Or je te pardonne ton autour & ton facret, mais non pas ce qui fuit : c'eft que le Prefident qui ha difné avec nous t'a mis en propos de ta belle biblioteque, & tu l'a deftourné à ta vollerie. A un'autrefois il ha fait mention de tes beaus vers & tu en as rougi, & parlé de boire. Hé! où eft, mon amy, & qu'eft devenu celuy que j'ay veu autrefoys teftonner de fi bonne grace ceux qui à la Cour fe cachoient d'avoir eftudié, apelant cela lafcheté felon le propos que je t'ay conté du brave Buffy? Te voila compagnon de Tonduprez, qui ayant pour rival en fes amours M. du Bellay, difoit à fa meftreffe qu'elle ne devoit pas efgualler à luy le filz d'un faiſeur de livres. M. du Pleſſis nous conta à tous deux que comme on vendoit à l'encant les meubles d'un Gentilhomme ſon voiſin, & s'y eſtant trouvé des livres, un des parents conſeilla de les donner à quelqu'un, de peur que l'inventaire démourant entre les titres de la maiſon, on ne peut un jour les metre à la taille, en leur montrant qu'ilz eſtoient deſcendus de gens de letres. Donne à quelqu'un ta belle biblioteque, affin qu'on te prene pour Gentilhomme de toute part. Le meſme M. du Pleſſis m'a dit que quant on parloit du mariage de ſa fille avec M. Fabariere, il y eut un parent qui ne vouloit pas jamais conſentir que ſon couſin eſpouſaſt la fille d'un libraire, & quand on remonſtroit les qualités du *ſpoſo*. *C'eſt tout un*, dit-il, *il eſt libraire, puiſqu'il fait des livres*. Je te prie, revien là, pren pour bornes la commodité & retranche ce qui eſt de la vanité. Tes preceptes m'ont quelquefois garanti, ne rejette point les miens, & ſoufre ce que je dis à toy, pour ne ſoufrir ce qu'on dira de toy. Tel cuide par ſplendeur cacher l'obſcurité de la naiſſance, qui par elle fait voir dans le fons de ſon peu, & tel par elle penſe eſblouir les yeulx de ſes voiſins, qui les aguiſe.

III.

[SANS SUSCRIPTION.]

Monſieur, le plus doux fruict que j'aye eu de la paix, diray-je que j'en eſpere, c'eſt l'ouverture à noſtre communication. Je vous euſſe donné noz nouvelles excellentes d'Autriche, mais vous les fçavez mieux que nous ; fy cet embrafement eftoit en France, je l'appellerois avec les autres un feu de paille, mais l'exemple du paffé m'en faict attendre un hignochaf. Il femble que Dieu veut mettre en befongne des mains nouvelles, voyant les vieilles fans foy & fans vertu. Je vous demande deux nouvelles expreffes, l'une du viel eftat du Pouffin, l'autre de Monfieur Le Voilleux. J'aurois à vous entretenir de la Rochelle, mais le danger des fauffes interpretations (lequel je n'eftime pas encores paffé) faict que cette lettre n'aura plus que le nom de Voftre trés fidelle & obeiffant ferviteur.

IV.

[SANS SUSCRIPTION.]

Monfeigneur, nous avons en mefme temps reçeu divers tefmoignages de la confternation d'Italie. Vous trouverés peut-eftre ce nom trop rude pour ce qui paroift aujourd'huy, mais je ne demande gueres de terme pour la voir en ce mauvais point ; j'eftime pourtant que les courages qui n'ont peu eftre excités par la prevoyance le feront par les premieres douleurs de la foufranfe. Ce feroit le defir de beaucoup de gens de bien que voftre patiance & vos conditions peuffent atandre le retour de cefte periode. Salis a paffé par ici avec une grande & belle compagnie ; en luy difant nos advis de [fon] action, il nous a payés d'une rude monoye, affavoir que avant partir, il a laiffé tous les articles que on leur a envoyé d'Efpagne, leus, agreés & promis, & eft parti pour s'exempter de la fignature. Je vous efcrivois il y a quelque temps les raifons par lefquelles j'ofois dire que j'eftimois que la Sereniffime Republique devoit employer les deux tiers de fes forces à fe faire maiftres & poffeffeurs fortifiés d'un pays qui branloit à la deffection de fes amis; que dirois-je aprés fa cheute? Il ne faut point eflever l'importanfe des paffages à qui les fait mieux que moy, mais je prononce hardiment que toute Republique qui fe cuide maintenir par l'affiftance de quelque Souverain que ce foit, que les Huguenots qui efperent quelque douceur ou foy fous la domination des preftres [fe trompent]. Excufés les folies que je vous ay efcrites comme partantes d'un vehement defir de vous fervir de miroüer un jour de bataille, & en quelque lieu que vous foyés, honorés de vos commandemens, Monfeigneur, Voftre trés humble & trés fidelle ferviteur.

V.

[SANS SUSCRIPTION.]

Monfieur, ce qui vous fuft efcrit dernierement touchant la pratique faite en Souife pour la demande des forces Françoifes demeure à voftre jugement qui en favés plus que tous. Nous nous resjouiffons de voir quelque amandement en la lethargie. Il faut demander à Dieu des colyres & puis des cardiaques.

Nous avons un Gentilhomme d'honneur parti de Milan defpuis douze jours & un lacquais de onfe : le premier a paffé loge dans l'armee du Pape, laquelle il eftime à vingt-cinq mille hommes ; il a fait le mefme dans les troupes devers Milan qu'il conte pour trente mille, fans les grandes forces defquelles on remplit fans ceffe toutes les galleres & vaiffeaus de la mer Liguftique & de Naples. Il a veu partir de Milan les pains & les chairs & autres vivres cottidiens pour l'armee Allemande. De là il a paffé à Turin, veu quelques forces du Duc retranchees comme par acquit à Veilliane ; mais celles du Marefchal de Crequi le font à bon efciant, tant au devant de Sufe que à Sufe mefmes, & à la grand Crois où l'on travaille & apelle on des forces, comme à la veille d'un fiege. Le lacquais adjoufte un point : il dit avoir veu mettre prifonnier le Gouverneur de Milan. Les troupes de Savoye continuent le chemin de la Val d'Ofte en toute hafte ; mais je vous vais partager la cervelle comme les noîtres le font, en ce que l'Empereur a demandé au Duc de Savoye pour place monftre la ville de Verciel. Eftudiés avec nous ce que ce peut eftre.

VI.

[A CONSTANT D'AUBIGNÉ.]

Vous avés trouvé mon invantion rude. Peut-eftre le feroit-elle à un cœur feneant ou à quelcun à qui l'abitation de France ne feroit point fi rude. Vos mauvaifes actions vous ont rendu foubfonneux aus bons, leur retour vers eus inreconciliable aus mefchans; de là n'y a plus d'emplois ni d'honorable travail : vos defbauches & dettes vous ont ofté l'orillier de la maifon, & le repos. La condition où vous eftes vous eft en horreur. Touttes ces maladies implicites demandent un grand changement d'air & le bain de vos fueurs.

VII.

[SANS SUSCRIPTION.]

LE 7ᵐᵉ DE NOVEMBRE.

Monfieur, fur l'honneur que vous m'avez fait d'avoir voulu favoir ce que j'aprendrois de la ville qui porte l'ancien tiltre de Conftantinople, les chofes y font encor comme au temps de voftre paffage fur la crainte qu'on a reçeuë de quelque foulevement, mais plus que cela par quelques nouvelles propofitions envoyees à la Cour de France. La geftion de cet affaire eft entre les mains du Conte de Salmes, ou Prince, comme on l'apelle maintenant, lequel traitte un affaire pour quelques nouveautez vers le Rhein merveilleufement bien reçeuës. Un homme d'affaire & de fageffe de la Cour m'efcrit qu'il ne s'eft prefenté affaire au Confeil fecret mieux reçeu que cetluy là, tefmoin les voyages que on paye au mot du chef, mais de ceux qu'il fait courir qui font taxez & payez à toute faveur. Il n'y a point d'heure prefcripte au dict Prince de Salmes pour parler au Roy. Un renegat qui y eft employé a promis à mon homme un advis à propos. Voila pour ce poinct. J'ay panfé à vous adreffer un rare perfonnage, pour en faire un Lieutenant de voftre compagnie colonelle. Je le mettrois bien à plus haut titre s'il eftoit parmi fa nation. Il a commandé par mer & par terre; un chef pourroit aller dormir fur un tel fecond, & au cas que vous euffiés fourni à cefte place, il la faudroit donner à quelque jeune homme de bonne maifon, pour aprandre en fecret ce qu'il auroit à defployer en publicq, non pas feulement au fait de la guerre, mais aus meurs & autres affaires. C'eft un homme qui vaudroit la peine d'envoyer chercher & pratiquer bien loin. Si il n'y a rien de preft, une piftole par femaine le peut garder. Je vous prie me faire refponce, afin que je ne façe point ce prefent à un autre que n'en foyés refufant.

VIII.

A M. DE SAVIGNAC, A LONDRES.

LE 22 NOVEMBRE 1626, V. ST.

Monfieur, voftre lettre m'a resjoui, me voyant aymé d'une perfonne tant eftimee par moy & en poffeffion d'une amitié que la parité des veuës, des defirs violents, des perils, des haynes, des fympathyes & peut eftre des deffeins a fait toucher à la main & conjoincte fur l'autel du Tout Puiffant. Si tout cela fe pouvoit mettre en prattique, en nous tenans vous & moy par nos fidelles mains, Dieu de foibles les rendroit fortes. Je le prie pour vous, & pour moy qu'il me donne ce contentement avant mourir. Honorez cependant de vos nouvelles & commandements, Monfieur, Voftre...

IX.

A M. LE DUC DE CANDALE.

Monfeigneur, vous recevrés ce billet par un meffager auquel il ne faut ny creance ny inftruction; fur tout il dira mieux que je n'efcrirois les contraires objects qui nous donnent & oftent la crainte. Je n'ay pas oublié ce qui vous pleuft m'efcrire touchant la cunctation de ce bon Capitaine François; c'eftoit, difiés vous, pour fe prefenter & avoir occafion de retourner; il a faict tout cela horfmis que l'iffuë du ballet a efté un *poco frettolofa*. Vous avez à entretenir le porteur, & demeure, Monfeigneur, Voftre...

X.

[SANS SUSCRIPTION.]

Madame, j'ay peu de chofe à adjoufter à ce que vous dira M. Dupuis, c'eft qu'il a paffé par icy un

Gentilhomme que le maiftre du Capitaine Grilletiere a envoyé vers le frere dudict Capitaine. Il a eu charge de me donner un inventoire fort exprés de tous les meubles de la maifon où le dict Grilletiere eft maintenant logé. Je vous prie de croire que ce font meubles exquis, & qu'il y a pluftot de l'excés que du manque. Je ne vous diray plus que les termes de recommandation que porte le dict meffage, ils font tels : *Dictes à mon coufin & parrain que ce qu'il aura affaire en tous mes biens, qu'il ne l'envoye pas demander, mais commander.* La pefanteur de fes procés nous a faict fuer à trois cent lieuës de luy. Il femble que Dieu luy prepare mieux ; nous prenons toute part en fa joye. En nos deliberations fa voix en vaudra dix dont la mienne en fera une. Le porteur a paffé heureufement le grand foffé & le refte, Dieu mercy & à nos amys. Honnorés de vos commandements, Madame, Voftre...

XI

[SANS SUSCRIPTION.]

Monfeigneur, ne pouvant rendre conte à Voftre Excellence des chofes principales que les couriers ne l'en ayent inftruict auparavant, je me contentois de defduire les nouvelles contenances de Strafbourg & de la liberté où s'eft mife la ville de Lyndos, mais il m'eft venu un petit advis qu'il y avoit en cet affaire une connivence de l'Empereur, cette charité efmeuë par quelque jaloufie prife fur les menees de l'Archiduc Leopold. Ne voulant point eftre porteur de chofes incertaines & obfcures, je me referve à plus d'affeurance & de clarté & enfemble à la part que prendra le duc de Baviere dans le mefcontentement des Electeurs. Si j'y trouve quelque chofe de bon contre mon efperance, je ne feray pas pareffeux à en rendre conte fidelle à Voftre Excellence, laquelle je fupplie honnorer de fes difcrets commandements, Monfeigneur, Voftre...

XII.

[SANS SUSCRIPTION.]

Madame, l'arrivee de nos Damoifelles nous a tous rajeunis. Je les apelle noftres, pour la multitude, donation qui s'eft paffee entre nous, comancee par promeffe, fuivie des tefmoignages que le temps nous a permis. Ce ne peut eftre fans delectation que nous voyons comant en une faifon où l'efprit de divifion fepare les cœurs & les amitiés que nature obligeoit à l'union de fes plus forts liens, en mefme temps Dieu prent fon plaifir à conjoindre les chofes feparees & aproche les efloignees & d'amour violant : & de cefte amitié, Madame, j'ai à vous dire felon l'honorable & agreable comiffion que j'ai reçeuë de vous, le premier progrés de cefte union qui nous comble de joye. Un vieillard de nos amis exhortoit fes filles & fes gendres par une courte & utile leffon, en ces termes : « *Sachez, mes enfans, que le jour de vos nopces les premiers meubles qui vous font*

presentez sont les outils des maffons & baftiffeurs, pour edifier le paradis de l'union ou l'enfer de la difcorde. Pour rejetter le mal & travailler à ce qui eft du bien, il faut que l'amant fe transforme en la perfonne aimee, & l'amante en celle de fon ami. »
Il eft arrivé à ce bonhomme que fes enfants ayant pris à cœur un precepte fi excellent, quoyque differans de païs & de nourriture, ont trocqué enfemble d'humeurs, de compleffions, d'apetis du cors, du defir de l'ame, enfin choififfans le meilleur de ceft efchange, ont peu dire à bon effiant l'un & l'autre : *Voici les os de mes os & la chair de ma chair.* Je ne vous puis donner nouvelles, Madame, finon que nous voyons naiftre mefmes comancemans entre mon coufin voftre gendre & fa chere [femme]; & pour ce que telle benediction nous faict fouvenir de celles defquelles Dieu nous a comblés autrefois, c'eft pourquoy j'ay dit au comancement que par ces tableaux delicieux nous eftions rajeunis. J'ai à vous remercier de vos lettres excelentes, & à vous prier de la part de noftre focieté qu'il vous plaife nous entretenir & bien heurer le plus fouvant que vos ferieufes occupations le permettront par le commerce & langage des abfens, fi abfens fe peuvent dire les bourgeois de mefmes cité permanante, les domeftiques de la maifon de Dieu, & de plus fes enfants qui ont fon giron pour fiege, & le chevet de fon fein pour inviolable repos.

XIII.

[SANS SUSCRIPTION.]

Madame, Monsieur Darci vostre fis vous pourra dire l'amitié qu'il me porte & commant il me fist passer pardessus les dificultez que je faisais de la recevoir, craignant luy faire part des haines que je suporte. Selon vostre lettre & mes justes considerations, sa frequantation m'a porté jusques à l'estonnement d'un esprit sublime, d'un jugement de vieillart & d'une probité en ses parolles & actions plus privees qui ne trouvent point d'exemple en ce siecle; si bien que ce petit cors, comme fragille cabinet pour la garde de tels tresors, nous faict peur de sa richesse. Madame, vous le verrés comme prudante & en disposerés comme mere; vous en avez la garde, il vous est commis de Dieu : vous savés que Satan & les Loyaulites sont acharnés & diligens à destourner du Ciel, & à ravir pour eus tels joyaus. Vous estes priee de beaucoup de gens de bien de mettre hors de leurs griffes le plus precieus butin qu'ils ayent encor faict; vous consulterés avec vos amis & surtout avec Dieu quels moyens il vous en donnera. Entre ceux qui vous en prient, prenés en bien la franchise & le service que vous a voüé Vostre...

XIV.

[SANS SUSCRIPTION.]

Monſieur, le porteur de cette lettre ne me donnant pas le loiſir d'eſcripre à Meſſieurs les Ambaſſadeurs ſur la ſouvenance de vos offres d'amitié que je tiens pour veritables, j'ai voulu me deſcharger à voſtre ſein de quelques penſees, deſquelles je ne vous fais pas gardien ſeulement, mais juge. Deſpuis le paſſage de Son Excellence par ce lieu, j'ai reçeu de France pluſieurs memoires des guerres qui ont ſuivi mon *Hiſtoire*, ſi exprez qu'en toutes les actions plus notables j'ai les inſtructions des Marechaux de Camp de l'un & l'autre parti. Je ſuis exorté & preſſé de Princes & des principaux Capitaines de pourſuivre juſques à la ſaiſon de leurs actions, leſquelles ils veulent bien eſtre deduictes par mon gros ſtile qu'ils apellent ferré. D'autres perſonnes de pieté m'animent à la meme beſogne, pour ce ſeul eſgard que nous puiſſions faire ſçavoir de nos nouvelles à la Poſterité par nos mains, à ce que noſtre juſtice & vertu [ne] ſoyent eſtouffees comme il eſt advenu aux Albigeois, nos predeceſſeurs. J'ai reçeu toutes ces exortations comme le ſouffre la meche, & peut eſtre ay travaillé à la beſongne trop avant pour m'en pouvoir deſdire. Vous ſçavez que dedans mon Septentrion la Grand' Bretagne tient le premier lieu. Je vous demande que vous participiez à mon labeur, en priant Meſſieurs les Ambaſſadeurs me voüloir ayder & fayre ayder de bons memoires de ce qui touchera leur pays deſpuis la mort de la Royne Elizabeth, car jufques là j'ay efté bien affifté, mais defpuis je n'ay eu memoires qui ne foyent pluftoft deffavorables à l'Angleterre qu'autrement. Je ne defire pas d'eftre inique ny au Prince ny au peuple qui faict tant de biens à l'Eglife de Dieu. Je demande vos leçons & je les prononceray le mieux que je pourray. Particulierement je vous prie d'impetrer de Monfieur l'Ambaffadeur de Conftantinople quelque abbregé de fes labeurs, & que par fon moyen je puiffe faire naiftre fur noftre horizon un aftre οὔποτε φαινόμενον, qui eft le Prince de Maugor. Je ne defroberay point la gloire à ceux qui m'affifteront & leur bonne part de la lumiere qu'ilz donnent à autruy. Il refte un point, c'eft que j'ay refpondu à ceux qui me folicitent pour l'ingrat & perilleux labeur de l'hiftoire, que ilz me montraffent un bon datte pour mes efcripts, c'eft-à-dire un lieu où Actritophile & fon amie ne foyent pas efteints en naiffant. Là-deffus je me fuis ouvert au dit Seigneur Ambaffadeur fur ce qui me feroit neceffaire en cas de paix avec les Roys ou autrement. Il y a d'autres chofes auffy defquelles nous luy avons faict part, nous voyans menaffés du detour de Monfieur le Comte. Il euft trouvé ici plus de fanté & d'affection à fon fervice qu'en lieu où il peuft mettre le pied, & vous, les tefmoignages d'une amitié promife entre nous & née comme en une tormente, fans qu'elle ait eu loifir de s'eftendre en fon berceau. Auffy n'ayant pris fa vie dans le calme, nulle tempefte ne pourroit deftourner ce que vous a voüé de tout fon cœur [Voftre].

XV.

A M. DE MAYERNE.

Monsieur, vous aurés peut estre ouvert ceste lettre, estimant y trouver un discours de consolation sur vostre notable perte, non la part que y prenent vos amis de ce lieu, & entre tous ma femme & moy, [qui] est si grande que nous ne cedons que à vous seul en amertume & en santimant. Nous vous touchons donc à la main par compagnie d'afliction, mais trop faibles pour vous en relever. Les orrages qui roullent sur nos testes, les gouffres semons l'un par l'autre, & en un mot, les trois fleaus de Dieu qui nous acablent tous ensemble, tout cela nous ayans randus stupides aus accidans communs, le vostre nous a reveillés & s'est fait sensible à nostre stupidité. Ce que nous pouvons dire en tel estat, est de vous convier à baisser la teste à la gresle de derriere & ouvrir les yeus aus precipices qui sont devant, & desquels vous pourrez consulter avecques Messieurs les Ambassadeurs. Ceste lettre ennuyeuse ne peut avoir rien mieux que la briefveté, & pourtant apres vous avoir faict offre, & ma fame mieus que moy, tout le soin d'une ame fidelle en vos affaires de ce païs, nous demandons là-dessus vostre employ & vos commandemens, moyenant lesquels vous me trouverés à toute preuve [Vostre...]

XVI.

[SANS SUSCRIPTION.]

Monsieur, j'attendois tousjours quelque chose de bien exprés & bien certain par les mains d'un confident, mais les nouvelles de nos ordinaires estans gelees comme les chemins, vous avez pourtant sçeu d'icy le partement de Monsieur & du regiment des Gardes trois jours devant sa Majesté, son sejour de douze à Fontainebleau, celuy qui se doit faire à Troyes & à Dijon, où se doivent prendre les resolutions pour l'employe de cinquante mil hommes en trois armees, sans conter les petites, ordonnees & commencees aux frontieres de Champagne & Picardie, les regiments semés aux costes de la mer jusques à Baionne, où le Duc Despernon doit faire corps. Vous aurés sceu aussi le bruit de la paix de Languedoc, de laquelle j'eusse bien voulu vous donner les articles; mais maintenant elle est moins assuree par les nouvelles d'hier au soir, avec lesquelles nous reçeumes ce qui m'a pressé de despescher, & sur la foi de ce qu'on nous raporte, je pourrai bien dire quelque menterie sans estre menteur : c'est que les bandes qu'on nous avait escrit monter le Rein arivent depuis trois jours à la foule. Dans la Franche-Conté, hier matin, huit compagnies d'infanterie se logerent dans Saint-Claude, à sept lieuës d'icy; en deux autres endroits, à gauche & à droite, six cents hommes ont esté departis, & ceux-là gardent logis à plus grandes troupes, comme ils disent, d'un nombre desmesuré, attendans Tilli qui les suit avec une jufte armee. Si ils difoyent vrai, tout cela pafferoit foixante mil hommes. Cela eft pour faire halte à Monfieur, que l'on difoit avoir traité avec le Prince d'Orange pour toutes les terres de la maifon de Chaalons bien feantes pour eftre joinctes à la Principauté de Dombs. Nous trouvions desja cette conquefte marque d'un grand mefpris des Suiffes, obligés par ferment à la deffenfe des Contois, & defquels Suiffes le refpect, avec l'accident de Picardie, fit quitter à Henri le Grand fa conquefte encommencee. Ce qui fe prefente plus confiderable à nos yeux, c'eft la contenance du Duc de Savoye à l'ouïr de cette aproche. Il y a trois jours qu'il a commencé à faire marcher les troupes du Chablais comme vers la Muriane; j'en envoye querir de nouveaux advis. Entre les Capitaines de ce parti-là, le bruit eft que le Duc n'otroyera point le paffage au Roy verbalement, mais oui en effect, lafchant le pied comme forcé. Telles feintes ne fe font pas à la guerre comme au jeu. Nous difions que ce feroit une crife remarquable que la deliberation des François fur la redition de Cafal, que l'on ne tient plus pour perduë. Je trouve auffi grandement critique la demarche du Roy fur l'approche de Tilli. Si elle eft, Dieu nous garde d'un confeil de Preftre. Je ne fçaurai rien qui merite une defpefche expreffe, puifque vous l'avés ainfi ordonné; pleuft à Dieu pouvoir rendre à la Sereniffime Seigneurie le dernier fervice de ma vie, & à vous quelque bon tefmoignage que je fuis de toute mon affection, Monfieur, Voftre trés-humble & trésfidelle ferviteur.

XVII.

[SANS SUSCRIPTION.]

Monsieur, on ne mesure pas les fardeaux quand ils sont sur nos espaules, ni les perils dans leurs fumees, mais quand ils sont posés & le temps esclairsi, & lors on admire avec horreur ce qui par coutume n'estoit pas consideré. Un Seneschal de Chavigni passa de nuit avec sa mule sur le pont, auquel on avoit osté de deux planches l'une pour arrester quelque cavalerie, & le lendemain comme on luy fit voir le danger qu'il avoit passé, mourut en le considerant. Vos fardeaux qui m'ont fait trembler sur tout deux ans en les admirant, au lieu de la mort, vous donnent une resurection. Leur grandeur mesuree à vos forces nous aprent à tous que le bras du Ciel les a portez, & au lieu que nous ne faisions que hausser les espaules, nous font maintenant lever le visage en haut & maintenir entre les hommes que les charges qui ont accablé le grand Admiral estoyent de plume au pris des vostres. J'ay de quoy garentir ces termes du flateur, & les faire advoüer à la plus part des vivans & à toute la posterité, quand nous pourrons trouver un bon datte pour achever. C'est la premiere halene que je prends sur vostre retour, remettant le discours des autres mattieres à Monsieur de Chavigny que vos serviteurs d'ici ont bien escouté, & deliberé sur le faict en plusieurs seances. Ce chemin de tels affaires est si espineux qu'il faut faire une pause en y entrant, & y entrer au petit pas. Vous prendrés donc la chemise blanche que vos fueurs demandent, premierement entre les bras de Madame, & puis entre les mains fidelles de ceux de qui Dieu vous a donné les cœurs. Vous n'effacerés pas de ce rolle, Monfieur, Voftre...

XVIII.

[SANS SUSCRIPTION.]

Madame, cefte lettre ne va pas jetter des fleurs fur voftre contentement. Pour en deduire curieufement les parties, vous voyés, vous oyés chofes fi pretieufes, que vous ne devez avoir ny yeux ny oreilles pour ce qui vient de dehors. Vos mains jetteroyent les lettres de congratulation qui feroyent longues & affectees, pour retourner à toucher & à ferrer plufieurs fois la perfonne aimee, pour raffurer vos efpris que ce n'eft pas un fonge que vous embraffés, mais une verité. S'il faut donc en favourer les douceurs, pour en rendre par le menu & par toutes les circonftances graces au Dieu vivant, ce fera aprés avoir changé nos foufpirs de deux ans en larmes de joye. En vous donnant ces penffees je le prend pour moy, & attenderay que mon extafe foit finie pour tourner les yeux des chofes paffees à celles d'avenir, & demander à quoy peut employer fon refte, Madame, Voftre...

XIX.

A MONSEIGNEUR LE DUC DE MONTBAZON.

Monſeigneur, quelque eſloignement où je ſois, il m'eſt ſouvenu qu'un jour, à Fontainebleau, ayant donné à diſner à Monſieur le Mareſchal de Boiſdaulphin & à moy, vous me tiraſtes à part pour me demander advis de pluſieurs particularitez qui touchoient à voſtre charge de Bretagne. Aprés m'eſtre excuſé ſur le trop d'honneur que je recepvois de vous, ce qui me manquoit en ſuffiſance fut remplacé en fidellité. Aujourd'huy, ayant ſceu par bonne inquiſition combien vous avez ſur les bras d'affaires multiplians à la meſure de voſtre felicité, j'ay deſiré que ce capable & trés fidelle porteur vous aſſeuraſt que mes deſirs à voſtre ſervice ne ſont poinƈt eſteints par l'abſence, & que j'en ay deux en main, l'un pour le beau-pere & l'autre pour le gendre; que s'ilz eſtoient les bien venuz de la part d'un Huguenot, d'un eſloigné & d'un homme deſchiré de callomnies, j'eſpererois qu'aprés ma mort vous beniriez un jour de la cognoiſſance dont j'ay eſté honnoré dés voſtre premiere jeuneſſe, de la confiance que depuis vous m'avez faiƈt cognoiſtre par ce voyage dont, Monſeigneur, je vous prie de recepvoir la premiere ouverture, en attendant (ſi elle eſt bien venuë) que je me monſtre par bon & utille effeƈt, Monſeigneur, Voſtre trés humble & trés fidelle ſerviteur.

XX.

[SANS SUSCRIPTION.]

L'affaire qui a passé devant vous, & pour lequel le Roy m'a honnoré de ses lettres, me donne vers vous l'accez sans lequel je n'eusse ozé y arriver pour la multiplicité de voz occupations. Je vous supplie vouloir oüir avec toute confidence un second moy mesme que je despesche vers vous par l'advis de Monsieur de Montolon, n'ayant peu ci devant confier à d'autres ce qui est du service du Roy & de mon honneur, & je prie Dieu, Monsieur, qu'il fortiffie voz bonnes espaulles pour les pesans fardeaux qui sont appellez sur elles par vostre vertu.

Vostre trés humble & trés fidelle serviteur.

XXI.

A M. DE MONTOLON.

Monsieur, mon fidelle vouz va trouver pour faire des despesches sellon ce que vouz ordonnerez. Nouz sommes à vu de la principalle these, j'espere que les circonstances seront trouvees par vous; je demeure en mon dylemne de la confiance ou mesfiance pour prendre de là l'une ou l'autre condition, & en toutes les deux un ferme desir de recognoistre l'honneur de voftre amitié pour m'en rendre digne, cercher toutes occafions pour me monftrer à toute efpreuve, Monfieur, Voftre trés humble & trés fidelle ferviteur.

XXII.

[AU ROY LOUYS XIII.]

Sire, cefte lettre qui voudroit & debvroit eftre leuë de Voftre Majefté feulement, le fera plus toft de tous autres que d'elle, felon les foings de vos honeftes geoliers & de voftre infenfible prifon. Les mains qui vous l'adreffent font celles de qui Dieu s'eft fervy à deffendre & garentir les vies & les Eftats des Roys qui ont expofé les leurs, & ont faict lictiere aux pieds du grand Henry, nom qui vous doit toucher de prés : mais au contraire vos infideles nourriciers ont donné une telle teincture à voftre ame, que au prix de l'amitié, de l'honneur & de la bonne grace bien acquife dont chacun s'eftoit attaché auprés du pere, autant fe trouve il hay, diffamé & abhorré du fils : ce qui fe juftifie par tout ce qui approche & ce qui fuit Voftre Majefté. Les fafcinateurs de voftre entendement & de voftre courage ne jettent pas feulement leur fort fur les perfonnes, mais fur les villes auffi, comme le traitté auquel cefte lettre eft attachee le fpecifie plus expreffement. Nous fommes donc contraincts, Sire, de fervir de loing Voftre Majefté : auffi ne fommes nous point valets à l'œil, & n'ayants que nos confciences pour treforieres de nos recompenfes, nous avons ceft avantage, que fi nos affignations fe trouvent fauffes en la terre, ce nous font des contants au Ciel.

Donc pour tefmoignage que nous fommes duits de noftre nature à la confervation des Roys, de quelque loing qu'on nous chaffe & par deffus les barrieres de voftre artificiel emprifonnement, nous nous efcrions fur le danger de la perfonne Royale & de l'Eftat, à la charge que fi cefte voix ne peut parvenir à l'utilité defiree, qu'elle foit à l'acquift de nos fidelitez.

Sire, il fouvient à quelqu'un de nous qu'en voftre enfance tendre, nous difcourions en voftre garde robbe, & en la prefence de Votre Majefté, fur l'affaffinat de Henry le Grand; à l'ouïr de tels comptes elle s'efcria : *Et quoy! me feroit on auffi bien moy? J'ayme mieux n'eftre point Roy & qu'on faffe Roy mon frere au lieu de moy.* Le jefuite Cotton vers lequel Votre Majefté fe tourna pleurant refpondit : *Non, Sire, on ne vous tuera pas; car vous ferez bon enfant de l'Eglife & luy obeirez entierement.* Montigny dit à l'oreille de quelcun, *Il me fouvient quand on me mena au college, & que mon pere difoit qu'on ne m'efpargnaft pas les verges, car il fera bien obeiffant, & là deffus foufpiroit, ne pouvant efperer une telle obeiffance au college qui peuft empefcher le fouët.* Sire, il vous eft impoffible d'obeir à tous vos maiftres que vous n'en irritiez quelcun, car difficilement pourrés vous fournir à la foif de fang qui embrafe ces ames infernales qui par terreurs, & non fans foupçon de filtres, vous font trembler au milieu de vos profperitez. Voftre vie eft entre leurs mains : tenés la pour perduë quand leurs affaires en demanderont la fin, & ce fera lorfque les traiftres que vous avez pris en la bouë pour les eflever en fi haut lieu, auront perdu l'eſtourdiſſement de la mutation & auront veu que le dernier degré ſe peut franchir. Ces fauconiers ſont de la nature de leurs faucons qui ont en la matinee de leur jeuneſſe deſchargé leur cerveau ſur le tiroet : ſur le midy ils voudroyent bien ſe gorger du gibier de votre Royaume ; vous leur faites plus que le devoir, & quelques pleins qu'ils ſoyent, ils devorent le reſte & en creveront, ſi un autre fauconier ne leur fend la meule comme à Conchine leur predeceſſeur. Ils n'oublient point de ſe rendre recommandables à Votre Majeſté, en feignant de grandes paſſions à ſon ſervice & s'appelants zelateurs de l'Eſtat. L'affection de l'Eſtat ne peut paroiſtre en ceux qui font l'Eſtat leur, mais en ceux que l'Eſtat perſecute, toutes fois n'en abandonnent pas la fidélité. Ils diſent qu'ils deſirent le bien de l'Eſtat, mais ils le poſſedent & le mangent, qui eſt plus que le deſirer. Leurs pauvretez les ont inſtruits à patience par laquelle ils ont pleu à Voſtre Majeſté. Quand les trois freres n'avoyent qu'un cheval, vous les avez non pas eſlevez, mais ravis dans la hauteur de voſtre ciel où ils ne reſpirent plus rien de bas, & meſpriſants toute la terre de ſi haut, ce qui leur eſtoit un monde autres fois ne leur eſt plus qu'un poinct, & ainſi accouſtumés à l'augmentation ſans meſure, comme ſans merite, ils ne ſe ſçauroyent paſſer de monter, & n'ont plus de place que la voſtre où ils puiſſent mettre leur couſſinet. Qui pourroit eſperer de la modeſtie en ceux qui aprés Mareſchaux de France, Ducs & Coneſtables, ont commencé à contrefaire les ſoldats? Que diroit aujourd'hui le Coneſtable Anne de Mommoranci qui avoit paſſé par tous les degrez de la milice depuis l'Amſpſade? Il diroit que ceux qui ont eſprouvé à leurs grandes peines le furhauſſement de tels eſchelons ſçavent apprehender & reſpecter le ſupreme degré, & par la reverence de l'honneur qu'ils ont acquis, n'aſpirent point à deſloger leur Maiſtre, tant pour l'injuſtice que pour l'impoſſibilité. Mais qui apprendra à ces champignons qui ſans peine ont paſſé tant de degrez? Qui leur fera apprehender la peine & le peril du dernier eſchelon, eux qui n'ont jamais eſſuyé ni peine ni perils? Ils ſont gens ſans lecture auſſi bien que ſans armes, & toutes fois on nous dit qu'ils ſe font lire l'Hiſtoire de France & que leur lecteur a eſté commandé de redoubler aux endroits où les Coneſtables ſont venus Roys.

Il y a plus, c'eſt que les hommes d'Eſtat qui veulent parvenir à la mediocrité par la ſouveraineté de leurs Maiſtres ne ſont pas à leur faire gouſter que leurs branches trop eſtenduës ont beſoin d'un ferme appuy. Ceſt appuy n'eſt point en France, ils ne ſont pas à le chercher dehors ; ils ont conſulté ſur voſtre ſanté, Sire, & ne la trouvants aſſés ferme, ils ſoupçonnent le vif & hardy eſprit de Monſieur, & quoy qu'ils tiennent la fleur de toutes les places de France, il n'y a guere de ceux qu'ils employent à les garder à qui ils oſent demander ferment contre le Roy deſigné. Il leur faut quelque puiſſance externe qui porte reverence aux ferments & ſur quoy ils ſe puiſſent aſſeurer. Encore veut on croire que ce traffic avec l'eſtranger eſt traffic de partage, qui ſera ſans faillir celuy de l'aſne avec le lion.

Dieu vous garde, Sire, de ces bons ſerviteurs de Roy qui ſont muguets du Royaume & ſervent la Royauté comme les galands font leurs maiſtreſſes, pour monter deſſus. Et vous ſouviene que c'eſt choſe plus inſolente de monter de Fauconnier au Coneſtable que du Coneſtable au Roy. Mais n'attendront ils pas voſtre mort naturelle? Je ne ſçay ſi leurs rivaux les contraignants ſe ſauver dans l'audace, ils n'aymeront point mieux poſſeder le Royaume que l'attendre à venir.

Le ſecond peril que court Votre Majeſté eſt en ce que vous mettrez au deſeſpoir la partie de voſtre Royaume qui l'a empeſché d'eſtre entierement aux mains de l'Eſpagnol. Les poſſeſſeurs de vos oreilles n'endureront pas cela, & vous endurerez ne le ſçavoir pas, ſi vous ne preſentez requeſte aux geoliers de voſtre ame, à ce qu'ils vous eſlargiſſent ſur le quarreau, c'eſt-à-dire qu'ils vous permettent le pourmenoir dans les belles allees des Hiſtoires auxquelles, outre la volupté, vous pourrez cuillir toutes ſortes de fruiſts des deux mains. Là, Sire, vous verriez que jamais l'Eſpagne n'a eſté ſans pretention ſur voſtre Royaume, combien de ſortes de factions elle a nourri au dedans pour l'affoiblir, que voſtre Conſeil n'a jamais eſté ſans penſionaires de l'or eſtranger, quelles ſectes ont favorizé ce qu'on appelle en un mot *le grand deſſein*, par quels artifices ils ont bandé la France contre la France, de quels liens ſont attachez les Jeſuites à la grandeur d'Eſpagne, le ſerment qu'ils ont preſté à faire qu'il n'y ait qu'un Chef en l'Egliſe & qu'un ſeul Empereur des Chreſtiens : à quoy il a tenu que cela n'ait reüſſy aux deſpents d'Henry troiſieſme, le plus bigot Prince qui ait eſté il y a trois cents ans, & le plus obeiſſant à l'Egliſe, ſelon leur geargon : vous verriez auſſi les deteſtables impuretez qui ſont en la ſecte peſtifere, & ſouffrez que nous l'appelions ainſi, ou que voſtre cour de Parlement faſſe amende honorable de l'avoir ainſi nommee par ſes arrets gravés ſur la pyramide : pyramide qui avec l'honneur de la France fut mife à bas, quand Henry, le grand invincible, fut vaincu par l'inutile peur du coup de coufteau. Vous verriez donc, Sire, dans ces livres que vos maiftres vous deffendent, qui a fauvé la perfonne des Roys, l'Eftat & la Royauté : ce font ceux qui n'y ayant point de part en portoyent le fardeau & avec peu d'autres bons François facrifioyent leurs vies pour authorifer les mains qui ne s'eftoyent pas encore lavees de leur fang. Ces chofes vous paroiftroyent dans le jardin de la France, mais en vous pourmenant un petit plus loing, vous verriez aux bordures que vaut le defefpoir des Peuples auquel vous pouffez maintenant les meilleurs & les plus vaillants, vous verriez les Republiques vos voifines, defquelles les Souverains ne fe pouvant fupporter eux-mefmes ont caufé la liberté : les Grifons, les Suiffes & tant de villes imperiales d'Allemagne vous feront voir un tableau de ceft arbaleftier à qui le Prince ordonne d'emporter une pomme deffus le front de fon enfant : vous verriez à quoy fervit la feconde fleche du tireur jufte en deux façons. Et ces chofes meriteroyent un plus long difcours, mais la Flandre qui eft fertile de tableaux vous feroit voir combien fes peuples ont fupporté d'actes tyranniques avant fecoüer de leur penfee & puis de deffus leurs teftes le nom Royal; vous verriez par quelles juftices ils font venus en l'heureufe condition de leur eftat, & comment ce grand Monarque d'Efpagne ne les ayant peu fouffrir pour fubjects & ferviteurs, a efté contrainct de les advoüer pour fouverains. Certes la veuë de telles bordures vous feroit retourner en voftre jardin & y cueillir des penfees & des foucils plus falutaires que celles qui font cueillies par vos bouquetiers.

Vous verriez chés vous dix guerres subsequutives pour le faict de la religion & autant de paix, les rufes par lesquelles on a diminué par la paix les Reformez, & celles par lesquelles des dix guerres, les huict [premieres] ont esté commencees à leur desçeu ; vous verriez les massacres qui ont engendré ces guerres, & puis celuy de la Sainct-Barthelemy qui a pensé les finir, comment trente mille hommes, & parmi ceux-là les meilleurs chefs de la guerre & plus vaillants hommes massacrez, n'avoyent laissé en France portes fermees aux executeurs que celles de la Rochelle & de Sanferre. Les Princes & Seigneurs Reformez faisoyent à l'envy les vaillants aux trenchees de la Rochelle, ayants sauvé leurs vies par la Messe & par execrables ferments ; les pauvres coquins qui resterent prirent la place de leurs gens, & avant que leurs Princes feussent eschappez de la Cour avoyent acquis à leur Party six vints places de guerre que depuis ils ont multipliees à deux cents quarante-huit. J'advouë que la trame de ce temps a esté encor filee de plus longue main, & avec une ruse plus lente que celle du temps passé. Vous les avez divisez, & comme leurs esprits, vous avez partagé leurs places ; vous en avez encore d'autres prestes à faire le saut, mais ils ne sont pas encore reduicts à deux, & vous estes sur le point de sçavoir que peut leur desespoir.

Sire, les Rochelois avoyent obligé vostre couronne, quand les Anglois par leurs rigueurs les contraignirent de se sauver dans leur liberté, de laquelle ils firent present aux Roys vos predecesseurs. Tous les peuples qui ont secoué le joug ont appris tels changements par les extremitez ; la necessité qui apprend les arts (comme on dit) arrache des cœurs des peuples l'amour de leur Prince, quoy que violent,

& fur toutes neceffitez celle de la religion fait les plus hazardeux. Je n'ofe dire icy autant de mal que j'y voy, mais donnez-moy congé de dire pour voſtre bien que voſtre nouveau Confeil met Ifraël aux efpourgés, vous fait joüer le perfonage de Roboam. Les anciens Confeillers du royaume travailloyent à unir les peuples, ceux-ci à les mettre en divifion & en morceaux. Tel de vos voifins qui ne peut devorer la France d'un coup, la voyant deftaillee fe prepare à l'engloutir; voila les dangers de dehors. Celuy de dedans eft que tant de gens que vous chaffez du regne le feront de l'amour du Roy, & n'ayants plus le Royaume pour pere, mais pour belle-mere la Royauté, vous les envoyez penfer leurs playes au foyer de la liberté.

> Trop hazarde le Roy qui des Princes efpreuve
> L'extreme defefpoir, qui fes peuples abreuve
> De vinaigre, & les paiſt d'alvine & de fiel,
> Qui fait confeil de moine & d'ennemis fa force :
> Mais il rifque de tout quand les ames il force
> A renier fon throne ou le throne du Ciel.

Le troifieme peril eft du Ciel, Sire; je fouhaittois nagueres que vous fuffiez eflargi fur le carreau, mais il vous faudroit une pleine delivrance pour cognoiſtre Dieu & le voir non deguizé. Vos hipocrites le vous depeignent traffiquant avec les hommes & fe payant de chofes qui l'offencent au lieu de le payer; tous les fatras de fauffes devotions, de grains benits, de pardons par les mains du Pape, de voyages & de vœux, & furtout de celuy du fang des voſtres, font autant de crimes en la face du Dieu vivant. Sire, Dieu hait le fang, & celuy qui s'efpand par voſtre Royaume vous fera goutte à goutte demandé. La juftice en fera de vous exigee en deux façons. Premierement en ce monde :

Car du fang du Jufte il s'enquiert,
Et c'eft un Dieu qui juge icy
Les bons & les mefchants auffi.

Je vous ay nagueres propofé des tableaux, mais je voudrois que voftre gallerie fuft garnie des morts exemplaires envoyees du Ciel aux perfecuteurs de l'Eglife de Dieu. L'Eglife anciene & la primitive ne vous lairroyent qu'un petit coin pour les dernieres hiftoires qui vous touchent de plus prés. Gueres ne dura Henry d'Angleterre, quand de protecteur il fut perfecuteur, auffi peu que le grand & premier François qui mourut dans le preparatif d'une grande perfecution. Henry fon fils fut tué par les yeux qu'il preparoit à voir les embrafements; Antoyne de Navarre qui avoit prefté l'efpaule au fupport des fideles fut tué par elle, fi toft qu'il l'euft foubftraitte à un fi honorable fardeau : François fecond pour avoir prefté l'oreille aux fanglants confeils & l'avoir fermee aux gemiffements des affligez, & pour voir l'effect de cefte fentence :

Quand Dieu frappe l'oreille, & l'oreille n'eft prefte
D'aller toucher le cœur, il nous frappe la tefte.

Trois pareils accidents aux mefmes trois parties ont encor defployé mefme vengeance de Dieu & defquels on a dit que Dieu :

Dit, exerça, fit droit, [&] vengeance & merveille,
Crevant, pouffant, perçant l'euil, l'efpaul' & l'oreille
  A fes perfequuteurs.
Qui peut cacher la vermine de poux ?

Qui a devoré voſtre voiſin, chef de l'Inquiſition & en ceſte annee ſon fils ſuivant ſon train, annee qui n'eſt pas finie & qui a enlevé pour ſa part ſept Souverains? Mais je ne veux entretenir le Roy que d'exemples Royaux : Antoyne, Roy de Navarre, me fait ſouvenir de Dom Jean, ſon predeceſſeur, qui commençant les feux en ſon pays fut bruſlé dans les eſtoupes & l'eau de vie de laquelle il penſoit ſes gouttes. Charles neufvieme qui eſpandit tant de ſang veit ſortir le ſien par tous les pores de ſon corps; nous l'avons veu en ceſt eſtat maugreant contre ceux qui l'avoyent nourri au ſang. Sire, ceſt exemple vous touche, pour ce que ceux qui vous ont nourri ont pris ce Roy Charles pour patron. Monſieur, frere de ce Roy, trouva le ſang d'Anvers à Chaſteau-Tierry, & ſemblable en peché ſe veit pareil en mort. Jettez l'œuil en paſſant ſur les execcuteurs de ceſte Sainct-Barthelemi, & faites mettre le tableau de Blois deſſoubs celuy de Paris. L'autre Roy ſuivant, conſeillier & ſoliciteur du maſſacre, & qui avoit encor ſur la teſte le ſang du Prince & des Seigneurs qu'il fit mourir priſonniers à Jernac, un vilain Moyne eſpandit le ſien ... meſme moys, au meſme lieu, en la chambre & en l'endroit de la chambre où il avoit fait toucher à la main pour la Sainct-Barthelemy. Je couppe là & vous delivre de cent hiſtoires de moindre eſtoffe, mais de pareil jugement.

 La funeſte mort de voſtre dernier & excellent predeceſſeur ne vous apprend pas ſeulement à quoy tiennent les vies des Roys, mais encor comment Dieu ſçait vendanger les eſprits de ceux qui l'abandonnent, par les meſmes iniques moyens dans leſquels ils cerchent aſſeurance contre la main puiſſante de l'Eternel.

Or veuille le Dieu puiffant, confervateur des Roys, garentir fon oinct des trois perils alleguez, defquels l'un vous environne, le fecond eft foubs vos pieds, & le troifieme vous pend fur le fommet. Tous les trois vous menent à la perte des chofes temporelles, mais il y a un mal au dedans qui menace des peines eternelles, & duquel dependent les trois: c'eft, Sire, voftre ame bleffee, non du coufteau que les hypocrites & caphars ont en la manche, mais du rafoir de leurs langues envenimees & des poifons enfucrés par lefquels ils ont imbu votre efprit de haine des chofes bonnes & de l'amour des horreurs, de la crainte des chofes feintes & du mefpris de la verité. Ils ont couvert du nom de prudence une impudente defloyauté, & comme fi la foy politique n'eftoit point partie de la juftice, en vous rendant parjure par effect, ils vous proclament Louys le Jufte en titre fans valeur : titre non feulement d'orgueuil, mais de perdition, car Jefus-Chrift n'eftant point venu pour les juftes, ils vous font par profeffion renoncer à fon falut & dire qu'il n'eft point venu pour vous.

XXIII.

A MESSEIGNEURS LES PRINCES ET GRANDS DU ROYAUME.

Meffeigneurs, pour ce que le Roy ayant achevé le Languedoc & quelque bordure du Royaume, & ayant mis par voftre Eftat la France au point de l'honneur & du repos où elle s'achemine, vous aurez tous loifir d'eftudier, vous ne vous amuferez point à la

Theologie, de peur d'y trouver des troubles & des regrets; l'Aftrologie ne vous monftreroit que de mauvaifes influences d'heur fans verité d'un cofté, & de l'autre le renverfement de courages & d'efprits, & quant & quant d'Eftats; pour les Politiques ne vous y amufez pas, car les ancienes ne s'obfervent plus; je vous deffends bien la Logique, car il vous feroit dangereux de raifonner ou difputer. Les Hiftoires vous feroyent crever de defpit. Je vous permets la Phyfique pour cultiver les jardins qui vous demeureront, où il n'y aura pas faute de penfees & de foucis, pour avoir foing de voftre fanté & vous garder, comme vous pourrez, de faire place à Meffieurs, mais furtout pour vous confoler en un principe : c'eft qu'il n'y a nul accroiffement d'un cofté qu'il n'y ayt deperition de l'autre, & c'eft affin que vous portiez patiemment le tranfport de vos fubftances condamnees par le Ciel & par vous à eftre mieux employees, à fçavoir à ceux qui, fans merite & fans juftice, ont le courage & le vouloir de Princes, & vous ne l'avez pas de vous y maintenir.

Monfeigneur du Hayan, afin que vous ne vous y trompiez, eft bien plus fçavant que quand il eftoit valet de Guiton. Il a employé ces jours un Miniftre revolté à faire un traitté contre du Haillan & contre tout ce qu'il dit de l'ancien Eftat de France, touchant les offices de la Couronne & les Principautez : il en vient là qu'elles feront dignitez perfonelles, & non reelles aucunement. Si bien que pour quelque temps vous ferez les premiers aux feftins, & vos femmes auront quelque rang en dançant les Allemandes defrobees en la fale du bal. Et de plus tant que les Rebelles dureront & troubleront les affaires de Meffeigneurs, on vous donnera quelque nom aux armees pour faire rompre la teste à vous & à ces fascheux. Et puisqu'on a mis sur le bureau d'espargner à la France tant de Gouverneurs de province, il n'y a rien tel que l'Antiquité ; on reduira le Royaume à trois partages : à sçavoir en la France Celtique, Aquitanique & Narbonoise. Trois est un si beau nombre ! Pere Cotton fit une fois un sermon devant le Roy de tout ce qui se conte par trois, en commençant du nombre divin & venant par les trois fleurs de Lys jusques au jeu de trois qui s'exerce aux tavernes. Or donc les trois freres soulageront les Princes de tant de charges où ils se trouvent bien empeschez, & qui les rendent soupçonnez de pouvoir ou vouloir troubler l'Estat du Royaume. Chacune des trois provinces aura des repartiments : bons Capitaines provençaux qui ne sacrifieront point à la grandeur naturelle de leurs berceaux, mais à ceux qui les auront creés. Cela fait, on regardera d'entre vous qui sera supportable ou non ; si quelqu'un de vous se mesle de solliciter des procés à soufflets & à coups de pieds, on s'en defera comme du Cardinal de Guise & comme on n'a failli de l'ainé. Ceux qui se rengeront bien au montoir, on leur fera l'honneur de leur donner quelque convalet, ou les joindre par alliance au sang de la faveur pour s'en fortifier en les affoiblissant.

Mais, Messeigneurs, encore vous veux je faire toucher à quel point descendent vos submissions, & comment il faut vivre soubs le sceptre offencé, comment il se faut cacher derriere soy mesme, effacer le soupçon de vostre naissance & de ce à quoy les vostres vous avoyent obligé. Ne doubtez pas que vous n'eussiez espousé la Bastille, & quelques uns pis, sans deux vertus de ce temps qui vous ont protegez, à fçavoir une merveilleufe pufillanimité & vos mutuelles infidelitez; vous avez veu fur le bureau la prifon, la liberté & la mort du Prince de Condé; il a efté plus d'un an à jouer : il eft dehors, il eft dedans. Tous les foirs, Meffeigneurs, Pere Arnould, Modene & du Hayan ayants difcouru à leur gras fouper, & mis fur table tous les propos & geftes que l'efpiat avoit efpiez & remarquez ce jour là en leur prifonnier, ils difputoyent curieufement s'il ne paroiffoit point encor en leur pigeon quelque racine de vertu cachee qui peuft rebourjonner au fentiment du paffé, mais en fin en ayant fait une bonne anatomie de ce pauvre condamné [ils eurent] l'affeurance d'une abjecte poltronerie reduite en fa perfection. C'eft la premiere piece que je vous recommande, Meffeigneurs, que j'efpere que pour bien faire paroiftre cette lafcheté, comme il n'y a rien fi vray femblable que le vray, fans grande peine vous l'imprimez en vos cœurs, & vous eftes trop dociles pour davantage vous en importuner. Vous voila donc hors de danger d'eftre criminels d'une miete de vertu, mais fachez, fi vous n'y prenez bien garde, que vous eftes en danger de l'eftre encore par celle d'un amy ou mefme de quelque valet qui aura eu l'honneur de porter une halebarde. Geftuy-ci un jour en faifant la diminution d'une eftolle fur la croupe d'un hongre, n'ayant pas fi bien defpoüillé l'honneur comme fon Maiftre, declamera fur la honte du Prince & fur la mifere du valet; un de vos fourriers qui penfera encor debattre vos logis comme au temps paffé, vos pages qui fe querelleront aux relais, vos laquais qui voudront faire les compagnons avec les valets de pied de Meffeigneurs, tout cela, fans parler de ce que peut faire un avy plus elevé, vous peut rendre criminels d'ambition & vous ruiner entierement. Voicy encor un eſceuil mortel dans le gouffre de vos païs : c'eſt que vous ne ſoyez pas aſſez diligents à voir l'aube coſmique de quelque aſtre naiſſant & quelque Prince nouveau, que Meſſeigneurs feront naiſtre dans le ciel de la France, quelque pauvre parent dont il faut faire un pilier au Triumvirat ; il faut de bons eſpions à deſcouvrir cela, & pour vous trouver au lever de ſon lict & de ſa grandeur, avant que ſon elevation vous y face trotter. Encor un accident, ſi le Roy par avanture prenoit en affection le laquais de Cadenet, Deſplan ? Il vous faut eſtre magiciens en prudence ; il y a danger de n'y accourir pas comme nous avons dit, mais s'il advient qu'il ſoit eſtouffé par la jalouſie & toute puiſſance de ſes maiſtres & les voſtres, la fortune de Deſplan tombera ſur vos teſtes & vous accraſera.

Voila l'heureux eſtat où vous vous acheminez en ſervant aux armes de bourreaux à l'envy, que pluſieurs pauvres ſoldats que vous recognoiſſez en les faiſant mourir, avoir ſervy aux petites guerres de vos meſcontentemens & y avoir porté la vie que vous leur oſtez. Certes eſtre cruel pour venger ſa paſſion eſt choſe aſſez indigne d'un Prince, mais l'eſtre pour la freneſie d'autruy, que dis-je d'autruy, de vos rivaux, de vos ennemis du paſſé & de vos maiſtres maintenant, cela paſſe le valet & va juſques au bourreau.

Voila ſur un des deux eſcueils qui eſt la puſillanimité : voicy l'autre, à ſçavoir l'infidelité à tous vos parents & amis, compagnons de fortune, & à vous meſme, qui eſt voſtre pis. Il ne faut guere vous importuner ſur ceſt article : vos douteuſes naiſſances vous ont d'elles meſmes acheminé à faire des tours de mulet, les preuves en ſont trop frequentes en toutes vos actions & vous fustes passez docteurs en trahison en la conference de Loudun. Donc affin que Messeigneurs ne vous puissent considerer unis, mais tous à part, plaignez vous les premiers à vos compagnons de misere, & si la douleur leur fait eschapper quelque desir ou quelque esperance de mieux, portez cela bien augmenté à Monseigneur de Modene, grand Espervier du Bourguignon. Quand Messeigneurs blasmeront quelqu'un de vous, le soupçonnant de quelque courage, adjoustez quelque chose au soupçon, faites le paroistre vertueux & vous offrés à l'estrangler. Nous discourions un jour avec quelques uns des plus Grands des guerres de Bretagne & d'ailleurs, & des penderies qu'on exerçoit sur les pauvres Liguez ; parmi ceux-là nous remarquions quelques jeunes soldats qui conviez à sauver leurs vies en perdant leurs compagnons, choisissoyent plus tost la mort & disoyent aimer mieux estre les *pendus* que les *pendeurs*. Là dessus nous demandasmes à un Prince, sur son reste de foy & de conscience, lequel de tous les Grands de la France il estimoit avoir autant d'honneur qu'un de ces pauvres soldats & qui aimast mieux mourir que de pendre pere, mere, freres & compagnons : celuy à qui se faisoit la question aprés avoir phisionomizé tous les autres, advoüa qu'il n'en cognoissoit aucun qui pour sauver sa vie ne fist l'excecrable choix. On luy repliqua, *Non certes, ni vous mesmes qui en parlez.* A Dieu, Messieurs, fils de putain comme vous qui vous servira. Prenez pour vostre bonne bouche ce quatrain :

> *Princes, où est vostre gloire ?*
> *Vous estes tous prisonniers*
> *Sous les trois hommes d'escritoire*
> *Et autant de fauconniers.*

XXIV.

[A SON IMPRIMEUR.]

Monsieur, je vous envoye une piece de marquetrie pour *les Jugemens*. Quant aux additions de diverses pieces, soit vers, soit prose, j'en fourniray jusques à faire le ventre du livre trop gros pour sa taille, & pour cela je vous donneray une demi semaine quand vous l'ordonnerez. Bonjour.

A. A.

XXV.

[SANS SUSCRIPTION.]

Monsieur, ny vous, ni Monsieur Goular n'avez point eu de remerciemens pour les livres : à quoy je n'apporteray point pour excuse la multiplicité de mes occupations, car qui a loysir de recevoir doibt avoyr celuy de cognoistre; c'est qu'il faut remercier en service & non en vocable du commun, aussi *ea in publicum contulisti : si idem fecero, bona inter nos erit ratio & accepti & impensi*. J'envoye mon petit fruict d'une grande pene à Messieurs Hart & Tomson lesquels je prie vouloyr *surere & ecare, sensibus deruncinare ægrum & potius vulnus facere quam non mederi. Si tibi medico per ægrotos liceat huic fœtui horarum aliquot operam dare, tu mihi, tu illi Æſculapius eſto.* Je n'ay peu juſques ici eſtre ſecouru de perſonne en la verification des paſſages, qui m'eſt un dur labeur. J'euſſe prié quelcun de Meſſieurs les Miniſtres de la Rochelle d'y jetter l'œuil, mais je crains que dés le nom de l'autheur ils rejettent la piece, pour ce que c'eſt aux grues du Capitole à ſe taire quand les chiens ne ſont pas muets, comme Dieu merci ilz ne ſont pas ; mais j'ay pour raiſon que j'ay eſté tiré à ce combat *obtorto collo & non ſpe authoramenti*. J'oublie à vous dire que *papa non papa* ne m'a apporté aucun aide, mais Oulnens livre *de traditionibus*. Ces paſſages ne ſont pas bien citez, entr'autres un où il faict dire à Saint-Jeroſme : *Auguſtinum hæreſica quædam ſcripſiſſe*. Ce lieu vault la pene, ſi quelcun de nos amis le pouvoit marquer, de le mettre en rang pour le combat *inter evocatos, at ſi militant loci proletarii & capite cenſi, tum demum alieno periculo periculum feci quam ſit inſidioſum ex judice ſapere.* Souffrez que je vous desbauche de meilleurs affayres & recevez de bon cœur ce que de bon cœur vous envoye Voſtre...

XXVI.

MONSIEUR MON TRES-HONORÉ FILS.

Vous pouvez dire avec verité que les cœurs & les eſprits des meilleurs de la France ont tenu priſon dans la Baſtille autant que les Comtes criminelz de leur vertu, & ont trouvé leur liberté en la voſtre :

en attandant que celle de la vive voix me foit donnee, je vous envoye un petit receuil de mes exercices. Je croy que Madame la Comteffe en a reçeu le premier qui a paffé en France; je ne vous convie pas à le lire pour y apprendre, mais pour ce que vous y trouverez quelque piece qui fent la compagnie que mon ame vous a tenuë un temps. M'eftant fort difficile parler de voftre affaire avec toutes les circonfpections que le fiecle exige des plus advifez, je metz ma briefveté en la place de la modeftie, pour me taire aprés vous avoir fupplié d'honorer & bienheurer de telle lettre que la voftre, Monfieur [mon trés-honoré fils, Voftre...].

XXVII.

[SANS SUSCRIPTION.]

Monfieur, ce feroit imprudemment faict à moy de vous entretenir des nouvelles incertaines defquelles toute forte de couriers payent leur paffage, quelque fois en riant, comme d'une nouvelle querelle en Italie pour le Duché d'Urbain, de la bleffure du jeune Prince de Mantouë, de la deffaicte de quelques François, que M. de Rohan fe foit jetté dans le fiege, & force telles chofes lefquelles eftant vraies pafferoient par vos mainz avant les noftres. Il nous en vient quelquefois par des voyes defquelles nous pouvons refpondre; quand il viendra quelque chofe de pareil, l'honneur de voftre commandement me donnera la hardieffe de vous en adreffer l'advis.

Quand à mon fentiment, j'en fairay difficulté en me voiant hors d'employ & d'affaires : & puis que vous daignez vous enquerir fi j'efcris, je diray que le mauvais traictement qu'ont reçeu mes labeurs me faict repofer, & jetter dans un cabinet un gros amas de memoires reçeus depuis dix ans bien fouvent par les Marefchaux de Camp des deux partis. Je garde cela pour quelque bonne plume qui ne foit pas criminelle par le nom de l'autheur, & ce pendant je vous donne de mes exercices pour employer quelque heure defrobee à voz affaires, pour lefquelles & pour voftre profperité prie Dieu de tout fon cœur, Monfieur, Voftre...

XXVIII.

[SANS SUSCRIPTION.]

Monfieur, j'ay peu de chofes à adjoufter aux confolations de vos divers amis, à celles que vous aurez tirees de lectures, plus encore de vos prieres, des meditations auquelles Dieu aura refpondu par l'efprit confolateur, en excitant la magnanimité de laquelle il vous done amplement. Je ne leveray donc poinct la croufte que le temps aura commancé de faire fur voftre playe, bien que la contagion de [vos] larmes en ait fait refpandre ceans. Le propos fera donc place à ce que je puis dire fur celuy de voftre retraite : c'eft que je ne puis que eftimer beaucoup en vous la refolution que j'ay executee pour moy, y ayant trouvé de quoy randre grace à Dieu ça pour ça. Il n'y a rien pareil pour leſſer le repos des perſonnes & familles qui peuvent ſe baiſſer pour s'aſſeoir, ou comme les joueurs de luth deſſendre d'un ton pour faire durer les cordes ; j'ay ſeulement à vous exorter de juger bien ſi [en] voſtre abſence, noſtre point de ſupport eſpere aus affaires & aux perſonnes pour qui Dieu vous a fait naiſtre auſſi que pour nous.

XXIX.

A MADAME DE ROHAN [1630].

Madame, il m'eſt impoſſible de repreſenter l'envie que je porte à mon livret, preſt de recevoir la clarté de vos veuës & d'eſtre touché par les mains pures d'une ſi ſainte compagnie que la voſtre. Je ne participe à ceſt heur que par les deſirs que Dieu changera, quand il luy playra, en eſpoir, en deſſein, & puis en effet. Cependant mon ouvrage ſervira d'une plus longue lettre & vous contera quelles panſſees ont pouſſé deſpuis dis ans mes ſouſpirs vers le Oueſt & le Sud. La paſſion de mon eſcrit merite plus que ſa doctrine ; ſurtout je vous demande la lecture des Pſaumes 73 & 84 comme inſpirés par la compaſſion des immanſes fardeaus de vous & des voſtres. Vous ſaurés bien excuſer ce qui manque au bien dire, remplaſſé par les violentes affections deſquelles vous ſuit, où que vous ſoyés [Voſtre...]

XXX.

A MADAME DES LOGES [1630].

Madame, je ne vous donne pas cefte piece degroffie pour eftre expofee fur la fcellette de voftre excellente Academie : mais je l'envoye à voftre faveur pour vous faire changer de viande, vous trouvant peut eftre raffafiee de douceurs, comme on s'ennuye de gelees & de reftaurantz, & mefmes des plus exquifes delicateffes de la Court. Si je vous trouve en ce poinct, j'auray faict à propos :

> *Et cela auſſi bien comme*
> *Les perdrix fachent nos Roys*
> *Qui vont aux champs quelquesfois*
> *Manger les choux du bon homme.*

Au lieu d'attendre voz louanges, je demande voz excufes que vous pourrez prendre fur le datte de quatre-vingts ans, & de mon exil, fur ma tefte foudroyee & non vaincuë & qui s'arme encor de lauriers. Reprefentez-vous le vieux Ovide criant du Pont & d'entre les Sarmates :

> *Les vers cherchent la reraitte*
> *Tranquille, feure & fecrette*
> *Et le repos des efpritz :*
> *La mer, les vents & l'orage,*
> *Un hyver dur & fauvage*
> *Divertiſſent mes efprits.*

Ne penfez pas que je n'aye apprehendé le dangier de n'arriver pas à la bonne heure, mais il m'eft fouvenu de celuy que vous couruſtes à Maillezais, quand avec voſtre gentille bande vous arrivaſtes la nuict, & une des rouës de voſtre caroſſe eſchappa dans un foſſé taillé en roche de trente pieds de haut; vous aviez tout ce qu'il faut pour eſtre la bien venuë, mais voſtre hardieſſe & le peril y apporterent quelque choſe de ſuccroiſt. Que mon livret pour la riſque qu'il va courrir ſoit rendu, non ſelon ſon merite, mais pour la gaillardiſe de voſtre amour qui ne peut fleſtrir en mon hyver & tous les jours par voſtre renommee embrazé à vous admirer.

Madame, Voſtre...

XXXI.

A M. DE ROHAN [1629].

Monſeigneur, je vous eſcris en voſtre lit de la fiebvre, du mien de l'ereſipele, laquelle ſemble me promettre de me traiter plus honneſtement qu'elle ne fiſt à Loudun, quand j'eſtois voſtre procureur vers le Prince de tous les vicieux. Nous voyons iſſi deſnouër l'enigme de Savoy, Son Alteſſe faiſant touſjours profetion de demourer neutre s'il pouvoit, mais la conſequenſe de Suſe l'en doit empeſcher; cette place eſt l'aimant qui doit attirer tout le fer, pour ce que l'Empereur ne peut ſuivre ſon deſſein que en la reprenant, ni le Roy le ſien que en la deffendant. Eſtre neuſtre en telles affaires n'eſt pas un bon eſtat, car le neutre n'engendre rien, & [eſt] bien souvent la proye du victorieux qui convertit en haine son mespris. Le Prince de Carignan, retournant de Piedmont, fait faire diligemment les pains de munitions pour les Espagnols qui passent les monts. Si le traité d'Ast est rompu, comme l'on dit, je panse que la Serenissime Seigneurie aura loisir de mettre ses places & ses hommes en bon estat pour ce qu'il faut vider le procés de Suses le premier [1] . .

. . . .

. . . .

Nous commanssons à voir le Roy attandu à Dijon, où la Cour a defance de prandre les privileges de vandanges, pour ce que Sa Majesté leur veust communicquer choses d'importance qui se pourront resoufdre en quelques Edits bursaux. J'avois ci devant, faisant hardiesse de ma bonne volonté, osé escrire par les mains de Monsieur de Candalles, Messieurs Scaramelli & Durant sur deux points : l'un pour ne mesler point les armes de la Seigneurie avec les François, l'autre pour monstrer que Messieurs de Venise devoyent fondre sur les Grisons pour leur laisser ce que la courtoisie non ruineuse eut permis ; je m'estois efforcé d'en deduire les viollantes raisons, mais despuis l'affaire de Portugal j'ay trouvé force gens qui m'ont refusé pour Medecin & m'ont advoüé pour Prophete. Si la guerre s'atache au territoire de Venise, je ne doubte point qu'ils n'ayent à choisir de vieus Capitaines exercés & bien esprouvés dans la praticque des sieges ; il semble qu'ils en auront de besoin, pour deça les Souisses conduits si horriblement mal que je n'en veus point importuner vos

---

1. Ici un feuillet du manuscrit a été arraché.

meditations, ouy bien les miennes qui ne furent achevees d'imprimer que hier au soir. Je ne vous en puis envoyer qu'une copie; aprés ceste sepmaine, une adition que on imprime estant faite, vous en aurés davantage, car celles du Pseaume sont faites pour vous & pour vostre famille. Les prisonnieres m'ont escrit deus fois despuis leur liberté. Les affaires plus domesticques seront pour Madame la Duchesse, car vostre esprit & vostre cœur ont randu les choses privees indignes de vostre souci.

XXXII.

A M. DE ROHAN.

Monsieur, ceste lettre n'est pas pour vous dire en papier l'adieu que la prudence a empesché de vive vois, c'est une fasson que j'ay accoustumee il y a long temps, & qui s'apelle en Poitou le privilege d'Obigni. Aussi ne puis-je conter pour absens que les mors ou les revoltez; tous autres demeurent en mesme maison qui est l'Esglise de Dieu, & encores par là je tiens pour superflu de dire à Dieu à ceus qui meurent au Seigneur. Or Dieu veille conduire de jour par la nuee du refreschissement, de nuit par le feu qui luit sans ambrasser, la bande agreable & benite de nos trés aimees & trés honorees Princesses, de vous & de ceus qui les servent en leurs dangers & labeurs. Le ciel sera importuné de telles prieres par leurs ferviteurs & fervantes acquifes, & entre ceus-là efpere faire fon devoir. [Voſtre...].

XXXIII.

[SANS SUSCRIPTION.]

Monſieur, je vous plains de voſtre guerre ſans efclat que je crois vous eſtre facheuſe. Je voy quatre chefs de Parti tandre aparamment à faire mine de plus pour la compoſition, mais le plus puiſſant des quatre fait à bon efciant fon flus de picques, & nous trompera, s'il ne fe trouve le plus preſt, le plus fort & le plus fin. Il femble que le Pape met en ſa main un caducee de fer, mais Mars pourroit bien traiter Mercure en maquereau. Permettés à ma vieilleffe & à mon affection de vous exorter à patience & de regarder à quoy vous peut eſtre bon [Voſtre...].

XXXIV.

[SANS SUSCRIPTION.]

Monſieur, en atandant que je vous puiſſe entretenir avec affeurance, l'ayant prife pour la vous donner tant fur la paix d'entre les deux Roys, ſa façon & termes, que de celle du Duc, des combats qui fe font paffez pour le renvitaillement que de Languedoc, d'où nous n'avons rien defpuis la prife de Portes, utile en ce que les maguafins pour le fiege de Privats-y eftoyent, nous n'avons, di-je, que l'entreprife du Duc Monmorranci fur les moulins à vent de Nifmes, en quelques uns defquels fes Chevaux legers ont mis le feu avant [le] jour, & n'ont peu fe retirer fitoft à leur armee proche de là [qu']ils n'ayent payé d'un bon nombre de mors que les Lionnois content ça finq cens : tout cela & le fiege de Soyon encore incertain. Voifi pourquoy j'efcri principalement, & par autre Segretaire que de coutume. Le Seigneur Courtifant pour qui nous avons defpendu de la pouldre n'eft oifif fur voftre efcrit. J'ay efté vifité par deux hommes : l'un eft le Saduceen qui venoit devers vous ; cettuy-là m'a fait une harangue pour montrer combien voftre traité feroit de dommage public, parce que il fonde l'union des Cantons Proteftans fur la desfence de noftre Religion, que cela en chaffe les voifins Papiftes & une grande fuitte de Leopol, & autres confiderations d'Almagne : tout ce long difcours pour tumber fur le Roy qui (en me ferant la main) eftant pris de bonne forte entreroit en cette conjonction, & partant la randroit forte & heureufe. Le mefme jour je fus vifité de mefmes propos par un qui a efté des premiers à mettre l'union & le confeil fur l'enclume : n'ayant les deux harangues de diferance pas une feule clofe, cettui-ci n'avoit point veu l'autre, mais ayant pratiqué en mefme efcole qui eft Chatillon plufieurs fois, & à chefque fois ayant tenu cabinet de deux heures & plus.

XXXV.

[SANS SUSCRIPTION.]

Monſieur, le porteur eſt homme de creance, tant pour la ſuffiſance que pour la fidelité. J'ay diſcouru avec luy touſchant la propoſition qu'il m'eſt eſchapé de vous faire, & meſme luy ai fait voir un extrait de mes raiſons courtes & ſans fard, ſelon leſquelles la meſcollance eſt ruyneuſe, & l'employ ſeparé de lieu & conjoint en conſequence eſt de honorable utilité. La queſtion du juſte y eſt aparante, c'eſt celle que on fait marcher la premiere à la parade, & la derniere en efficace. Que vous dirai-je du paſſage de l'armee, duquel nous recevons à toutes les heures nouvelles qui ſe dementent, & ſur tout ſi Son Alteſſe peſche en ceſt affaire par faute de force ou de prevoyance, ou ſi il conſant par la crainte de la grandeur d'Eſpagne, ou s'il s'eſt reſolu à vouloir ce qu'il ne peut empeſcher. Quoyque ce ſoit, le Rubicon eſt paſſé & la meilleure nouvelle que je puiſſe vous donner, c'eſt une monſtrueuſe ſuite de vivres avec telle deſpance que vous ne pouvés plus doutter d'un loyal commancement. Il y en a de Lion qui oſent desja loger le Roy à Turin ; c'eſt aſſés qu'il ait paſſé Suſe & que j'attande à en avoir davantage pour vous en rendre conte comme eſtant [Voſtre...].

XXXVI.

[SANS SUSCRIPTION.]

Monsieur, cefte lettre vous fera donnee par le Seigneur Crotta qui porte sa creance sans la recevoir de moy, à commancement de l'employ de Monsieur de Candale. On m'avoit demandé pour luy un Secretaire d'armee, & j'avois pensé à le nommer, mais les presens laiffent tousjours les os pour la part des absens. Si vous avés moyen de le loger ou le mettre en besongne vous mesmes, les gens de bien & vous mesmes vous en sauroient gré. Il vous parlera d'une ouverture que j'ay faite au Seigneur residant avec lequel vous m'avés mis en commerce, c'eft pour persuader à la Sereniffime Seigneurie de ne confondre pas leurs forces dans les Franfoifes, mais les apliquer au grand bien de l'union & à l'avantage de Venife pour le fruit de fes defpanfes & labeurs. J'en ay des articles faicts curieufement que j'envoyerois s'ils m'eftoyent demandés : autremant je fuis tout inftruit de me taire. Je picque & follicite vos gens de vous aller trouver ; je ne vous envoye point de nos douttes toufchant la montagne franchie, car le Roy eftant en Italie, ce feroit envoyer de fes nouvelles en Italie mefme. Si Monfieur de Candalles eft parti, comme on nous dit, je vous prie de garder la lettre que je luy efcris, s'il doit venir bien toft : finon l'ouvrir, car elle eft de vos affaires ; vous favez bien fans que je l'efcrive que je fuis [Voftre...].

XXXVII.

[SANS SUSCRIPTION.]

Monseigneur, ne pouvant me guerir de la continuelle follicitude où je fuis pour ceux qui travaillent au bien, j'ay conferé par lettres avec le Seigneur refidant à Suric, du grand bien que j'eftimerois à ne confondre point vos forces avec les Françoifes, mais les employer à une action feparee de lieu, mais conjointe à l'utilité. J'en ay ouvert quelque chofe à ce porteur, conoiffant fa fidelité & fa fuffifance. J'en ay faict un petit traicté de plus de raifons que de parolles, mais je n'oferois l'expofer, fi je n'en avois un commandemant pour gager de fa bien venuë. Monfieur eft reparti d'auprés de Vienne, & a par Lion repris la riviere. Quelqu'un nous dit l'avoir veu vers Tours; les uns donnent à fon voyage quelque caprice, les autres quelques Englois aus coftes. Je vous efcrirois les forces de l'Empereur vers le Rein, de fept Regimans qu'il leve, du refus de Strafbourg aux Commiffaires, de quelque emotion du Duc de Sace & plus feurement de la diete des Proteftans à Suric qui a commancé le 12 de ce mois, au nouveau ftile, mais le Seigneur Scaramelle eft fur le lieu. Il fe leve quelques Regimans en Gafcogne, entre autres Caftelnau pour marcher aprés le Roy : excufés une importune bonne vollonté, c'eft...

XXXVIII.

[SANS SUSCRIPTION.]

Monsieur, vos lettres nous ont relevé de la consternation qui commençoit à nous abbatre sur les bruits qu'on faisoit courir d'un navire perdu & d'un autre pris par les Donquercquois. Ce premier bruit avoit pour autheurs qui pouvoyent y presenter titre. Quelqu'autre vous escrira les insolences & inegualitez qui se sont passees en cette ville : je me contenteray de vous asseurer que les proches servantes de Mesdamoiselles les Princesses, n'ont point chanté la palinodie, ni favorisé le mal de presence, de parolles & aussi peu des yeux.

XXXIX.

LETTRE A MADAME, SŒUR UNIQUE DU ROY[1].

Madame, c'est dés vostre enfance que la tristesse & l'adversité vous ont esté mieux sceantes & plus utiles que la joye & la prosperité : mieux sceantes à

---

1. Cette lettre, que nous reproduisons d'après le ms. de la Coll. Tronchin, a été publiée par M. F. Chavannes dans le Bulletin de la Société d'histoire du Protestantisme français, (t. IV, p. 561) sous ce titre : *De la Douceur des Afflictions*.

vos beautez viſibles, plus utiles à celles de l'âme. La premiere de ces remarques parut en voſtre chambre de Pau, ainſy que vous chantiez un air triſte, duquel vous aviez honoré mes paroles :

Et c'eſt un don du ciel particullier à vous.

Pour le ſecond, qui eſt commun à tous les enfans de Dieu, j'auray les teſmoingnages des conſcienſes qui ſe ſont examinees, & en l'affliction & en la proſperité. Or ſi autrefoys le triſte maintien de voſtre viſage luy a donné parement, la triſteſſe qui aujourd'huy vous eſt familiere, embraze vos ſpectateurs de veritables amours, de cœleſtes deſirs les cœurs, & emplit leurs bouches de louanges. Et moy, qui ay toute ma vye aymé les triſteſſes, comme vous ſavez, Madame, je ſens mon cœur compatizer de deux cens lieuës aux peines qui vous ſont bien heureuſe : ayez agreable de ma bouche des louanges, de ma plume cet eſcrit. Que ſi autrefoys vous avez donné l'air à mes parolles vaines, comme liant d'or & de ſoye ces fleurs de printemps, ſerrez au threſor de voſtre cœur (comme le ſanctuaire du petit temple que Dieu a mis en vous) ces fruicts de voſtre eſté & de mon automne, qui à la ſaiſon des feux & des tempeſtes parviennent à leur maturité. Aſſez d'eſprits ſont ſectateurs de la gayeté, & s'embrazent d'elle : les bons cherchent la maiſon de pleurs que le ſage teſmoingne bien heureuſe. C'eſt en ces pleurs que reluiſent en vous des beautez ſurnaturelles; cette affliction eſmeut l'Egliſe de Dieu à vous endormir dans ſon giron, à vous ſerrer en ſon ſein, à donner des baizers chaux à vos larmes tandres, & à faire ce que font les meres debonnaires à leurs chers enfans qu'elles menacoient nagueres en l'eſclat de leurs felicitez. Ces careffes font les prieres que toutes les Eglifes de l'Europe prefentent à Dieu, comme encens de bonne odeur : voftre nom par leurs bouches refonne dans le Ciel avecq des cris plus amers, dés lors qu'avec plus d'amertumes, & plus de playes honorables, vous combatez le bon combat.

Nous avons fceu, Madame, comment Monfeigneur le Duc voftre mary, eftant allé vers le Pape pour faire lever l'excommunication foudroyee fur luy, a reçeu pour fa peine ce qui fe trouve ordinairement en ce fiege d'impieté, c'eft à fçavoir aultant d'orgueil, comme on a recongneu en luy d'humilité, & des menaces auffy hautaines qu'ont efté infimes fes fubmiffions. Or comme l'acte de voftre martyre & triomphe a pour efchafault voftre grandeur, & pour fpectateurs l'Univers, là deffus nous oyons divers advys des Theologiens [&] des hommes d'Eftat : les uns penfent que le Pape ne peut feparer ce que Dieu a conjoinct : les autres, que quand il eft dit que l'homme ne le fepare point, cela ne fe peut entendre du Pape qui n'eft pas homme, mais quelque chofe d'entre Dieu & l'homme. Les uns efperent que Monfeigneur le Duc oppofera l'amitié cordiale qu'on dit qu'il vous porte à la tyrannye infuportable de ce monftre : les aultres difent qu'on doit au Pape ce qu'on doit à Dieu, quitter femmes & enfans, vie temporelle pour luy, peut eftre l'eternelle auffy. Les ungs, que Monfeigneur le Duc recongnoiftra commant les Papes, qui ont mis le pied fur la gorge des Empereurs profternez, fe font profternez aux Empereurs & aux Roys qui avoient la main haulte, & que tant de Princes ayant aujourd'huy fecoué le joug de Rome, il n'a plus maintenant pour fes tributaires que les efprits facinez par fes preftiges. Les trompeurs fourniffent d'exemples au lieu de raifons, monftrent la valeur incomparable de quelque Roy & la grandeur des aultres Roys profternees foubs mefme joug. A ces exemples on leur fait voir tant de petites villes, Principautez & Communaultez, qui n'ont autre peine à s'afranchir du pouvoir de l'Antechrift, que d'embraffer la liberté de Chrift. Contre ceux là les canons du Pape ne font chargez que de foin, fes foudres ne font que des fufees : mais en fin nous voyons que là où il plaift à Dieu, cett'efficaffe d'erreur a puiffance, & certes bien fouvant fur les perfonnes plus hault elevees, comme fy les nuees, qui fervent ordinairement de chapeaux à ces montaignes, trompoyent de fi haut la veuë par plufieurs milieux, & faifoient voir, à travers ces faux miroirs, les fept montagnes de Romme pour nuees voifines du Ciel. De là vient que nos Roys, fy clairs voyans ailleurs, troublent en cet endroit leur veuë de leur haulteur, & fi braves & courageux en toutes autres chofes, prenent ce mafque pour homme, & pour mafques bien fouvent les hommes de merite & de vertu. De là vient que les merveilleufes victoires de nos Princes vont mourir aux piedz puants de cefte idole, & les prefans de Dieu les plus glorieux aux marchepiedz infames de Satan. Quand les prieres Euchariſticques & les actions de graces, qui devoient voler vers le Ciel, ont fait leur pointe vers la terre & fon Prince tenebreux, de là fort l'erreur de principe, & nous foufrons pour loix ce qui devroit fouffrir nos jugements. De là vient, Madame, que les amitiez mutuelles de Monfeigneur le Duc & de vous, amitiez pluftoft amours, que chacun tefmongne devoir fervir d'exemple à toutes unions de mariage, de là vient, dis-je, que ces amours font changez en regretz, vos douces efperances en frayeurs, vos careffes font rompuës de circompections, vos foirees, au lieu de bal & de jeux, fe paffent en un trifte filance, qui n'eft entrerompu que de fanglotz : voftre maifon eft maifon de deuil, voftre lit une prifon, & la nuit, qui vous preftoit les rideaux de fes tenebres pour couvrir vos plaifirs, couvre tant qu'elle peut vos foupirs & vos doleances. Voyla ce que nous en a fait favoir la renommee; [le] refte eft au fein de Dieu, dans le regiftre duquel voftre peine eft efcrite, & qui a vos pleurs amaffez en fes vaiffeaux plus precieux.

Noftre fiecle a veu plufieurs fortes de Martyres, & les cruautez ingenieufes dont Satan, fon lieutenant & fes fupots ont defchiré l'Eglife en fes membres, & pourtant la panfant meurtrir, ne lui ont aporté que des faignees & des fcarifications. Les cordeaux, les couteaux, les feux, les tenailles, les enterrements vifs, & aultres morts exquifes qui [ont] etoffé les triomphes de ce temps, ont efté hideufes à nos yeux & effroyables à nos pancees : mais qui confiderera voftre martyre continuel, vos tormants fans fin, vos mortz fans mort, vos gehannes fpirituelles, les loix qui fervent de liens pour vous attacher à vos fouffrances, vos juftes defirs eftranglez fans paroiftre, voftre efperance traverfee & deftranchee, les embrafemens de voftre ame, la diftraction que font de voftre jugement ceux qui le tenaillent de menaces & promeffes, voftre cœur vif, qui defirant voler au Ciel, eft enterré avant fa mort par les hommes de terre? Les vehementes paffions que m'ont caufees vos afflictions, ont fait que je me les fuis depeintes par un embleme que je vous donneray. J'ay ufé de la vulgaire defcription d'une Foy, & de

la liaison de deux mains impareilles, l'une forte
& armee, qui n'estraint point le nœud de ceste Foy
qu'à demy : cette-là est attachee à une chaine rouillee
qui sort d'un Averne obscur : l'autre main petite
& delicate comme l'une des vostres, serre non serree,
& estraint non estrainte, l'union distraite des deux
parts, car un bras qui sort de la nuë la tire à soy.
J'ay donné pour ame à cett' embleme :

Cedat vis infima cœlo.

Voyla un portraict de vos angoisses, desquelles
quiconques jugera justement jamais ne vous refusera place en la troupe candide & triomphante des
martyrs : & vous permettra de dire ce que, en les
descrivant, un autheur de ce temps fait prononcer à
une Royne Angloize menee à la mort :

Dieu meslera par moy,
Au pur sang des martyrs, l'illustre sang d'un Roy.

Et à bon droit dira-on de vous, ce qu'il dit ailleurs
d'elle-mesme,

Car elle avec sa foy, garda aussy le rang
D'un esprit tout royal, comme royal le sang :
Un royaulme l'attend, un autre Roy luy donne
Grace de mespriser la mortelle couronne,
Pour chercher l'immortelle, & lui donne des yeux
A troquer l'Angleterre au Royaulme des Cieux.
Elle ayme mieux qu'ailleurs reigner sur elle-mesme,
Plustot que vaincre tout, surmonter la mort blesme.
Prisonniere çà-bas, mais Princesse là hault,
Elle changea son trosne au sanglant eschafault,
Sa chaire de parade en l'infime sellette,
Son carosse pompeux en l'infime charette,
Ses perles d'Oriant, ses brassartz esmaillez
En cordeaux renouez & en fers tout rouillez.

Mais ce n'eſt pas la peine qui fait le martyre, c'eſt pluſtoſt la Cauſe. Aprés donc avoir fait un tableau en petit de vos afflictions, mettons auprés de luy celuy des cauſes pour leſquelles vous eſtes affligee, & par meſme moyen un creyon de nos differands, par les reproches communs de nos adverſaires, en retorquant ſur eux leurs objections ordinaires, ſans ſophiſmes, & ſans ayder d'un coup de pinceau à la blancheur naïfve de la verité.

Or, pour traitter par ordre les tantations de ce temps, je prendray le modele des attaques & deſfences remarquees en Saint Mathieu, cap. 4, entre Jeſus-Chriſt, qui eſt la ſageſſe eternelle, & Satan, Prince & pere des tantations.

Premierement, les ſeducteurs de ce ſiecle choiſiſſent les ames affamees & deſtituees de la parolle de Dieu, & meſme jettent l'œil ſur ceux à qui la perte des honneurs & des biens, la crainte de la famine & de l'exil ont attendry le courage.

Ces circonſtances obſervees, Satan a trois claſſes de tantations, à chacune deſquelles nous rapporterons les lieux communs de ce temps.

On commancera par le deſdain de noſtre Religion, & à nous dire : *Si vous eſtes enfans de Dieu, pour preuve de voſtre vocation extraordinaire, faites des miracles*. La nation perverſe demande ſigne, nous les renvoyons au vray Jonas, & à la preuve de la verité par les Eſcritures. Eux, en nous demandant telles choſes, tacitement ſe ventent de leurs preſtiges, qu'un Italien a nommé de bonne grace *Miracoli inviſibili*. Et certes ce qui en parroiſt de nouveau nous fait rire & pleurer tout enſemble, mais les miracles les plus familiers à Satan ſont les tranſubſtantiations des pierres en pain : car des pierres des temples, des idoles de pierre, & des os des morts petrifiez, fe tire le pain blanc des idoles charnelles de ce temps.

De mefme bouticque font fortyes la mutation des pierres en pain, & celle du pain en la chair precieufe de Chrift. Satan prit fon milieu & fa preuve par fa puiffance, en difant, *fy tu es Dieu*. Ses diciples, au lieu de raifon pour changer les fupftances, difcourent fur la toute-puiffance de Dieu. Nous refpondons que Dieu peut tout, & ne le veut pas, comme il pourroit les faire advifez à leur falut, ce qu'ils ne font pas, mefme en ce point où ils attachent la puiffance de Dieu à la mutation, contre nous qui eftimons eftre de la puiffance de Dieu de nous diftribuer les threfors du Sacrement, fans ofter à fon fils & au miftere de noftre falut la neceffaire humanité. Ils afferviffent Dieu à ce que Sainct Auguftin appelle en difputant fur ce point, infame fervitude. C'eft de la puiffance de Dieu de nous donner le pain de vie, fans les moyens groffiers & charnels : auffy Jefus refpond pour nous à ce Tranfubftantiateur : *L'homme ne vit point de pain feulement, mais de la parolle qui fort de la bouche de Dieu*. Auffy le vray manger & le vray boire, comme a dit Origene, & Hierofme depuis luy, ne font pas feulement au miftere des Sacrements, mais encor nous participons au corps & au fang de Chrift en la lecture des Efcritures Saintes.

Au contraire Satan continuant fes coups, femblable à foy-mefme, change tant qu'il peut les adorations fpirituelles en materielles, & nous reproche par la bouche des fiens que nous n'avons point de temples, voulant captiver l'Eternel dans les temples faicts de main d'homme : à l'execution de quoy nous voyons les peuples abufez contribuer leur pain, & changer leurs fubftances en pierre, qui eft bien une aultre mutation.

Les ftupides nous reprochent que nous ne reprefentons point Dieu & fes Sainɛts en pierre & en boys : aprés, que nous fommes incurieux d'honorer les fepultures de terre & de pierre, de parer de beaux veftemens les idoles, comme ils font. A ces hommes de terre & de pierre, & à ces cœurs endurcis qui difent à une pierre, *Noftre Pere,* à ces vrays enfants de tels peres nous refpondrons que nous fervons Dieu Efprit en efprit, & ferions bien marys de fouler aux pieds l'honneur des fepultures, comme ils font : car ils [en privent les os,] ou vrays ou imaginaires, de leurs Sainɛts vrais ou invantés, les pilent, les vendent, & pour les contenter, parent leurs images de veftements precieux. Ce font les facrifices des Liftrois qui feroyent aux Apoftres (s'ils eftoyent encores en vye) au lieu d'avoir telles robes agreables, defchirer d'horreur leurs pauvres veftemens. Ces apoftres eftoyent d'autre honneur que les Capuchins & Feuillans : car ils defchirerent leurs habits pour refufer le facrifice, ceux-cy defchirent leurs robes & leurs peaux pour avoir des oblations.

La feconde tantation de Satan eft cefte-cy : *Sy vous eftes enfans de Dieu, & predeftinez à falut, precipitez-vous à tout peché : car vous eftes fauvez avant la conftitution du monde : vous n'avez que faire de bonnes œuvres.* Là s'eftend cette longue difpute du franc arbittre, de la grace, & des merites. A quoy nous refpondons, *Nous ne tenterons point le Seigneur noftre Dieu : nous n'offencerons point la toute-puiffance en foubftrayant de fon pouvoir & fça-*

voir les causes secondes ; nous apprehendons la grace par la foy, cette foy sera tesmoingnee par l'esprit de Dieu ouvrant en nous par cherité, ne tenant aulcunes œuvres bonnes, que celles qui sont purement œuvres du Saint-Esprit. Mais qui voudra sçavoir en quel pris les Papistes ont les bonnes œuvres, il faut voir combien peu ilz ont en horreur les meschancetés, à quel pris ilz les ont mises au livre des taxes de la Chancellerye Romayne, où, à six & sept gros pour le plus, se vendent les remissions des sacrileges, violemens, incestes, horreurs contre nature, & plus enormes pechez.

Ils ont encores apris du Tantateur à nous faire mesme reproche pour nos justes desfances & seuretez, pour le soin que nous avons de nos affaires & de nostre liaison, & comme ennuyez de ne voir plus bruler, ils cryent en se souriant des cruautez passees : *Si vous estes enfants de Dieu, quittez tout le soing de vos vies, toutes desfances, precipitez-vous en nos mains :* Nous respondons aprés nostre Maistre, *Tu ne tenteras pas le Seigneur ton Dieu*.

Je voy en passant qu'aux trois responces de Jesus-Christ, le commencement est tousjours par ces mots : *Car il est escrit.* Ce car est d'un bon Logicien, & non d'un Sophiste : c'est la cause immediate (qu'ils appellent). Aussy ces demonstrations sont vrayes, non demonstrables, cette cause est cause de conclusion, conclusion premiere & plus congnuë, enfin principe de necessité. Or si de toutes causes il n'y en a qu'une selon les maistres, qui soit trés prochaine, Jesus-Christ a pris celle-là, & [ne] reste aultre vray milieu pour faire des demonstrations contre les tantations de Satan, & contre les disputes des Satanistes, que ce « *Car il est escript* ». C'est le principe, c'est l'axiome, duquel auſſy la faute des Phariſiens fut prouvee : « *Vous errez, n'entandans pas les Eſcriptures.* » Et le Diable meſme, plus honteux que les Jeſuiſtes, n'oſe debaſtre contre un principe ſi puiſſant, & l'empoingner pour ſophiſticquer. Il y a plus, ces Eſcritures ycy n'ont point de queuë, & s'appellent par excellance Eſcriptures : il n'eſt point beſoin d'exprimer où il eſt eſcrit, pource qu'il n'y a qu'une parole procedante de la bouche de Dieu.

Jeſus qui ſçavoit tout, ſçavoit bien les gloſes des Docteurs de la Loy & les traditions des Peres, que ſes ennemys luy objectoyent, comme font nos adverſaires. Il ſçavoit toutes les parolles non eſcrites : il n'a point argumenté ſur cette parole non eſcrite, que je ne ſçay ny où ny comment ceux de ce temps l'ont peu lire, auſſy peu de quel front ils nous l'oppoſent, quand nous reſpondons à leurs folies : *Il eſt eſcrit;* mais encores de quelle aſſeurance paroiſſent les livres, qui en leur impudant frontiſpice, portent pour tiltres, *De l'inſuffiſance de la parole eſcrite :* car tout lecteur qui ſçait conclure a ce ſylogiſme preſt :

De quiconque la parolle eſt inſuffiſante, celuy-là eſt inſuffiſant.

La parole eſcrite de Dieu eſt inſuffiſante. Donc, &c. L'infidelle acheve de conclure, les enfans de Dieu ne l'oſent prononcer, & demeurent tranſis à la panſee de la blaſphemente concluſion.

La troiſieme claſſe des tantations giſt en l'authorité. C'eſt pourquoy ils tranſportent les eſprits ſur leurs ſept montaignes, pour de là deployer leur gloire, qui conſiſte en l'ancienneté, [en] eſtenduë, & en la puiſſance du pris & de la peine.

Pour le premier ilz nous appellent ſectateurs de

nouveauté, deferteurs de la venerable anticquité. Nous prouvons noftre antiquité en la creance aux loix que nous recevons, en la façon de prier, & en l'ufage des Sacremens.

Pour les controuverfes de noftre creance, nous honorons tant l'antiquité, que nous ne voulons recevoir pour principes que la primitive Eglife en fa pureté, Jefus-Chrift, & fes Apoftres, & ce qui eft du vieil Teftament. Eux au contraire, maintiennent pour axiomes les traditions incertaines & nouvelles, les efcrits de leurs Peres pleins d'herefies [&] contrarietez, & les plus fains, de doubtes & imperfections. Jugés qui a pour principe la venerable anticquité.

Nous n'avons pour loix que celles du vieil & nouveau Teftament; eux, toutes les inventions & nouveautez des Papes, comme les vœux, & la defence des mariages & des viandes, de laquelle ilz ne fçauroient maintenir l'ancienneté, fi ce n'eft par ce que dict St Paul, au cap. 4 de la premiere à Thimotee, qui appelle la doctrine de ces defences, *doctrine de Diables*. [Ces docteurs] font de longtemps au monde. Les revoltez de la foy voudroyent-ils bien par là prouver leur anticquité?

Noftre façon de prier eft celle qui nous eft commandee par Jefus-Chrift, obfervee par les Apoftres, intelligiblement comme ilz veulent, par ce feul nom qu'ils enfeignent, & pour les caufes qui nous font permifes par leurs efcritz. Injuftement donc ils crient contre nous, qui nous veulent encores faire une fois defchirer les veftemens des Saincts. A tort ils nous apellent impitoyables envers les morts, en les privant [des prieres & des fecours] des vivans. Ceux là font peu charitables envers les morts, qui jugent mal de leurs repos & de la mifericorde de Dieu, qui veulent que leur fin ait eſté ſans repantance & leur repentir ſans mercy, qui les condamnent à paſſer de l'agonye & des fureurs de la mort aux grincemens de dents d'une gehanne plus furieuſe, qui encores aprés leur mort, en abuſant de la priere, pillent leurs familles eſplorees & rançonnent l'ignorante poſterité.

Quand à l'ancienneté de nos Sacremens, nous ſommes ceux de qui Sainct Paul dit que les Peres ont mangé avecq' eux meſme pain au deſert, & beu meſme breuvage ; ce pain eſtoit la manne, ceſte eau pure le pur ſang de Chriſt : car la pierre eſtoit Chriſt. L'eau pure de noſtre bapteſme eſt pareille à celle du Jourdain, de laquelle Jeſus meſme a receu le bapteſme : Sainct Jehan Baptiſte l'a ainſy inſtitué, Phillipes & ſes compaignons ainſy continué. La nouveauté de ces temps y a apporté là ce qu'il y a de plus : & nous leur diſons que leurs meſſes charnelles n'avoyent point de part au feſtin du deſert, s'ils ne veulent que la chair materielle de Chriſt fuſt avant l'incarnation.

Les tantateurs monſtrent encores du hault de ces montagnes l'eſtanduë de leur religion, & font ſonner au mot de Catholique que la multitude ſoit preuve de la vraye Eglize. Voyez en la revelation de Sainct Jehan, le petit nombre des ſauvez, au pris de celuy des damnez ; la porte eſtroitte, ſeul paſſage du Ciel, ne laiſſe point paſſer cette conſequence trop enflee, & les armees des Perſes & Mahometans ſeroient l'Eglize Catholicque, ſy la multitude pouvoit donner un nom ſy precieux.

Il reſte la puiſſance du ſallaire & de la peine, qui eſt une dangereuſe demonſtration en la main de l'Antechriſt : c'eſt du hault de leurs montaignes qu'ilz nous font voir & fantir la ruine & la mort fur la tefte de ceux qui refufent l'adoration à Satan, & font voir que la poceffion des honneurs, des Eftatz & mefmes des Royaulmes, eft pour ceux-là feulement qui fe profternent en terre pour baifer la pantouphle de l'Antechrift.

A la verité, Madame, voyla tout l'ordre qui fut tenu à la Conferance du defert, entre Jefus-Chrift & le Sorbonifte qui le vouloit convertir : mais pour ce qu'il n'y avoit point d'Eftatz à perdre ny de Chapeau rouge à efperer, le Convertiffeur ne trouva pas un cœur refolu à fe faire inftruire. Sa refponce fut, *Va, Satan : car il eft efcript, tu adoreras le Seigneur ton Dieu, & à lui feul tu ferviras.* Ce mot de *feul*, exclut toutes creatures de l'adoration : & fy nous y prenons bien garde, toutes les controverfes des idolatres & de nous font fignalees par ces trois mots : *feul, feul & feulement.*

C'eft ce *feul*, fa fimplicité & fa pureté, pour lequel nos ennemys nous reprochent que noftre Religion eft trop nuë. Certes la leur eft trop paree, & femble ces vieilles courtizanes, qui deviennent plus laides par le pourpre & plus hideufes par le fard. La verité fe plaift en la fimplicité, & eft chofe remarquable, que le plus eft toujours du coté du manfonge, & que tous les pointz principaulx de noftre Religion ne font pas niez par eux, mais emplifiez. Leurs fervices (qu'ilz appellent) font plains de blafphemes : il n'y a rien en nos prieres eclefiafticques à quoy ils ne puiffent dire, mefme felon leur creance, *Amen.*

Ils veulent que non-feulement Jefus foit mediateur, mais la legion de leurs canonifez. Nous avons Chrift, feule propiciation de toute creature. Ils veulent que nous invocquions les anges & les hommes : nous Chrift *feulement;* que Chrift foit immolé tous les jours : nous qu'il ait efté une foys *feulement.* Ils croyent que nos œuvres foyent moyens de noftre falut : nous tenons ce benefice de fa mort *feule.* Ils veulent qu'en la celebration de cette mort, nous prenions le corps de Chrift avecq les dens chairnelles : nous par la bouche de la foy *feulement.* Ils ont augmenté les Sacremens jufques à fept : nous avons les deux facremens de l'Eglife ancienne *feulement.* Ils veulent que le Pape pardonne les pechez : nous que ce foit Dieu *feul.* Que nous efpandions nos ames dans le fein des Preftres : nous dans le fein de Dieu *feul.* Ils veulent que la foy *feule* ne fufife pas à falut : nous difons, aprés Sainct Paul, que la foy *feule* fuffit. Ils veulent que Dieu nous ait predeftinez à falut, par la cognoiffance des bonnes œuvres à advenir : nous par fa mifericorde *feule.* Ils veulent enfin que nous fervions à l'Antechrift & aux idoles : & nous difons, *Va, Satan,* car il eft efcrit : *Tu adoreras le Seigneur ton Dieu, & à luy feul tu ferviras.*

Il eft vray que les fophiftes de ce temps, preffez de ce mot, *feul,* en beaucoup d'endroits couvrent leur honte de feuilles de figuier, à travers lefquelles Dieu les voit, & leurs confciences les picquant, ils s'enfuyent dans le labirinte de leurs diftinctions, demambrent & defchirent l'Efcriture, au lieu de la divifer & detailler. Les enfants de tenebres s'efjouïffent de leurs fubtilitez : ceux de la lumiere y voyent le manfonge à clair, & jugent fainement que telles diftinctions font extinctions de la verité.

Soyt donc ycy le corolere de nos refponces & aux plus fortes tentations defquelles vous eftes affligee, levez les yeux au Ciel, dictes ces paroles en foy : *Va,*

Satan, j'adoreray le Seigneur mon Dieu, & à luy feul je ferviray. Satan s'en yra & les Anges vous ferviront.

Les ennemys de la verité, qui ont les menaces & les promeffes pour lieux communs, nous veulent faire peur d'excommunications & de banniffemens : banniffons-les de nous, & nos vices avecq' eux, & quand nous ferions releguez aux defers, c'eft en ces defers que les Prophettes banys ont efté fervys par les Anges, c'eft en ces defers que pleut la manne, & courent les vives eaux, prefans familiers de la main du Dieu vivant. Vous avez veu, Madame, combien doux eftoit l'exil du Roy & de vous, en cette Guyenne, que nos courtizans eftiment une folitude. Vous fouvient-il de la douce vye que nous y vivions ? Premierement nous fervions Dieu en paix, & faifions efclater fes louanges non eftoufees : il ne falloit point tenir clos dans les barrieres de la bouche, ny dans les cachots du cœur, les treffaults violants de la verité prifonniere. O qui a bien fenty le poix de la fervitude fpirituelle, de quels yeux verra-il le jour de delivrance? & encore pour ce qui eft des contentemens de cette vye, fouvenez-vous, Madame, qu'il ne vous a rien manqué de ce qui eft neceffaire à la vraye fplandeur des Princes. Le Roy fe voyant fuivy, & qui mieux vaut, tendrement aimé d'une Nobleffe liee à fes piedz des vrays liens de la Religion. Ceux qui bruloyent de mefmes defirs que les fiens, eftoient brulans à l'execution de fes commandemens. Remarquez la diferance de ceux qui s'employent pour l'un & l'aultre party, & celle qui parroift encores aujourd'huy. Aux uns, au pris de leurs labeurs croiffent les efperances, aux aultres les craintes ; aux uns les honneurs, aux aultres les hontes publicques. Des uns les maisons obscures se font splandides, les masures des aultres leurs servent d'estauffes, & les meilleurs servent de risee à leurs ennemys, d'espouvantement à leurs compaignons. Ces prosperans combatent en mercenaires ; les aultres, vrays soldats de Christ, ont eu les playes pour payemens, & pour promesses specieuses, on les retenoit dans les armees par la nouvelle d'une bataille : sy que le Roy peut dire, ce que disoit Cesar, que ses soldats ont cherché les combats mesmes au travers des naufrages. Encores est-il à marquer, que cette troupe choysie de Dieu se mesuroit en toutes sortes de perfections à la grande bande, qui talonnoit un grand Roy miserable, ne grondant que reproches & menaces, & meditant sur la teste de son Prince une infame couronne de cheveux. Nous gardons cher l'apophtegme de nostre Prince, qui respondit à un courtizan blasmant les Huguenots d'importuner leur Prince par la presse : *Leurs haleines sont douces,* dit le Roy, *& dans les combats ils me pressent encores davantaige.* Mais n'oubliez pas encores nos franches delectations, nos honnestetez sans admertumes ny soupçons ; il vous en souvient, & les avez peut-estre conferez avecq vostre condition presante. Je ne craindray point avecq les qualitez de la vye, de vous faire encores aprehender celles de la mort. Bienheureux qui meurt au Seigneur en la maison de Dieu, entre des mains fidelles, pleine de larmes sans feintes, & qui, agreable flambeau de l'Eglise, s'esteind aux regrets des bons, & ne delaisse pas une puante fumee au nez de la posterité. Au contraire, malheur de mourir sur le precipice de l'enfer, dans un lit assiegé d'idoles, environné de bouches blasphementes, d'un confert de demons, & voir les ennemys de Dieu, & de vous, qui avecq foupirs contrefaits, preparent leurs inpures mains à vous fermer les paupieres. Dieu vous donnera, Madame, l'efprit de difcretion pour faire choix de telles chofes : & cependant ce mefme efprit nous aprant de porter chaftiment comme il fault, non certe infenfiblement, car les peres font irritez contre les enfants endurcis, à pleurer non avecq des cris de colere & de defpit, fur ceux-là ils redoublent les playes : Dieu veut que nous fentions fes verges, mais auffy que nos offences nous cuifent au milieu des douleurs. Il faut donc ofter du fein de Dieu les caufes de fon yre, non les moyens de punir, & ne faire comme je voyois ces jours mes petits enfans bien empefchez à depeupler ma baffe court de vervenes, incurieux d'aracher les ofances, mais cuidants en vain faire perir les moyens des chaftimens.

Or c'eft de l'humilité Chreftienne, d'attribuer tousjours à nos pechez les caufes de nos fouffrances. Bien-heureux font ceux à qui les confciences randent tefmoingnage que l'occafion de leur peine eft mixte, & que Dieu rend capables de foufrir en leurs imperfections, pour la confeffion de la parfaite verité. Ne donnez donc plus le nom de malheurs à vos oppreffes, mais de felicitez incomparables, car foufrir pour nos pechez, ce n'eft pas fimilitude à Chrift, mais foufrir pour luy, c'eft porter à bon effiant fon image.

Vienne le calomniateur nous appeler baptarz, cefte image ne fe peut efacer, cette conformité de Chrift rand l'Eglife amoureufe des Martyrs, pource qu'elle voit en eux les lignes & les couleurs qui font embrafees d'eternelles amours. Ce font ces careffes defquelles j'ay parlé au commancement; c'eſt pourquoy elle vous preſſe contre ſes mammelles, elle ſe mire en vos pleurs & vous arouſe des ſiens, plus ſoigneuſe des plus petis enfans juſqu'à ce qu'ils ſoient grands, des eſlongnez juſques à leur retour, des malades juſques à la guariſon, des afligez juſques à la proſperité.

Les beautez tant afectees par les dames de ce temps, ſont bien d'une aultre ſorte : l'afliction les ternit : c'eſt elle qui donne de ſy vives couleurs, que les afligez pour Dieu paſſent en blancheur la neige. La raiſon en eſt bien ayſee à trouver, pour ce que prés des cœurs deſolez le Seigneur volontiers ſe tient. C'eſt ce qui a fait reluire quelques viſages de beautez ſans meſure, comme l'Eſcriture teſmoingne de Moyſe, & de Saint Eſtienne, l'un retournant, l'autre s'advançant à la preſence du Pere des lumieres.

Tout Paris en eſt teſmoin que telles beautez non accouſtumees parurent au viſage de la Damoiſelle de Graveron & de ſes deux ſœurs, qui furent couronnees du martire au temps des Barricades. Bien heureux ſont ceux que l'eſprit de Dieu eſclaircit & pollit, & qui comme un criſtal reluiſant, ou pluſtoſt comme les aſtres, renvoyent les rayons de la face de Dieu qui ſe myre en eux, aux yeux des Anges & des humains.

L'Autheur cy deſſus allegué, eſcrivant de ces ſœurs, dit en ces termes :

Nature s'employant à ceſte trinité,
A ce point vous para d'angelique beauté,
Et pource qu'elle avoit en ſon ſein preparees
Des beautez pour vous rendre en vos jours honorees,
Elle prit tout d'un coup l'amas fait pour tousjours,

En donnant à un jour l'apreſt de tous vos jours,
Elle prit à deux mains les beautez ſans meſure,
Beautez que vous donnez au Roy de la nature :
Et d'un coup prodigua en vous, ſes chers enfans,
Ce qu'elle reſervoit pour le cours de vos ans.
Ainſy le beau ſoleil monſtre un plus beau viſage
Dans le ſentre plus clair, ſous l'eſpaix du nuage,
Et ce fut par regrets & par deſirs aymer,
Quand ſes rayons du ſoir ſe plongent en la mer.
Ce coucher en beaux draps que le ſoleil decore
Promet le landemain une plus belle Aurore :
Auſſy ce beau coucher teſmoingne à ces Martyrs,
La reſurrection ſans pleurs & ſans ſouſpirs.
Ces Martyrs s'advanſoient d'où retournoit Moyſe,
Quand ſa face parut ſy belle & ſy exquiſe.
D'entre les couronnez, le premier couronné
De tels rayons ſe vit le front environné,
Tel en voyant ſon Dieu, fut veu le grand Eſtienne,
Quand la face de Dieu brilla dedans la ſienne.

Ces choſes repugnent bien aux habillements diaboliques, que les Inquiſiteurs font veſtir aux Martyrs le jour de leur acte ſanglant, & aux horribles deformitez, avecq leſquelles aux bouticques du Pape on depeint les excommuniez, ſy bien que les bigots leur penſent voir peler & noircir le viſage : en voyant le voſtre, Madame, Monſeigneur le Duc doibt avoir perdu cette opinion. Mais pleuſt à Dieu qu'il euſt les yeux ouvers pour les beautez de l'ame, beautez deſquelles tout ce que nous avons dit, n'eſt qu'une painture de fort loin proportionnee à ce qu'elle repreſente : car ce qui parut de ſplandeur en Moyſe & en Sainct Eſtienne, eſt ce qui en ces ſiecles aporte joye & conſolation à l'Egliſe de Dieu.

Tous ces rayons eſloingnez du grand ſoleil de

lumiere, ne font que petits gaiges de la beauté fans mefure, de la felicité indicible, de l'incomprehenfible fplandeur qui eft preparee aux Agneaux de Chrift, en la face de l'Eternel.

VII

LETTRES
DE
SOURCES DIVERSES

I.

A MESSIEURS LES TRES HONOREZ
ET MAGNIFIQUES SEIGNEURS
DE LA REPUBLIQUE DE GENÈVE.

DE MAILLESAIS, CE 20 JUILLET 1619.

[Archives de Genève, Regiſtres du Conſeil, vol. 118, fº 158.]

Meſſieurs, outre l'ardente affection que tous les vrais Chreſtiens portent à voſtre excellente Cité & l'obligation qu'elle a ſur moy de ma principale inſtruction, la verité que je ſers m'a faict deſirer de voir parmi d'autres tableaux reſplendir les vertus que Dieu a faites par ſa dextre, en prenant pour la dextre vos mains. J'avois recerché cy-devant par amis particuliers ce qui vous touchoit en mes deux premiers tomes imprimez. Mais cette voye n'ayant pas reuffi, & commençant de traitter les plus rares pieces de voftre honneur uni à celuy de Dieu, je me fuis adreffé à voftre Seigneurie pour luy demander les memoires de vos actions publiques depuis l'an mil cinq cens octante & cinq jufques à la fin du fiecle paffé, & s'il vous plaift, promptement ce qui touche les cinq premieres annees, pour ce que je fuis preffé par mon imprimeur. Si j'obtiens ma jufte demande, mon amour violent de Geneve duquel j'ay faict profeffion de l'enfance à la vieilleffe, n'aura pas efté vain : de quoy en preparant un tefmoignage evident, je prie Dieu pour voftre Sion avec affurance d'eftre exaucé : car, Meffieurs, puifqu'il vous a deffendus avec miracles, c'eft à foy & pour foy qu'il vous a gardez. Voftre trés humble & trés fidele ferviteur.

AUBIGNÉ.

II.

AU PETIT CONSEIL DE GENEVE.

DE MODON, CE 26 NOVEMBRE 1621.

[Archives de Genève. Portefeuille des pièces hiftoriques, doffier n° 2691.]

Magnifiques & trés honorez Seigneurs, felon l'honneur que j'ay reçeu de vos commendemens, j'auray pour but ce que je cognois eftre le voftre, touchant l'affiftance de Meffeigneurs vos Aliez. Si je n'obtiens à voftre gré, ce ne fera point faulte de ma folicitation. Quant aux Capitaines pour Zeurick, il me semble que cela depend de leur refolution pour fe defendre, & que s'ils prenoient le chemin de la foumiffion, ils auroient tort d'en demender & nous de leur en donner. Je le dis (oultre le ftile de leur defpefche vers vous) pour avoir trouvé plufieurs foldats par le chemin d'affez bonne façon, que n'ayant point retenus, il femble qu'ils n'en n'ayent que faire. Je vous fuplie, Meffeigneurs, avoir agreable que j'ufe en cela d'une jufte crainte, & en cas que j'y voye une mauvaife difpofition, que je remette à voftre feconde deliberation, & en tout ce que je pourray faillir par infuffifance, le remettre à la fidelité que vous a vouee voftre trés humble & trés fidelle ferviteur, Meffeigneurs,

AUBIGNÉ.

J'avertis M. le Sindique Rozet que de fix foldats qui vont enfemble demender à fervir, il y en a un qui eftoit à la prife de Prague.

III.

A M. SARRASIN.

DE GENEVE, CE 15 NOVEMBRE (A. ST.) [1623].

[Publiée d'après M. Th. Heyer. Th. Ag. d'Aubigné à Genève, p. 140.]

Monfieur, pour commencer à vous entretenir à Lion, je vous diray fur la lettre & le livre que

M. Wahk duquel il faut taire le nom, vous a envoyé de Turin, que c'eft un Claffique finon fur ce que on veult faire, au moins fur ce qu'on vouloit & penfoit. Dieu foit loué de la mutation. J'ay donné aujourdhuy à Meffeigneurs une lettre qu'on m'efcrivoit pour du blé qui reviendroit à vintg & un florain deça la riviere d'Ain. Nous avons dans cette ville, de Vendredy au foir, un des quatre Seigneurs qui mirent la coronne fur la tefte du Roy de Boheme, aagé de feptante ans; je le viens d'entretenir, il eft homme d'Eftat, Souverain en fon pais & s'apelle Baron de Tfchernembl. Le Duc de Wirtamberg l'a congedié fur la peur que luy faict l'Ampereur. Ceus de Chafouze luy ont refufé de le loger, tant le nom d'Autriche eft efpouventable. Cependant nous continuons à recevoir nouvelles que cette grand' diette fe rend vaine par deux Electeurs feculiers & un de l'Eglize : les deux premiers par cette peur qui faict un office nouveau, l'autre s'excufe fur la pauvreté. Je ne fçay qui m'a faict tenir icy les œuvres diverfes du Cardinal du Perron. Si c'eft vous, je vous en remercie; je les ay payees felon le memoire, mais je n'ay point eu de lettre. Je vous prie fur tout que nous fçachions les progrets, faveurs & empefchements qui furviendront à noftre grand'affaire & quelle efperence fe trouve au fecond bon jour.

Monfieur, voftre humble & trés fidelle ferviteur.

IV.

A MADAME DE LA TRIMOUÏLLE,

ESCRIPT A CHINON, CE 13 AOUST 1592.

[Collection de M. le Duc de la Trémoïlle.]

Madame, depuis ma fortune, il m'eſt tant ſurvenu d'affaires que je n'ay ſçeu avoir l'honneur de vous aller offrir le trés humble ſervice que je vous doibts, vous aſſeurant que auſſy toſt que j'auray un peu de ſanté, je ne fauldray à vous confirmer mes parolles. Cependant, Madame, je vous diray que vos officiers de Thouars ont faict ſaiſir Nanivardiere pour l'hommage qui vous en eſt deu à Thouars & font des fraiz grands, qui me faict vous ſupplyer trés humblement leur eſcrire une lettre pour ceſſer les pourſuites deſirant entierement de ſatisfaire à tout-ce qui eſt deu ; obligez moy doncques tant, Madame, & croyez que toutte ma vye je ſeray voſtre trés heumble & obeiſſant feugeſt & ſerviteur.

AUBIGNÉ.

V.

A MONSEIGNEUR LE DUC DE THOARS.

A MAILLEZAYS, CE 13 DE MARS 1601 (N. ST.).

[Collection de M. le Duc de la Trémoïlle.]

Monfieur, il y a en ce pays un Aleman, filleu du Conte P[alatin][1], qui merite beaucoup, & pour ce que il dit que les obligations nat[urelles] de fon pays & de fon Prince ne luy permette[n]t pas de deme[urer] plus en France fans le congé de M. l'Electeur, il [defire] avoir lettre de faveur de M. & Mme de [Boüillon], tant pour fa recommandation que pour permiffion d[e refter] encore trois ans auprés de M. de Saint Gelays, duque[l il eft] gouverneur. Je vous prie de me faire defpefcher les d[ites lettres], & y adjoufter qu'il eft prés de perfonnes qui l'aym[ent &] eftiment & où il fe façonne grandement à la cognoiff[ance] des affaires du Royaume, pour de là fe randre plus propre [aux] fervices de Monfieur l'Electeur & de fa patrie. Vo[us m'] obligerez en m'envoyant cette defpefche, & où je p[ourray] vous randre fervice, vous me cognoiftrez,

Voftre bien humble fervi[teur].

AUBIGNÉ.

La lettre que je demande eft pour Jean Cafimir

---

1. L'extrémité des lignes étant rongée par l'humidité dans le manufcrit, nous y avons suppléé pour le fens, par les mots ou lettres entre crochets.

Ringlet. Ce laquais attend la defpefche. Je vous fuplye que j'aye une pareille lettre de Madame en la faveur dudit Ringlet.

VI.

A MONSEIGNEUR LE DUC DE TOUARS.

5me DE JUIN 1603.

[Collection de M. le Duc de la Trémoïlle.]

Monſeigneur, je viens d'eſtre averty d'une aſez roide querelle qui eſt entre les Sieurs de la Bouſchetiere & de Conſtant qui eſt l'un des maiſons tiers. Ceſt afaire prand un mauvais chemin, ſi vous n'y mettez la main, leur faiſant ce bien à tous deux que d'y envoier un Gentilhome de voſtre part, pour leur faire deffance & les envoier querir. C'eſt de quoy pluſieurs Gentilz homes vos ſerviteurs vous prient, & moy avec eux. L'un des deux ſe tient à la Maiſſiere, prés de Cintray, & l'autre à Cintray meſme, tout cela n'eſt qu'à une lieuë de Champdenier.

J'attans l'honeur de vos comendemens pour les donner.

Voſtre trés humble & trés fidelle ſerviteur.

AUBIGNÉ.

VII.

A M. DU MONCEAU.

DE MURSAY, CE 30 JULIET 1604.

[Collection de M. le Duc de la Trémoïlle.]

Monſieur, je vous reveille de noſtre affaire & vous prie me mender ce que vous aurez eu de certain de Paris, afin que je ne travaille point en vain. Je croy que vous aurez maintenant ſceu tous les points du decret. Je vous prie de m'obliger en ce ſoing là, come pour celuy qui eſt & veux demeurer toute ſa vye, Monſieur, votre bien humble & plus afectioné ſerviteur.

Ce lacquais a charge de ſe derober, ſi Monſieur tarde ſa reponſe. Je vous prie qu'il ne retourne point ſans la votre.

AUBIGNÉ.

VIII.

A M. DU MONCEAU.

[AOUST 1604.]

[Collection de M. le Duc de la Trémoïlle.]

Monſieur, ce n'eſt que pour vous faire reſouvenir de preſſer un peu la novelle de Laiguillon de laquelle l'incertitude me pourroit faire beaucoup de torts. Je vous prie donc faire une fi bone depefche à voz gens que je ne craigne point de m'engager. Quant à ce que vous m'efcriviez des ventes, j'ay bien ouy dire que Monfieur en avoit difpofé, auffi n'eft ce pas mon intention d'y demender plus de faveur que le comung, fes affaires m'eftans auffy recomendables que les mienes propres. Ce lacquais a charge de s'en retourner dés qu'il aura la depefche de Monfieur Chauveau pour laquelle il va exprés, que je vous prie de ne retarder point & de me tenir comme je fuis, Monfieur, voftre bien hûmble, plus afectioné ferviteur.

IX.

A M. DU MONCEAU,
CONSEILLER ET SECRETAIRE
DE MADAME LA DUCHESSE DE TOUARS.

CE 24 NOVEMBRE 1604.

[Collection de M. le Duc de la Trémoïlle.]

Monfieur, je vous remercie de ce que vous m'avez envoyé. Je vous fuplie continuer quand l'occafion fe prefentera. Je vous prie auffy de demender à M. Dupleffis Beloy les raifons que je luy ai efcrittes pour lefquelles il n'eft pas befoin que j'aille fi toft à Touars, afin que Madame ne me comende point qu'aprés y avoir bien penfé. Je pars Samedy au matin, Dieu aidant, pour veoir Meffieurs de Con-

ſtans & de Pumbelle, en allans à une aſignation plus
eſloignee, pour n'eſtre de retour chez moy qu'à la
fin de noſtre foire. Je vous baiſe les mains & prie
d'aimer toujours, Monſieur, voſtre bien humble & plus
afectioné à vous faire ſervice,

AUBIGNÉ.

Faites moi ſouvenir eſtans à Touars de vous rendre
ce que vous avez baillé pour ces deux meſagers.

X.

A M. DE LA MOTE, INTANDANT DES AFAIRES DE MADAMME DE LA TRIMOUÏLLE.

DE LA ROCHE CE 14ᵐᵉ DE JUILLET 1611.

[Collection de M. le Duc de la Trémoïlle.]

Monſieur, j'ay aprins que le Grefier des eaux & forets en Bretaigne s'eſt faict adjuger taxe de la groſe
du ſac lequel il a envoyé à Paris, ce que je trouve
etrange, l'en aiant paié, de quoy en ay reçeu de luy
quitanſe. Je ne doute que ne pourſuiviés le jugement
du procex. Je vous ſupplirai prendre la painne de
me donner advis de l'etat d'iceluy. Le controle ſe faict
fort des amis leſquels il a de par de là. J'ai dict à
ceux leſquels le m'ont dict, que Madamme luy pou-
voict faire faire ſon procex ſans que ſes dictz amis
l'euſent oſé entreprendre ny ſe declarer à l'ancontre
de Maiſtre Damme. Si elle ſavoict la ruinne qu'il a

causé en sa forest de la Bretaiche (ce qui se peut juger à l'oil), elle jugeroict m'avoir esté rapporté aux enquestes & procex verbaux de Monsieur le grand Maistre unne moitié des arbres qu'il a faict couper & permis estre coupé dedans la dicte forest. En ceste assurance je demeureray, Monsieur, vostre trés obeysant serviteur,

AUBIGNÉ.

XI.

A MONSEIGNEUR DE LA TRIMOUÏLLE.

[OCTOBRE 1616.]

[Collection de M. le Duc de la Trémoïlle.]

Monseigneur, vostre commandement accomplit un de mes plus grands desirs & me fait esperer une chose dont je me suis vanté à tous mes amis & en toutes occurrances, c'est de donner, avant mourir, une bonne journee à l'aquit de ce que je doibz à feu Monsieur de La Trimouïlle, auquel je ne voy nul pareil en merites. Je vous suplie pardonner à mon filz s'il a voulu veoir vostre lettre, s'en allant en un lieu où je m'engage pour Mercredy & Jeudy. A mon advis, quand vous saurés pourquoy il a pris ceste hardiesse, vous l'aprouverés. Or, Monseigneur, puisque vous me donnés comme le choix du lieu pour vous fayre la reverance, & que vostre retour est necessayrement par un passage de la Sevre, c'est-à-dire Maran, la Ronde ou Coullon, s'il vous plaist me donner l'heure, le foir auparavant je vous iray attandre de pied coy, pour vous dire chofes que vous euffiés desjà fceues fy le papier les pouvoit porter, & apprandre de vous quand & comment je pourray par une occazion non vulgayre mourir contant, aprés m'eftre monftré, Monfeigneur, voftre trés humble & trés fidelle ferviteur,

AUBIGNÉ.

XII.

A M. ESSERTEAU, A NIORT.

De Murfay, en montant à cheval pour aller à Maillezais.

CE 14 DE JUILLET 1600.

[Collection de M. le Duc de Noailles.]

Mon Curateur, je vous envoye Le Camus defpeché pour aller à Saint-Jehan. Il ne luy fault que voftre depefche, laquelle je vous prie luy bailler promptement, & l'argent qu'il faudra pour la comparution. Cependant fi Monfieur Du Vanneau vouloit arefter un conte des interefts au denier douze & faire une tranfaction du tout fans deroger à l'ancienneté de l'obligation, pourveu qu'il me donnaft une robe de bureau pour plege, comprenant auffy les defpends, je luy quitterois mes interefts & mon voyage de Paris. J'entends que l'intereft de l'annee fut dans le globe. Si vous en entrez en propos avec luy, dittes que vous me le ferez faire, encore que ma colere me pouffe bien loing de là, mais toujours en redoublant nos pourfuittes jufques à la diéte tranfaction fignee & un plege trouvé. Son fils eft icy à qui je parleray plus rudement que cela. Vous aurez tousjours de la peine pour voftre trés obligé pupille,

AUBIGNÉ.

Mon coufin paffera par Niort. Si mon oncle s'y trouvoit affez matin pour paffer l'obligation, les frais feroient moindres, & vous vous ferviriez de mon lacquais à contremande.

XIII.

A MADAME DE VILETTE, A MURSAY.

CE 8 DE MARS 1622 (ST. N.)

[Collection de M. le Duc de Noailles.]

Ma fillette, vous n'aurez par ce porteur qu'une affeurance de mon bon portement & des nouvelles communes, car j'efpere ces jours vous envoyer Logan & efcrire par luy plus expreffement. J'ay efté bien aife de ce que m'a efcrit voftre doux maiftre. Nous fommes fur le point d'eftre employez pour le fervice de noftre grand & jufte Roy. Les refolutions qui fe prandront ou prenent maintenant à Paris nous donneront certitude de mal ou de bien. Nous fommes demi affiegez & envoyons devers le Roy, en efperance d'eftre affiftez par luy. La calamité eft partout, pour ce que le peché eftoit partout. Je vous prie, faites fçavoir à M. de Chaufepied que j'efpere en peu de jours une voye feure & ouverte pour faire fçavoir de mes nouvelles à vous & à luy plus à plain. Dieu veille vous garantir contre l'orage & nous faire la grace de nous voir encore une fois.

Voftre bon pere.

XIV.

A M. DE VILLETTE.

DE GENEVE, CE 21 DE JUIN 1626.

[Collection de M. le Duc de Noailles.]

M. fa F., je vous ai desjà affeuré par une autre defpefche, que j'ai bien receu les lettres de change pour la fomme de feife mille frans, & elles agrees & advoüees par ceus à qui elles s'adreffoient. Il eft vrai que je n'en puis toucher rien que d'ici à deus mois par quelque ordre qu'ils ont entr'eus, en me payant un & demi pour cent. J'ai honte de vous dire que j'eftois à fec, & que j'aurois befoin que vous me fiffiés envoyer, par la derniere voye, afin qu'il n'y ait point de longueur, quelque quatre mille livres, ou moins, fi la doute de l'affaire de Maillezais le veut ainfi; car vous n'aurés cefte lettre que vous n'ayés veu quel il fait là bas, & auffi qu'il faut ouvrir la guelle au bœuf qui a foulé le grain. En cela je vous demande une privauté de plus que de fis encores, & que vous me donniés ma leffon en la franchife de voftre cœur : le mien y refpondra. Je m'en vay efcrire à M. Dadou, pour fuivre voftre bon advis en ce qui eft des deus obligations, mais cepandant fi pour payer contant à Paris vous pouviés garantir quelque chofe, je vous dis encore une bonne fois que je ne vous prefcri rien. J'ai quitté voftre lettre pour faire les deus de Meffieurs Dadou & Chaufepié. Je change de propos en vous priant que en prenant à bon efcient le confeil de Mon Vnique, vous deus me conduifiés à donner quelque foulagement à la famille de M. Dadou ; car encores qu'il femble s'eftranger de moi, je ne prens la faute de perfonne pour excufe à mon devoir. J'ai donné charge à Touverac de fantir à bon effiant d'Artemife, fi fa vollonté eft tandue à venir vers moy, fi fes meurs s'accorderont bien à la modeftie & humillité qu'il faut à Geneve. Je demanderai auffi au pere s'il auroit à plaifir que je la mariaffe à ma volonté. S'il y a quelque chofe à redire, je pourrois effayer à ployer les plus petis. Je vous prie d'en parler expreffement enfemble, & puis avecques moy. Je n'efcris point à Touverac, car il n'y auroit point d'aparance que ma lettre le trouvat encores là. J'ai tant de lettres à faire qu'il me faut quitter cefte ci en priant Dieu pour la profperité de voftre famille, & vous de la part de mon fecretaire & de moy, que vous efpargniés ni la peine ni les frais d'une courfe vers nous pour goufter en prefence l'amitié & l'honneur que on vous porte ici de loin.

Votre bon pere,

N N
N

XV.

A M. DE VILLETTE, A PARIS.

CE $\frac{8}{18}$ NOVEMBRE 1626.

[Collection de M. le Duc de Noailles.]

M. S. F., j'ay reçeu de nuit voſtre deſpeſche avec mille remerçiments de la peine immenſe que vous prenez à me resjouir par ces fleurs eſtranges. Quant au fait des debtes, je n'adjouſte rien à ce que j'eſcrivis hyer en attendant que vous m'en puiſſiez inſtruire plus au net. Quant à **M. Malleray**, la promeſſe qu'il a s'eſt convertie en un affaire où il a compoſé, & depuis je fis le ferment de ne payer jamais un denier de ces debtes, ſans lequel je ſerois en mauvais eſtat. Il eſt certain que nulle des debtes de mon fils ne m'a tant offenſé que celle-là. Or pour ne faire pas tort à mes paroles, j'agree le preſent de cent eſcus, mais non pas en payement de debtes: voſtre prudence conciliera cela. J'ay encor un mot à vous dire : vous m'obligerez beaucoup quand vous me pourrez faire donner liberté de me promener en France, mais pour effacer l'ignominie de l'arreſt qui a eſté mis ſur ma teſte quatre fois en ma vie; & je tiens ces perſecutions à tel honneur que je ſerois bien marri de dependre un eſcu pour les abolir, comme auſſy mes affaires ne le requierent pas : car de tout ce que vous avez heureuſement & fidelement fait pour moy, il s'en fault de deux cents livres que mon revenu m'aquite de ce que je ſuis obligé d'employer tous les ans : il vault donc mieux faire, ce que pourra la bonne volonté du Roy, & non pas me mettre à l'efcorcherie de nos faux juges. J'ay reçeu avec voftre paquet celuy de M. de Rohan qui m'inftruit des affaires de la Rochelle & de ce qui s'eft paffé entre Toras & les Anglois. Je vous redemande tousjours que vous inftruifiez de l'affaire Anglois

Voftre trés affectioné pere,   N N
N

XVI.

A M. D'YVERNAY.

DE NIORT, CE 3 DE DECEMBRE 1600.

[Collection de M. B. Fillon.]

Monfieur, la lettre que vous m'avez efcritte icy, prie M. Henry Efferteau d'aller jufques à Poictiers. Je vous prie que fon voyage ne foit point inutile, comme eftant pour voftre foulagement & le mien. Regardez en quoy je vous pourray monftrer par quelque fervice que je defire demeurer toute ma vie,

Voftre bien humble à vous faire fervice,

AUBIGNÉ.

XVII.

A M. DU CANDAL.

A MAILLEZAIS, CE 23 NOVEMBRE 1610.

[Collection de M. B. Fillon.]

Monfieur, je vous ay voulu recommender mon fils par cette lettre, & vous prier affectionnement luy prefter quatre cent livres, des quelles il aura neceffairement affaire, & en gardant fa fedule avec cette lettre, je vous les rendray, Dieu aydant, à mon voyage de la Cour, lequel je datte du retour du fien. je fuis affez accouftumé à recevoir du plaifir de vous, pour ne vous en prier pas davantage. D'ailleurs, je vous prie de m'advertir fi M. de Boifragon, paffant à Paris, a payé la demie annee de fa rante, afin que je follicite ou paye. Mon fils vous dira de mes nouvelles & me fera fçavoyr de celles de voftre famille, comme des chofes aimees d'une part & d'aultre, & de moy principalement, qui fuis de toute mon affection, Monfieur, voftre bien humble & plus fidele ferviteur,

AUBIGNÉ.

XVIII.

A M. DE LA PIERRE BLANCHE.

DE MAILLEZAIS, CE 25 DECEMBRE 1610.

[Collection de M. B. Fillon.]

M. de La Pierre Blanche, vous n'eftes fans connoiftre de quelle humeur eft mon fils, qui ne fe peut tenir coy au loin comme auprés un jour durant, & quel fond il y a à faire de fes promeffes de fe ranger à l'ordre. Vous ne l'avez eu un an durant en voftre mayfon, pour ne point fçavoir qu'il prend plus gouft aux folz qu'aux fages propoz. Sans entrer en d'aultres details de fes deportements, qui ont empiré avec l'age, & recommanceront demain fi l'occafion naift au devant de luy, ce memoyre que je vous fais de fes faicts de conduyte eft à fin que je fçache en droict fi ce qu'il m'en a coufté luy fera feul imputé ou non; car ne me femble bon que fes fœurs en fouffrent en leurs interefts au partage que je fuys refolu, fans plus attendre, faire de mes biens, eftimant qu'en un temps comme le noftre, la prudence nous enjoinct d'eftre preft par tous les coftez à vuyder la place, l'heure venuë. Et m'efclairant de vos confeils, Monfieur de La Pierre Blanche, vous obligerez fort celuy qui, defpuis jà longtemps, s'eft dict pour la premiere foys, voftre obligé,

AUBIGNÉ.

XIX.

A M. L'ADVOCAT DU ROY,
A FONTENAY LE COMTE.

DE NOSTRE MAYSON DE MAILLEZAIS,
CE 25 DE MARS.

[Collection de M. B. Fillon.]

Monsieur, il vous messied de doutter du credit & accez que vous aurez en ce lieu tant que l'habitant sera devot aux Muses. Si bon Chrestien qu'il est, il ne quittera d'estre idolastre à leur endroict aussy longtemps qu'il aura le soufle au plastron & que le poulce luy sera serviteur de la teste. Vostre dessein en m'escrivant estoit, je croys, de me convier à un tournois où couleroit l'encre plustost que le sang, & point d'aviver la querelle de la robe contre l'espee, sur quoy j'enfonce le chapeau & ne cederoy d'une femele, moy tout seul, devant un Senat en robe d'hermine & d'escarlatte tout entier, qui le prendroit à contrepoil. Doncques, arrestons ce propos à tel point, à fin que je me dise comme devant,

Vostre bon voysin & compagnon,

AUBIGNÉ.

Vous plairoit-il m'envoyer par Bernard, present porteur, *Petrarcha* & *Bembo* & *il Cortegiano di Baldeẓar Castiglione*, qui me sera escole à ceste heure-cy ?

XX.

A MESSIEURS LES MAIRES, ESCHEVINS,
PAIRS ET BOURGEOIS DE LA VILLE DE NYORT,
A NYORT.

[Archives municipales de Niort. B. B. 346, 2ᵉ partie. Regiſtres des Aſſemblées extraordinaires, p. 39. Communication de M. A. Bardonnet.]

Meſſieurs, j'ay eſté contrainɛt de faire remettre à Maillé, & non pas au Doignon, qui eſt ma maiſon particuliere, l'impoſt qui ſe levoit aux derniers troubles à ung tiers moins, ſur toutes ſortes de graings, ne pouvant autrement reſpondre au Roy de la place de Maillezais, à laquelle l'eſtat du Roy a eſté deſnié deppuis dix huiɛt mois.

La reſponſe que je vous puis faire à preſent eſt que M. de Rohan ſera demain en voſtre ville, lequel, comme Gouverneur de la province, a moyen de mettre ordre à tout : je ſeray trés ayſe que lui en communiquiez, vous promettant que rien ne me ſera dur, pourveu que poſſible, pour vous teſmoigner, comme j'ay faiɛt au paſſé, que je ſuis, Meſſieurs, voſtre trés humble & trés fidelle ſerviteur,

AUBIGNÉ.

XXI.

A M. DE VILLETTE.

A MURSAY, CE 9me JUIN 1627. (N. S.)

[Collection de M. Feuillet de Conches. Publiée par M. H. Bonhomme (Mme de Maintenon & fa famille), p. 29.]

M. S. F., la multitude des depefches que j'ay fur les bras fera que je n'efcriray qu'à vous; quand aux pertes que nous faifons en pourfuivant noftre refte, j'eftime qu'elles vous font pour le moins autant fenfibles qu'à moy. Quand vous aurez fauvé le refte de la tempefte, je n'en prendray que part d'aifné. Finiffez l'affaire : car je crains bien que le trouble particulier fe generalize, & l'eftime comme infallible. Le principal point de mon billet eft pour l'affaire de 50,000 livres. Aprez avoir prié Dieu deffus, penfé & repenfé, j'en viens là que c'eft une feparation fort dure, mais que plus dure feroit la privation entiere, à quoy fe doit refoudre qui ne fe veuft priver du ciel. Vous aurez ce mot d'Apollion : « *Que Dieu m'a bien affifté en cette affaire! Prions le tous.* » Ce n'eft point fans befoin. J'ay comme achevé de baftir mon *Creft*. Je travaille au moyen de faire qu'il foit pour les miens, finon eux & moy ferons mieux logés au ciel. Au premier loifir, M. de Chaufepied & vous faurez des affaires eftrangeres. Bon jour, ma fille, dis bon jour à tes petits.

Voftre ferviteur & affectioné pere,

N N
N N

XXII.

A MADAME DE VILLETTE.

CE 9ᵐᵉ AOUST.

[Publiée d'après M. H. Bonhomme (Mᵐᵉ de Maintenon & fa famille), p. 27.]

Ma fillette, un habitant de voftre Murfay vous porte & dira de mes nouvelles. Nous fortons, Dieu mercy, de la famine; la guerre ne nous eft pas fi efpouvantable qu'elle eftoit. Nous fommes menacés de quelque peu de contagion, l'hyver ayant paffé par deffus. Je ferois bien aife de voir voftre doux maytre & vous, pour vous faire goufter la douceur que Dieu donne à ma vieilleffe. Les chemins du Berry & de la Bourgogne ne font plus aux brigandages comme ils ont efté. Si Dieu nous donne ce contentement, je voudrois bien deux chofes en noftre efchipage : l'une, un des petits enfants de voftre fœur tel que vous deux choyfirés, & puis que vous me faffiés faire un couble de pliees de toile qui ait quatre grandz doits plus l'aulne, la piece de vingt-cinq aulnes, ou bien qu'une des pliees n'ait qu'une aune pour la donner à ma femme, qui aime fort vos toiles; que vous ne regardiés poinct ce qu'elle couftera, pourveu qu'elle foit belle & bonne. Voila les affaires d'Eftat defquelles vous entretient

Voftre bon pere,

N N
N

XXIII.

A M. DE VILLETTE.

[Publiée d'après M. H. Bonhomme (Mme de Maintenon & fa famille), p. 31.]

M. fa F., autre qu'un fage & diligent ne pourroit faire ce que vous avés mis à bien. Il n'eft pas temps de vous remercier; vous m' ftruirés du refte à voftre loifir. J'aprouve ce que vous avez fait touchant le Sieur de la Barre & de la Voyette. Je ferai mon devoir pour M. Vannelli. Vous avés un bon meffager en Touverac; je luy avois donné cent francs pour fon voyage : il a fait le fot par les chemins; s'il luy faut pour s'en retourner jufques à une vintaine d'efcus, je vous prie de les luy baillier, & auffi ce qu'il faudra pour une couple de chapeaus dont je vous recommande le chois. Vous verrés par ma derniere lettre ce que j'avois pancé pour vous; mais je ne vous regle rien, prenés à mefme de tout ce qui eft en ma puiffance. La derniere lettre que je vous efcris de ma main fera innutile mefmement, le Roy s'eflognant comme il fait; mais par ces ouvertures j'ay donné ce contentement à ma confcience, *nihil intentatum reliquiffe*. Vous eftes mon bienfaitteur, & les biens faits font dons de la main qu'on aime.

Je fuis après à envoyer mon defbauché dans l'armee de Danemark, où je luy ai preparé un ami pour le recevoir travefti & inconu pour le commencement.

Je le connois bien pour eſtre ennemi des entrepriſes rudes, comme il a nommé celle-là ; mais pour luy faire quitter ſon Paris, par quelques interſſeſſions puiſſantes ſur moi qu'il a employees, il n'a ſeu obtenir de moi le ſecours d'un teſton. Maintenant il promet de franchir la barriere. Je luy eſcris que, m'en aſſeurant, je luy feray donner de quoy partir de Paris & aller juſques à Hambourg ; là, il receuvra de quoy achever ſon voyage. Je veus eſlogner de mon nés & d'autrui la puanteur de ſa vie. Si je pouvois le faire employer plus loin, je le ferois pour luy faire gouſter là quelque vie honeſte ; & moi, ſogneus de luy, à Paris, je ne connois point s'il me trompe par quelque excuſe que ce ſoit. De l'argent du deſloger, il m'eſpargnera plus en deus ans qu'il n'aura deſrobé à ſoi-meſme. Voila mon deſſein, dont je demande voſtre advis, en le tenant ſecret.

Je n'ai point de parolles à vous remercier de voſtre labeur par lequel j'ai ce que j'ai ſauvé. Quant vous aurés loiſir, vous mettrés à part vos depances pour moi avec la perte de gaſteau ; & puis nous verrons ce que Dieu nous donne pour vous y donner autant de puiſſance qu'à moy. Quant à la famillie de Surimeau, je m'efforcerai de la ſoulager en çe que je pourrai, encore qu'il fuſt plus raiſonable qu'ils mangeſſent leur part de ce bien que ce qui me reſte, comme eſtant reduit au petit pié ſans voſtre filiale action. Je ne ferai rien de ce coté-là que par l'advis de mon Vnique, à qui j'en eſcrirai, Dieu aidant, à la premiere commodité. Je la prie qu'elle y pance cependant. Le reſte à voſtre vuë deſiree que vous nous promettés encore ; pour vous en faire plus d'envie, je vous dis que vous vous trouverés conu & honnoré en ce lieu, & furtout de celle qui me prefte fa main bien aimee pour efcrire ces chofes ; Dieu vous ameine !

Voftre bon Pere.

XXIV.

A M. DE VILLETTE.

[Publiée d'après M. H. Bonhomme (Mme de Maintenon & fa famille), p. 35.]

Monfieur, je ne vous faurois dire la peine en quoy nous fommes de n'avoir eu aucunes nouvelles de vous depuis que vous eftes parti de Paris. Dieu nous faffe la graffe d'avoir bien toft de vos lettres, telles qu'elles font defirees. Je vous mandois par ma derniere que Monfieur fe trouvoit mal; vous faurez par cefte-fi fa bonne fanté; par la graffe de Dieu, il eft remis à fon accouftumee. Il dort fort bien & mange de trés bon apetit. Il dit qu'il ne vous efcrira point qu'il n'ait de vos lettres, & qu'il ne vous fauroit rien mander de certain, car la guerre d'Italie n'a encores fait que des morgues. Les Imperiaus avoient toutefois bien comancé, ayant pris tous les forts d'entour de Mantouë, hors mis un, & ceux qui y commandoyent prifoniers, pour avoir capitulé fans raifon. Vn de ceus-là a efté expofé à la foi de Colalte qui le demandoit, fur fa parole de le reftituer aprés avoir donné un tefmoignage d'humilité à l'Empereur; mais tout a efté expliqué au privilege du concile de Trente, & le Duc, qui vouloit avoir la main à l'efpee & au chapeau tout enfemble, traité comme heretique. Les Venitiens tenant la congtation des François pour defertion, ont, contre l'eftime qu'on faifoit d'eux, couché de leur refte, jetté deux regimans dans Mantouë, & font à la guerre tant qu'elle durera. Nous & nos voifins vivons en fecurité : Dieu veuillie que ce foit en feureté ! Ce que nous avons d'Allemagne promet beaucoup; mais Paris vous donne cela, & les verités qui en viennent font clair-femees. C'eft ce que j'ai peu avoir de Monfieur pour vous mander, aprés l'avoir bien flaté. Je tiens que vous avés à cefte heure accru voftre famiglie. Je prie Dieu pour la fanté des petits & principallement pour la voftre & de Madame ma fillie, & vous fouhaite à tous une bonne & heureufe anee, avec autant de benediction & profperité que defire, Monfieur, voftre trés-humble fervante & fidelle mere,

RENÉE BURLAMACHI[1].

---

[1] Bien que cette lettre porte la fignature de Renée Burlamachi, nous avons cru devoir la donner, parce que comme le contenu l'attefte, elle a été pour ainfi dire écrite fous la dictée de d'Aubigné.

XXV.

A M. DE LA POPELINIERE.

DE NERAC, CE 1ᵉʳ DE APRIL [1583].

[Bibl. nationale. Mss. Coll. Dupuy, n° 744, p. 251.
Publiée par M. L. Lalanne. *Mém. d'Agr. d'Aubigné*, p. 457.]

Monſieur, je vous ay reſpondu une fois ſeulement à vos letres, mais pluſieurs aux effets de voſtre demande. J'ay parlé à Roy, mon Maiſtre, de voſtre affaire, & au Miniſtre de Saint-Gelais. Depuis, au conſeil du Roy de Navarre, ilz diſent que de vous-meſmes vous pouvez effacer ce qui les offence. Je voudrois à ce voyage que nous eſperons faire en Poitou, que vous peuſſiez voir le Roy de Navarre. Vous le trouveriés preparé à oüir. Adviſez y, & là où je pourray vous prouver en quelle eſtime & honeur j'ay ceux qui vous reſſemblent, Monſieur, je prie Dieu qu'il vous doint en ſanté longue & heureuſe vie.

Voſtre bien humble à vous ſervir,

AUBIGNÉ.

XXVI.

A M. DE PONCHARTRAIN,
CONSEILLER D'ETAT ET SECRETAIRE
DES COMMANDEMENTS DE SA MAJESTÉ.

CE 29 APVRIL, EN SORTANT DU DONJON, 1619.

[Publiée d'après M. C. Read, *Bull. de la Société de l'Hiſtoire du Proteſtantiſme français*, t. 1, p. 386.]

Monſieur, le reſpect des affaires infinies que vous avez ſur les bras m'a empeſché de vous importuner encores que d'une lettre, mais à l'occaſion qui ſe preſente ma diſcretion paſſeroit en negligence, ſi je ne vous faiſois ſçavoir comment ayant depuis trois ans reſerché importunement l'honneur d'achever ma vieilleſſe ſans avoir autre Maiſtre que mon Roy, n'en ayant jamais eu que Henry le Grand, j'ay receu aux meſmes trois annees pluſieurs promeſſes de la faveur deſiree par Monſieur de Montholon, aux parolles duquel je me ſuis attaché ſelon qu'il avoit pleu au Roy me commander par deſpeſches de voſtre main. De meme lieu j'ay eu promeſſe qu'on me reſtitueroit la penſion qui me fut donnee il y a quarante-huit ans pour des ſervices qui n'ont eſté que trop cogneus ; à cela par meſmes mains, on a adjouxté de la part du Roy directement un traitté pour la vendition de ma maiſon du Donjon, & demiſsion du gouvernement de Maillezais. Pour cela j'ay accepté les conditions offertes moins utilles que celles qui m'estoient presentees d'ailleurs, ne changeant un seul mot à ce qui portoit l'authaurité du Roy. Tout ce traitté & promesses remis à plusieurs fois ont enfin esté abandonnez tout à plat, & lors aprés en avoir sollicité l'accomplissement mesmement quand j'ay veu les troubles, afin que l'on dist pas qu'ils m'eussent fait changer de ton, je me suis despoüillé tant de ma charge que de ma maison entre les mains de Monseigneur le duc de Rohan, ne pouvant sercher aucun plus fidelle & passionné au service du Roy ; & ce qui m'a pressé à cela, outre mes necessités, ç'a esté un offre duquel l'excedz m'a faict soubçonner la main d'où il venoit pour n'estre pas fidelle au service du Roy, & par là en donnant du pied sur une somme notable, j'ay voullu monstrer par exemple qu'un bon François, quoy que deschiré, despoüillé & traitté comme je suis, n'est pas moins obligé à toute fidellité vers son Roy. J'ay creu vous devoir rendre compte de ces choses le plus briefvevement & sincerement que j'ay peu, tant pour en respondre où vous adviserez, que pour l'estime en laquelle je doy desirer que vous teniez Votre trés-humble & trés-fidelle serviteur,

AUBIGNÉ.

XXVII.

AUX MAGNIFIQUES ET TRES HONORÉS SEIGNEURS DE GENEVE.

[Mss. de la Bibliothèque publique de l'Univerfité de Leide. Fonds latin, n° 267. Communiquée par M. du Rieu.]

Tous vrays Chreftiens, magnifiques Seigneurs, ayants part aux haynes que vous fupportez, doibvent auffi contribuer ce que Dieu leur donne à vos labeurs & à vos perils. Entre tous je m'y fens plus particulierement obligé, par ma premiere nourriture aux lettres, & de plus prés par la favorable & honorable reception que j'ay trouvé entre vos bras, & depuis laquelle je n'ay ceffé de mediter comment je pourray donner mes veilles, mes labeurs, & enfin ma vie à l'acquift de vos bienfaicts. Pour donc y conferer ce que Dieu m'a donné fur les menaces d'ung fiege duquel on bruit de toutes parts, j'ay trouvé à propos d'advifer fi en cinquante cinq ans d'experience, & de mon employ aux pieds de Henry le Grand, je pourroy avoir appris quelques ouvertures pour voftre fubfiftance & fecureté. Prenez en gré ce que je vous prefente à cefte occafion, n'eftimant eftrange celuy qui au milieu de vos dangers fe fera voir voftre citoyen.

Jufques icy, Meffieurs, voftre ville a efté garentie de fiege par les mutuelles jaloufies des deux Royx & du Duc, vos voifins, qui n'ont voulu confentir & moins aider aux pretentions l'ung de l'autre : à quoy il faut adjoufter les interefts de vos alliés, fans ou-

blier la charité de la Nobleffe & des foldats françois.
Telles communions de caufes ayants fait voir aux entrepreneurs qu'il falloit emprunter les reins de plus d'un Prince, pour executer ung deffeing de telle pefanteur, donnans encores pour inftrumens à la miraculeufe protection du ciel, la prudence de voftre Confeil, les feveres chaftiments des infidelles, l'union & affection d'ung bon peuple, quoyque de diverfes nations, par le veritable lien de relligion femee & cultivee par fideles Pafteurs, & puis la gaillardife de vos foldats dreffez par la neceffité, qui en plufieurs combats d'heureux fuccés ont fi mal traité les approches du fiege, qu'ils en ont renvoyé la fuyte de là les monts. Or les mutations des perfonnes & des affaires (comme touts exemples clochent d'ung pied) font caufe que l'on argumente mal à propos du paffé à l'advenir, comme il fe peut voir en la face nouvelle de la Chreftienté, laquelle couverte d'armees a pour caufe de mouvement le different de la relligion. Que fi les termes & les pretextes font differents felon les lieux, ils font pourtant de tout poinct adunez, foit pour le lieu d'où ils prenent naiffance, foit pour avoir mefmes progrés, ou eftre femblables de leur fin. Au lieu de Henry le Grand auffi excellent à conferver la paix par fes loys, qu'à l'acquerir par fes armes, & qui avoit pris à tafche voftre confervation, le Roy qui tient fa place n'a peu en ceft aage tendre eftre fi toft heritier de fes experiences, & par elles de fes volontés; mais empieté par les puiffantes & ordinaires artifices des Jefuites, il a trouvé en nourriture leur laict & leur levin. Son naturel courageux le pouffe au mefpris de tous dangers, mais fon education le rend tendre à la terreur des fouldres ecclefiaftiques ou aux pro-

meſſes auſſi vaines contre les terreurs, ſi bien que la menace de damnation par la bouche d'Arnou, ou du moindre Capucin a plus de puiſſance ſur ſes volontés que les fulminantes des Papes n'en avoyent ſur les Royx des derniers temps : de là vient que vous ne pouvez plus attendre le holà de ſa main, mais la ſuite de ſon projeƈt juſques au bout. Auſſy peu paroit-il de ſecours des Egliſes françoiſes au miſerable eſtat où vous les voyez.

Le throne d'Heſpagne ayant changé de perſonne a retardé quelques accidents, mais non pas deſmordu ce que les preſcheurs appellent *le grand deſſeing* : qui eſt de reduire toute la Chreſtienté en tiltre ſoubs un ſeul Paſteur, en effet ſoubs un ſeul Roy : à quoy il ſemble que la conſternation de l'Europe Occidentale ſe laiſſe aller, ſi la vertu qui a pris ſon ſiege en Holande ne la retient.

Les changements d'Heſpagne ont ſur tout paru en la defaveur du party du Duc de Lerme, & a mis en ſa place les enfants de Savoye qui en eſtoyent les ennemis deſcouverts. De là nous vienent les nouvelles de toutes les armees d'Heſpagne, conſignees es mains du pere ou du Prince Philibert, ſelon quelques ungs, de la rupture avec les Venitiens, que le Marquiſat de Montferrat s'eſt donné à la France, des embarguements & deſcentes d'armees, en fin de divers amas de force, qui en leur incertitude ont cela de certain, que nulle Republique expoſee à leurs deſirs ne ſe fait tor d'oppoſer à bon eſtient la prevoyance & la pourvoyance à leurs dangers, avec une maxime plus ſeure que tout ce que nous avons diƈt : qu'en la perſecution generale de la Relligion il eſt trés dangereux d'eſperer Geneve en paix.

C'est une question à la quelle nul que vous, Messieurs, ne peut mettre le doigt. Les principes despendent de vous. Nous pouvons vous presenter nos conseils & nos services de paix & de guere, mais c'est à vous à les choisir, & encore nos conseils en choses particulieres, car en generalles nous n'aurons que les advis. En voicy quelques eschantillons qui requierent vostre resolution.

Si le Duc de Savoye s'est lié à l'Hespagne & fait son Capitaine general, ou esbranlé par les prosperités de la maison d'Austriche, ou par les forces du Milanois comparees aux faibles armements des Republiques voisines, ou par le succés de la Valteline & branle des Grisons, ou alleché de changer ses vanités en esperances, & d'employer les mains qu'il craignoit à son augmentation?

Si donc son Altesse peut disposer des forces d'Hespagne, on peut juger à quoy il employera la partie qui ne cheminera point au Pays Bas. Si de là les monts à entamer les Venitiens desquels l'amitié n'est pas encore esteinte, ou deça contre ceux de qui l'inimitié est mieux seante & toujours en sa vigueur.

Si Bergame, Bresse, Padouë & Palmanova luy sont de plus facile digestion que ce qui est deça les monts?

Si le clergé qui preside aux Conseils animera les Princes ou contre ceux que les interests de l'ame & de l'Estat rendent irreconciliables, ou contre les enfants de l'Eglise, lesquels (comme les Papes n'espousent pas les passions de leurs predecesseurs avec leur chair), celuy qui sied à premier voudra reconcilier?

Si luy mesmes aimera mieux souffrir les embrasements de la guerre en Italie, ou la faire passer chez ses ennemis?

Si aux commodités qui se presentent, les traittés & accords faicts avec le Duc seront inviolables, ou si l'article de Constance aura plus de vigueur au party de la croisade & au poinct des persecutions?

Si ce Prince emploiera ses forces durant les troubles de la France, ou s'il la voudra voir pacifier?

Enfin s'il aymera mieux conquerir pour soy, ou pour son Maistre, & laisser vieillir la promesse du Genevois & de Vaux, comme il a fait celle de Milan?

Depuis que ces propositions furent escriptes, vous avez eu plusieurs divers advertissements sur la varieté de ces affaires, & sur les dangers d'une autre main qui vous menace, moins attenduë & non moins dangereuse; quelques differences qu'il y ait en ces perils, les remedes n'en sont point differents. Tenez pour ennemi quiconque l'est de Dieu & pour persecuteur qui l'est de son Eglise. Il vous donne de quoy vous affermir contre une armee Turquesque. Arrestez selon vos loyx ceux qui ouvrent la bouche pour eslever quelque puissance par dessus vostre liberté, soit par frayeur, soit par esperances particulieres qui destruisent l'egual.

Pour precautions à tout cela, vos amys & serviteurs desirent premierement, aprés la recerche des Royx & Princes & des Estats eslognez, voir reserrer vostre alliance avec les Cantons reformez, la faire esclatter en toutes ses apparences pour l'amener aux veritables effets, sans oublier aucun accident que vous n'en ayez estably le remede, & qui visant de tout poinct les mesintelligences qui auroyent peu alterer le passé, & ainsi que si l'aise & le chaud avoyent rendu vostre corps moins solide & serré, le voir rejoindre par le froid & l'affliction.

A quoy n'ayant point de part les cantons Papiftes, il y a peu d'efperance de les voir contribuer à ce qu'ils veulent deftruire; & la citadelle qu'ont baftie les Jefuites fur le haut de Fribourg a un tel commandement fur les confciences & volontés que fi vous effayez de renforcer voftre corps de pieces heterogenees, c'eft comme fi vous vouliez groffir vos bras de la chair d'autruy.

Le fecond poinét eft de chercher, appeler & affeurer quelques bons Capitaines de dehors, car j'advouë bien que vos voifins font vaillants hommes, mais non exercez. Vous pouvez eftre fecourus de beaucoup de fer, mais excufez moy fi je voudroy un peu d'affier eftrange pour en faire le trenchant.

Au troifieme lieu & prefque au premier en confequence marche la bource, qui eft le nerf de la guerre : vous ne la pouvez chercher que chez vous, chez vos ennemis, ou chez vos amys. C'eft de quoy je parleray plus fobrement pour l'ignorance de vos refpeéts.

Je viens à vos magafins de bouche & de guere, defquels je vous trouve affez pourveus & aifés à pourveoir, horfmis de falpeftre. C'eft de quoy la guere de ce temps eft infatiable pour ce que le beau feu que l'on demande à la moufqueterie, au canon & aux artifices, n'eft point encore de telle defpence que les mines & fours qui tiennent aujourd'huy en fieges le premier lieu. Quant aux boulets je vous en trouve affez bien pourveus : s'il vous en plaift davantage, cherchez en feulement de calibre irregulier, vous avez affez des Royaux pour le commencement : car fi vos ennemis vous preffent, ils vous en fourniront fuffifamment.

Voicy le poinét des fortifications que j'ay mis le

dernier, pour le deduire plus expreſſement comme principale partie de ce diſcours.

Il eſt certain que vous avez paſſé par des opinions bien differentes, pour leſquelles ſuyvre il vous a fallu faire & desfaire : c'eſt de quoy il faut eſtre chiche, car telles pieces n'ont pas ajuſté les ſymetries & les lignes de deffence qui ne laiſſent pas d'arreſter l'ennemy & couvrir les flancs ; il ne faut oſter que celles qui luy ſerviroyent d'avantage & de logis.

J'ay grandement à l'ouïe les cornes que M. de Bethunes advancea ſur votre haut, pieces neceſſaires & bien logees, principallement en ce que les deux lattes des extremités ont pris un advantage naturel en ung lieu deſavantagé pour le front. Il a reſpondu en cela à l'inſtruction qu'il a reçeuë du plus parfaict Capitaine du monde, & ne luy a manqué que le loiſir de parfaire, creuſer le foſſé, hauſſer & eſpeſſir les courtines. J'ay ſeulement auſé convertir en quelque choſe de plus ſolide ces petites lozanges deſtachees qu'on vouloit emplir & miner, non pas que l'invention n'en ſoit ſelon l'art, mais tout en ſi petit volume qu'une batterie du rideau eminent mettroit dans huit heures l'artifice & l'eſtoffe en un monceau, & l'amas de terre qui reſteroit confus favoriſeroit ung logement, & tout ce que j'y ay tracé de plus eſtoit de ſon deſir, non du deſſeing, à cauſe de la haſte, comme quelques ungs de votre Conſeil m'ont aſſeuré.

Ce qui a faict ce Capitaine, & moy aprés luy, tant inſiſter à ceſte hauteur de la ville, eſt que le Lac & le Roſne prenant la part qu'ils prenent à deffendre, ne laiſſent rien où les approches ne ſoyent ruineuſes que ce haut, ſeul chemin du ſiege des cavaliers, des tranchees & des esforts : car tout ce qui descend depuis le boulevard du Pin jusqu'au commencement de la Courraterie, se reduict en une avantageuse tenaille, & puis va affronter une montagne ou terrier si eslevé qu'il n'appartient qu'à un mauvais assiegeant de se jouer de ce costé. A la Corraterie les approches sont tellement gourmandees par ceste mesme ellevation, & tellement tenaillees par les pieces desjà construictes à St. Gervais, & par celles que nous y marquons à faire, & parce que le Rosne y contribuë, que la ville est saine de costé. Posant ce poinct & ce que nous avons dit, la conservation des moulins nous rend trés necessaire la deffence de St. Gervais, où il faut tirer une corne à cent toises du bastion desjà fait, & trancher sa teste sur le haut de St. Jean à une coche naturelle que les ravines d'eaux y ont commencee, les precipices & flancs desjà practicquez garentissants tout le reste. La teste seule auroit besoin d'ung ferme labeur. Il resteroit pour donner à Sainct Gervaix ce qu'on peut, un petit fort que nature & le lac semblent demander au lieu nommé le Pasquir. Ceste piece ne pouvant estre de la grande structure a ceste commodité, qu'en la deffendant & partageant jusqu'à l'extremité, vous en retirez à l'aise les hommes & les munitions. Là nous practiquerons le logis de vos galeres & batteaux.

Tout ce que dessus est pour rendre Geneve une bonne ville de guerre, capable d'arrester une armee royalle de vingt cinq canons, & la ruiner en se ruinant. C'est ce que peut demander & choisir un Capitaine de marque, & les Gentilshommes & soldats, qui de cent lieuës vont cercher l'apprentissage & la gloire des sieges hazardeux.

Mais je voy en ceste ville quelque chose qui merite une plus tendre consideration. Ce sont vos honorables familles, l'honneur & les vies de tant de femmes & d'enfants, pour lefquels il n'y a point de capitulation non plus que pour le refte, ainfi que leur condition vous a efté defpeincte à la mort de vos entrepreneurs. Cela me faict adjoufter que qui voudroit mettre cefte ville (à la confervation de laquelle toute l'Europe vrayement chreftienne a intereft) au rang de Malte, Corfou, Palmanova, l'Efcluze & quelques autres des Pays-Bas, qui ne peuvent eftre menacees que du grand Seigneur ou des Royx de France & d'Hefpaigne, ou du Prince d'Orange, ces trois derniers n'ayants que faire ailleurs, il faudroit recepvoir le prefent que nature vous offre en un coftaut nommé Champs que la vuë coupe par la moitié à fept cents cinquante pas de voftre corne droicte, coftau un peu plus eflevé que tous les ridaux qui menacent la ville, duquel la tefte eft un precipice de trente toifes de hauteur, la riviere furieufe au bas. Sa pente droicte fait une grande & creufe tenaille avec la ville & fes fortifications, fon efchive eft foubs la deffence du baftion du Pin & des deux cornes; la gauche qui feule fe peut attaquer, va en defcendant doulcement vers l'Arve qui la circuit en partie de ce cofté : là feulement, faudroit desfence & labeur.

Les proffits principaux de ce deffeing font neuf : le premier, la reputation qui vaut bien la force pour ce que cefte cy empefche les prifes, & l'autre les fieges, lefquels bien que repouffez, ruinent les villes qui fubfiftent par le traffig.

Le fecond eft l'infupportable defpence de l'affiegeant qui par cefte adjonction doibt cercher pour vingt & cinq mille hommes, foixante mille pour quatre mois, un terme que je ne puis exprimer, pour deux millions d'or fix millions. Et cela voudroit un difcours à part.

Le tiers eft qu'en poffedant l'Arve, le Rhofne & le Lac, il eft impoffible à trois armees de garnir fi bien leur circunference que par efpions & mefmes par troupes, la ville n'ait communication avec fes partyfans.

Pour le quart, logeant là vos eftrangiers, les faletez & incommoditez qui apportent les contagions font dehors & laiffent la ville en pureté.

Pour le quint, elle demeure exempte de leurs mutineries & autres accidents qu'il n'eft pas bon d'exprimer.

Je mets pour le fixieme la place que les rivieres vous gardent, capable de nourrir mille vaches & quatre mille moutons.

Pour le feptieme, les grands & fpacieux jardins, à la nourriture & la recreation des malades & des fains.

Le huitiefme eft que foubs le rideau de vos forts, & en une place de bataille qui ne feroit pas feulement veuë, vous pouvez difpofer au combat huict mil hommes de pied & mille chevaux pour en ordre fondre fur vos ennemis defordonnés, ou par les diverfitez de trenchees, ou par les commandements d'artillerie. Ceft article vaut pour juger ceux qui fe font fervy de telles commoditez.

Le dernier proffit eft que quand une defpenfe d'hommes, d'argent & de temps, avec une refolution & fœlicité defmefuree auroyent emporté ce que nous defcrivons, les ennemis trouveroyent la ville en fon premier eftat, & de mieux, ayant eu loifir de parfaire de tout poinct fes fortifications.

Or il y a trois manieres d'exfecuter noftre project :

en camp, en ville augmentee, ou en fort feparé. Le dernier plus dangereux que les autres deux, pour les infidelitez des gens de guerre, de plus de defpenfe à la ville que les autres : car par fon raccourciffement ne pouvant eftre que peu favorifé de la ville, il faudroit achever toutes fes faces de perfection, & fervant à Geneve de ce que fit le chafteau St Elme à Malte, il y auroit danger qu'on n'acheptaft de mefme perte une mefme utilité. Reftent les deux moyens de travailler en ville ou en camp : & le choix des deux defpend du temps & des facultez. Comme fi plufieurs familles d'Allemagne & de France eftoyent chaffees à leur feureté & à la notre, entre lefquelles s'en trouvaft cinquante puiffantes d'edifier chafcune une maifon, d'autres de la ville mefme pourroyent aider à parfaire une belle ruë, qui contiendroit avec fon temple un arfenal, la hafle pour le marché & autres lieux publics, trois cents braffes. Quelque petit peuple fe logeroit à leur ombre. Des rampards & places de bataille acheveroyent noftre eftenduë, & ceux là contribuants à leur garde eftabliroyent une permanente feureté.

Si cela ne fe trouve, refte le champ : lequel nous commencerions pour cefte pente de main gauche à laquelle nous donnerions quelque forme de tenaille imparfaicte, pour tirer du milieu & du flanc & du haut, & de deux quarts de la courtine (à qui nous ne lairrions pas de luy donner par delà un foffé de cent pieds) deux lattes de cinquante toifes chafcune, pour faire un baftion tant obtus qu'il vous plairroit. A la tefte de ce camp il faudroit une gabionnade; à toute la main droite un foffé de dix huict pieds en eaux; pour le cul qui eft vers la ville, je n'y voudrois que des paliffades ou un leger retranchement. Et puis pour unir bien ma piece à la ville, & empefcher une gayeté de rate de l'armee, nous pourrions accomoder deux ridottes, defquelles les ravines d'eaux ont desjà fouffoyé les trois quarts. Et feroient flanquees pour moufqueterie les deux parties du camp, desjà commandees pour l'artillerie de la ville, & de plus prés pour les nouvelles fortifications.

Par ainfi cefte face du camp qui defcendroit vers Champs, conftitueroit une grande tenaille qui deffendroit de cofté & en efchine la tefte de la corne prochaine du moufquet, & toute la face haute de la ville à coups de canon, & de là les approches impoffibles avant la prife du camp.

J'eftime que pour faire cefte befogne à plein fonds, il nous faudroit quelques trois mille hommes en trois regiments que nous logerions entre une grande ruë eftenduë vers la tefte & le rempart de la main gauche, en la forme que je vay vous monftrer en pages fuyvantes :

A. Le front devers Arve, 30 toifes de hault.
B. La pante de gauche où fault le grand foffé.
C. Son baftion deftaché.
D. Trois logis de regiments.
E. La grand'ruë.
F. Place pour la cavalerie.
G. Retour vers la ville avec fon baftion.
H. Courtine vers la ville, fans flanc.
J. Place pour ridotte.
K. Corne de droiête.
L. La Corne de gauche.
M. La Ville.
N. Plain palais.

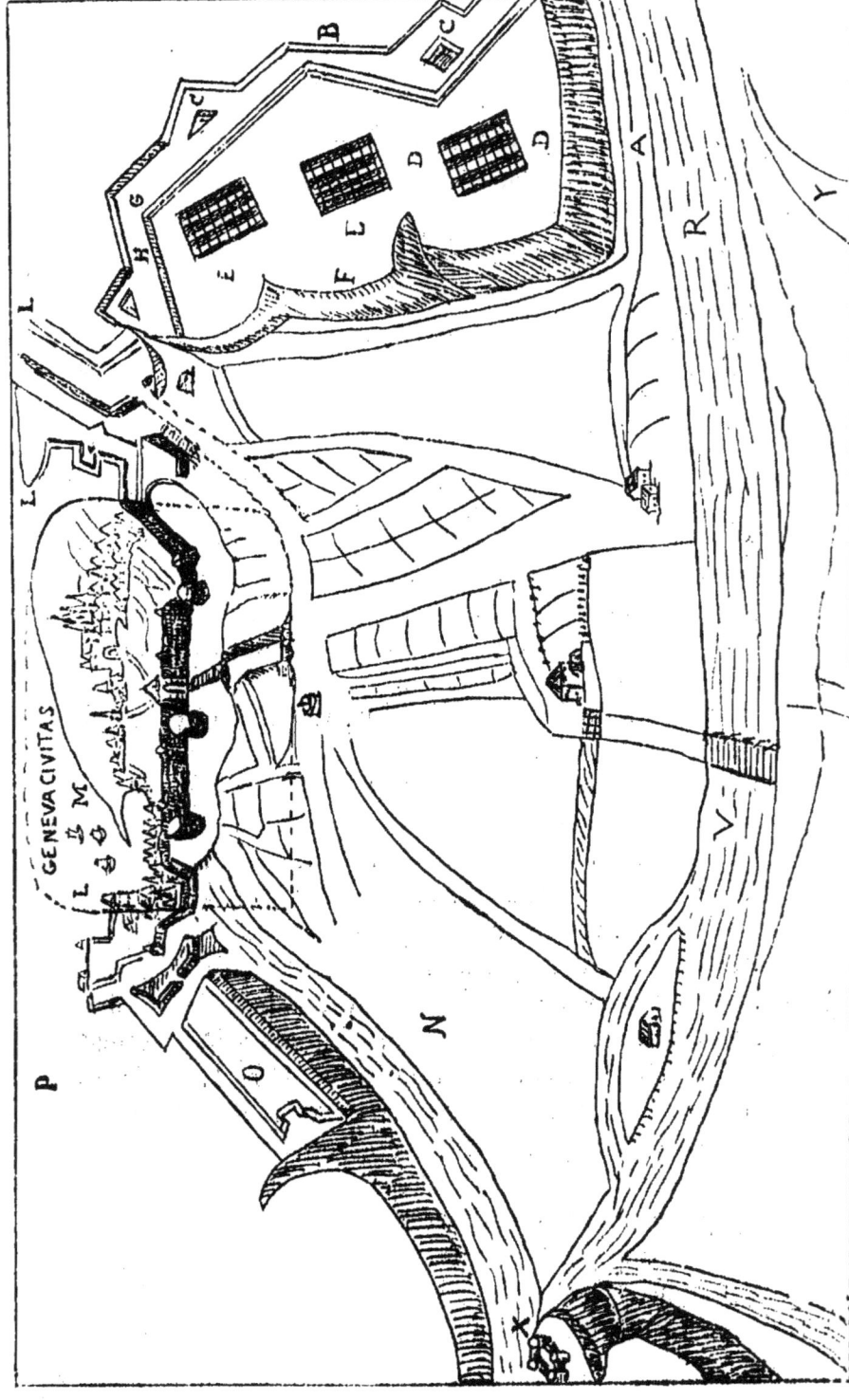

O. Corne projectee pour St Jean.
P. Fort projecté vers le Lac.
Q. St-Gervais.
R. Place pour le pont à l'abry.
S. Le Lac.
T. Le Rone.
V. L'Arve.
X. La Baftie.
Y. Pinchat.

Voicy les objections qu'on apporte à mon deffeing :
Premierement, que cefte place eftant fortifiee aux defpens de la ville, fi l'ennemy s'en pouvoit faifir, ce luy feroit un bloccus tout edifié.

Secondement, on apprehende la defpenfe de la conftruction.

Pour le tiers, la multiplication de peine & de couft en un plus grand circuit à garder.

[Pour le] quart, la partie eftant trop eflognee, on pourroit perdre ceux qu'on employeroit.

On a depuis adjoufté pour cinquieme que ce que l'on fait à un coing de la ville oblige tous les autres endroits à en recevoir autant.

Je refponds à la premiere objection qu'elle pourroit avoir pareille raifon pour ne fortifier point Geneve entier, pour ce que fi l'ennemy l'avoit gagnee, nous aurions travaillé pour luy. Les Venitiens, les Hollandois & le Party des Reformez en France fe font gueris de ceft erreur, & ont appris par experience, que ceux qui ne portoyent point d'efpee de peur d'eftre battus, l'ont efté à coups de bafton; j'adjoufte à ceft affaire parce que le Duc deffeignant pour Geneve un fiege de bloccus, les a marquez au mefme lieu : & encor faut advoüer que ce qui ne couftera pas dix mille efcus à conftruire, cinq cents mille ne le fçauroyent conquerir.

A la feconde je dis, que fi c'eft pour un fort, je ne le travaille pas : fi pour une augmentation de ville la defpenfe doibt venir de dehors; fi pour un camp, en y employant les travaux qui fe peuvent fans bourfe deflier, qu'on me mette pour le refte deux milles piftolles, je donneray bonne affeurance de parfaire de la mienne ce qui reftera.

Pour la troifieme, je dis que les gardes qu'on advance efpargnent celles de derriere, & que les fentinelles n'augmentent point en nombre, pour ce que le precipice de l'Arve les efpargne à voftre tefte, & que la nouvelle difficulté, & en quelque temps impoffibilité, d'entrer au Plain Palais foulage toutes les gardes de la courtine depuis le Pin jufques au Rhofne beaucoup plus que la nouvelle befogne ne requiert d'augmentation. Que fi on vouloit conftruire le camp avant l'arrivee des eftrangers, pour les convier à le traduire en ville, vous feriez quittes pour garder tout en attendant d'une telle piece que celle que vous avez au bout du pont d'Arve, moins fpacieufe & un peu plus haute. Vous la pourriez garder avec la moitié de vos patroüilles à tour de roolle, l'autre fe pourmenant, ou mieux y envoyant par jour deux hommes des feize compagnies, qui par ce moyen entreroyent en gardes deux ou trois fois l'an.

Pour la quatriefme, n'y ayant que fept cents cinquante pas entre la tefte d'Arve & le bout de vos fortifications, voftre camp qui en prend cinq cents, il ne refte plus qu'une place d'armes de deux cents cinquante, dans laquelle nul ennemy ne peut loger battu de toutes les faces. Au contraire de l'objection, j'eusse bien voulu les ellevations de terre, qu'il faut faire à la main gauche plus esloignees de deux cents, pour qu'elles ne sont. Que si on craint l'eslognement pour la retraicte, suyvant l'accident du chasteau St Elme où ce qui saulva Malte fut perdu, qui verra le penchant & la tenaille du chemin de retraicte & mesme les deux ridottes que nous avons marquees, sera bien guery de ceste apprehension.

A la cinquieme & derniere objection, je dis que ceux qui travaillent en une plaine sans deffence & aussy esgale que le papier des Ingenieurs, se donnent pour plaisir la loy des symetries, desquelles les bons Fortificateurs se dispensent par les advantages du haut & du bas, du sec & du moüillé.

Voila les objections qui sont venuës à ma cognoissance : mais je trouve une difficulté plus consequencieuse que tout cela. C'est que tout ce que nous avons deduict est inutile, si on n'est asseuré d'une troupe gaillarde, & de Maistre de Camp, Capitaines & soldats, qui ayent à cœur d'acquerir reputation avec entendement, pour leur faire comprendre qu'en cest affaire plein de gloire, soit pour la nouveauté, ou pour la salvation de l'excellente Geneve, ce qui paroit trés perilleux n'est que seureté, si nous apportons l'ordre & la resolution.

C'est briefvement, Messieurs, ce que j'ay voulu vous donner par escript, pour faire pesamment considerer chose de telle importance, & pouvoir satisfaire à plein fonds aux scrupules d'un chacun. Excusez moy, si je prens vos affaires au pis, elles en valent la peine. Je vous parle de la guerre au milieu de la paix, à vous qui avez senty en la paix que la guerre n'estoit pas morte, ni seulement endormie au sein de ses ennemis. Si ma voix interrompt vostre dormir, le feu est chez vos amys & concitoyens de Sion, mais quel feu! Ils s'en vont en cendre, si la pluye du ciel n'esteinct leur embrasement : je fay, *Quod Gallus debuerat*, &c.

(*Finit la derniere ligne de la derniere page.*)

TABLE DES MATIÈRES

CONTENUES DANS CE VOLUME.

	Pages.
INTRODUCTION.	1
PRÉFACE.	3
SA VIE A SES ENFANTS.	5
TESTAMENT DE TH. AGRIPPA D'AUBIGNÉ.	115

LETTRES.

I.

LIVRE DES MISSIVES ET DISCOURS MILITAIRES.	131
I. A M. d'Arſens [1621].	131
II. A M. Du Parc d'Archac [1621].	133
III. A M. de Boüillon [1621]	135
IV. A MM. de Graffrier & de Spitz [1622].	137
V. A M. Turetin [1622].	139
VI. A M. Sarrasin.	143
VII. A M. Lubzetmann [1622].	145
VIII. A MM. de Graffenried & de Spietz [1622].	148
IX. A M. Manuel [1622].	151
X. Au Conte de la Suze.	152
XI. A M. de Vaubecourt.	153
XII. A M. le Conneſtable [1625].	154

		Pages.
XIII.	Au Marquis de Caſtelnault & au Sieur de Campet, Sergent-major au Mont-de-Marſan. .	156
XIV.	A M. de Saint-Gelays.	158
XV.	A luy-meſmes [M. de Saint-Gelays].	162
XVI.	Au meſme.	172
XVII.	A l'Ambaſſadeur de Venize [1625].	175
XVIII.	A M. Durant [1625].	176
XIX.	A M. le Conneſtable, le 2 apvril 1625, n. st.	177
XX.	A M. de Touverac, mon lieutenant à Maillezais	179
XXI.	A M. Huguetan, Advocat à Lyon.	180
XXII.	A M. de Brederode, le 22 ſeptembre 1625.	184
XXIII.	A M. de Sainte-Marthe	186
XXIV.	A M. le Duc de Candales, 1er novembre 1626.	191
XXV.	A mon Fils [1626].	192
XXVI.	Au Capitaine Ruſigny.	194

II.

Lettres et Memoires d'Estat.	197
I. A Monſeigneur le Duc de Rohan [1621] . .	197
II. A M. le Duc de Boüillon [1622].	199
III. A M. le Chancelier de Sillery	200
IV. Au Baron de Spletz.	204
V. A M. de Mayerne [1621]	206
VI. A Madame de Rohan [1621].	208
VII. A M. de Rohan, ſur la douteuſe entree aux affaires.	210
VIII. A M. de Chaſtillon, le dernier may 1621. .	211
IX. A M. d'Arſens pour une aſſiſtance aux Genevois [1621].	212
X. Au Conte Mansfeld [1621].	213
XI. A M. de Mayerne [1622].	214
XII. Aux trez honorez Seigneurs de Berne [1622].	217
XIII. A Meſſieurs de Graffrier & Baron de Spitz [1622].	222
XIV. A M. Lutzelman [1622].	222
XV. A M. de Boüillon [1622].	223
XVI. Au Gouvernement de Berne [1622].	225
XVII. A M. Lutzelman, en ſeptembre 1623. . . .	228
XVIII. Aux trez honorez & trez puiſſants Princes & Seigneurs de Berne.	229

		Pages.
XIX.	Aux trez honorez & trez puiſſants Princes & Seigneurs de Berne.	230
XX.	Au Conte de la Suze.	233
XXI.	A l'Ambaſſadeur de Veniſe [M. Cavaſſa].	236
XXII.	Au ſeigneur Cavaſſa, Ambaſſadeur de Venize en Suiſſe.	237
XXIII.	A M. de Grafferrier, Advoyer de Berne [1623]	240
XXIV.	A M. Cavaſſa, Ambaſſadeur de Venize.	241
XXV.	A M. le Duc de Rohan.	242
XXVI.	A M. de Monbrun.	243
XXVII.	A M. le Conte de la Suze [à Berne].	244
XXVIII.	A M. le Duc de Rohan.	245
XXIX.	A M. de Brederode [1623].	248
XXX.	A M. le Baron de Spietz.	250
XXXI.	A M. Cavaſſa, Ambaſſadeur de Venize [1623].	251
XXXII.	A M. Cavaſſa, Ambaſſadeur de Venize.	252
XXXIII.	A M. de Brederode [1623].	253
XXXIV.	A M. Veras, Secretaire & Conſeiller du Roy de Boheme.	254
XXXV.	A M. de Vulſon.	254
XXXVI.	[Sans fuſcription].	255
XXXVII.	A M. de Bulion	257
XXXVIII.	A M. le Conneſtable [de Leſdiguieres].	258
XXXIX.	A M. le Conte de la Suze, le 11/21 de janvier 1625.	259
XL.	A M. de Bulion, 2 apvril 1625.	261
XLI.	[A M. le Conte de la Suze?].	263
XLII.	A M. de Bulion, le 18ᵐᵉ juillet 1625.	263
XLIII.	[Au Duc de Rohan?].	264
XLIV.	A M. Manuel, Advoyer de Berne.	266
XLV.	[Au Duc de Rohan?].	267
XLVI.	A M. le Duc de Candales.	268
XLVII.	A M. le Conte de la Suze.	269
XLVIII.	[Sans fuſcription].	272
XLIX.	[Au Prince de Condé].	277
L.	A M. le Duc de Candales, le 8ᵐᵉ de mars 1626.	281
LI.	Au Roy [Louis XIII], le 23ᵐᵉ octobre 1618, du Donjon.	283
LII.	[Sans fuſcription]	284
LIII.	[Sans fuſcription], l'an 1616.	285

III.

		Pages.
Lettres d'affaires personnelles.		289
I.	A M. le Comte de la Suze [1622]	289
II.	A M. le Comte de la Suze	290
III.	Aux trez honorez Seigneurs de Berne	291
IV.	A M. de Rohan [1623]	292
V.	A M. de Rohan	293
VI.	A M. de Rohan	294
VII.	[A Conſtant d'Aubigné]	296
VIII.	A M. de Mayerne [26 mars 1623]	299
IX.	A M. Servin	303
X.	A M. de la Barre	304
XI.	A M. Scender	305
XII.	A Madame de Rohan	305
XIII.	A M. de Lomenie [1624]	307
XIV.	A M. de Grafferier	310
XV.	Au Pere Fulgence, à Venize	311
XVI.	Au Prince de Chriſtoſle de Baden	313
XVII.	A M. de Lormoy, le 17 febvrier 1625	315
XVIII.	A M. de Haulte Fontene	316
XIX.	A M. le Conneſtable, le 18 de juillet 1625	316
XX.	A M. de la Tour	317
XXI.	A M. Dadou, le 27 aout 1625	318
XXII.	A M. Dade [1621]	319
XXIII.	A M. de la Voyette	321
XXIV.	A M. Manuel, le 25 de novembre 1625	322
XXV.	A M. d'Expilly, le 22 janvier ou 1er de février 1626	323
XXVI.	[Au meſme] de Geneve, ce 22 janvier 1626	324
XXVII.	A M. de la Vacherie	325
XXVIII.	[Sans fufcription]	327
XXIX.	Au Roy de la Grand'Bretagne	331
XXX.	A M. de Mayerne, de Geneve, le 6º mars 1626	333
XXXI.	A M. Durant	335
XXXII.	[A M. d'Expilly, 1626]	336
XXXIII.	A M. le Duc de Rohan, l'an 1617	338

	Pages.
XXXIV. [Sans fufcription]............	339
XXXV. [Sans fufcription].............	340
XXXVI. A M. de Lefdiguieres...........	344
XXXVII. A M. de Monbrun.............	344
XXXVIII. A M. de Rohan, en aouft 1616......	345

IV.

LETTRES FAMILIERES................. 351

I.	[Sans fufcription].............	351
II.	[Sans fufcription].............	353
III.	Au Préfident d'Expilly...........	354
IV.	A luy-mefme [au Préfident d'Expilly]....	355
V.	A M. le Duc de Vimar, fur quelques levees gratuites & quelques fecours de François..	355
VI.	A M. d'Expilly...............	356
VII.	Au Gouverneur de Beaumont.........	359
VIII.	A M. le Conneftable............	359
IX.	A M. le Conte de la Suze..........	360
X.	Au Baron de Vijan.............	360
XI.	A M. d'Harambure [1620] qui conduifit l'auteur une journee en pays dangereux...	362
XII.	A M. de Latour..............	363
XIII.	A M. Du Parc d'Archiac...........	364
XIV.	Au Marquis de Courtaumer..........	365
XV.	A M. d'Expilly, le 1er juin 1623.......	367
XVI.	A M. Du Fay...............	367
XVII.	A M. Huguetan, Advocat à Lyon.......	368
XVIII.	[Sans fufcription].............	369

V.

LETTRES DE PIETÉ OU POINCTS DE THEOLOGIE..... 371

I.	A Meffieurs de l'Affemblee de Loudun, de Saint-Jean-d'Angeli, le 9me de mars 1620.....	371
II.	A M. Chauve, à Sommieres..........	372
III.	[Sans fufcription].............	373
IV.	Lettre de M. de Montaufier..........	382
V.	Refponfe à M. de Montauzier.........	383
VI.	[Sans fufcription]..............	386

	Pages.
VII. [Sans fufcription].	390
VIII. A Madame de Rohan.	395
IX. A Madame de Rohan.	396
X. [A Madame de Rohan].	398
XI. A Madame de Rohan.	400
XII. A Madame de Rohan.	401
XIII. [A M. de Rohan].	402
XIV. A M. l'Evefque de Maillezais	405
XV. Au mefme.	407
XVI. A l'Evefque de Maillezais.	411

VI.

Lettres touchant quelques poinɑ̃s de diverfes fciences & touchant les perfonnes qui par elles ont aquis reputation.	419
I. [A mes enfans].	419
II. A M. Tompfon, Precepteur de mes enfans.	420
III. A M. de la Riviere, premier Medecin du Roy.	422
IV. [Au mefme].	428
V. [Au mefme].	433
VI. [Au mefme].	437
VII. [Au mefme].	441
VIII. A mes Filles touchant les femmes doɑ̃es de noftre fiecle.	445
IX. [Sans fufcription].	450
X. A M. Certon.	453
XI. [Sans fufcription].	457
XII. A M. de Boüillon.	462
XIII. A M. de la Nouë.	465
XIV. A M. de Lomenie, 1618.	466
XV. A M. Boullet.	468
XVI. A M. de Sceaux, Secretaire d'Eftat.	470
XVII. A M. Goulard, Miniftre à Geneve, l'an 1616.	472

VII.

Lettres diverses de la Collection Tronchin.	477
I. A mon Frere.	477
II. A M. C.	478
III. [Sans fufcription].	481

		Pages.
IV.	[Sans fufcription]..........	482
V.	[Sans fufcription]..........	483
VI.	[A Conftant d'Aubigné]........	484
VII.	[Sans fufcription] le 7me de novembre..	485
VIII.	A M. de Savignac, à Londres, le 22 novembre 1626, v. st..........	486
IX.	A M. le Duc de Candale........	487
X.	[Sans fufcription]..........	487
XI.	[Sans fufcription]..........	488
XII.	[Sans fufcription]..........	489
XIII.	[Sans fufcription]..........	491
XIV.	[Sans fufcription]..........	492
XV.	A M. de Mayerne...........	494
XVI.	[Sans fufcription]..........	495
XVII.	[Sans fufcription]..........	497
XVIII.	[Sans fufcription]..........	498
XIX.	A Monfeigneur le Duc de Montbazon...	499
XX.	[Sans fufcription]..........	500
XXI.	A M. de Montolon..........	500
XXII.	[Au Roy Louys XIII]..........	501
XXIII.	A Meffeigneurs les Princes & Grands du Royaume........	511
XXIV.	[A fon Imprimeur]..........	517
XXV.	[Sans fufcription]..........	517
XXVI.	Monfieur mon tres honoré fils......	518
XXVII.	[Sans fufcription]..........	519
XXVIII.	[Sans fufcription]..........	520
XXIX.	A Madame de Rohan [1630[.......	521
XXX.	A Madame des Loges [1630].......	522
XXXI.	A M. de Rohan [1629]..........	523
XXXII.	A M. de Rohan............	525
XXXIII.	[Sans fufcription]..........	526
XXXIV.	[Sans fufcription]..........	526
XXXV.	[Sans fufcription]..........	528
XXXVI.	[Sans fufcription]..........	529
XXXVII.	[Sans fufcription]..........	530
XXXVIII.	[Sans fufcription]..........	531
XXXIX.	Lettre à Madame, Sœur unique du Roy..	531

VIII.

		Pages.
Lettres de sources diverses.		553
I.	A Messieurs les tres honorez & magnifiques Seigneurs de la Republique de Geneve, de Maillefais, ce 20 juillet 1619.	553
II.	Au petit Conseil de Geneve, de Modon, ce 26 novembre 1621.	554
III.	A M. Sarrasin de Geneve, ce 15 novembre (a. st.) [1623].	555
IV.	A Madame de la Trimouïlle, escript à Chinon, ce 13 aoust 1592.	557
V.	A Monseigneur le Duc de Thoars, à Maillezays, ce 13 de mars 1601 (n. st.).	558
VI.	A Monseigneur le Duc de Touars, 5me de juin 1603.	559
VII.	A M. Du Monceau, de Mursay, ce 30 juliet 1604.	560
VIII.	A M. Du Monceau [aoust 1604].	560
IX.	A M. Du Monceau, Conseiller & Secretaire de Madame la Duchesse de Touars, ce 24 novembre 1604.	561
X.	A M. de la Mote, Intandant des afaires de Madamme de la Trimouïlle, de la Roche, ce 14me de juillet 1611.	562
XI.	A Monseigneur de la Trimouïlle [octobre 1616].	563
XII.	A Monsieur Esserteau, à Niort. De Mursay, en montant à chéval pour aller à Maillezais, ce 14 de juillet 1600.	564
XIII.	A Madame de Vilette, à Mursay, ce 8 de mars 1622 (st. n.).	565
XIV.	A M. de Villette, de Geneve, ce 21 de juin 1626.	566
XV.	A M. de Villette, à Paris. Ce 8/18 novembre 1626.	568
XVI.	A M. d'Yvernay, de Niort, ce 3 de decembre, 1600.	569
XVII.	A M. Du Candal, a Maillezais, ce 23 novembre 1610.	570

		Pages.
XVIII.	A M. de la Pierre Blanche, de Maillezais, ce 25 decembre 1610.	571
XIX.	A M. l'Advocat du Roy, à Fontenay-le-Comte, de noftre mayfon de Maillezais, ce 25 de mars.	572
XX.	A Meffieurs les Maires, Echevins, Pairs & Bourgeois de la ville de Nyort, à Nyort.	573
XXI.	A M. de Villette, à Murfay, ce 9mo juin 1627 (n. s.).	574
XXII.	A Madame de Villette, ce 9me aouft.	575
XXIII.	A M. de Villette.	576
XXIV.	A M. de Villette.	578
XXV.	A M. de la Popeliniere, de Nerac, ce 1er de apvril [1583].	580
XXVI.	A M. de Ponchartrain, Confeiller d'Etat & Secretaire des commandements de Sa Majefté, ce 29 apvril, en fortant du Donjon, 1619.	581
XXVII.	Aux magnifiques & trés honorés Seigneurs de Geneve.	583

Achevé d'imprimer

LE TRENTE SEPTEMBRE MIL HUIT CENT SOIXANTE-TREIZE

PAR J. CLAYE

POUR A. LEMERRE, LIBRAIRE

A PARIS

www.ingramcontent.com/pod-product-compliance
Lightning Source LLC
Chambersburg PA
CBHW071152230426
43668CB00009B/922